Gesellschaft für deutsche Sprache (Hrsg.)

Wolfgang Mieder

Verdrehte Weisheiten

Antisprichwörter aus Literatur und Medien

Quelle & Meyer

Die Deutsche Bibliothek - CIP-Einheitsaufnahme

Verdrehte Weisheiten : Antisprichwörter aus Literatur und Medien / Gesellschaft für deutsche Sprache (Hrsg.). Wolfgang Mieder. – Wiesbaden : Quelle und Meyer, 1998
ISBN 3-494-01274-1

Einbandgestaltung: Klaus Neumann, Wiesbaden
Druck und Verarbeitung: Präzis-Druck, Karlsruhe
Printed in Germany/Imprimé en Allemagne
ISBN 3-494-01274-1

Einleitung

„Regeln-Krieg, Sprüchwörter-Krieg“

Das dieser Sammlung von Antisprichwörtern vorangestellte Motto stammt von dem geistreichen und spitzzüngigen Aufklärer Georg Christoph Lichtenberg, der damit sein kritisches Mißtrauen gegenüber Sprichwörtern in seinen aphoristischen Schriften gleich zweimal ausgedrückt hat (vgl. *Sudelbücher*, S. 422 u. S. 582). Es überrascht selbstverständlich nicht, daß die hellen Köpfe des achtzehnten Jahrhunderts die traditionelle Volksweisheit in Frage gestellt haben. Außer Lichtenberg haben auch Immanuel Kant, Johann Wolfgang von Goethe, Friedrich Schiller und andere die Einseitigkeit und Beschränktheit vieler Sprichwörter erkannt. Das hat schon früh in philosophischen und literarischen Werken zu aufschlußreichen Manipulationen gängiger Sprichwörter geführt, und dennoch läßt sich leicht nachweisen, daß Sprichwörter in ihrem tradierten Wortlaut gleichzeitig als akzeptierte Weisheiten kursierten.

Daß mit Sprichwörtern nicht immer alles in bester Ordnung ist, das wußte übrigens auch das allgemeine Volk schon längst. Man hatte bemerkt, daß Sprichwörterpaare wie „Kleider machen Leute“ und „Das Kleid macht nicht den Mann“ oder „Ehestand, Ehrenstand“ und „Ehestand, Wehestand“ einander widersprechen. Immer wieder stellte man fest, daß Sprichwörter eher einseitige Verallgemeinerungen von Erfahrungen und Beobachtungen zum Inhalt haben, die sich nicht in ein logisches System zwingen lassen. Mag das eine Sprichwort in einer gewissen Situation in der Tat den wahren Sachverhalt ausdrücken, so erweist es sich in einem anderen Kontext plötzlich als falsch oder wenigstens fehl am Platze. Sprichwörter sind nun einmal keine philosophischen Universalwahrheiten, sondern nur formelhafte Weisheitsträger oder sprachliche Fertigware, die wortgetreu nur dann benutzt werden, wenn sie ein Geschehen oder einen Sinnzusammenhang metaphorisch umschreiben können.

Kein Wunder also, daß es in der Volkssprache eine beachtliche Tradition von Verballhornungen altüberlieferter Sprichwörter gibt. Oft geschieht dies durch kurze, aber witzige Zusätze, wie etwa „Neue Besen kehren gut, aber die alten kennen die Ecken“ oder „Morgenstunde hat Gold im Munde und Blei im Hintern“. Es gibt aber auch die sprichwörtliche Untergattung der „Sagwörter“, die die ständige Bevormundung durch diese Binsenweisheiten in aller Kürze und mit Witz und Ironie bloßstellen. Sagwörter bestehen aus drei Teilen, und zwar oft aus einem Sprichwort, einem Sprecher und einem unerwarteten Zusatz, der die Sprichwortweisheit lächerlich macht. Bekannte Beispiele sind etwa „'Aller Anfang ist schwer', sagte der Dieb, da stahl er einen Amboß“ und „'Was ich nicht weiß, macht mich nicht heiß', sagte der Ochse, als er gebraten wurde". Solche Sprichworterweiterungen oder -verzerrungen sind bis heute beliebt, und so finden sich in dieser Sammlung von Antisprichwörtern zahlreiche Belege dafür, daß ein Sprichwort durch einen kurzen Zusatz ironisiert oder parodiert wird. Und besonders Aphoristiker wie Markus Ronner haben ihren Spaß daran, neue Sagwörter zu erfinden, die dann oft, wie die Texte aus der Volksüberlieferung, ins Obszöne oder Skatologische absinken.

So ist das spaßige oder auch ernsthafte Spiel mit Sprichwörtern nichts Neues, aber es kann dennoch festgestellt werden, daß die kritische Auseinandersetzung mit der alten Volksweisheit heutzutage besonders auffällige Ausmaße angenommen hat. Man weiß zu genau, daß Sprichwörter keine absolute Allgemeingültigkeit haben und daß sie auch keine Universalregeln darstellen. So konfrontiert man die teilweise darin zum Ausdruck kommende altväterliche Moral oder das darin propagierte Wertesystem mit gesundem Humor oder auch beißender Ironie und scharfer Satire. Doch das ursprüngliche Sprichwort ist doch immer noch zu erkennen, denn sonst ginge selbstverständlich der ganze „Spaß" verloren. Gleichgültig, wie witzig die Entstellung des Sprichwortes, wie entblößend die Weiterdichtung in Form von Aphorismen oder Gedichten, wie ernsthaft und tiefsinnig die Widerlegung oder wie absurd, grotesk oder unsinnig die Verzerrung – all dies ergibt erst einen prägnanten Sinn, wenn das ursprüngliche Sprichwort mit der innovativen Manipulation verglichen wird.

Die über dreitausend in der vorliegenden Sammlung gebotenen Belege entstammen sehr unterschiedlichen Quellen. Da sind einmal die vielen Texte aus der schöngeistigen Literatur, die bis zu sprichwortentstellenden Epigrammen von Friedrich von Logau, Friedrich Rückert, Ernst von Feuchtersleben und Ludwig Fulda zurückreichen und auch neuere Epigramme von Eugen Roth, Arnfrid Astel, Manfred Bosch, Manfred Hausin, Hansgeorg Stengel und anderen einschließen. Kritische Auseinandersetzungen mit Sprichwörtern aus der Prosa- und Dramaliteratur von Johann Peter Hebel, Johann Nestroy, Friedrich Hebbel, Theodor Fontane, Gerhart Hauptmann, Thomas Mann, Alfred Döblin, Bertolt Brecht, Carl Zuckmayer, Johannes Bobrowski, Günter Grass, Erwin Strittmatter, Rolf Hochhuth, Siegfried Lenz, Karin Struck, Walter Kempowski, Heiner Müller, Peter Maiwald, Christa Wolf, Elfriede Jelinek, Martin Walser und anderen sind ebenfalls registriert worden. Das gilt auch für philosophische Überlegungen von Novalis (eigentlich Friedrich von Hardenberg), Friedrich Nietzsche, Theodor Adorno, Ludwig Marcuse u. a. Handelt es sich bei Texten aus solchen Werken eher um Lesefrüchte, so ist die deutschsprachige Lyrik eingehender durchforscht worden. Es ist immer wieder erstaunlich, wie intensiv sich manche Lyriker mit Sprichwörtern auseinandergesetzt haben. Von Goethe über Moritz Gottlieb Saphir und Kurt Schwitters bis zu Rose Ausländer, Ingeborg Bachmann, Hans

Magnus Enzensberger, Erich Fried, Ernst Jandl, Erich Kästner, Rainer Kirsch, Günter Kunert, Josef Reding, Heinrich Schröter und dem Frankfurter Dialektdichter Kurt Sigel sind kurze Gedichte aufgeführt, die ein Sprichwort oder auch mehrere in Frage stellen. Diese Untergattung der „Sprichwortlyrik" ist gewiß nicht immer von tiefster poetischer Qualität, aber sie zeigt dennoch, wie Lyriker in ihren Gedichten Sprach- und Kulturkritik treiben. Da Sprichwörter bekanntlich das soziale Wertesystem mit all seinen Problemen ausdrücken, kann gerade an diesen gängigen Texten die sozialpsychologische Kritik einsetzen.

Besonders betonen will ich, daß ich die deutsche Aphoristik systematisch nach sprichwörtlichen Texten durchsucht habe. Unter den Aphoristikern gibt es kaum einen, der sich nicht mit der Fragwürdigkeit gewisser Sprichwörter auseinandergesetzt hätte. Viele Aphoristiker haben auf die nahe Verwandtschaft zwischen Aphorismus und Sprichwort hingewiesen. Der Kölner Mediziner und Aphoristiker Gerhard Uhlenbruck hat sich darüber besondere Gedanken gemacht, wie etwa: „Der Aphorismus ist die klügere Schwester des Sprichworts" (*Netz*, S. 34), „Ein Aphoristiker dreht oft das Sprichwort im Munde herum" (*Einfach*, S. 107), „Der Aphoristiker nimmt das Sprichwort beim Wort" (*Einfach*, S. 113), „Aphorismenschreiben ist die individuelle Art, Redensarten und Sprichwörter aufgrund eigener Erfahrungen auszulegen" (*Frust-Rationen*, S. 74), „Erst wenn man die Sprichwörter auf den Kopf stellt, fällt bei manchen der Groschen" (*Kaffee*, S. 68) und „Sprichwörter enthalten ein Körnchen Wahrheit, welches der Aphoristiker nicht selten aufs Korn nimmt" (*Nichtzutreffendes*, S. 32). Von den Aphorismen Georg Christoph Lichtenbergs, Marie von Ebner-Eschenbachs oder Franz Kafkas bis zu den Texten der großen Aphoristiker des zwanzigsten Jahrhunderts gibt es Dutzende von scharfsinnigen, aber auch unsinnigen Sprichwortbearbeitungen. Einige der besten Aphorismen von Elazar Benyoëtz, André Brie, Elias Canetti, Erwin Chargaff, Nikolaus Cybinski, Hans Leopold Davi, Horst Drescher, Ulrich Erckenbrecht, Wolfgang Funke, Gerd W. Heyse, Karl Kraus, Ron Kritzfeld, Hans Kudszus, Gabriel Laub, Stanisław Jerzy Lec, Werner Mitsch, Žarko Petan, Felix Renner, Rudolf Rolfs, Hans-Horst Skupy, Manfred Strahl, Kurt Tucholsky und Heinrich Wiesner basieren auf Sprichwörtern und lassen erkennen, daß diese zu immer neuen Auseinandersetzungen reizen.

Doch man muß nicht unbedingt ein publizierender Aphoristiker sein, um Sprichwörter zu entstellen, zu verfremden oder zu manipulieren. Sprücheklopfer jeder Art sowie Graffitischreiber lassen sich von Sprichwörtern inspirieren, und so stammen zahlreiche Texte dieser Sammlung aus den vielen Veröffentlichungen zur Sprüchekultur der achtziger und neunziger Jahre. Während der letzten knapp zwanzig Jahre ist es zu einer Art Mode geworden, Sprüche zu erfinden, sie zu sammeln und dann in Büchern sowie Witzkalendern zu veröffentlichen. Da wird dann viel voneinander abgeschrieben, und schließlich weiß niemand mehr, woher die

Sprüche kommen, wie alt sie sind, von wem sie stammen usw. Im vorliegenden Buch werden deshalb die Quellen exakt angegeben, so daß man den Werdegang gewisser Sprichwortabwandlungen verfolgen kann.

Übrigens kann von einigen dieser Antisprichwörter durchaus behauptet werden, daß sie längst zu eigenständigen, neuen Sprichwörtern geworden sind. Das ist zum Beispiel der Fall bei Neuformulierungen wie den folgenden, die vielen Sprachteilnehmern bekannt sind. Das zeigen die zahlreichen Belegstellen, die dazu in der vorliegenden Sammlung verzeichnet sind: „Was lange gärt, wird (endlich) Wut" (16 Belege), „Gelegenheit macht Liebe" (11), „Wie man sich füttert, so wiegt man" (10), „Ewig währt am längsten" (10), „Eine Frau ohne Mann ist wie ein Fisch ohne Fahrrad" (10), „Die Stoßstange ist aller Laster Anfang" (10), „Irren ist männlich" (9), „Alte Liebe kostet nichts" (9), „Der Klügere gibt so lange nach, bis er der Dumme ist" (8) und „Der Student geht so lange zur Mensa, bis er bricht" (7). Zu beachten ist gerade bei diesen Texten, daß sie oft auf nur ganz minimalen Änderungen des Originalsprichworts beruhen. Der Austausch nur eines Buchstabens oder eines Wortes genügt, um aus dem tradierten Sprichwort ein innovatives Antisprichwort zu machen. Wo es zu größeren Änderungen kommt, ist in jedem Falle die sprachliche Struktur beziehungsweise Formelhaftigkeit weiterhin zu erkennen. Obwohl die hier erwähnten Texte als neue Sprichwörter gelten können, spielt die Gegenüberstellung mit dem Ausgangssprichwort eine erhebliche Rolle im Verständnis und in der Wertschätzung der Neuformulierung.

Das gilt auch für die zahlreich vertretenen Texte aus der Werbung und den Massenmedien. Als Schlagzeile oder Slogan treten traditionelle Sprichwörter und noch mehr innovativ entstellte Sprichwörter in Reklamen sowie Zeitungen und Zeitschriften vielmals auf. Sie sollen Aufmerksamkeit erregen, leiten zu Deutungen und Wertungen an oder nehmen sie voraus. Gerade hier läßt sich bei näherer Analyse erkennen, wie Konsumenten und Leser anhand solcher bewußten Entstellungen beeinflußt, wenn nicht gar manipuliert werden. Oft handelt es sich freilich nur um ganz raffinierte und vor allem auch witzige Sprachspielereien, die die Regenerationskraft der Sprichwörter deutlich machen. Das ist schließlich auch in den Werbefotos, Karikaturen, Witzzeichnungen und Grußkarten der Fall, die als Beschriftung variierte Sprichwörter enthalten. Eine gute Anzahl dieser interessanten Bildbelege stammt aus den großen satirischen Zeitschriften wie *Fliegende Blätter, Kladderadatsch, Nebelspalter* und *Simplicissimus*, aber natürlich wurden viele in *Focus*, in der *Hörzu*, im *Spiegel*, in der *Weltwoche*, in der *Zeit* und in anderen Zeitungen und Zeitschriften aufgefunden. Auch hier ist jedoch nochmals zu betonen, daß diese Vorliebe für Sprichwortabwandlungen in den Medien nichts Neues ist. Allerdings treten Sprichwortvariationen heute öfter auf als noch in der ersten Hälfte des zwanzigsten Jahrhunderts oder gar im neunzehnten Jahrhundert. Hier zeigt sich dann doch die offensichtliche Befreiung von allzu einseitiger Tugend- und Morallehre, die dem traditionellen Sprichwort anhängt.

Was die Thematik dieser vielen hier zusammengestellten Belege betrifft, so ist diese so differenziert wie nur möglich. Philosophische Texte folgen banalen, ernste Aussagen werden von witzigen oder lächerlichen Variationen abgelöst, und politische Überlegungen treten merkantil ausgerichteten Werbetexten gegenüber. Oft müssen abgewandelte Sprichwörter auch als Büchertitel herhalten, was meistens nichts als ein Trick ist, das Buch durch diesen gewitzten Titel unter die Leute zu bringen. Selbstverständlich gibt es heute auch moderne Aphorismen, die ein altes Sprichwort mit der Welt der Technik in Verbindung bringen. Da heißt es statt „Was man nicht im Kopf hat, muß man in den Beinen haben" ganz folgerichtig „Was man nicht im Kopf hat, muß man im Computer haben", und aus „Der Mensch denkt, Gott lenkt" wurde kurzerhand „Der Mensch denkt, der Computer lenkt" gemacht. Und es gibt erwartungsgemäß eine Menge Texte, die sich in erotische und skatologische Sphären begeben. Das ist übrigens bei dem Volkssprichwort schon immer der Fall gewesen, und zwar ganz besonders in den bereits erwähnten Sagwörtern. Die indirekte und metaphorische Ausdrucksweise der Sprichwörter und ihre volkstümliche Sprachkraft ließen eben auch solche Schlüpfrigkeiten zu. Warum sollten da moderne Aphoristiker und Sprücheklopfer nicht ihren Spaß an solchen „riskanten" Formulierungen haben? Besonders die in Toiletten aufgefundenen Graffiti leben von dem krassen Kontrast zwischen der Tugendmoral eines biederen Sprichwortes und seinem anstößigen Gegenstück.

Es reizt, hier wie andernorts nun gleich eine Reihe von Beispielen anzuhängen, doch das würde wohl die Lesefreude und den Überraschungseffekt der Textsammlung schmälern. Das Erstaunliche an der vorliegenden Sammlung ist ja, wie es Leuten offensichtlich gelingt, aus kurzen Sprichwörtern immer wieder neue und treffende Varianten zu zaubern. Das wenigstens zeigen die 3062 Belege zu 122 sehr gängigen Sprichwörtern, die hier alphabetisch nach dem Schlüsselwort des zugrunde liegenden Sprichwortes angeordnet und durchnumeriert aufgelistet sind. Im Durchschnitt kommen auf jedes Sprichwort fünfundzwanzig Abwandlungen. Aufgenommen wurden nur die Sprichwörter, für die mein auf gut zwanzig Jahren Sammeltätigkeit beruhendes Archiv mindestens zehn Innovationen enthält. Das ist zum Beispiel der Fall bei Sprichwörtern wie „Einem geschenkten Gaul schaut man nicht ins Maul" oder „Unkraut verdirbt nicht". Keine Überraschung sollte es jedoch sein, daß das Sprichwort „Morgenstunde hat Gold im Munde" mit seinen 76 abgewandelten Belegen in der Häufigkeit den Vogel abschießt. Dieses Sprichwort ist nach empirischer Forschung tatsächlich das populärste deutschsprachige Sprichwort, und so wird es mit großer Vorliebe neuen Situationen und Denkmustern angepaßt. Das Sprichwort „Lügen haben kurze Beine" folgt sogleich mit 75 Antisprichwörtern, und dann kommen „Im Wein ist (liegt) Wahrheit“ (65 Belege), „Reden ist Silber, Schweigen ist Gold“ (61), „Der Klügere gibt nach“ (59), „Der Zweck heiligt die Mittel“ (54), „Man soll den Tag nicht vor dem Abend loben“ (52), „Alter schützt vor Torheit nicht“ (51), „Wo ein Wille ist, ist auch ein Weg“ (51), „Liebe macht blind“ (50), „Müßiggang ist aller Laster Anfang“ (50) usw. Alle diese Sprichwörter gehören zum sprichwörtlichen Minimum der deutschen Sprache, das heißt, sie sind ein Teil der etwa dreihundert Sprichwörter, die jeder Muttersprachler stets parat hat.

Es sei an dieser Stelle bemerkt, daß in dieses Antisprichwörterbuch eigentlich auch einige sehr bekannte Sprichwörter aus der Bibel und der schöngeistigen Literatur gehörten. Da man diese Sprichwörter jedoch als Zitate betrachten kann, habe ich sie bereits in mein Buch *Ver-kehrte Worte. Antizitate aus Literatur und Medien* (Wiesbaden: Quelle & Meyer, 1997) aufgenommen. Wer also Antizitate bzw. Antisprichwörter zu Zitaten bzw. Sprichwörtern wie den folgenden nachlesen möchte, sei auf diesen Pendantband verwiesen: „Auge um Auge, Zahn um Zahn“ (10 Belege), „Die Axt im Haus erspart den Zimmermann“ (25), „Viele sind berufen, aber wenige sind auserwählt“ (3), „An ihren Früchten sollt ihr sie erkennen“ (7), „Geben ist seliger denn Nehmen“ (20), „Die Gedanken sind frei“ (41), „Der Geist ist willig, aber das Fleisch ist schwach“ (35), „Der Glaube versetzt Berge“ (58), „Wer andern eine Grube gräbt, fällt selbst hinein“ (62), „Wes das Herz voll ist, des geht der Mund über“ (14), „Hochmut kommt vor dem Fall“ (31), „So gebet dem Kaiser, was des Kaisers ist“ (5), „Es ist leichter, daß ein Kamel durch ein Nadelöhr gehe, als daß ein Reicher ins Reich Gottes komme“ (37), „Der brave Mann denkt an sich selbst zuletzt“ (8), „Der kluge Mann baut vor“ (5), „Der Mensch ist, was er ißt“ (6), „Der Mensch lebt nicht vom Brot allein“ (38), „Der Mohr hat seine Schuldigkeit getan“ (10), „Liebe deinen Nächsten wie dich selbst“ (45), „Der Prophet gilt nichts in seinem Vaterlande“ (18), „Ruhe ist die erste Bürgerpflicht“ (12) und „Wer nicht liebt Wein, Weib und Gesang, der bleibt ein Narr sein Leben lang“ (12).

Zur Organisation der vorliegenden Sammlung sei noch gesagt, daß jeder der 3062 Belege mit einer abgekürzten Quellenangabe versehen ist. Das Datum, das in Klammern auf jeden Text folgt, bezieht sich immer auf die erste Quellenangabe zu dem jeweiligen Antisprichwort. Wo bis zu elf Quellenangaben für einen Beleg auftreten, sind diese chronologisch angeordnet und können im beigefügten „Quellenverzeichnis“ aufgeschlüsselt werden. So ergibt sich eine historische Belegreihe, wobei bisweilen ersichtlich wird, daß ein Antisprichwort zum ersten Mal bereits als „Eintagsfliege“ im neunzehnten Jahrhundert auftritt, um dann während der Sprüchewelle der achtziger Jahre plötzlich wieder aufzutreten – nicht nur Neues unter der Sonne eben auch beim Sprachspiel. Selbstverständlich sind die Antisprichwörter in den 122 Sprichwörtergruppen ebenfalls chronologisch angeordnet, so daß die Leserinnen und Leser einen sprach- und kulturhistorischen Überblick über die verschiedenen Interpretationen oder besser Neuformulierungen dieser bekannten Sprichwörter erhalten können. Auf das umfangreiche Quellenverzeichnis folgt schließlich ein Literaturverzeichnis, das die für die Thematik der Antisprichwörter besonders aufschlußreiche Sekundärliteratur auflistet.

Zum Schluß dieser Einleitung sei noch erwähnt, daß es sich bei den meisten der hier zusammengestellten Antisprichwörter um von mir aufgefundene handelt. Gleichwohl habe ich über zwei Jahrzehnte hinweg verschiedentlich Texte von Verwandten, Freunden und Kollegen erhalten, und so möchte ich an dieser Stelle vor allem Lisa Kahn, Dennis Mahoney, Barbara Mieder, Elfriede und Horst Mieder, Veronica Richel, Helga Schreckenberger, David Scrase, Monika und Harald Wallgrün, Helmut Walther und Beatrice Wood für ihr Interesse und ihre Hilfe danken. Wissenschaftliche Arbeit fruchtet doch erst, wenn sie auch aus der Zusammenarbeit mit lieben Mitmenschen erwächst.

Wenn ich in meiner Kindheit und Jugend in den Sommerferien bei meiner guten Omi Mieder in Leipzig weilte, durfte ich viele Male die oft im Sprichwort ausgedrückte und mit Humor und Witz gepaarte Weisheit dieser nicht mehr gesunden, aber doch lebensfrohen Frau genießen. Noch heute erinnere ich mich gern daran, wie sie mir sprichwörtliche Lehren mit auf den Weg gab wie etwa „Wer andern eine Grube gräbt, fällt selbst hinein“ oder „Übung macht den Meister“. Vielleicht ist damals der Grund für mein Interesse an der sprichwörtlichen Volksweisheit gelegt worden. Noch heute gedenke ich im fernen Amerika meiner Großmutter, von der ich gewiß auch die positive Lebenseinstellung geerbt habe. So sei dieses Buch Frieda Mieder in liebevoller Dankbarkeit gewidmet.

Herbst 1997
Wolfgang Mieder

University of Vermont

A

„Wer A sagt, muß auch B sagen."

1. „Wer A sagt soll auch B sagen", aber nicht das allein; es soll auch, wer A denkt, B denken. Viele fürchten sich indeß den halb gedachten Gedanken zu Ende zu denken; sie erschrecken schon vor der ersten Hälfte so, daß sie ihn lieber wieder zurückdenken möchten. (Um 1860)

   Karl Friedrich Wilhelm Wander, *Sprichwörterbrevier*, S. 243.

2. Wer A gesagt hat, muß auch die weiteren Raten zahlen. (1929)

   Fliegende Blätter, 85, Nr. 4379/4. 7. 1929, S. 15.

3. Wer a sagt, der muß nicht b sagen. Er kann auch erkennen, daß a falsch war. (1930)

   Bertolt Brecht, *Gesammelte Werke*, Bd. 2, S. 629 (*Der Neinsager*). Auch Christian Roman, *Big Mäc*, o. S.; *Hansestadt Lübeck*, 17. 1. 1991, S. 17.

4. Gibt es etwas Traurigeres als die chromatische Tonleiter? Wer C sagt, muß auch Cis sagen. (Vor 1950)

   Erwin Chargaff, *Bemerkungen*, S. 23.

5. Wer A sagt, muß zwar B sagen, aber nicht anstelle von A. (1961)

   Erwin Chargaff, *Bemerkungen*, S. 92.

6. Wer A sagt, muß auch B sagen. Aber was, wenn einer vom ganzen Alphabet nur das A kennt? (1969)

   Gabriel Laub, *Logik*, S. 12. Auch ders., *Denken*, S. 177.

7. Wer A sieht, sieht auch Nicht-A. (1971)

   Die Zeit, Nr. 4/26. 1. 1971, S. 10.

8. Wer „A" sagt, muß nicht „B" sagen, und wer doch „B" sagt, muß nicht „C" sagen, und wer doch „C" sagt, muß nicht „D" sagen, und so fort bis F gleich Faschismus. A kann Ausgangspunkt für sehr vieles sein, aber wenn die Entwicklung von A ausging und über welchen Umweg auch immer in F endete, dann war A der Startplatz nach F. (1973)

   Franz Fühmann, *Tage*, S. 107.

9. Ehe du A sagst, gib acht, ob jemand B sagt. (1974)

Boguslaw Wojnar, zitiert aus Antoni Marianowicz, *Denkspiele,* S. 89.

10. *Sprichwort*

wer s sagt
  muß auch b sagen
wer streichhölzer hat
  muß auch feuer legen
wer tiere liebt
  muß auch menschen lieben
wer schwarze haut hat
  muß auch schwarze gedanken haben
wer kirchensteuer zahlt
  muß auch fromm sein
wer langes haar hat
  muß auch automaten knacken
wer recht hat
  muß auch streit anfangen. (1976)

Rudolf Otto Wiemer, zitiert aus *Akzente,* 23, Nr. 3/1976, letzte Umschlagseite.

11. Wer a sagt, darf noch lange nicht bort sagen. (1977)

Ron Kritzfeld, *Flexikon,* Bd. 4, S. 22.

12. Wer a sagt, muß auch tom sagen. (1978)

Winfried Thomsen, *Modell,* S. 58.

13. Wer meint, daß der, der A sagt, nun auch B sagen müsse, überschätzt den Zusammenhang von Alphabetismus und Moral. (1979)

Klaus Sochatzy, *Adnotationen,* S. 23.

14. Wer sagt A, wird auch AU sagen. (1979)

Žarko Petan, *Kopf,* S. 60.

15. Wissenschaft: Wer A-nnahme sagt, muß auch B-eweis sagen. (1981)

Gerhard Uhlenbruck, *Masche,* S. 47.

16. Mancher sagt B, ohne das A zu beherrschen. (1982)

Klaus Möckel, *Kopfstand,* S. 100.

17. Wer A sagt muß auch Bäh sagen. (1982)

Frieder Stöckle, *Ätsch*, S. 29. Auch Christian Roman, *Lieber*, o. S.; Elisabeth Blay, *Tropfen*, o. S.

18. Wer A sagt muß auch einen Odrum machen! (1982)

Frieder Stöckle, *Ätsch*, S. 50.

19. Wer A sagt, streckt auch die Zunge heraus. (1982)

Ralf Bülow, „Sprache", S. 124.

20. Diktatorenlogik: Wer „A" sagt, muß auch gleich „Bäh" sagen. (1983)

Sigbert Latzel, *Stichhaltiges*, S. 30.

21. *Frage*

Wer A sagt,
muss auch
B sagen.
Das ist bekannt.
Doch was wäre
damit eigentlich
gesagt? (1983)

Michael Augustin, zitiert aus *Nebelspalter*, Nr. 47/22. 11. 1983, S. 20.

22. Wer A sagt, muß auch 'nen Kreis drum machen. (1983)

Hans Gamber, *Graffiti*, o. S. Auch Eduard Moriz, *Nimm's leicht*, o. S.; Ralf Bülow, *Graffiti*, o. S.

23. *Es geht mit rechten Dingen zu*

Wir verbrauchen unsere Kraft
um das A-Sagen zu verhüten
Dann verschnaufen wir noch
da sagen die anderen schon B

Nach ihren Regeln
besteht keinerlei Grund zur Beschwerde:
uns bleibt sogar
noch Einspruchsrecht eingeräumt. (1984)

Erich Fried, *Taub*, S. 67.

24. Wer A sägt, muß auch B sägen. (1984)

Otto Waalkes, *Zweites Buch Otto*, S. 138.

Wer A sägt, muß auch B sägen

A 24

25. Wer A sagt, muß auch – limente zahlen. (1984)

    Claudia Glismann, *Edel*, o. S.

26. Wer A sagt, muß auch „rschloch“ sagen. (1984)

    Claudia Glismann, *Schüler*, o. S.

27. Wer „ja“ sagt, muß auch „aber“ sagen. (1984)

    Ralf Bülow, *Liebe*, o. S.

28. Wer „A“ sagt, muß auch „ngst“ sagen. (1985)

    Ralf Bülow, *Phantasie*, o. S.

29. Mancher, der leichtsinnig A gesagt hat, muß sich bis zum Z durchlügen. (1986)

    Wolfgang Mocker; zitiert aus Ingetraud Skirecki, *Troja*, S. 80.

30. Wer A sagt, muß auch limente sagen. (1986)

    Andreas Bender, *Gelegenheit*, o. S.

31. Wer A sagt, muß auch tom sagen. (1986)

    Bernd Thomsen, *Polit*, o. S.

32. Wer A sagt, sagt nicht B;
Wer Ja sagt, meint oft Ne. (1986)

Reinhard von Normann, *Sprüche*, S. 52.

33. Wer A sagt, muß auch Baby sagen. (1987)

DDR-Fernsehfilm „Alleinstehende" (gesendet am 4. 3. 1987).

34. Wer A sagt, muß auch sozial sagen. (1987)

Saskia Schlesinger, *Lenz*, o. S. Auch als Witzzeichnung in *Die Weltwoche*, Nr. 21/26. 5. 1988, S. 67.

35. Wer A sagt – und sagt nicht gleich B,
er muß kein schwacher Charakter sein.
Möglicherweise hat er das ganze
Alphabet schon einmal durch. (1987)

Günter Radtke, *Gedanken*, S. 24.

36. Wer B sagt, hat A vergessen! (1987)

Hans Gamber, *Frech*, S. 18.

37. *Zwanghaft*

Wer a sagt,
muß auch b,
c, d, e, f,
g, h, i, j,
k, l, m, n,
o, p, q, r,
s, t, u, v,
w, x, y und
z sagen. (1987)

Theodor Weißenborn, *Alchimie*, S. 70.

38. Wer A sagt, muß auch B sagen.
So bringt man Menschen zum Schweigen. (1988)

Hans-Dieter Schütt, *Haustür*, S. 103.

39. Wieso denn B?
Wer A sagt, kann doch auch O sagen. (1988)

Hans Norbert Janowski, *Kürze*, S. 21.

40. Schweigen noch viele, weil wer A sagt, auch B sagen muß? (Vor 1989)

Reinhard Gundelach, zitiert aus Gabriele Berthel, *Kurz*, S. 162.

41. Wer A sagt, muß ... das Alphabet bis Z beherrschen. (Vor 1989)

Peter Gruber, zitiert aus Gabriele Berthel, *Kurz*, S. 201.

42. Wer A sagt, kann auch gleich Halstabletten nehmen. (1991)

Ulrich Erckenbrecht, *Maximen*, S. 47.

43. Wer äh sagt, muß auch bäh sagen. (1995)

Ulrich Erckenbrecht, *Katzenköppe*, S. 15.

ALTEN, DIE

„Wie die Alten sungen, so zwitschern die Jungen."

1. Sonst, wie die Alten sungen,
So zwitscherten die Jungen;
Jetzt, wie die Jungen singen,
Solls bei den Alten klingen.
Bei solchem Lied und Reigen
Das Beste – ruhn und schweigen. (1820)

Johann Wolfgang von Goethe, *Werke*, hrsg. von Paul Stapf, Bd. 1, S. 655. Auch ders. in Klemens Altmann, *Epigramme*, S. 525; ders. in Otto Böhmer, *Leben*, S. 130.

2. *Wie die Alten sungen, so zwitschern auch die Jungen*

Sehr oft ist gerade das Gegentheil wahr. [...] Und während der berliner Philosoph Hegel sagt: Ich denke, also bin ich, deducirt sein frommer Sohn: Ich bin Oberkirchenrath, also glaube ich. (Um 1860)

Karl Friedrich Wilhelm Wander, *Sprichwörterbrevier*, S. 11.

3. *Wie die Alten sungen, so zwitschern auch die Jungen*

Sehr häufig zwitschern die Jungen ganz andere Melodien als die Alten gesungen haben. Sollen doch die Dompfaffen im Thüringer Walde jetzt andere Weisen singen, als ihre Großeltern. Wahrscheinlich wird aber auch unter ihnen sich ein Ober-Pfaffenrath bilden, der die alten Kernlieder wieder herstellt. (Um 1860)

Karl Friedrich Wilhelm Wander, *Sprichwörterbrevier*, S. 36 f.

4. Wie die Alten sungen,
Zwitschern auch die Jungen.
Ach, die Alten sangen
Doch besser als wir Rangen. (Vor 1866)

Friedrich Rückert, *Werke*, Bd. 2, S. 288.

5. So wie die Gescheiten singen, so zwitschern die Dummen. (1971)

Die Zeit, Nr. 16/20. 4. 1971, S. 2.

6. Wie die Alten sungen, so paffen die Jungen. (1976)

Stern, Nr. 16/8. 4. 1976, S. 93.

7. So wie die Alten sich schlagen, auch die Jungen sich nicht vertragen. (1981)

Gerhard Uhlenbruck, *Masche*, S. 36.

8. Wie die Alten sungen – darauf pfeifen die Jungen. (1984)

Gerhard Uhlenbruck, *Mensch*, S. 16.

9. Wie die Alten sungen, so furzen die Jungen. (1986)

Bernd Thomsen, *Pissen*, o. S.

10. Wie die Alten sungen, so piepe ist das den Jungen. (1990)

Gerhard Uhlenbruck, *Darum*, S. 38.

ALTER

„Alter schützt vor Torheit nicht."

1. Müdigkeit schützt vor Torheit nicht. (1960)

Martin Walser, *Halbzeit*, S. 158.

2. Achtung vor dem Alter! Die Torheit vorm Alter schützen! (1966)

Hans Peter Keller, *Panoptikum*, S. 33.

3. Müdigkeit schützt vor Torheit nicht. (1966)

Martin Walser, *Halbzeit*, S. 158.

4. Alter würde noch weit weniger vor Torheit schützen, wenn es mehr vor Lächerlichkeit schützte. (1968)

   Sigmund Graff, *Lockvögel*, S. 73 f.

5. Daß Alter nicht vor Torheit schützt, ist allbekannt.
   Erschreckend ist, daß nicht einmal Weisheit davor zu schützen scheint. (1971)

   Othmar Capellmann, *Güte*, S. 38.

6. Eine hübsche Frau schützt vor Torheit nicht. (1973)

   Franz Fühmann, *Tage*, S. 224.

7. Unkenntnis schützt vor Strafe nicht! (1974)

   TV, Hören und Sehen, Nr. 23/8.–14. 1. 1974, S. 33.

8. „Unwissenheit schützt vor Strafe nicht", sagte der Quizmaster und gab dem Kandidaten einen Fernseher. (1975)

   Stern, Nr. 41/2. 10. 1975, S. 229.

9. Wußten Sie schon, daß auch die allergrößte Torheit nicht vor dem Altern schützt? (1975)

   Hörzu, Nr. 1/4.–10. 1. 1975, S. 3.

10. Alter schützt vor Liebe nicht. (1976)

    Schweizer Illustrierte, Nr. 11/11. 3. 1976, S. 64.

11. „Alter schützt vor Torheit nicht", sagte die Greisin und liess sich liften. (1977)

    Markus Ronner, *Moment*, S. 23.

12. Alter nützt bei Torheit nichts. (1978)

    Werner Mitsch, *Spinnen*, S. 90. Auch ders., *Wal*, o. S.

13. Alter schützt vor Torheit nicht.
    Aber Jugend vor Weisheit. (1978)

    Werner Mitsch, *Spinnen*, S. 94. Auch *Hörzu*, Nr. 46/11. 11. 1983, S. 3.

14. Ein Stahlhelm schützt vor Glatze nicht. (1978)

    Werner Mitsch, *Spinnen*, S. 93. Auch ders., *Wal*, o. S.

15. *Im Namen des Volkes*

Dummheit schützt vor Strafe nicht.
Im Gegenteil:
Sie verhängt sie hauptberuflich. (1978)

Oskar Cöster, „Maulschellen“, S. 168* (Text 101).

16. Jugend ist das Alter, das nicht vor Torheit schützt. (1978)

Werner Mitsch, *Spinnen*, S. 94.

17. Das ist das Deprimierende am Alter: es schützt vor Torheit. (1979)

Nikolaus Cybinski, *Werden*, S. 53.

18. Torheiten schützen nicht vor dem Altern. (1979)

Gerhard Uhlenbruck, *Einfach*, S. 16. Auch ders., *Masche*, S. 7; ders., *Mensch*, S. 16; ders., *Eigenliebe*, S. 41.

19. Alter schützt vor Preisen nicht. (1980)

Quick, Nr. 27/26. 6. 1980, S. 11.

20. Blinder Glaube schützt vor Dogmen nicht. (1980)

Werner Mitsch, *Pferde*, S. 69.

21. Die einzigen Torheiten, vor denen das Alter schützt, sind die sogenannten Jugendsünden. (1980)

Werner Mitsch, *Pferde*, S. 37. Auch ders., *Hin und Wider*, S. 119.

22. Alter schützt vor Torheit nicht: Manch einer verliert den Kopf, weil er schon wackelt. (1981)

Gerhard Uhlenbruck, *Masche*, S. 83. Auch ders., *Medizinische Aphorismen*, S. 8.

23. Alter schützt vor Torheit nicht – sprach die Greisin und ließ sich geigen! (1982)

Klaus Sochatzy, *Anarchie*, S. 66.

24. Klugsein schützt vor Torheit nicht,
dumm, wer hält, was er verspricht.
Güte erreicht mehr als Strenge,
wers nicht glaubt, kriegt Senge. (1982)

Armin Stolper, *Weißer Flügel*, S. 26.

Alter schützt
vor Toren nicht

ALTER 26

25. Alter schützt vor Reichtum nicht. (1983)

Erich Friedl, *Alter schützt vor Reichtum nicht: eine heitere Begebenheit in 3 Akten*, München: Köhler, 1983.

26. Alter schützt vor Toren nicht. (1983)

Winfried Bornemann, *Blödel*, o. S. Auch Otto Waalkes, *Zweites Buch Otto*, S. 140.

27. Bildung schützt vor Torheit nicht. (1983)

Werner Mitsch, *Schwarze*, S. 74.

28. Ein Schütze schützt vor Torheit nicht. (1983)

Werner Mitsch, *Schwarze*, S. 103.

29. Gelehrtheit schützt nicht vor Gemeinheit. (1983)

Josef Meier O'Mayr, *Weisheiten*, S. 114.

30. Im Alter nützt auch Torheit nichts. (1983)

Fritz Herdi, zitiert aus *Nebelspalter*, Nr. 3/18. 1. 1983, S. 2. Auch Iris Blaschzok, *Muse*, S. 16.

31. Liebe schützt vor Torheit nicht. (1983)

TV, Hören und Sehen, Nr. 16/23.–29. 4. 1983, S. 36.

32. Alter schützt vor Scharfsinn nicht. (1984)

Agatha Christie, *Alter schützt vor Scharfsinn nicht*, München: Scherz, 1984.

33. Bilden wir uns nichts ein auf das Alter unserer Demokratie. Alter schützt vor Diktatorheit nicht. (1984)

Jeannine Luczak, *Schweigegeld*, S. 10.

34. Dummheit schützt vor Reichtum nicht. (1984)

Eduard Moriz, *Intim*, o. S. Auch Bernd Thomsen. *Polit*, o. S.

35. Alternative schützt vor Torheit nicht. (1986)

Andreas Bender, *Gelegenheit*, o. S.

36. Alter schützt vor Liebe nicht, aber nicht jede Liebe schützt vorm Altern. (1986)

Gerhard Uhlenbruck, „Gedankensprünge", S. 187.

37. Alter schützt vor Torheit nicht – es macht sie schwieriger. (1986)

Robert Lembke, *Fettnäpfchen*, S. 80.

38. Beförderung schützt vor Torheit nicht. (1986)

Bernd Thomsen, *Neue Büro-Sprüche*, o. S. Auch Beate Kuckertz, *Büro*, o. S.

39. Kopflosigkeit schützt nicht vor Mundgeruch. (1986)

Christian Roman, *Big Mäc*, o. S.

40. Psalter schützt vor Torheit nicht. (1986)

Andreas Bender, *Gelegenheit*, o. S.

41. Alter schützt vor Männern nicht. (1987)

Angelika Franz, *Sprüche*, S. 22.

42. Alter schützt vor Torheit nicht, aber Dummheit vor Intelligenz. (1988)

Werner Mitsch, *Neue Hin-Sprüche*, S. 90.

43. Alter schützt vor Weisheit nicht. (1988)

Leonie Quattrini, *Alter schützt vor Weisheit nicht: heiter-ironisches Lebensbrevier für Senioren*, Freiburg: Kanisius-Verlag, 1988.

44. *Arroganz*

Unkenntnis schützt vor Arroganz nicht.
Im Gegenteil!
Arroganz ist nichts anderes
als der untaugliche Versuch,
Unzulänglichkeiten zu verdecken. (1988)

Karl Eberhard Nabert, *Kommentare*, S. 47.

45. Unwissenheit schützt vor Auszeichnungen nicht. (1989)

Manfred Strahl, *Ausleg*, S. 68.

46. *Sprichwörtlich*

Dummheit schützt, Vorstrafe nicht. (1990)

Fritz Herdi, *Witz*, S. 93.

47. Unwissenheit schützt vor Straffreiheit nicht. (1990)

Wolfgang Funke, *Wendehals*, S. 103.

48. Arzt schützt vor Torheit nicht. (1991)

Otto Wicki, *Sentenzen*, S. 53.

49. Torheiten schützen nicht vorm Altern, denn alte Liebe rostet nicht, aber junge Liebe rastet nicht. (1993)

Gerhard Uhlenbruck, „Lebenslügen“, S. 518.

50. Altern schützt nicht vor Liebe, aber die Liebe schützt vorm Altern. (1994)

Gerhard Uhlenbruck, *Medizinische Aphorismen*, 2. Aufl., S. 3.

51. Alter schützt die Torheit vor. (1995)

Ulrich Erckenbrecht, *Katzenköppe*, S. 23.

ANFANG

„Aller Anfang ist schwer."

1. Aller Anfang ist leicht, und die letzten Stufen werden am schwersten und seltensten erstiegen. (1821)

   Johann Wolfgang von Goethe, *Wilhelm Meisters Wanderjahre* (Weimarer Ausgabe), 1. Abt., Bd. 24, S. 50, Z. 6 ff.

2. Ein Sprichwort sagt: „Aller Anfang ist schwer." Bei einer Liebschaft ist dies aber nicht der Fall. Ein Anfang findet sich bald, aber wenn man ein Ende machen will, geht's nicht so leicht. Eine Geliebte kriegen, das macht sich schnell, aber sie loskriegen, wird schwierig. (Um 1850)

   Moritz Gottlieb Saphir, *Leier*, S. 99.

3. *Aller Anfang ist Gefahr.*

   Der Dichter hat die Wahl, entweder das Gefühl von einer Stufe zur andern zu heben und es so zuletzt sehr hoch zu steigern – oder es mit einem Überfalle zu versuchen und gleich von Beginn an mit aller Gewalt am Glockenstrang zu ziehn. Beides hat seine Gefahren: im ersten Falle läuft ihm vielleicht ein Zuhörer vor Langeweile, im zweiten vor Schrecken davon. (1878)

   Friedrich Nietzsche, *Werke*, Bd. 1, S. 797 (*Menschliches, Allzumenschliches*).

4. Der alte Satz: Aller Anfang ist schwer, gilt nur für Fertigkeiten. In der Kunst ist nichts schwerer als beenden und bedeutet zugleich Vollenden. (Um 1880)

   Marie von Ebner-Eschenbach, *Aphorismen*, S. 24.

5. Aller Anfang ist die Anzahlung. (1929)

   Fliegende Blätter, 85, Nr. 4379/4. 7. 1929, S. 15.

6. Aller Anfang ist schwer und köstlich. Schwerer und köstlicher ist alle Vollendung. (1953)

   Ludwig Strauss, *Wintersaat*, S. 35.

7. Aller Laster Anfang ist schwer. (1967)

   Robert Gernhardt, *Welt*, S. 82. Auch Wolfgang Mocker, *Canossa*, S. 5.

8. Aller Anfang sei schwer? Schwerer die Woche nachdem. (1970)

Rudolf Rolfs, *Inventur*, S. 16.

9. *Wappenvogel*

Aller Schwanfang ist Ehr. (1973)

Ron Kritzfeld, *Schüttel*, S. 21.

10. Aller Umfang ist schwer. (1975)

Hörzu, Nr. 7/15.–21. 2. 1975, S. 3. Auch Otto Waalkes, *Zweites Buch Otto*, S. 137; *Bild*, 22. 1. 1985, S. 2; *Die Weltwoche*, Nr. 13/26. 3. 1992, S. 61.

11. Beim abermaligen Beginnen derselben Unternehmung: „Aller Anfang ist schwer." ... und das Ende ist schwerer. (1975)

Ludwig Hohl, *Nuancen*, S. 15.

12. Aller Umfang wiegt schwer. (1976)

Hörzu, Nr. 45/6.–12. 11. 1976, S. 3. Auch Wolfgang Willnat, *Sprüche*, S. 83.

13. „Aller Anfang ist schwer", sagte der Volontär und schrieb zuerst einen Leitartikel. (1977)

Markus Ronner, *Moment*, S. 6.

14. Aller Anfang ist leicht –, wenn man ihn mit dem Ende vergleicht. (1977)

Gerhard Uhlenbruck, *Netz*, S. 93.

15. Aller Anfang ist leicht mit Geha. (1978)

Spielen und Lernen, Nr. 8/Aug. 1978, S. 75.

16. Aller Hahnfang ist schwer. (1978)

Werner Mitsch, *Spinnen*, S. 91.

17. Aller Anfang ist nicht mehr so schwer. (1979)

Zeit-Magazin, Nr. 32/3. 8. 1979, S. 12 ff. Auch *Quick*, Nr. 33/9. 8. 1979, S. 48 f.

18. Jeder Anfang ist schwer, besonders der Anfang vom Ende. (1979)

Žarko Petan, *Kopf*, S. 25. Auch Wolfgang Mocker, *Canossa*, S. 63.

ANFANG 20

19. Aller Aalfang ist schwer. (1980)

    Hans Weigel, „Kulinarisches", S. 225.

20. Aller Anfang ist einfach. (1980)

    Der Spiegel, Nr. 42/13. 10. 1980, S. 214. Auch ebd., Nr. 29/13. 7. 1981, S. 61.

21. Aller Anfang ist nur dann schwer, wenn man ihn sich zu leicht macht. (1980)

    Fred Reinke; zitiert aus Eckart Krumbholz, *Blatt*, S. 49.

22. Liebe: Aller Anfang ist schön. (1980)

    Gerhard Uhlenbruck, *Nagel*, S. 13.

23. Aller Anfang ist schwer. Deshalb: wehret den Anfängen! (1983)

Werner Mitsch, *Schwarze*, S. 63. Auch ders., *Wal*, o. S.

24. Aller Anfang ist schwer.
Doch das Ende oft ebensosehr. (1984)

Siegfried Gloose, *Einfälle*, S. 65.

25. Alles Aufhören ist schwer! (1984)

Albert Keller, *Wer denkt*, S. 148.

26. Aller Mannfang ist schwer. (1986)

Bernd Thomsen, *Neue Büro-Sprüche*, o. S. Auch Beate Kuckertz, *Büro*, o. S.

27. Aller Anfang war schwer!
Aller Anfang ist leicht! (1987)

Hamburger Abendblatt, Nr. 74/29. 3. 1987, S. 33.

28. Aller Anfang ist schwer. Beginnen wir mit dem Ende! (1995)

Wolfgang Eschker, *Mitgift*, S. 175.

29. Aller Anfang, mit etwas aufzuhören, ist schwer! (1996)

Gerhard Uhlenbruck, *Nichtzutreffendes*, S. 16.

APFEL

„Der Apfel fällt nicht weit vom Stamm."

1. Der Apfel fällt nicht weit vom Stamm. Aber auch umgekehrt: wenn ich den Apfel kenne, kenn' ich auch den Stamm. (Um 1880)

Theodor Fontane, *Beleuchtung*, S. 75.

2. Wäre ich ein Apfel, ich würde mich bemühen, weit vom Stamme zu fallen. (Um 1930)

Franz Werfel, zitiert aus Hans-Horst Skupy, *Österreich-Brevier*, S. 140.

3. *Apfelmus*

Der Stamm fällt weit vom Apfel
Der Fall stammt vom weiten Apfel
Der weite Apfel fällt vom Stamm –

Der Apfel ist im Stamm
Der Stamm ist im Fall
Der Stamm des Apfels fällt
Der Fall, der Stamm, der Apfel:
Das Apfelmus.
Der Fall.
Das Fallapfelmus. (1962)

Raoul Hausmann, *Sprechspäne*, o. S.

4. Mancher Apfel fällt nicht weit vom Auspuff. (1967)

   Rudolf Rolfs, *Schlag*, S. 36.

5. Der Fladen fällt nicht weit vom Ochsen. (1973)

   Rolf Hochhuth, *Lysistrate*, S. 23. Auch Renato Biscioni, *Kindersprüche*, S. 42.

6. Der Apfel fällt nicht weit vom Baum, ausgenommen er steht am Abhang. (1977)

   Gerhard Uhlenbruck, *Netz*, S. 9.

7. Der Apfel fällt nicht weit von der schlanken Linie. (1977)

   Gerhard Uhlenbruck, *Netz*, S. 124. Auch ders., *Medizinische Aphorismen*, S. 58.

8. Der Apfel fällt nicht weit vom Zank. (1978)

   Werner Mitsch, *Spinnen*, S. 95. Auch ders., *Wal*, o. S.

9. Der Apfel fällt nicht weit von der Made. (1978)

   Ludwig Fienhold, *Wider-Sprüche*, S. 3.

10. Der Apfel fault nicht weit vom Stamm. (1979)

    Werner Mitsch, *Fische*, S. 95. Auch ders., *Wal*, o. S.; André Brie, *Weisheit*, S. 121.

11. Der Zecher fällt nicht weit vom Korn. (1980)

    Werner Mitsch, *Pferde*, S. 114. Auch ders., *Wal*, o. S.

12. Der Apfel fällt nicht weit vom Zaun.
    Man sollte keinem Nachbarn traun. (1981)

    Werner Mitsch, *Hunde*, S. 44.

13. *Wunsch*

zum Beispiel Apfel sein,
Apfel,
der vom Stamm fällt
und weit genug,
um untauglich zu sein
für Erbsünden, Erbschäden, Erbrechte. (1981)

Fritz Deppert, *Atempause*, o. S.

14. Der Apfel fällt nicht weit vom Stamm.
Ich liess den Baum fällen. (1982)

Nebelspalter, Nr. 30/27. 7. 1982, S. 44.

15. *Menschheit*

Eine Ansammlung missratener Söhne und Töchter, die alle nicht weit vom Stamm gefallen sind. (1982)

Michael Augustin; zitiert aus *Nebelspalter*, Nr. 30/27. 7. 1982, S. 22.

16. Wer hoch steigt, fällt nicht weit vom Stamm. (1982)

Willi Hau, *Zeit*, o. S.

17. Der Diener fällt nicht weit vom Herrn. (1983)

Werner Mitsch, *Schwarze*, S. 12.

18. Der Stamm wird doch des gefallenen Apfels wegen nicht von der Stelle rücken. (1983)

Peter Oprei, *Bedenkliches*, S. 9.

19. Die Pershing fällt nicht weit vom Stützpunkt. (1984)

Eduard Moriz, *Intim*, o. S. Auch Bernd Thomsen, *Polit*, o. S.

20. *Katastrophenzeichen*

Der Stamm fällt nicht weit vom Apfel. (1985)

Fritz Arcus, *Seedieb*, S. 25.

21. Der Apfel fällt nicht weit vom Roß,
das gilt auch für den Sohn vom Boß. (1986)

Bernd Thomsen, *Neue Büro-Sprüche*, o. S. Auch Beate Kuckertz, *Büro*, o. S.

22. Der letzte Tropfen fällt nicht weit vom Stamm. (1986)

Bernd Thomsen, *Pissen*, o. S.

23. Nicht weit vom Apfel
fällt der Stamm – im Menschenherbst
im Herbst der Bäume. (1986)

Hans-Peter Schwöbel, *Salz*, S. 35.

24. „Ich trinke Jägermeister, weil bei mir der Apfel nicht weit vom Roß fällt." (1987)

Bunte, Nr. 40/24. 9. 1987, S. 6.

25. Die Darwin-Newton-Variante:
Der Affe fällt nicht weit vom Stamm. (1988)

Gerd Heyse, *Gedanken*, S. 91.

26. Der Abfall fault nicht weit vom Stamm. (1989)

Die Weltwoche, Nr. 24/15. 6. 1989, S. 65.

ARBEIT

„Arbeit macht das Leben süß, Faulheit stärkt die Glieder."

1. „Arbeit macht das Leben süß", seufzte der Millionär, der auch gern mal genascht hätte. (1975)

Stern, Nr. 34/14. 8. 1975, S. 73.

2. arbeit macht das leben mies
allein der müßiggang ist süß. (1977)

Jürg Moser, *Randbemerkungen*, S. 30.

3. Liebe macht das Leben süß. (1977)

Heinrich Schröter, *Lust*, S. 51. Auch ders., *Worte*, 2. Aufl., S. 70; ders., *Lebensworte*, S. 67.

4. Arbeit macht das Leben süß.
Süßigkeiten machen dick und gemütlich. (1978)

Udo Bracht, *Bilder*, S. 105.

5. Arbeit macht das Leben süss, und die Gewerkschaft sorgt dafür, dass wir nicht zuckerkrank werden! (1982)

René Hildbrand, *Arbeit*, S. 7.

6. arbeit macht
das leben süß
deshalb
vorsicht
ihr diabetiker. (1983)

Manfred Hausin, *Hausinaden*, S. 57. Auch ders., *Verboten*, S. 91.

7. Wenn Arbeit das Leben süß macht, verstehe ich nicht, warum so viele Arbeiter sauer sind. (1983)

Winfried Bornemann, *Blödel*, o. S.

8. Arbeit macht das Leben süß, Faulheit streckt die Glieder. (1984)

Günter Hesse, *Wände*, Bd. 1, S. 71.

9. Arbeit macht das Leben süß, aber wer kann schon soviel „süß" vertragen? (1985)

Neue Kronen-Zeitung (Salzburg), 15. 8. 1985, S. 28.

10. Arbeit macht das Leben süß, ich hab Angst vor Karies. (1985)

Richard Mahkorn, *Büro*, o. S. Auch Beate Kuckertz, *Büro*, o. S.

11. Arbeit macht das Leben süß,
leider bin ich Diabetiker. (1985)

Richard Mahkorn, *Büro*, o. S. Auch Beate Steinmeyer, *Schoß*, o. S.; Beate Kuckertz, *Büro*, o. S.

12. Arbeit macht das Leben mies. (1988)

Claudia Glismann, *Schäferstündchen*, o. S. Auch Beate Kuckertz, *Büro*, o. S.

13. Erotik macht das Leben süß. (1996)

Heinz Hütter, *Eros*, S. 8.

ARBEITEN

„Wer nicht arbeitet, soll auch nicht essen."

1. *Sozialkritik*

   Sie sagen: Wer nicht arbeit't, der soll auch nicht essen, und wissen gar nicht, wen Sie allen mit diesem Ausspruch zum Hungertod verurteilen. (Vor 1862)

   Johann Nestroy, *Stichworte*, S. 136.

2. Wer nicht arbeitet, soll auch nicht essen.
   Wer nicht arbeitet, soll speisen.
   Wer aber gar nichts tut, der darf tafeln. (Vor 1905)

   Peter Hille, *Dichtungen*, S. 42. Auch ders., *Welten*, S. 50.

3. Eines hätt' ich fast vergessen:
   Auch wer arbeit', soll nicht essen. (1932)

   Bertolt Brecht, *Gesammelte Werke*, Bd. 8, S. 396.

4. Wer nicht arbeiten will, braucht auch nicht nach Essen. (1978)

   Werner Mitsch, *Spinnen*, S. 91. Auch ders., *Wal*, o. S.

5. Wer nicht arbeitet, soll wenigstens essen. (1979)

   Žarko Petan, *Kopf*, S. 10.

6. Wer nicht arbeitet, soll wenigstens gut essen! (1982)

   René Hildbrand, *Arbeit*, S. 50.

7. *Kapitaler Grundsatz*

   Wer (nicht) arbeitet, soll auch (nicht) essen.
   Wer ißt, ist.
   Wer ist, muß auch essen –
   aber wie ohne Arbeit? (1984)

   Heinrich Waegner, *Deutsch*, S. 59.

8. Wer nicht arbeiten will – muß trotzdem essen. (1984)

   Siegfried Gloose, *Einfälle*, S. 71.

9. Wer nicht arbeitet, soll trotzdem essen. Nur schreiben soll er nicht. (1987)

   Nikolaus Cybinski, *Unfreiheit*, S. 37.

10. „Wer nicht arbeitet, soll auch nicht essen!" Ihr Kinder, seid auf der Hut! (1989)

Günter Rizy, *Funken*, S. 7.

ARMUT

„Armut ist keine Schande."

1. Armut ist keine Schande, wiederholen die Reichen und fügen hinzu: but it is confoundedly inconvenient. (1902)

   Adolf Nowaczynski, „Affenspiegel", S. 114.

2. „Armut", heißt es wohl, „ist keine Schande", aber es heißt nur so. Denn sie ist den Besitzenden höchst unheimlich, ein Makel halb, und halb ein unbestimmter Vorwurf, im ganzen also sehr widerwärtig, und zu unangenehmen Weiterungen mag es führen, sich mit ihr einzulassen. (1922)

   Thomas Mann, *Krull*, S. 98.

3. Armut ist keine Schande. Reichtum auch nicht. (Vor 1960)

   Curt Goetz, *Täglich*, S. 23.

4. „Armut ist keine Schande", sagte der Reiche zum Bettler und jagte ihn von der Tür. (1977)

   Markus Ronner, *Moment*, S. 33.

5. Armut isse Schand fern guhde Bettler. (1978)

   Kurt Sigel, *Gegenreden*, S. 44.

6. Mag sein, daß Armut keine Schande ist. Reichtum ist eine. (1979)

   Nikolaus Cybinski, *Werden*, S. 52.

7. Armut ist keine Schande. Aber Ärmlichkeit. (1982)

   Werner Mitsch, *Bienen*, S. 83.

8. Blutarmut schändet nicht. (1983)

   Winfried Bornemann, *Blödel*, o. S.

9. Armut ist keine Schande, sondern das Produkt einer fatalen Denkweise. (1984)

Werner Mitsch, *Grund*, S. 99.

10. Armut ist zwar keine Schande,
Doch sie züchtet manche Bande. (1986)

Reinhard von Normann, *Sprüche*, S. 49.

AUGE

„Aus den Augen, aus dem Sinn."

1. Kann man auch nicht gerade sagen:
„Aus den Augen, aus dem Sinn";
hat man doch immer aus der Ferne
weiter zu einander hin. (Um 1860)

Karl Friedrich Wilhelm Wander, *Sprichwörterbrevier*, S. 231.

2. Aus den Augen, aus dem Wind. (1974)

Hörzu, Nr. 31/3.–9. 8. 1974, S. 73.

3. Aus den Augen, aus den Sinnen. (1977)

Gerhard Uhlenbruck, *Netz*, S. 6.

4. Aus dem Schneider, aus dem Sinn. (1978)

Werner Mitsch, *Spinnen*, S. 94. Auch ders., *Wal*, o. S.

5. *Nachklang*

Aus den Augen
in den Sinn
in mein Blut
vom Bauch bis in die Fingerspitzen
in den Atem
in mein Weinen
und ins Lachen
vom Tag in die Nacht
bis zum Erwachen
und dann
ins Schweigen. (Um 1983)

Annette Grüschow, zitiert aus Hans Kruppa, *Frust*, S. 122.

6. Orthographie: Aus dem Duden, aus dem Sinn. (1983)

   Werner Mitsch, *Schwarze*, S. 79.

7. Urlaub: Aus dem Koffer, aus dem Sinn. (1983)

   Werner Mitsch, *Schwarze*, S. 19.

8. Aus dem Bett, aus dem Sinn. (1984)

   Werner Ehrenforth, *Eintagsfliege*, S. 27. Auch Wolfgang Willnat, *Sprüche*, S. 109.

9. Aus dem Arsche, aus dem Sinn. (1986)

   Bernd Thomsen, *Pissen*, o. S.

10. Gottesfurcht: Aus der Arche, aus dem Sinn. (1988)

    Werner Mitsch, *Neue Hin-Sprüche*, S. 52.

AUSNAHME

„Ausnahmen bestätigen die Regel."

1. Ausnahmen sind nicht immer Bestätigung der alten Regel;
   sie können auch die Vorboten einer neuen Regel sein. (1880)

   Marie von Ebner-Eschenbach, *Aphorismen*, S. 29.

2. Zu viele Ausnahmen töten die beste Regel. (1955)

   Erwin Chargaff, *Bemerkungen*, S. 51.

3. Wir kämpfen um das Recht auf Ausnahmen. Möge die Ausnahme die Regel nur dann bestätigen, wenn sie es will. (1959)

   Stanisław Jerzy Lec, *Unfrisierte Gedanken*, S. 42.

4. Die Ausnahme ist der Nutznießer der Regel. Indem sie abweicht. (1965)

   Heinrich Wiesner, *Lakonische Zeilen*, S. 30.

5. *Ausnahmen*

   Weshalb sollten Ausnahmen
   die Regel bestätigen?
   In der Regel sprengen sie diese.

Das ist die Regel.
Ausnahmen bestätigen sie. (1968)

Arnfrid Astel, *Notstand*, S. 43. Auch ders., *Rechtsstaat*, S. 657.

6. „Ausnahmen bestätigen die Regel", sagte der Strauß und steckte den Sand in den Kopf. (1973)

Stern, Nr. 43/18. 10. 1973, S. 144.

7. Wenn Ausnahmen durch Regeln bestätigt werden, droht regelmäßig der Ausnahmezustand. (1975)

Helmut Lamprecht, *Hörner*, S. 19.

8. *Das Regelrecht*

Nicht die Ausnahme
sondern
der Ausnahmezustand
bestätigt
die Regel

Welche Regel?
Zur Unterdrückung der Antwort
auf diese Frage
wird der Ausnahmezustand
erklärt. (1976)

Erich Fried, *Beine*, S. 36.

9. „Ausnahmen bestätigen die Regel", sagte der Weg und führte an Rom vorbei. (1977)

Markus Ronner, *Moment*, S. 28.

10. „Die Ausnahme bestätigt die Regel", sagte das Mädchen, als die Regel ausblieb. (1977)

Markus Ronner, *Moment*, S. 10.

11. Eine neue Regel bestätigt die Ausnahme. (1977)

Gerhard Uhlenbruck, *Netz*, S. 68.

12. *meinungssache*

nicht jedes
junge mädchen
ist glücklich

wenn die ausnahme
die regel bestätigt. (1977)

Jürg Moser, *Randbemerkungen*, S. 20.

13. Nach welcher Regel bestätigt die Ausnahme die Regel? (1977)

Hans-Horst Skupy, *Geistesblitze*, S. 72.

14. Ausnahmen beschädigen die Regel. (1978)

Werner Mitsch, *Spinnen*, S. 90. Auch Werner Ehrenfort, *Eintagsfliege*, S. 32; W. Mitsch, *Wal*, o. S.

15. Denkschwierigkeiten bekenne ich auch bei einigen landläufigen Sprichwörtern, zum Beispiel: „Die Ausnahme bestätigt die Regel." Denken Sie mal mit. Die Regel kann doch nur durch Fälle bestätigt werden, die ihr entsprechen. Die Ausnahme bestätigt also höchstens, daß die Regel so allgemein, wie sie zu gelten scheint, halt doch nicht gilt. Die Ausnahme bestätigt demnach nicht die Regel, sondern nur ihre beschränkte Gültigkeit. (1978).

Otto Nüssler, *Semmeln*, S. 56 ff.

16. Eine Ausnahme kann nur zur Regel werden; in der Regel gibt es dann keine Ausnahme mehr. (1978)

Eberhard zur Nieden, *Schüsse*, S. 100.

17. Die Ausnahme von einer Regel führt immer zur Annahme einer neuen Regel. (1979)

Gerhard Uhlenbruck, *Einfach*, S. 15.

18. Es waren drei Herren aus Tegel
beim Schutz der Verfassung höchst kregel
und sagten stets treu,
ihr Vorgehen sei
die Ausnahme und nicht die Regel. (1979)

Dieter Höss, *Hösslich*, S. 22.

19. Wer fragt schon die ausnahme, ob sie die regel bestätigen will. (1979)

Volker Erhardt, *Kannibale*, S. 101.

20. Wo sollen wir die Regel finden, die durch unsere Ausnahmen bestätigt wird? (1979)

Žarko Petan, *Kopf*, S. 82.

21. Ausnahmen bestätigen das Vorhandensein von Regelwidrigkeiten. (1980)

Werner Mitsch, *Pferde*, S. 14.

22. Die Ausnahme von der Regel ist in der Regel die Regel für die Ausnahme. (1980)

Gerhard Uhlenbruck, *Frust-Rationen*, S. 32.

23. In unserer Zeit ist es die Einnahme, die die Regel bestätigt. (1980)

Erwin Chargaff, *Bemerkungen*, S. 168.

24. Gesetze sind Regeln, von denen die Ausnahmen bestätigt werden. (1981)

Žarko Petan, *Himmel*, S. 13.

25. Ausnahmen sind die Bausteine neuer Regeln. (1983)

Werner Mitsch, *Schwarze*, S. 106.

26. Der Traum jeder Ausnahme: die Regel werden. (1983)

Žarko Petan, *Sintflut*, S. 37.

27. Ausnahmen bestätigen die Regel, sagte die Maus und ging mit dem Elefanten ins Bett. (1984)

Werner Ehrenforth, *Eintagsfliege*, S. 71.

28. Wenn die Ausnahmen von der Regel sich mehren, beginnen sie diese auszuzehren. (1984)

Siegfried Gloose, *Einfälle*, S. 52.

29. Die Ausnahme bestätigt nicht etwa die Regel, sie widerspricht ihr. Aber weil Widerspruch uns grundsätzlich unangenehm ist, sehen wir mit jedem Widerspruch unsere Regel mehr bestätigt. (1985)

Bruno Lamprecht, *Silberzwiebeln*, S. 41.

30. Ein Vorurteil wird in der Regel durch die Ausnahme von der Regel bestätigt. (1985)

Gerhard Uhlenbruck, *Eigenliebe*, S. 7. Auch ders., *Wahr*, S. 128.

31. Die Ausnahme hebt die Regel nicht auf, sie macht sie erträglich. (1986)

Michael Rumpf, *Gedankensprünge*, S. 21.

32. *Beleuchtete Redensart*

Es ist nicht amüsant, daß es ausgerechnet die Ausnahmen sind, die Regeln bestätigen? So angewiesen ist die Regel auf die Ausnahme. Kein Wunder, daß die Ausnahmen amüsiert lächeln. (Vor 1990)

Horst Drescher, *Zirkus*, S. 32.

33. Die Ausnahmen bestätigen das Chaos. (1991)

Werner Kraft, *Sätze*, S. 19.

34. Was kann die Ausnahme nur dagegen tun, daß sie die Regel bestätigt? (1994)

Birgit Berg, *Worte*, S. 65.

35. Die Ausnahme bestätigt die Regel, daß es Ausnahmen von der Regel gibt. (1996)

Gerhard Uhlenbruck, *Nichtzutreffendes*, S. 67.

BAUCH

„Voller Bauch studiert nicht gern."

1. *Ansichtsache*

Ein voller Bauch nicht gern studiert,
Weil er zu Trägheit leicht verführt.
Doch läßt sich leichter dies ertragen
Als ein zu leer empfundner Magen. (1949)

Helmut Zech, *Bosheiten*, S. 66.

2. Die Behauptung, der volle Bauch studiere nicht gern, ist durchsichtige Propaganda für den leeren Magen. (1966)

Helmut Arntzen, *Prozeß*, S. 53.

3. Mit vollem Bauch denkt man schwer, aber loyal. (1969)

Gabriel Laub, *Logik*, S. 86. Auch ders., *Denken*, S. 24.

4. Ein blindes Huhn studiert nicht gern. (1977)

Hörzu, Nr. 49/3.–9. 12. 1977, S. 3. Auch Winfried Bornemann, *Blödel*, o. S.; Claudia Glismann, *Schüler*, o. S.; Christian Roman, *Big Mäc*, o. S.; Angelika Franz, *Sprüche*, S. 315.

5. Ein voller Bauch trainiert nicht gern. (1977)

Heinrich Schröter, *Lust*, S. 24.

6. Ein voller Kopf studiert nicht gern. (1977)

Gerhard Uhlenbruck, *Netz*, S. 6. Auch Albert Keller, *Wer denkt*, S. 44; Angelika Franz, *Sprüche*, S. 243.

7. *Kopf und Bauch*
oder die Völlerei der Schriftungelehrten

Ein voller Bauch
studiert nicht gern:
Den Analphabeten der Erde
die halbe Ration! (1978)

Oskar Cöster, „Maulschellen", S. 169*.

8. Ein voller Bauch denkt nicht gern, aber ein leerer nicht gut. (1980)

Peter Tille, „Pfefferkörner", S. 137. Auch ders., *Sommersprossen*, S. 96.

9. Ein voller Schlauch studiert nicht gern. (1983)

Winfried Bornemann, *Blödel*, o. S. Auch Hans Gamber, *Graffiti*, o. S.

10. Ein voller Bauch krümmt sich beizeiten. (1985)

Wolfgang Willnat, *Sprüche*, S. 82. Auch Bernd Thomsen, *Pissen*, o. S.

11. „Ein voller Bauch studiert nicht gern", ist ein Leibspruch des Bürgertums. „Ein leerer auch nicht", tönt das Proletariat dagegen und zeigt, daß es mit jenem immerhin die Perspektive gemeinsam hat. (1985)

Hermann Funke, *Worte*, S. 19.

12. Mit vollem Bauch studier ich auch. (1985)

Bernd Thomsen, *Haste*, o. S.

13. Ein toller Bauch rotiert nicht gern. (1986)

Andreas Bender, *Gelegenheit*, o. S.

14. Ein voller Bauch ist niemals leer. (1986)

Bernd Thomsen, *Pissen*, o. S.

15. Voller Bauch poussiert nicht gern. (1986)

Michael Meissner et al., *Voller Bauch poussiert nicht gern. Chaos zum Kugeln aus der „Berliner Verallgemeinerten"*. Frankfurt am Main: Eichborn, 1986.

16. Deinen tollen Bauch studier' ich gern. (1987)

    Saskia Schlesinger, *Lenz*, o. S. Auch Angelika Franz, *Sprüche*, S. 22.

17. Ein voller Bauch studiert nicht gern mehr als die Speisekarte. (1990)

    Wolfgang Funke, *Wendehals*, S. 71.

BESEN

„Neue Besen kehren gut."

1. Neue Bäder heilen gut. (Vor 1799)

   Georg Christoph Lichtenberg, *Sudelbücher*, S. 760.

2. Neue Besen verkratzen den Boden. (1956)

   Erwin Chargaff, *Bemerkungen*, S. 61.

3. Ein neuer Besen kehrt sich allmählich selbst zunichte. (Um 1960)

   Stanisław Jerzy Lec, *Spätlese*, S. 123.

4. Neue Besen kehren nicht nur gut, sie sind auch hübscher als alte. (1973)

   Schweizer Illustrierte, Nr. 30/23. 7. 1973, S. 76. Auch Hans Gamber, *Frech*, S. 56.

5. „Neue Besen kehren gut", sagte der Gewinner einer Wette, als der Verlierer einen Besen fressen mußte. (1974)

   Stern, Nr. 38/12. 9. 1974, S. 82.

6. Kehren rote Besen besser? (1975)

   Die Zeit, Nr. 39/26. 9. 1975, S. 4.

7. neue besen kehren gut
   für die alten herren. (1979)

   Volker Erhardt, *Kannibale*, S. 31.

8. Neue Pferde scheuen gut. (1983)

   Werner Mitsch, *Schwarze*, S. 31.

9. Neue Wesen kehren gut! (1983)

   Steven Spielberg, zitiert aus *Nebelspalter*, Nr. 8/22. 2. 1983, S. 47.

10. Alte Besen kehren gut, neue noch viel schlechter. (1984)

Werner Ehrenforth, *Eintagsfliege*, S. 33.

11. Gute Besen kehren wie neu. (1985)

Gerhard Uhlenbruck, *Eigenliebe*, S. 20.

12. Neue Mösen fegen gut. (1986)

Bernd Thomsen, *Bett*, S. 65.

13. Neue Besen werden manchmal alt und gut. (1987)

Felix Renner, *Leine*, S. 36.

14. Neue Busen lehren gut. (1987)

Andreas Bender, *Socken*, o. S.

15. Neue Besen kehren gut, aber die alten kennen die Ecken. (1988)

Claudia Glismann, *Schäferstündchen*, o. S. Auch Beate Steinmeyer, *Schoß*, o. S.

16. Neue Besen kehren gut, aber selten vor der eigenen Tür. (1996)

Gerhard Uhlenbruck, *Nichtzutreffendes*, S. 27.

BETTEN, SICH

„Wie man sich bettet, so schläft man."

1. *Trübe Erfahrung*

Als Kind schon wir zu hören kriegen,
Daß wir, wie wir uns betten, liegen.
Doch dann sehn anders wirs verkettet:
Wer richtig liegt, wird gut gebettet. (1966)

Eugen Roth, *Buch*, S. 55.

2. Wie man sich bettet so liegt man nicht lang. (1966)

Hans Peter Keller, *Panoptikum*, S. 59.

3. Wie man sich fettet, so riecht man. (1972)

Schweizer Illustrierte, Nr. 36/4. 9. 1972, S. 71. Auch Ralf Bülow, *Graffiti*, o. S.; Claudia Glismann, *Schüler*, o. S.; Eduard Moriz, *Dings*, o. S.; W. P. Küttner, *Stoßstange*, o. S.

4. Wie man sich bettet, so fährt man. (1973)

Stern, Nr. 26/20. 6. 1973, S. 185.

5. Wie man sich badet, so steigt man heraus. (1975)

Stern, Nr. 10/27. 2. 1975, S. 138. Auch Claudia Glismann, *Schüler*, o. S.

6. Wie man sich bettet, so liebt man. (1977)

Heinrich Schröter, *Lust*, S. 61. Auch ders., *Worte*, S. 72; Elfriede Jelinek, *Lust*, S. 38; H. Schröter, *Lebensworte*, S. 69; als Romantitel: Sandra Lovingston, *Wie man sich bettet, so liebt man*, Berlin: Ullstein, 1994.

7. Wie man sich bettet, so liest man. (1977)

Zeit-Magazin, Nr. 45/28. 10. 1977, o. S.

8. Wie Mann sich bettet, so liegt die Frau. (1977)

Hans-Horst Skupy, *Geistesblitze*, S. 109.

9. Seitensprung: Wie man sich bettet, so lügt man. (Um 1978)

Gabriele Berthel, zitiert aus Eckart Krumbholz, *Blatt*, S. 14.

10. Wie man sich bettet, so fliegt man. (1978)

Quick, Nr. 7/9. 2. 1978, S. 117. Auch Claudia Glismann, *Schüler*, o. S.

11. Wie man sich betten will, so lügt man. (1982)

Klaus Möckel, *Kopfstand*, S. 9.

12. Wie man sich versichert, so liegt man. (1982)

Quick, Nr. 39/23. 9. 1982, S. 97. Auch *TV, Hören und Sehen*, Nr. 15/16.–22. 4. 1983, S. 41; *Quick*, Nr. 42/11. 10. 1984, S. 77; *Basler Zeitung*, Nr. 224/25. 9. 1987, S. 62.

13. Wie man sich bettet, so schallt es heraus. (1983)

Morgenpost, 14. 1. 1983, o. S.

14. Wie man sich fettet so wiegt man. (1983)

Morgenpost, 21. 1. 1983, o. S.

15. Wie man sich füttert, so wiegt man. (1983)

Morgenpost, 11. 1. 1983, o. S. Auch Iris Blaschzok, *Muse*, S. 77; Claudia Glismann, *Schüler*, o. S.; Ralf Bülow, *Bett*, o. S.; Eduard Moriz, *Sauweich*, o. S.; Renato Biscioni, *Kindersprüche*, S. 42; *Bild*, 1. 8. 1987, S. 2; *Nebelspalter*, Nr. 36/3. 9. 1987, S. 33; *Bild*, 6. 9. 1988, S. 2; ebd., 14. 10. 1988, S. 2.

16. Wie man sich setzt, so fährt man. (1983)

Der Spiegel, Nr. 40/3. 10. 1983, S. 16.

17. *Rätsel*

Wie man sich bettet
so wird man.
Wie man sich kettet
so irrt man.
Wie man sich fettet
so schmiert man.
Wie man sich rettet
so führt man. (1984)

Peter Maiwald, *Dinge*, S. 48.

18. Wie man sich bettet, so lebt man! (1984)

Das Haus, Sept. 1984, S. 78. Auch *Der Spiegel*, Nr. 5/1. 2. 1993, S. 75.

19. „Wie man sich bettet, so liegt man", sagt der Volksmund. „Wie man betet, so lügt man", sagt der antiklerikale Aufklärer. „Betet die Betten nicht an, denn sonst lügt ihr im Liegen", sagt der aufgeklärte Sexualforscher. (1984)

Klaus Sochatzy, *Widerworte*, S. 9.

20. Wie man sich bildet, so versagt man. (1984)

Eduard Moriz, *Intim*, o. S. Auch Saskia Schlesinger, *Lenz*, o. S.

21. Wie man sich kettet, so klirrt man. (1984)

Werner Ehrenforth, *Eintagsfliege*, S. 21.

22. Wie man sich legt, so lebt man. (1984)

Quick, Nr. 46/8. 11. 1984, S. 84.

23. Wie man sich rettet, so lebt man,
Wie man sich kettet, so liebt man,
Wie man sich hätte, so lügt man. (1984)

Ralf Bülow, *Liebe*, o. S. Auch ders., *Bett*, o. S.

24. Wie man sich vorbereitet, so fliegt man. (1987)

Der Spiegel, Nr. 37/7. 9. 1987, S. 192.

25. Wie man sich kitzelt, so lacht man. (1988)

Werner Mitsch, *Neue Hin-Sprüche*, S. 36.

26. Ehebruch: Wie man sich bettet, so lügt man! (1992)

Gerhard Uhlenbruck, „Hechtsprünge", S. 471. Auch ders., *Nichtzutreffendes*, S. 67.

27. Schließlich sieht es dann wohl
jeder aus seiner Sicht,
macht jeder sich seinen Vers,
bettet jeder sich, wie er kann. (1993)

Werner Kleinhardt, *Lachen*, S. 182.

28. Wie man sich bettet, so sitzt man. (1995)

Der Spiegel, Nr. 24/12. 6. 1995, S. 237.

29. Wie man sich bettet, so bumst man. (1996)

Heinz Hütter, *Eros*, S. 24.

BLINDE, DER

„Unter den Blinden ist der Einäugige (ein Einäugiger) König."

1. Im Reiche der Blinden ist der Einäugige König; aber sie werden und können ihn nicht anerkennen. (1917)

Rudolf Leonhard, *Fegefeuer*, S. 32.

2. Unter den Blinden wird der Einäugige wahnsinnig. (1960)

Erwin Chargaff, *Bemerkungen*, S. 88.

3. Unter den Blinden wird auch der Einäugige blind. (1964)

Stanisław Jerzy Lec, *Neue Gedanken*, S. 41. Auch ders., *Buch*, S. 178.

4. Unter Blinden ist zuweilen der Seher. (1965)

Heinrich Wiesner, *Lakonische Zeilen*, S. 27.

5. Im Reich der Zweiäugigen ist der Blinde oft ein Seher. (1971)

Hans Leopold Davi, *Distel*, o. S.

6. Die Blinden werden nie den Einäugigen freiwillig zum König wählen: Er sieht ihre Probleme nicht. (1975)

   Gabriel Laub, *Denken*, S. 184.

7. Unter Blinden ist der Einäugige König. Unter Zweiäugigen der Blinde. (1978)

   Oskar Cöster, „Schüsse", S. 132.

8. Unter Blinden ist der Einäugige Voyeur. (1978)

   Werner Mitsch, *Spinnen*, S. 92.

9. Unter Blinden sollte der Einäugige ab und zu ein Auge zudrücken. (1978)

   Werner Mitsch, *Spinnen*, S. 59.

10. Unter Sprachlosen ist der Einsilbige König. (1978)

    Werner Mitsch, *Spinnen*, S. 94. Auch ders., *Hin und Wider*, S. 107.

11. Im Lande der Braven ist der Schurke König. (1979)

    Klaus Sochatzy, *Adnotationen*, S. 45.

12. Unter blinden ist der einäugige extrem. (1979)

    Volker Erhardt, *Kannibale*, S. 78.

13. Unter den Zweibeinigen ist der Klavierstuhl König. (1979)

    Dieter Höss, *Hösslich*, S. 151.

14. Unter Kopflosen ist der Engstirnige König. (1979)

    Werner Mitsch, *Fische*, S. 96.

15. Unter den Kleingärtnern sind Gartenzwerge König. (1982)

    Werner Mitsch, *Bienen*, S. 117.

16. Die Einäugigen unter den Blinden – das sind nicht jene, die immer ein Auge zudrücken. (1983)

    Ulrich Erckenbrecht, *Körnchen*, S. 48.

17. Sprach der Arzt nach der verpfuschten Knieoperation:
    Der Hinkende ist unter den Einbeinigen König. (1983)

    Winfried Bornemann, *Blösel*, o. S.

18. Unter Zwillingen ist der Eineiige König. (1983)

Winfried Bornemann, *Blödel*, o. S. Auch Werner Mitsch, *Wal*, o. S.

19. Unter Blinden ist der Einäugige König, sagte der Stumme und hielt den Tauben eine Rede. (1984)

Werner Ehrenforth, *Eintagsfliege*, S. 76.

20. Unter den Blinden wäre der Einäugige König. Aber er würde bestimmt nicht inthronisiert. (1985)

Bruno Lamprecht, *Silberzwiebeln*, S. 42.

21. Unter den Einäugigen, die ein Auge zudrücken, wird selbst der Blinde König. (1985)

André Brie, *Anfang*, S. 23. Auch ders., *Wahrheit/Anfang*, S. 90.

22. Wer ein Auge zudrückt, ist König.
Unter den Betriebsblinden. (1987)

Wolfgang Mocker, *Canossa*, S. 10.

23. Unter den Blinden genießt der Einäugige blindes Vertrauen. (1988)

André Brie, *Wahrheit/Anfang*, S. 62.

24. Im Lande der Blinden ist der Einäugige – Ketzer. (Vor 1989)

Matthias Hemmann, zitiert aus Gabriele Berthel, *Kurz*, S. 164.

25. Unter den Dummen ist der Dümmste König. (1992)

Manfred Strahl, *Hiebe*, S. 34.

26. Unter den Schnüffelschweinen ist das Trüffelschwein König. (1994)

Felix Renner, *Worte*, S. 77.

27. Unter Blinden gilt der Blauäugige wenig. (1996)

Gerhard Uhlenbruck, *Nichtzutreffendes*, S. 90.

BROT

„Wes Brot ich ess', des Lied ich sing'."

1. Der Gedanke des Sprichworts: „Weß Brod ich esse, deß Lied ich singe", würde angemessener so ausgedrückt sein: „Wer mich füttert,

für den belle ich", da es doch in einen Katechismus für Hunde gehört. (Um 1860)

Karl Friedrich Wilhelm Wander, *Sprichwörterbrevier*, S. 94.

2. Wer meine Brötchen isset, dessen Bier ich trinke. (1966)

   Erwin Strittmatter, *Wundertäter*, Bd. 1, S. 81.

3. „Wes Brot ich eß', des Lied ich sing'", sagte der Bäcker und brachte einen Toast auf sich aus. (1973)

   Stern, Nr. 17/18. 4. 1973, S. 98.

4. Des Wein ich trink, des Lied ich sing. (1977)

   Gerhard Uhlenbruck, *Netz*, S. 54.

5. *Die Speisung der obern Zehntausend*

   Kapitalisten
   stimmen nicht ein
   in die Internationale:

   Wes Brot sie essen
   des Lied singen sie
   noch lange nicht. (1978)

   Oskar Cöster, „Maulschellen", S. 172*.

6. *Motivation*

   Schnulzig die Lieder des Sängers, indes
   achtet des Künstlers Motiv nicht gering:
   Wes Schmalzbrot ich eß,
   des Lied ich sing! (1978)

   Hansgeorg Stengel, *Unschuldsstengel*, S. 23.

7. „Wes Brot ich ess', des Lied ich sing'." Bei höheren Einkommen kann es auch eine Arie zur Buttercremetorte sein. (1978)

   Hanns-Hermann Kersten, *Euphorismen*, S. 41.

8. Wes Wein ich trink, des Lied ich pfeif. (1979)

   Werner Mitsch, *Fische*, S. 80.

9. Wes Wein ich trink, des Nutz ich nieß. (1979)

   Werner Mitsch, *Fische*, S. 59.

10. *Sprachregelung*

So viele Stimmen und doch kaum ein Unterschied?
Man ißt vom gleichen Brot und singt das gleiche Lied. (1981)

Gerhard Schumann, *Spruchbuch*, S. 102.

11. „Wes Brot ich esse, des Lied ich singe.“ Denn schließlich, der Mensch lebt nicht vom Brot allein. (1983)

Jens Sparschuh, „Aphorismen“, S. 168.

12. Wes Brot ich ess, des Bier ich trink. (1990)

Die Weltwoche, Nr. 44/1. 11. 1990, S. 69.

DING (a)

„Aller guten Dinge sind drei.“

1. „Aller guten Dinge sind drei“, sagte das vierte Rad am Wagen und ließ die Luft ab. (1973)

Stern, Nr. 38/13. 9. 1973, S. 77. Auch Hans Gamber, *Frech*, S. 62.

2. Aller guten Dinge sind sieben. (1973)

Johannes Bobrowski, *Mühle*, S. 30.

3. „Aller guten Dinge sind drei“, sagte das vierte Rad am Wagen und löste sich von der Achse. (1977)

Markus Ronner, *Moment*, S. 34.

4. Aller guten Dinge sind vier: Kamille, Myrrhe, Minze, Salbei. (1978)

Die Weltwoche, Nr. 49/6. 12. 1978, S. 20. Auch *Quick*, Nr. 38/12. 9. 1985, S. 36.

5. Bols Dry Johannisbeere. Wenn für Sie aller guten Dinge Dry ist. (1978)

Stern, Nr. 9/23. 2. 1978, 2. Umschlagseite.

6. Wer dreimal lügt, ist guter Dinge, denn aller guten Dinge sind drei. (1978)

Werner Mitsch, *Spinnen*, S. 30.

7. Aller sehr guten Dinge sind drei! (1979)

Stern, Nr. 39/20. 9. 1979, S. 28.

8. Aller besseren Dinge sind drei. (1980)

Der Spiegel, Nr. 30/21. 7. 1980, S. 115.

9. Aller guten Dinge sind drei. Und wenn zwei guter Dinge sind, dann sind sie bald zu dritt. (1980)

Werner Mitsch, *Pferde*, S. 88. Auch *Süddeutsche Zeitung*, Nr. 215/19.–20. 9. 1981, S. 132.

DING (a) 4

10. Bigamie ist eine ungute Sache. Denn aller guten Dinge sind drei. (1980)

Werner Mitsch, *Pferde*, S. 90.

11. Aller guten Dinge sind drei, vier, fünf oder Sex. (1981)

Werner Mitsch, *Hunde*, S. 118. Auch ders., *Wal*, o. S.

12. Aller feinen Dinge sind sieben. (1982)

Brigitte, Nr. 7/Juli 1982, S. 157.

13. Aller guten Dinge sind drei, sagte das Tüpfelchen auf dem Kikeriki. (1982)

Werner Mitsch, *Bienen*, S. 118. Auch ders., *Wal*, o. S.

14. Aller guten Dinge sind elf! (1982)

Die Schöne Welt, Mai 1982, S. 25.

15. Aller guten Dinge sind drei, sagte der Wolf und nahm den Jäger als Nachspeise. (1983)

Werner Mitsch, *Schwarze*, S. 112.

16. Aller guten Dinge sind drei mal drei, sagte der Neunmalkluge. (1983)

Werner Mitsch, *Schwarze*, S. 65.

17. Aller guten Dinge sind maximal drei. So viel zum Thema Kindersegen, sagte der Familienplaner. (1983)

Werner Mitsch, *Schwarze*, S. 111.

18. Aller guten Dinge sind drei. Sind deshalb Ehepaare so selten guter Dinge? (1984)

Werner Mitsch, *Grund*, S. 113.

19. Alle guten Dinge sind dreieckig. (1986)

Andreas Bender, *Gelegenheit*, o. S.

20. Alle guten Dinge sind heute dreimal so teuer. (1986)

Andreas Bender, *Gelegenheit*, o. S.

21. Aller gründlichen Dinge sind drei. (1986)

Der Spiegel, Nr. 47/17. 11. 1986, S. 179. Auch in *Quick*, Nr. 35/19. 8. 1987, S. 31.

22. „Aller guten Dinge sind 'dreikommaeinsvier'", sagte der Mathematiker. (1986)

Werner Mitsch, *Hin und Wider*, S. 122.

23. Der guten Dinge sind nicht drei,
Drum leben wir im Einheitsbrei. (1986)

Reinhard von Normann, *Sprüche*, S. 192.

24. Liebe, Lust, Lüge: Aller guten (?) Dinge drei. (1988)

Hans Hollweg, *Kürze*, S. 105.

25. Aller guten Dinge sind drei und doppelt hält besser. (1993)

Gerhard Jaschke, *Aufzeichnungen*, S. 19.

26. Sind alle guten Dinge drei?
Viel besser sind doch manchmal zwei,
und erst am schönsten wird's, mir scheint's,
sind dann die beiden schließlich eins. (1993)

Karl-Heinz Söhler, *Standpunkte*, S. 112.

DING (b)

„Gut Ding will Weile haben."

1. *Gut Buch will Weile haben*

Jedes gute Buch schmeckt herb, wenn es erscheint: es hat den Fehler der Neuheit. Zudem schadet ihm sein lebender Autor, falls er bekannt ist und manches von ihm verlautet: denn alle Welt pflegt den Autor und sein Werk zu verwechseln. Was in diesem an Geist, Süße und Goldglanz ist, muß sich erst mit den Jahren entwickeln, unter der Pflege wachsender, dann alter, zuletzt überlieferter Verehrung. Manche Stunde muß darüber hinlaufen, manche Spinne ihr Netz daran gewoben haben. Gute Leser machen ein Buch immer besser und gute Gegner klären es ab. (1878)

Friedrich Nietzsche, *Werke*, Bd. 1, S. 797 (*Menschliches, Allzumenschliches*).

2. Pudding will Weile haben. (1971)

Robert Gernhardt, *Welt*, S. 182. Auch Claudia Glismann, *Edel*, o. S.; dies., *Schüler*, o. S.

3. *Imkerei*

Gut Ding will heile Waben. (1973)

Ron Kritzfeld, *Schüttel*, S. 19.

4. Gut Kind will Keile haben!

Hörzu, Nr. 22/1.–7. 6. 1974, S. 5. Auch Winfried Bornemann, *Blödel*, o. S.; Claudia Glismann, *Schüler*, o. S.; Eduard Moriz, *Beziehungskiste*, o. S.; Angelika Franz, *Sprüche*, S. 306.

5. Gut Pflaster will Weile haben. (1974)

Lübecker Nachrichten, Nr. 150/3. 7. 1974, S. 3.

6. Gut Ding will Eile haben. (1975)

Dumme Sprüche für Gescheite: Wandsprüch'-Kalender 1975 (Jan.) München: Heye Verlag, 1975.

DING (b) 6

7. Gut Ding will die Feile haben. (1977)

Heinrich Schröter, *Lust*, S. 39. Auch Otto Waalkes, *Zweites Buch Otto*, S. 139.

8. Was sich nicht schickt, will Weile haben. (1977)

Oliver Hassencamp, *Klipp*, S. 18.

9. Kreativität: Gut Ding will Langeweile haben. (1981)

Gerhard Uhlenbruck, *Masche*, S. 63.

10. Gut Buch muß Feile haben. (1984)

Werner Ehrenforth, *Eintagsfliege*, S. 33.

11. Gut Ding braucht lange Weile. (1984)

Christian Roman, *Lieber*, o. S.

12. Gut Ding will Galle haben. (1984)

Eduard Moriz, *Intim*, o. S.

13. Gut Ei will Farbe haben. (1985)

Journal für die Frau, Nr. 6/6. 3. 1985, S. 184.

14. Gut Schiß will Weile haben. (1986)

Bernd Thomsen, *Pissen*, o. S.

15. Gut Ding will Keile haben. (1987)

Felix Renner, *Leine*, S. 26. Auch Gerhard Uhlenbruck, „Hechtsprünge", S. 469; ders., *Nichtzutreffendes*, S. 53.

16. Fasching will Weile haben! (1988)

Claudia Glismann, *Schäferstündchen*, o. S.

17. *Verzögerungen*

„Gut Ding will Weile haben" – meistens die erste Entschuldigung, wenn Begonnenes nie vollendet oder Geplantes nie angefangen wird. (1988)

Hans Hollweg, *Kürze*, S. 200.

18. Wut-Ding will Weile haben. (1988)

Claudia Glismann, *Schäferstündchen*, o. S.

19. Gut Ding will lange Weile haben, aber keine Langeweile. (1996)

Gerhard Uhlenbruck, *Nichtzutreffendes*, S. 23.

EHRLICH

„Ehrlich währt am längsten."

1. Dieb-sein währt am längsten. (Vor 1879)

   Ferdinand Kürnberger, *Feuilletons*, S. 34.

2. Ewig währt am längsten. (1919)

   Kurt Schwitters, *Werk*, S. 171. Auch *Fliegende Blätter*, 158, Nr. 4049/9. 3. 1923, S. 79; Werner Mitsch, *Spinnen*, S. 92; Frieder Stöckle, *Ätsch*, S. 15; Iris Blaschzok, *Muse*, S. 72; Claudia Glismann, *Schüler*, o. S.; Eduard Moriz, *Dings*, o. S.; Karl-Ludwig Bickerle, *Gedankensprünge*, S. 15; Elisabeth Blay, *Tropfen*, o. S.; Michael Hallstatt, *Pferd*, S. 72.

3. *Reigen*

   [...]
   Wir haben die toten Augen
   gesehn und vergessen nie.
   Die Liebe währt am längsten
   und sie erkennt uns nie. (1953)

   Ingeborg Bachmann, *Zeit*, S. 14.

4. Ehrlich währt etwas länger. (1954)

   Erwin Chargaff, *Bemerkungen*, S. 50.

5. Länglich währt am ehrlichsten
   wahrlich ehrt am längsten
   ehrlich langt am wahrsten
   länglich ehrt am wahrsten
   wahrlich langt am ehrlichsten
   ehrlich währt am längsten. (1972)

   Ludwig Harig, „Tante", S. 65.

6. Sauber fährt am längsten. (1973)

   Stern, Nr. 22/24. 5. 1973, S. 187.

7. Qualität währt am längsten. (1974)

   Zeit-Magazin, Nr. 43/18. 10. 1974, S. 29.

8. Qualität fährt am längsten. (1975)

   Neue Zürcher Zeitung, 7. 5. 1975, o. S.

9. Honig klebt am längsten! (1976)

Paul Guntermann, *Lustigste*, o. S. Auch Iris Blaschzok, *Muse*, S. 6; Claudia Glismann, *Schüler*, o. S.; Christian Roman, *Reden*, o. S.

10. Ehrlich ehrt am längsten. (1977)

Gerhard Uhlenbruck, *Netz*, S. 32.

11. Ehrlich währt am längsten. Wer hat schon so viel Zeit. (1977)

Robert Lembke, *Glashaus*, S. 118. Auch *Bild*, 10. 8. 1987, S. 2; ebd., 25. 9. 1987, S. 2.

12. Kohle: Billig währt am längsten. (1977)

Die Zeit, Nr. 2/7. 1. 1977, S. 10.

13. Ehrlich währt am längsten: Die Eiligen verabschieden sich von der Wahrheit, um sich die Spitze zu sichern. (1978)

Oskar Cöster, „Schüsse", S. 132.

14. Ewig gärt am längsten. (1978)

Werner Mitsch, *Spinnen*, S. 117.

15. Langeweile weilt am längsten. (1978)

Gabriel Laub, *Witwen*, S. 129.

16. „Endlich währt am längsten" –
Drum isch mengi Hirat numä ne Churzgeschichd! (1979)

Julian Dillier, zitiert aus *Nebelspalter*, Nr. 38/18. 9. 1979, S. 24.

17. *Sparsamkeit*

Spärlich zehrt am längsten. (1979)

Ron Kritzfeld, *Flexikon*, Bd. 6, S. 26.

18. Ölig währt am längsten – sagte die Sardine zum Kugellager. (1980)

Manfred Hinrich, zitiert aus André Brie, *Weisheit*, S. 128.

19. Ehelich währt am längsten. (1981)

Gerhard Uhlenbruck, *Masche*, S. 46.

20. „Ehrlich währt aber wirklich am längsten", sagte der Bänker unwirsch und wählte einen ganz anderen, sehr viel kürzeren Geschäftsweg. (1981)

Klaus Sochatzy, „Reflexionen", S. 21.

21. Bürokratisch währt am längsten. (1982)

Klaus Möckel, *Kopfstand*, S. 104.

22. *Hochzeitsbitter*

Merkt euch gut, ihr Junggesellen:
An des Lebens tausend Ängsten
müßt ihr jämmerlich zerschellen.
Ehelich währt am längsten. (1982)

Hansgeorg Stengel, *Extrakt*, S. 36.

23. Sparsam läuft am längsten. (1982)

Der Spiegel, Nr. 49/6. 12. 1982, S. 42 f.

24. ehrlich währt am längsten
sagte die tanne zur plastikimitation. (1983)

Manfred Hausin, *Hausinaden*, S. 32. Auch ders., *Verboten*, S. 44.

25. Ehrlich dauert am längsten. (1984)

Luise Lemke, *Besser jut*, S. 108.

26. Ewing währt am längsten. (1984)

Eduard Moriz, *Intim*, o. S.

27. Hörig währt am längsten. (1984)

Claudia Glismann, *Edel*, o. S. Auch Angelika Franz, *Sprüche*, S. 216.

28. Sicher fährt am längsten. (1984)

ADAC Motorwelt, Nr. 10/Oktober 1984, S. 48.

29. Wenn Ehrlichkeit am längsten währen würde, würde es nicht so viele Lügner geben. (1984)

J. Bloberger, *Bemerktes*, S. 9.

30. Zärtlich währt am längsten. (1984)

J. Bloberger, *Bemerktes*, S. 14.

31. Ehrlich währt am längsten, solange man aus ehrlicher Überzeugung lügt. (1985)

Gerhard Uhlenbruck, *Eigenliebe*, S. 11.

32. Ehrlichkeit währt am längsten.
Ja, sie ist sehr langsam. (1985)

André Brie, *Anfang*, S. 11. Auch ders., *Wahrheit/Anfang*, S. 78.

33. Häßlich währt am längsten. (1985)

Ralf Bülow, *Phantasie*, o. S.

34. Sauber lebt am längsten. (1985)

Der Spiegel, Nr. 37/9. 11. 1985, S. 11.

35. Das Motto der Nordsee:
Ölig währt am längsten. (1986)

Bernd Thomsen, *Polit*, o. S.

36. Durchfall gärt am längsten. (1986)

Bernd Thomsen, *Pissen*, o. S.

37. Ehrgeiz währt am längsten. (1986)

Andreas Bender, *Gelegenheit*, o. S.

38. Ehrlich wartet am längsten. (1986)

Silvia Schubert, zitiert aus Ingetraud Skirecki, *Troja*, S. 115.

39. Erich fährt am längsten.
(Fernfahrerweisheit). (1986)

Karl-Ludwig Bickerle, *Gedankensprünge*, S. 23.

40. Ehelich währt am längsten,
aber vorehelich macht's viel mehr Spaß. (1987)

Angelika Franz, *Sprüche*, S. 32.

41. Ehrlich währt im Sprichwort am längsten. (1987)

Felix Renner, *Leine*, S. 27.

42. Ehrlich hat die längste Zeit gewährt. (Vor 1989)

Wolfgang Mocker; zitiert aus Gabriele Berthel, *Kurz*, S. 146.

43. Ohn-Macht oder ehrlich wartet am längsten. (1989)

Bernd Müller, *Ohn-Macht oder ehrlich wartet am längsten. Kritische Geschichten aus der DDR*. Böblingen: Tykve, 1989.

44. Vorehelich währt am längsten. (1989)

Die Weltwoche, Nr. 5/2. 2. 1989, S. 63.

45. Urlaub währt am längsten. (1990)

Thomas Lardon (Hrsg.), *Urlaub währt am längsten. Die schönsten Geschichten von Sonne, Meer und freier Zeit*, Marburg an der Lahn: Francke, 1990.

46. Ehelich währt am längsten, sagte das Mädchen, auch wenn man den kürzeren dabei zieht. (1996)

Gerhard Uhlenbruck, *Nichtzutreffendes*, S. 93.

47. Ehrlich währt am längsten, vorausgesetzt man fängt nicht sich selbst gegenüber damit an! (1996)

Gerhard Uhlenbruck, *Nichtzutreffendes*, S. 35.

48. Schadenfreue ist ehrlich – und ehrlich währt am längsten. (1996)

Gerhard Uhlenbruck, „Hirnbissig", S. 460.

EIGENLOB

„Eigenlob stinkt."

1. Man sagt: „Eitles Eigenlob stinket." Das mag sein; was aber fremder und ungerechter Tadel für einen Geruch habe, dafür hat das Publikum keine Nase. (Um 1815)

Johann Wolfgang von Goethe, *Maximen und Reflexionen*, Hamburger Ausgabe, Bd. 12, S. 523.

2. „Eigen Lob stinkt"; ein Sprichwort, das in manchem Sinne zu begränzen ist. Abgesehen davon, – was schon einer Besserer [vgl. Goethe unter Nr. 1] gesagt hat – daß fremder Tadel auch nicht gut riecht, – kann sich die Bildung und der Werth, das Selbstbewußtsein verbergen? Und weiß irgend wer, was ein tüchtiger Mensch vermag und leistet, so zu begreifen, wie dieser selbst? Nein, nein! Das *Anch'io* des Corregio verdient Ehrfurcht, und wenn Einer, was immer, recht kann und versteht, so mag er's nur immer mit freudigem Behagen bekennen, wie es die Helden Homers gethan; mag immer sich seines Werthes vor den Seinen freuen, und sagen; „Das haben mir die Götter gegönnt. – das hab' ich aus mir gemacht!" Hinter jeder Selbster-

niedrigung verbirgt sich etwas, – selten etwas Gutes. – Aechte Bescheidenheit ist: Zu wissen und nicht zu beginnen, was man nicht vermag, und zu schweigen, wo Thoren prahlen. (Vor 1849)

Ernst Freiherr von Feuchtersleben, *Werke*, Bd. 3, S. 220 f.

3. Eigenlob stinkt, darum geh nie ohne Kölnerwasser in eine Künstlergesellschaft. (Um 1850)

   Moritz Gottlieb Saphir, *Leier*, S. 87.

4. Eigentor stinkt. (1974)

   Hörzu, Nr. 27/6.–12. 7. 1974, S. 3. Auch Wolfgang Willnat, *Sprüche*, S. 98; Bernd Thomsen, *Pissen*, o. S.

5. „Eigenlob stinkt", sagte Muhammad Ali und hielt sich die Nase zu. (1977)

   Markus Ronner, *Moment*, S. 26.

6. Eigenlob schminkt. (1978)

   Werner Mitsch, *Spinnen*, S. 90.

7. Der einzige Gestank, den wir immer zu ertragen imstande sind, ist das Eigenlob. (1979)

   Gerhard Uhlenbruck, *Einfach*, S. 37.

8. Kongreßgebäude sollten eine gute Klima-Anlage haben, wegen des Eigenlobs. (1979)

   Gerhard Uhlenbruck, *Einfach*, S. 74.

9. Eigenlob stinkt. Das Lob der anderen ist parfümiert. (1983)

   Peter Oprei, *Bedenkliches*, S. 43.

10. Eigenluft stinkt. (1983)

    Winfried Bornemann, *Blödel*, o. S.

11. Es ist nicht alles Eigenlob, was stinkt. (1983)

    Winfried Bornemann, *Blödel*, o. S.

12. Eigenlob stimmt. (1984)

    Eduard Moriz, *Dings*, o. S. Auch in Elisabeth Blay, *Tropfen*, o. S.

13. In der ersten Klasse erklärt der Lehrer das Sprichwort: „Eigenlob stinkt."
Da ruft Magnus: „Der Markus lobt sich!" (1985)

Christian Roman, *Reden*, o. S.

14. Eigenlob stinkt, aber hier riecht's auch nicht nach Flieder. (1986)

Bernd Thomsen, *Pissen*, o. S.

15. Nicht das Eigenlob selbst stinkt, sondern das, was die Menschen schändet und sie zwingt, sich selbst zu loben. (1989)

Günter Rizy, *Funken*, S. 21.

16. Eigenlob – der einzige Gestank, der für manch einen lieblich duftet. (1990)

Fritz Herdi, *Witz*, S. 105.

17. Eigenlob duftet, Nachbarin, euer Fläschchen! (1991)

Werner Kraft, *Sätze*, S. 48.

18. Eigenlob stinkt. Aber angenehm. (1992)

Manfred Strahl, *Hiebe*, S. 57.

19. Mundgeruch: Eigenlob stinkt – den anderen! (1996)

Gerhard Uhlenbruck, *Nichtzutreffendes*, S. 47.

EILEN

„Eile mit Weile."

1. *Die Geschminkte*

Wie golden ist die Regel nicht:
Man eile nur mit Weile!
Jüngst eilt' Annette fort, und über dieser Eile
Vergaß sie ihr Gesicht. (Vor 1779)

Peter Wilhelm Hensler, zitiert aus Klemens Altmann, *Epigramme*, S. 169.

2. „Ich bin jetzt wirklich unruhig, daß solang' vom Kriegsschauplatz keine neue Entscheidung g'meldet wird!" „Nur Geduld, lieber Freund, da heißt's eben 'Keile mit Weile'." (1914)

Fliegende Blätter, 141, Nr. 3613/1914, S. 201.

3. Eile ist des Witzes Weile. (1919)

Kurt Schwitters, *Werk*, S. 170. Auch als Titel eines Buches von Christina Weiß u. Karl Riha (Hrsg.), *Kurt Schwitters: „Eile ist des Witzes Weil." Eine Auswahl aus den Texten*, Stuttgart: Reclam, 1995.

4. Eile mit Keile. (1929)

Alfred Döblin, *Alexanderplatz*, S. 114.

5. *etüde in f*

eile mit feile
eile mit feile
eile mit feile
durch den fald

[. . .]

eile mit feile
eile mit feile

auf den fellen
feiter meere.

[. . .]

eile mit feile
auf den fellen
feiter meere
feiter meere

[. . .] (1966)

Ernst Jandl, *Falamaleikum*, S. 8 f.

6. „Eile mit Weile" sagt man in Schwaben, wo man es noch versteht, ein Eile in aller Ruhe zu verspeisen. Aus derselben Gegend stammt übrigens auch die Redensart „Wer ei sagt, muß auch freilich sagen". (1975)

   Joachim Schwedhelm, zitiert aus *Die Zeit*, Nr. 14/4. 4. 1975, S. 23.

7. Eile ohne Weile. (1976)

   Die Zeit, Nr. 10/5. 3. 1976, S. 1.

8. Weile ohne Eile. (1981)

   Die Weltwoche, Nr. 24/10. 6. 1981, S. 19.

9. Für den Gefängnisinsassen: „Feile mit Weile!" (1982)

   Fritz Herdi, zitiert aus *Nebelspalter*, Nr. 42/19. 10. 1982, S. 2.

10. Eile mit Weile, sagte der zweite zum Spitzenreiter. (1983)

    Peter Tille, *Sommersprossen*, S. 12.

11. Eile mit Weile: unser Ziel ist der Jüngste Tag. (1983)

    Žarko Petan, *Sintflut*, S. 5.

12. Geile mit Weile. (1984)

    Eduard Moriz, *Intim*, o. S.

13. *Weile mit Eile*

    Wer lange weilt, gerät in Eile,
    und das vertreibt die Langeweile.
    Wer kurz verweilt und sich beeilt,
    ist wer, der sich nicht langeweilt. (1986)

    Karl-Ludwig Bickerle, *Gedankensprünge*, S. 70.

14. *Start*

Eile mit Weile – aber begib dich auf den Weg! (1988)

Hans Hollweg, *Kürze*, S. 161.

15. Kuraufenthalt: Heile mit Weile. (1996)

Gerhard Uhlenbruck, *Nichtzutreffendes*, S. 17.

EINMAL

„Einmal ist keinmal."

1. *Einmal ist keinmal*

Dies ist das erlogenste und schlimmste unter allen Sprichwörtern, und wer es gemacht hat, der war ein schlechter Rechnungsmeister oder ein boshafter. *Einmal* ist wenigstens *einmal*, und daran läßt sich nichts abmarkten. Wer *einmal* gestohlen hat, der kann sein Leben lang nimmer mit Wahrheit und mit frohem Herzen sagen: Gottlob! ich habe mich nie an fremdem Gut vergriffen, und wenn der Dieb erhascht und gehenkt wird, alsdann ist einmal nicht keinmal. Aber das ist noch nicht alles, sondern man kann meistens mit Wahrheit sagen: *„Einmal ist zehnmal und hundert- und tausendmal."* Denn wer Böses einmal angefangen hat, der setzt es gemeiniglich auch fort. Wer A gesagt hat, der sagt auch gern B, und alsdann tritt zuletzt ein anderes Sprichwort ein, *„daß der Krug so lange zum Brunnen geht, bis er bricht"*. (1811)

Johann Peter Hebel, *Werke*, Bd. 2, S. 85.

2. Das Sprichwort: „Einmal – keinmal", gilt nicht von der Leidenschaft; hat sie einmal A gesagt, so sagt sie auch B, und geht nach Umständen durch das ganze Alphabet bis zum Y oder Z. Wer einmal genascht hat, nascht hundert Mal; denn der Appetit kommt im Essen. Wer einmal regiert, oder eigentlich geherrscht hat, will fortherrschen, und wenn man ihn auf Elba oder Helena einsperrt. Der Krug geht so lange zu Wasser, bis er bricht, oder, wie die Mädchen am besten wissen, voll ist. Wer einmal gestohlen hat, stiehlt gern wieder, und geht's ins Zuchthaus, so ist *Einmal* gewiß nicht – *keinmal*. (Um 1860)

Karl Friedrich Wilhelm Wander, *Sprichwörterbrevier*, S. 153.

3. „Einmal ist zweimal!" Verbürgte Äußerung des Vaters der siamesischen Zwillinge. (1965)

Robert Gernhardt, *Welt*, S. 43.

4. Das Motto der Experimentalwissenschaften: Einmal ist keinmal, zweimal ist immer. (1970)

   Erwin Chargaff, *Bemerkungen*, S. 123.

5. „Einmal ist keinmal“ für den Henker, nie für sein Opfer. (1970)

   Hans Kudszus, *Jaworte*, S. 20.

6. „Einmal ist keinmal!“ Ich kenne so ein „Keinmal“. Es heißt: Karl-Heinz! (1970)

   Rudolf Rolfs, *Inventur*, S. 162.

7. Einmal ist keinmal! (?) Wie oft darf ich Ihren Beerdigungen beiwohnen? (1970)

   Rudolf Rolfs, *Inventur*, S. 162.

8. Einmal ist keinmal: das Einmaleins der Ignoranten und Schlendriane. (1971)

   Othmar Capellmann, *Güte*, S. 25.

9. „Einmal ist keinmal“, sagte die Jungfrau und blieb’s. (1977)

   Markus Ronner, *Moment*, S. 8.

10. Einmal ist nicht oft und zweimal nicht immer. (1983)

    Uwe Gruhle und Dö Van Volxem, *Lexikon*, S. 92.

11. *Sünde*

    Einmal ist keinmal. Aber schon zweimal ist ein für allemal. (1985)

    Herbert Eisenreich, *Groschenweisheiten*, S. 100.

12. Einmal war schon Kain-Mal. (1987)

    Günter Radtke, *Gedanken*, S. 86.

EISEN

„Man muß das Eisen schmieden, solange es heiß ist.“

1. „Man muß das Eisen schmieden, so lange es warm ist.“ So denkt das Schicksal, und schmiedet auf manchen Menschen unaufhör-

lich herum, weil sie, so lange gehämmert wird, gar nicht kalt werden können. (Um 1860)

Karl Friedrich Wilhelm Wander, *Sprichwortbrevier*, S. 37.

2. Man soll das Eisen schmieden mit jedem Feuer. Vorausgesetzt, daß man Eisen hat. (Vor 1945)

   Georg Kaiser, *Werke*, Bd. 4, S. 635.

3. Man soll keine Eheringe schmieden, solange die Liebe heiß ist. (1977)

   Gerhard Uhlenbruck, *Netz*, S. 3.

4. Schmiede das Eisen, solange du glühst. (1981)

   Manfred Hinrich, „Sätze“, S. 173.

5. Schmiede das Eisen wie dich selbst und liebe deinen Nachbarn, so lange er noch warm ist. (1983)

   Morgenpost, 11. 1. 1983, o. S.

6. Schmiede das Eisen wie Dich selbst, und liebe Deinen Nächsten, so lange er (noch) warm ist. (1983)

   Klaus Sochatzy, *Dauer*, S. 90. Auch in Eduard Moriz, *Intim*, o. S.

7. Schmiede die heißen Eisen, solange du glühst, sonst wirst du dir die Finger dabei verbrennen. (1984)

   Werner Ehrenforth, *Eintagsfliege*, S. 31.

8. Man muß das Eisen schmieden, solange es einen nicht kaltläßt. (1985)

   André Brie, *Anfang*, S. 36. Auch ders., *Wahrheit/Anfang*, S. 104.

9. Auch Pläne soll man schmieden, solange sie noch heiß sind. (Vor 1986)

   Thomas Trautmann, zitiert aus Ingetraud Skirecki, *Troja*, S. 187.

10. Schmiede die Meisen, solange sie warm sind. (1987)

    Saskia Schlesinger, *Lenz*, o. S.

11. Man muß die Verse schmieden, solange sie heiß sind. (Vor 1989)

    Thomas Spanier; zitiert aus Gabriele Berthel, *Kurz*, S. 60.

ENDE

„Ende gut, alles gut.“

1. *Happy end, d. h. Ende gut*

   Wenn zwei zum Schluß sich kriegen, sprecht:
   Ende gut – alles schlecht. (Um 1950)

   Erich Kästner, *Gedichte*, S. 337. Die letzte Zeile auch *Die Zeit*, Nr. 35/28. 8. 1971, S. 1.

2. *Der Selbstzweck des Tragischen*

   Es schwimmt der Held im eignen Blut?
   Ende schlimm – alles gut! (Um 1950)

   Erich Kästner, *Gedichte*, S. 337.

3. Rente gut – alles gut. (1957)

   Simplicissimus, Nr. 5/2. 2. 1957, S. 65. Auch *Hörzu*, Nr. 12/19. 3. 1973, S. 3; Heinrich Schröter, *Lust*, S. 21; Werner Mitsch, *Spinnen*, S. 91; *Die Zeit*, Nr. 51/24. 12. 1982, S. 7; W. Mitsch, *Wal*, o. S.; Otto Wicki, *Sentenzen*, S. 17.

4. Ende gut, manches gut. (1971)

   Die Zeit, Nr. 43/26. 10. 1971, S. 9.

5. Kalender gut – alles gut! (1973)

   Der Spiegel, Nr. 17/23. 4. 1973, S. 38.

6. „Ende gut, alles gut“, sagte der Sterbende, als ihm die Lottozahlen mitgeteilt wurden. (1974)

   Stern, Nr. 37/5. 9. 1974, S. 101.

7. „Ernte gut, alles schlecht“, sagen die Bauern, wenn sie ihre Erzeugnisse wegen der anhaltenden Überschußsituation nicht in die Scheuer, sondern zur Müllkippe fahren müssen. Wohl dem, der mit einer Mißernte aufwarten kann. (1974)

   Joachim Schwedhelm, zitiert aus *Die Zeit*, Nr. 38/20. 9. 1974, S. 23.

8. *inter Rent*

   Auto gut – alles gut. (1974)

   Der Spiegel, Nr. 48/24. 11. 1974, S. 55.

9. Käse gut – alles gut! (1974)

Für Sie, Nr. 25/29. 11. 1974, S. 94.

10. „Ende gut, alles gut" stimmt nicht unbedingt. Vor allem bei Wurstwaren sollte man darauf achten, daß sie auch an anderen Stellen in Ordnung sind. (1975)

Hörzu, Nr. 45/9.–15. 11. 1975, S. 3.

11. Ende gut – Anfang gut. (1975)

Der Spiegel, Nr. 52/22. 12. 1975, S. 42–43.

12. Magen gut, alles gut! (1975)

Hörzu, Nr. 49/29. 11.–5. 12. 1975, S. 37.

13. *Polen-Verträge*

Ende gut – nicht alles gut. (1976)

Hannoversche Allgemeine Zeitung, 18. 3. 1976, S. 2.

Ende gut – nicht alles gut (aus: Frankfurter Allgemeine)

ENDE 13

14. Dividende gut, alles gut. (1977)

Heinrich Schröter, *Lust*, S. 21. Auch Claudia Glismann, *Edel*, o. S.; Bernd Thomsen, *Neue Büro-Sprüche*, o. S.; ders., *Polit*, o. S.; *Die Weltwoche*, Nr. 26/25. 6. 1992, S. 51.

15. Kreislauf gut, alles gut? (1977)

Gerhard Uhlenbruck, *Netz*, S. 127. Auch ders., *Medizinische Aphorismen*, S. 34.

16. Ente gut – Zeitung gut. (1978)

Werner Mitsch, *Spinnen*, S. 95.

17. Ernte gut, alles gut? (1979)

Der Spiegel, Nr. 12/19. 3. 1979, S. 254.

18. Ente gut, alles gut. (1980)

Hans Weigel, *Kulinarisches*, S. 225. Auch *Dumme Sprüche für Gescheite: Wandsprüch'-Kalender 1981* (Jan). München: Heye, 1981; *Bild*, 4. 3. 1988, S. 21; Werbeblatt für „Wienerwald"-Restaurants 1990.

19. *Tradition*

Ende gut, alles Blut
sagt der Schlächter
denn mir ist alles Wurst
seit ich fünfzehn war
da nahm mich Vater in die Lehre
und da gabs nichts
zwischen Schinken und Speck
und statt aufs Meer
fuhr ich mitm Messer
durchs Fleisch
und vergaß bald
und wurde zufrieden
und mein Junge
wird wie ich. (1980)

Gerd Adloff, „Freundlichkeit", S. 53.

20. Strandgut, alles gut! (1982)

Klaus Sochatzy, *Anarchie*, S. 89.

21. Wetter gut, alles gut. (1982)

Der Spiegel, Nr. 20/17. 5. 1982, S. 29.

22. Fahrlehrers Sprichwort: Wende gut, alles gut! (1983)

Fritz Herdi, zitiert aus *Nebelspalter*, Nr. 4/25. 1. 1983, S. 2. Auch in Eduard Moriz, *Dings*, o. S.; Andreas Bender, *Socken*, o. S.

23. Ende gut, alles gut. Eingesargt, ausgesorgt? (1984)

Werner Mitsch, *Grund*, S. 75.

24. Ende gut, alles putt. (1985)

Ralf Bülow, *Phantasie*, o. S.

25. Mehl gut, alles gut. Aurora. (1985)

Journal für die Frau, Nr. 7/20. 3. 1985, S. 113.

26. Ende gut, alles gut! dachte der Sterbende, als ihm die Lottozahlen mitgeteilt wurden. (1987)

Hans Gamber, *Frech*, S. 116.

27. Ende gut, alles Wut. (1987)

Saskia Schlesinger, *Lenz*, o. S.

28. Lende gut, alles gut. (1987)

Andreas Bender, *Socken*, o. S.

29. Sauce gut – alles gut. (1987)

Hörzu, Nr. 22/22. 5. 1987, S. 111.

30. Ende gut, alles falsch. (1988)

Süddeutsche Zeitung, 11. 1. 1988, S. 25.

31. „Ende gut, alles gut“ ist Unsinn, denn jedes *Ende* ist ein Anfang. (1991)

Zoltán Bezerédj, *Aphorismen*, S. 31.

FEST

„Man muß die Feste feiern, wie sie fallen."

1. Man soll die Früchte feiern wie sie fallen ... (1969)

   Der Spiegel, Nr. 44/27. 10. 1969, S. 187.

2. „Man muß die Toten feiern wie sie fallen", pflegte unser stets besoffener Pfarrer zu lallen, bevor er seine Haushälterin zum Kreischen brachte. (1971)

   Karl Hoche, *Schreibmaschinentypen*, S. 15.

3. Mann muß die Feste feiern, wie die Mädchen fallen. (1972)

   Praline, Nr. 53/27. 12. 1972, S. 12.

4. „Man muß die Feste feiern, wie sie fallen", sagte der Vergnügungssüchtige, als er an seinem Geburtstag auf zwei Hochzeiten tanzte. (1974)

   Stern, Nr. 9/21. 2. 1974, S. 74.

FEST 1

5. Man soll die Tore feiern, wie sie fallen. (1975)

Hörzu, Nr. 51/20.–26. 12. 1975, S. 127.

6. Man soll die Tore so feurig feiern, wie sie fallen. (1976)

Stern, Nr. 50/2. 12. 1976, S. 209.

7. Man soll die Feste feiern nach Gefallen. (1977)

Heinrich Schröter, *Lust*, S. 24.

8. Für alle, die die Würfel feiern wie sie fallen. (1978)

Stern, Nr. 45/2. 11. 1978, S. 184.

9. Man soll die Feinde lieben wie sie fallen. (1978)

Werner Mitsch, *Spinnen*, S. 93. Auch ders., *Wal*, o. S.

10. Man soll die Gäste feuern wie sie fallen. (1978)

Werner Mitsch, *Spinnen*, S. 90.

11. Man muß nicht fallen, wenn man Feste feiert. (1979)

Gerhard Uhlenbruck, *Einfach*, S. 24.

12. Man muß die Gäste feuern wenn sie fallen. (1983)

Morgenpost, 21. 1. 1983, o. S.

13. Man muß die Feste feiern, wie die Mädchen fallen. (1984)

Claudia Glismann, *Schüler*, o. S. Auch Bernd Thomsen, *Neue Büro-Sprüche*, o. S.

14. Man muß die Gäste feiern, wie sie fallen. (1984)

Werner Ehrenforth, *Eintagsfliege*, S. 24. Auch Andreas Bender, *Socken*, o. S.

15. Man muß die Tore feiern, wie sie fallen. (1984)

Claudia Glismann, *Schüler*, o. S.

16. Man soll die Gäste feuern, wenn sie lallen. (1984)

Karl Heinz Rauchberger u. Ulf Harten, *Sprüche*, S. 21.

17. Man muß die Frauen feiern wie sie fallen. (1985)

Eduard Moriz, *Beziehungskiste*, o. S.

18. Man muß die Betriebsfeste feiern, bis wir fallen. (1986)

    Bern Thomsen, *Neue Büro-Sprüche*, o. S.

19. Man soll die Titten feiern, wie sie fallen. (1986)

    Bernd Thomsen, *Pissen*, o. S.

20. *ritterweisheit*

    man muß die feste feiern
    wie sie fällt. (1987)

    Manfred Hausin, *Verboten*, S. 48.

21. Man soll die Feste feiern, bis die Fetzen fliegen. (1988)

    Werner Mitsch, *Neue Hin-Sprüche*, S. 81.

22. Manche Feste sollte man feiern, wenn sie ausfallen. (Vor 1989)

    Ronald Jannasch, zitiert aus Gabriele Berthel, *Kurz*, S. 172.

23. Man soll die Fürsten feiern wie sie fallen. Vorher ist's nicht möglich, hinterher nicht notwendig. (1990)

    Werner Ehrenforth, *Sitzbeschwerden*, S. 86.

FINGER

„Wenn man einem den kleinen Finger bietet (reicht), so nimmt er die ganze Hand."

1. Gibt man der Frau den kleinen Finger, nimmt sie die ganze Hand eines andern. (1965)

    Herbst Eisenreich, *Adam*, S. 53.

2. Reich ihr den kleinen Penis, nimmt sie gleich den ganzen Schwanz! (1970)

    Rudolf Rolfs, *Inventur*, S. 120.

3. *lustlehre*

    gibt man
    dem lusthebel
    den kleinen finger
    so will er gleich
    die ganze hand

gibt man
der scheide
die eichel
so will sie gleich
das ganze glied. (1974)

Heinrich Retörsch, *Peni-Vagi*, S. 23. Auch Heinz Hütter, *Eros*, S. 68.

4. Bei manchen Frauen muß man die ganze Hand nehmen, wenn man nur den kleinen Finger haben will. (1978)

   Werner Mitsch, *Spinnen*, S. 60.

5. Wenn er Ihnen schon einen kleinen Grand Marnier reicht, warum nehmen Sie nicht die ganze Hand? (1978)

   Stern, Nr. 46/9. 11. 1978, S. 148.

6. Wenn man dem Teufel einen Finger reicht, gibt er einem die ganze Hand. (1978)

   Erwin Chargaff, *Bemerkungen*, S. 159.

7. Wenn man einem Schauspieler den kleinen Finger reicht, will er gleich den ganzen Faust. (1978)

   Werner Mitsch, *Spinnen*, S. 20. Auch Claudia Glismann, *Edel*, o. S.

8. Eine Frau muß einem Mann mehr als nur einen Finger geben, wenn er sie um die Hand bitten soll. (1979)

   Žarko Petan, *Kopf*, S. 80.

9. Wenn man einem Chirurgen den kleinen Finger reicht, will er gleich die ganze Hand. (1979)

   Werner Mitsch, *Fische*, S. 77.

10. Wenn du schon jemandem den kleinen Finger bietest, dann aber den erhobenen. (1981)

    Žarko Petan, *Himmel*, S. 142.

11. Er gab ihr den kleinen Finger. Und sie fraß ihm aus der Hand. (1984)

    Werner Mitsch, *Grund*, S. 113.

12. Gib ihnen den kleinen Finger und sie drohen dir mit der Faust. (1984)

    Werner Mitsch, *Grund*, S. 90.

13. Sie gab ihm so lange ihren kleinen Finger, bis er um ihre Hand anhielt. (1984)

    Werner Mitsch, *Grund*, S. 17.

14. Wenn man dem Teufel die ganze Hand hinhält, nimmt er sich vorerst den kleinen Finger. (1984)

    Werner Ehrenforth, *Eintagsfliege*, S. 64.

15. Am besten wäre eine Entwicklungshilfe, die sagt: Hört nicht auf uns! Macht es nur ja nicht wie wir! Hütet euch davor, uns auch nur den kleinen Finger zu geben! (1985)

    Kurt Marti, *Schilfgräser*, o. S.

16. Du reichst ihnen die ganze Hand, und sie nehmen den kleinen Finger. Wer konnte ahnen, daß sie derart unverschämt sind? (1987)

    Nikolaus Cybinski, *Unfreiheit*, S. 20.

FLEISS

„Ohne Fleiß kein Preis."

1. Ohn Fleiß kein Wein. (1966)

    Hermann Kant, *Aula*, S. 283.

2. Ohne Preis kein Fleiß. (1971)

    Die Zeit, Nr. 37/14. 9. 1971, S. 2. Auch Bernd Thomsen, *Neue Büro-Sprüche*, o. S.; Rolf Steiffert, zitiert aus Gabriele Berthel, *Kurz*, S. 100; Beate Kuckertz, *Büro*, o. S.

3. Ohne Preis kein Sieg. (1971)

    Die Zeit, Nr. 50/14. 12. 1971, S. 15.

4. Ohne Fleiß kein Reis! (1974)

    Hörzu, Nr. 23/8.–14. 6. 1974, S. 5. Auch *Die Zeit*, Nr. 35/31. 8. 1984, S. 5.

5. *Handelsdeutsch*

    Ohne Fleiß keinen Preis.
    Ohne Bankkonto keine Zinsen. (1977)

    Gregori Latsch, *Denksplitter*, S. 34.

6. Jeder Fleiß hat seinen Preis. (1977)

Guido Hildebrandt, *Hohn*, S. 35.

7. Ohne Schweiß kein Preis: Spitzensportler, nicht Spritzensportler. (1977)

Gerhard Uhlenbruck, *Netz*, S. 123.

8. Neuer Handwerkerspruch: Ohne Preis kein Fleiß. (1978)

Jorg Schröder, *Findling*, S. 86. Auch Eckart Krumbholz, *Blatt*, S. 77.

9. *Ohne Preis kein Fleiß.* Oder: Die Verziehung des Menschengeschlechts. Die Pädagogik ist die käuflichste der Wissenschaften. (1979)

Nikolaus Cybinski, *Werden*, S. 60.

10. Ohne Fleiß kein Preis. Und ohne Leim kein Reim. (1980)

Werner Mitsch, *Pferde*, S. 118. Auch ders., *Wal*, o. S.

11. Ohne Fleiß kein Preuß. (1980)

Wolfgang Tilgner, zitiert aus André Brie, *Weisheit*, S. 133.

12. Ohne Saft kein Kraft. (1981)

Dumme Sprüche für Gescheite: Wandsprüch'-Kalender 1981 (Dez.), München: Heye, 1981.

FLEISS 15

13. Ohne Scheiß kein Preis. (1983)

Stefan Knorr und Rainer Witt, *Vorurteile*, S. 76.

14. Ohne Fleiß kein Preis.
Heute: Ohne Preis kein Fleiß. (1984)

Siegfried Gloose, *Einfälle*, S. 64.

15. Ohne Fleiß kein Scheiß! (1984)

Otto Waalkes, *Zweites Buch Otto*, S. 146. Auch Bernd Thomsen, *Pissen*, o. S.

16. Ohne Spende keine Wende. (1984)

Ralf Bülow, *Graffiti*, o. S.

17. Ohne Eis kein Preis. (1986)

Frau mit Herz, Nr. 13/19. 3. 1986, S. 40.

18. Ohne Preis kein Scheiß. (1986)

Bernd Thomsen, *Pissen*, o. S.

19. Ohne Fleiß kein Verschleiß. (1987)

Angelika Franz, *Sprüche*, S. 144. Auch Saskia Schlesinger, *Lenz*, o. S.; A. Franz, *Nix*, o. S.; Beate Kuckertz, *Büro*, o. S.

FRAU

„Eine Frau ohne Mann ist eine Rebe ohne Pfahl, eine Flasche ohne Stöpsel, ein Schloß ohne Klinke."

1. Eine emanzipierte Frau ohne Weltschmerz ist wie ein Meteorologe ohne Ischias. (1980)

Werner Mitsch, *Pferde*, S. 48.

2. Eine Frau ohne Grillen ist wie ein Brot ohne Kruste. (1980)

Werner Mitsch, *Pferde*, S. 92. Auch *Süddeutsche Zeitung*, Nr. 215/19.–20. 9. 1981, S. 132.

3. Eine Frau ohne Grillen ist wie ein Hund ohne Flöhe. (1980)

Werner Mitsch, *Pferde*, S. 17.

4. Ein Bier ohne Alkohol ist wie eine Hochzeit ohne Braut. (1981)

   Werner Mitsch, *Hunde*, S. 95.

5. An einer Aufzugswand las er: „Frauen ohne Männer sind wie Fische ohne Fahrrad." „Genau", dachte er wohlgefällig, „was wären sie denn schon ohne uns!" (1981)

   Klaus Sochatzy, „Reflexionen", S. 26.

6. Eine Frau ohne Mann ist wie ein Fisch ohne Fahrrad. (1981)

   Jürgen Zinnecker, „Wandsprüche", S. 449. Auch Albert Schmude, *Freiheit*, S. 25; Frieder Stöckle, *Ätsch*, S. 57; Hans Gamber, *Graffiti*, o. S.; *Morgenpost*, 20. 1. 1983, o. S.; Manfred Limmroth, *Sprüche*, o. S.; Karl Heinz Rauchberger u. Ulf Harten, *Sprüche*, S. 27; Renate Neumann, *Schreiben*, S. 273; Angelika Franz, *Sprüche*, S. 45; Saskia Schlesinger, *Lenz*, o. S.

7. Ein Leben ohne Humor ist wie eine Kindstaufe ohne Säugling. (1982)

   Werner Mitsch, *Bienen*, S. 73.

8. Eine Braut ohne Mitgift ist wie eine Bank ohne Lehne. (1982)

   Werner Mitsch, *Bienen*, S. 32. Auch ders., *Hin und Wider*, S. 46.

9. Eine Frau ohne Mann ist wie ein Fisch ohne Velo. (1982)

   Hans Schnetzler, zitiert aus *Nebelspalter*, Nr. 18/4. 5. 1982, S. 58.

10. Eine Frau ohne Mann ist wie eine Katze ohne Stahlhelm. (1982)

    Werner Mitsch, *Bienen*, S. 119. Auch ders., *Wal*, o. S.

11. Frauen haben Männer so nötig wie Fische ein Fahrrad. (1982)

    Torsten Capelle, *Dativ*, S. 106. Auch Claus Peter Müller-Thurau, *Schnekke*, S. 96.

12. Ein Fisch ohne Fahrrad ist wie eine Frau ohne Mann. (1983)

    Stefan Knorr und Rainer Witt, *Vorurteile*, S. 37.

13. Ein Frühstück ohne Ei ist wie eine Hochzeit ohne Braut. (1983)

    Werner Mitsch, *Schwarze*, S. 30.

14. *Eine Frau ohne Mann ist wie ein Fisch ohne Fahrrad*

    Eine Frau ohne Mann ist wie ein Fisch ohne Fahrrad.
    Auf der Universität habe ich es gelernt
    natürlich verbannt man dort solche Weisheit auf die Toilette

dort habe ich diesen klügsten Satz einer mehrjährigen Universitätsausbildung dann schließlich gefunden.
Nur, es ist wie mit allem was von der Universität kommt
nutzt mir nichts für mein Leben.
Wäre ich ein Fisch
ich bin sicher
manchmal wollte ich auch Fahrrad fahren
das ewige Schwimmen würde mir garantiert langweilig. (1983)

Margot Lang, zitiert aus Helmut Lamprecht, *Eis*, S. 70.

15. Eine Rose ohne Dornen ist wie eine Frau ohne Verwandtschaft. (1983)

    Hörzu, Nr. 19/6. 5. 1983, S. 3.

16. Ein Herr ohne Hut ist wie eine Dame ohne Schlüpfer. (1984)

    Werner Mitsch, *Grund*, S. 118.

17. Ein Chef ohne Bauch ist wie eine Nutte ohne Schoß. (1984)

    Werner Mitsch, *Grund*, S. 48.

18. Ein Mann ohne Frau ist wie ein Vogel ohne Brille. (1984)

    Hugo Ernst Käufer, *Kehrseiten*, S. 41.

19. Ein Mann ohne Knast ist wie ein Baum ohne Ast. (1984)

    Günter Hesse, *Wände*, Bd. 2, S. 151.

20. Ein Schüler ohne Schule ist wie ein Fisch ohne Roller. (1984)

    Ralf Bülow, *Graffiti*, o. S. Auch Elisabeth Blay, *Tropfen*, o. S.

21. Ein Seemann ohne Knast ist wie ein Schiff ohne Mast. (1984)

    Günter Hesse, *Wände*, Bd. 2, S. 145.

22. Eine Frau ohne Rückgrat ist wie eine Forelle ohne Gräten; man kann sie leicht vernaschen. (1984)

    Gerhard Uhlenbruck, *Mensch*, S. 33.

23. Eine Kuh ohne Milch ist wie ein Mensch ohne Neid. (1984)

    Ralf Bülow, *Graffiti*, o. S.

24. Eine Wand ohne Sprüche ist wie eine Suppe ohne Haare. (1984)

    Ralf Bülow, *Liebe*, o. S. Auch ders., *Bett*, o. S.

25. Ein Mann ohne Frau ist wie ein Kopf ohne Schmerzen. (1985)

Wolfgang Willnat, *Sprüche*, S. 106 f.

26. Das Volk braucht die SED wie der Fisch das Fahrrad. (1990)

Ewald Lang, *Wendehals*, S. 56.

27. Der Fisch ohne Fahrrad. (1990)

Elizabeth Dunkel, *Der Fisch ohne Fahrrad*. Roman, München: Droemer Knaur, 1990.

28. Eine Frau ohne Mann ist wie ein Fisch ohne Schwanz. (1991)

Ulrich Erckenbrecht, *Maximen*, S. 137.

29. Eine Frau ohne Mann ist wie eine Kutsche ohne Gespann. (1995)

Ulrich Erckenbrecht, *Katzenköppe*, S. 111.

FREIEN

„Jung gefreit hat nie(mand) gereut."

1. Jung gefreit, hat niemand gereut; kehrt man es aber um, so ist es – das gewöhnliche Schicksal solcher Sätze – mindestens ebenso richtig. (Um 1880)

Theodor Fontane, *Beleuchtung*, S. 124.

2. Frühes Leid hat stets gereut. (1977)

Guido Hildebrandt, *Hohn*, S. 37.

3. Zu früh gefreut, hat oft gereut. (1977)

Gerhard Uhlenbruck, *Netz*, S. 16.

4. Früh gesprüht, spät gereut. (1979)

Die Zeit, Nr. 51/21. 12. 1979, S. 20. Auch Bernd Thomsen, *Polit*, o. S.

5. Straßenmeister-Regel: Früh gestreut hat nie gereut. (1979)

Stuttgarter Zeitung, Nr. 24/30. 1. 1979, S. 6.

6. Jung gespart hat nie gereut. (1981)

Bunte, Nr. 4/21. 1. 1981, S. 39.

7. Spät gefreit, früh gereut. (1981)

Bunte, Nr. 11/5. 3. 1981, S. 64.

8. Spät gefreit und nicht bereut. (1982)

Die Zeit, Nr. 43/29. 10. 1982, S. 21.

9. Jung gefreit hat niemand gereut.
Zumindest nicht zu Beginn. (1984)

Siegfried Gloose, *Einfälle*, S. 65.

10. Jung gefreit, nie gereut.
Jung versichert, alles gesichert! (1985)

Aachener Versicherungsgruppe, *Sprachschätze*, S. 56.

11. Jung versichert und spät gefreit hat im Alter nie bereut. (1985)

Aachener Versicherungsgruppe, *Sprachschätze*, S. 52.

12. Jung gescheit hat noch niemand bereut. (1986)

Karl-Ludwig Bickerle, *Gedankensprünge*, S. 15.

GAUL

„Einem geschenkten Gaul schaut (sieht) man nicht ins Maul."

1. Dem geschenkten Gaul sollte man ins Maul sehen dürfen. (1938)

Charles Tschopp, *Aphorismen*, S. 11.

2. Einem beschränkten Gaul schaut man nicht ins Maul. (1978)

Werner Mitsch, *Spinnen*, S. 111.

3. Einem geschenkten Hund schaut man nicht in den Schlund. (1978)

Werner Mitsch, *Spinnen*, S. 95.

4. Konvertiten, Dissidenten: Einem geschenkten Saul schaut man nicht aufs Maul. (1978)

Hanns-Hermann Kersten, *Euphorismen*, S. 14.

5. Einem geschenkten Entsafter guckt man nicht in den After. (1983)

Winfried Bornemann, *Blödel*, o. S.

6. Einem geschenkten Gaul schaut man nicht ins Maul. Aber auf den Pferdefuß. (1983)

Ulrich Erckenbrecht, *Körnchen*, S. 18.

7. Einem trojanischen Gaul schau zuallererst in den Bauch! (1983)

Žarko Petan, *Sintflut*, S. 11.

8. Einem geschenkten Panzer schaut man nicht in die Kanone. (1984)

Eduard Moriz, *Intim*, o. S.

9. Einem geschenkten Gaul sieht man nicht ins Maul, es sei denn, man will ihn weiterverkaufen. (1985)

Ehrfried Siewers, zitiert aus *Südwest-Presse*, 12. 1. 1985, o. S.

10. Trojanisches Pferd: Einem geschenkten Gaul sollte man auch ins Maul gucken! (1987)

Gerhard Uhlenbruck, *Kaffee*, S. 97.

GEIST

„Ein gesunder Geist in einem gesunden Körper." „Mens sana in corpore sano."

1. Ein gesunder Geist in einem gesunden Körper ist die Volksausgabe einer verkörperten Vergeistigung. (1973)

Werner Schneyder, *Empfehlung*, S. 79. Auch zitiert Winfried Hönes, *Äskulap*, S. 18.

2. Mens sana in corpore sano = Wer in die Mensa geht, braucht einen gesunden Körper (Studentischer Merkspruch). (1975)

Hörzu, Nr. 45/9.–15. 11. 1975, S. 3. Auch Torsten Capelle, *Dativ*, S. 49; Christian Roman, *Reden*, o. S.

3. *Mens sana*

Bei der Bewertung des Sports
als Lebensertüchtigung
wurde ein Faktor bisher
zu gering veranschlagt.
Sport kräftigt nämlich
nicht nur den Körper,
sondern durch Verblödung

trägt er auch geistig dazu bei,
den Lebenskampf zu erleichtern. (Vor 1978)

Arnfrid Astel, *Rechtsstaat*, S. 32.

4. Mens sana in corpore sano? – Wieviel Dürftigkeit kann zwischen prallen Muskeln wohnen, welche Kraft in einem geschundenen Leib? (Vor 1980)

   Hans Kasper, zitiert aus Gerhard Uhlenbruck u. Hans-Horst Skupy, *Zitate*, S. 87.

5. Ein gesunder Geist in einem gesunden Körper? Eben davor graut mir. (1982)

   Nikolaus Cybinski, *Lande*, S. 28.

6. *Jogging*: Mens curatus in corpore currente. (1982)

   Gerhard Uhlenbruck, *Medizinische Aphorismen*, S. 29.

7. Mens sana in corpore sanella. (1983)

   Hans Gamber, *Graffiti*, o. S.

8. Mens sana in Campari soda. (1984)

   Ralf Bülow, *Graffiti*, o. S. Auch Angelika Franz, *Sprüche*, S. 348; Walter Kempowski, *Hundstage*, S. 144.

9. Mens sana in corpore sano: Der Student, der zur Mensa geht, braucht einen gesunden Körper. (1984)

   Claudia Glismann, *Edel*, o. S.

10. Mens sano in corpore sano: Wer zu McDonald's geht, braucht einen gesunden Körper. (1984)

    Claudia Glismann, *Schüler*, o. S. Auch Angelika Franz, *Sprüche*, S. 355; Elisabeth Blay, *Tropfen*, o. S.

11. Mens sana in corpore sano: Wer in der Mensa isst, braucht einen gesunden Körper. (1985)

    Wolfgang Willnat, *Sprüche*, S. 78.

12. Ein gesunder Himbeergeist in einem gesunden Körper. (1987)

    Andreas Bender, *Socken*, o. S.

13. Mens sana in corpore sano: Das Geistige wird im Menschen verkörpert, oder: Der Körper vermenschlicht das Geistige. (1987)

Gerhard Uhlenbruck, *Kaffee*, S. 85.

14. Mens sana in corpore sano: Das körperliche Sein bestimmt das geistige Bewußtsein. (1987)

Gerhard Uhlenbruck, *Kaffee*, S. 80.

15. *Das Gesunde*

Man hört so gar nichts mehr darüber, daß in einem gesunden Körper immer auch ein gesunder Geist wohnt, dieses mens sana war wohl etwas überanstrengt worden, diese Weisheit, das Antike macht auch immer alles so akademisch.

Gänzlich aber sollte man vielleicht auf dieses Thema doch nicht verzichten. Wie wär's mit: „In einem gesunden Apfel ist auch der Wurm gesund!", das müßte natürlich nun noch ins Lateinische übersetzt werden. (Vor 1990)

Horst Drescher, *Zirkus*, S. 45.

16. Mens sana in corpore sano? Nun ja, manchmal steckt in einem gesunden Körper ein ordentlich blöder Mensch. (1990)

Fritz Herdi, *Witz*, S. 28.

17. „Mens sana in corpore sano" wird von Studenten auch so übersetzt: „Wer in die Mensa geht, braucht einen gesunden Körper." (1990)

Fritz Herdi, *Witz*, S. 51.

18. Biophysikalische Therapie: Mens sana in corpore sauna. (1994)

Gerhard Uhlenbruck, „Homöopathie", S. 537. Auch ders., *Nichtzutreffendes*, S. 63.

19. In einem gesunden Körper ein gesunder Menschenverstand? (1994)

Gerhard Uhlenbruck, *Wahr*, S. 72.

20. In einem gesunden Körper ist deswegen ein gesunder Geist, weil er sich nicht dauernd mit den eigenen Krankheiten befassen muß. (1994)

Gerhard Uhlenbruck, *Medizinische Aphorismen*, 2. Aufl., S. 59.

21. Mens sana in corpore non solo: Psychoneuroimmunologische Aspekte der Sexualität. (1994)

Gerhard Uhlenbruck, *Medizinische Aphorismen*, 2. Aufl., S. 96.

22. Mens sana in corpore sano: Eine gesunde Psyche verkörpert sich in einem gesunden Organismus! (1994)

Gerhard Uhlenbruck, *Medizinische Aphorismen*, 2. Aufl., S. 95.

GELD (a)

„Geld macht nicht glücklich."

1. Geld allein macht nicht glücklich.
Wer fragt aber nach dem Glück, wenn er Geld hat! (1977)

Gregori Latsch, *Denksplitter*, S. 51.

2. Geld macht nicht glücklich, aber für Glück bekommt man nichts beim Metzger. (1977)

Robert Lembke, *Glashaus*, S. 14.

3. Geld macht nicht glücklich, aber es beruhigt ungemein. (1981)

Jürgen Zinnecker, „Wandsprüche", S. 453.

4. Geld macht nicht glücklich – aber es weint sich leichter. (1981)

Luise Lemke, *Lieber*, S. 34.

5. Geld macht nicht glücklich. Aber für eine Million könnte man ja etwas Unglück in Kauf nehmen! (1982)

René Hildbrand, *Arbeit*, S. 69.

6. Geld allein macht nicht glücklch, es muß einem auch gehören! (1984)

Karl Heinz Rauchberger u. Ulf Harten, *Sprüche*, S. 62.

7. Geld allein macht nicht glücklich – es muß uns auch gehören. (1984)

Iris Blaschzok, *Muse*, S. 70.

8. Geld macht nicht glücklich, aber man wird besser mit dem Unglück fertig, wenn man nicht arm ist. (1984)

Eduard Moriz, *Intim*, o. S.

9. Geld allein macht nicht glücklich, man muss es auch in der Schweiz haben. (1985)

Wolfgang Willnat, *Sprüche*, S. 112.

10. Geld allein macht nicht unglücklich. (1985)

Wolfgang Willnat, *Sprüche*, S. 75. Auch *Bild*, 29. 4. 1986, S. 2.

11. Geld macht nicht glücklich, aber es kann das Glück finanzieren. (1985)

Gerhard Uhlenbruck, *Eigenliebe*, S. 36. Auch ders., *Wahr*, S. 74.

12. Geld allein macht nicht ehrlich. (1986)

Bernd Thomsen, *Polit*, o. S.

13. Geld macht nicht glücklich, aber es macht das Unglücklichsein angenehmer. (1986)

Robert Lembke, *Fettnäpfchen*, S. 81.

14. Gott macht nicht glücklich. (1986)

Ralf Bülow, *Bett*, o. S.

15. Geld allein macht noch nicht unglücklich. (1987)

Wolfgang Mocker, *Canossa*, S. 13.

16. Geld macht nicht glücklich – und das beunruhigt! (1994)

Gerhard Uhlenbruck, „Homöopathie", S. 539. Auch ders., *Wahr*, S. 8; ders., *Nichtzutreffendes*, S. 94.

17. Geld macht nicht glücklich glaubt erst wer genug hat. (1995)

Clemens am Berg, *Kopfdisteln*, S. 71.

18. Geld macht nicht glücklich, aber es beruhigt. Eine sinnvolle Arbeit, mit der man das Geld verdient, kann jedoch beides. (1996)

Gerhard Uhlenbruck, *Nichtzutreffendes*, S. 17.

GELD (b)

„Geld regiert die Welt."

1. Nicht das Geld, der Neid regiert die Welt. (1964)

Curt Goetz, *Täglich*, S. 23.

2. Frauen mit Geld regieren die Welt. (1980)

Bunte, Nr. 38/11. 9. 1980, S. 35.

3. Geld regiert die Welt – auch die der Familie. (1980)

   Gerhard Uhlenbruck, *Nagel*, S. 34.

4. Geld regiert nicht die Welt, sondern die Regierungen der Welt. (1981)

   Gerhard Uhlenbruck, *Masche*, S. 67.

5. Geld regiert die Welt, sagte der Teufel und zückte sein Scheckbuch. (1983)

   Werner Mitsch, *Schwarze*, S. 12. Auch ders., *Hin und Wider*, S. 59.

6. Geld regiert die Welt. Und Kapital die High-society. (1984)

   Werner Mitsch, *Grund*, S. 96.

7. Geld regiert die Welt – und hat dieses Geschäft immer noch besser besorgt als Ideale. (1985)

   Hermann Funke, *Worte*, S. 31.

8. Geld regiert nicht mehr die Welt.
   Der Schein trügt. (Vor 1986)

   Wolfgang Mocker, zitiert aus Ingetraud Skirecki, *Troja*, S. 92.

9. Sex regiert die Welt. (1987)

   Rainer Jogschies, *Vorurteile*, S. 104.

10. Daß Geld die Welt regiert, bezeichnen jene Menschen als Übertreibung, die mit Geld die Welt regieren. (1991)

    Ulrich Erckenbrecht, *Maximen*, S. 123.

11. Das fehlende Geld regiert die Welt – nicht nur die eigene! (1996)

    Gerhard Uhlenbruck, „Hirnbissig", S. 460.

12. Geld regiert die Welt: Nach dem Zustand der Welt zu urteilen, dürften diejenigen, welche das Geld haben, wenig Verstand besitzen. (1996)

    Gerhard Uhlenbruck, *Nichtzutreffendes*, S. 33.

GELD (c)

„Geld stinkt nicht."

1. Geld stinkt nicht, sagte der Krämer und zog den Dukaten aus der Scheiße. (1961)

   Heiner Müller, *Umsiedlerin*, S. 60.

2. „Geld stinkt nicht!": eine der übelsten kapitalistischen Floskeln, die sich durch tausende von Jahren hindurchstinkt. (1970)

   Rudolf Rolfs, *Inventur*, S. 75.

3. Geld stinkt nicht – stiller Vorbehalt: nur das nicht, was wir selber verdienen. (1971)

   Die Zeit, Nr. 25/22. 6. 1971, S. 1.

4. *Humanismus*

   Geld stinkt nicht
   sagt der Fabrikherr
   oder
   wie wir Lateiner sagen
   pecunia non olet.

   Warum
   fragen die Arbeiter
   trägt er dann
   die Nase so hoch
   während wir schwitzend
   sein Geld verdienen? (1973)

   Jürgen-Peter Stössel, zitiert aus Manfred Bosch, *Epigramme*, S. 75.

5. Geld stinkt nicht, aber Ratten. (1975)

   Carl Zuckmayer, *Rattenfänger*, S. 40.

6. Geld stinkt nicht, unglücklicherweise aber oft die, welche keines haben. (1977)

   Gerhard Uhlenbruck, *Netz*, S. 107.

7. Geld stinkt nicht. Aber bisweilen die Art wie es verdient wird. (1978)

   Werner Mitsch, *Spinnen*, S. 79.

8. Geld stinkt nicht – Devisen riechen sogar ganz gut. (1979)

Žarko Petan, *Kopf*, S. 89.

9. Geld stinkt nicht! sagte der Umweltschützer, nachdem er seinen Geruchssinn für 20000 Mark verkauft hatte. (1979)

Dieter Höss, *Hösslich*, S. 20.

10. „Was meinen Sie zu der Floskel, daß 'Geld nicht stinkt'?"
Wer das meint, hat Pfropfen in der Nase. (1980)

Rudolf Rolfs, *Fragen*, S. 252.

11. Geld stinkt nicht; man muß es nur rechtzeitig ausgeben. (1983)

Werner Mitsch, *Schwarze*, S. 88. Auch *Hörzu*, Nr. 17/19. 4. 1985, S. 3.

12. Geld stinkt. Wir zahlen deshalb bargeldlos. (1983)

Werner Mitsch, *Schwarze*, S. 75.

13. Geld stinkt nicht, aber es riecht oft danach. (1984)

Werner Ehrenforth, *Eintagsfliege*, S. 26.

14. Geld stinkt nicht. Man muß nur den richtigen Riecher dafür haben. (1984)

Werner Mitsch, *Grund*, S. 87.

15. Geld stinkt nicht, sagte der Kellner und kroch den Gästen in den Arsch. (1984)

Werner Ehrenforth, *Eintagsfliege*, S. 74.

16. *Geld*

Es ist nicht alles Geld, was nicht stinkt. (1985)

Fritz Arcus, *Seedieb*, S. 20.

17. Geld stinkt nicht!
(Trotzdem haben manche eine Nase dafür.) (1985)

Wolfgang Willnat, *Sprüche*, S. 74.

18. Obwohl Geld nicht stinkt, steht der Wucherer in keinem guten Geruch. (1985)

Ehrfried Siewers, zitiert aus *Südwest-Presse*, 6. 7. 1985, o. S.

19. Geld stinkt nicht, so heißt es, doch wird man gerade dabei am meisten beschissen! (1989)

Gerhard Uhlenbruck, *Aphorismen/Satz*, S. 80.

20. Geld stinkt nicht, aber man muß einen Riecher dafür haben! (1991)

Gerhard Uhlenbruck, *Diagnosen*, S. 20.

21. Mit dem Geld ist es wie früher mit dem Sex: man redet nach Möglichkeit nicht darüber. Geld stinkt nicht, aber dafür stinken die Geldmenschen, und zwar nach parfürmierten Fürzen. Zum Geld drängt, am Geld hängt, auf Geld reimt sich doch alles in dieser Welt. Man redet nicht darüber, aber man *handelt* danach. (1991)

Ulrich Erckenbrecht, *Maximen*, S. 123.

22. Pecunia non olet. Sed homines. (1993)

Gerd Heyse, *Medaille*, S. 24.

23. Geld stinkt nicht, wenn man eine Nase dafür hat. (1994)

Gerhard Uhlenbruck, *Medizinische Aphorismen*, 2. Aufl., S. 82.

24. Geld stinkt nicht, sagen die mit dem richtigen Riecher. (1995)

Wolfgang Eschker, *Mitgift*, S. 121.

GELEGENHEIT

„Gelegenheit macht Diebe."

1. Gelegenheit macht nicht Diebe allein, sie macht auch große Männer. (Vor 1799)

Georg Christoph Lichtenberg, zitiert aus Rolf Jeromin, *Einsichten*, S. 54.

2. Gelegenheit macht Verlegenheit. (1909)

Karl Kraus, *Wort*, S. 192.

3. *Gelegenheit macht Liebe*

Die Tugend eines jungen Mädchens hat gewöhnlich in der Hartnäckigkeit der Personen, die es hüten, ihre größte Stütze. Unschuld ist Mangel an Technik. (1921)

Carl Hagemann, *Liebesweisheit*, o. S.

4. Gelegenheit macht Tresoreneinbrecher. (1929)

Fliegende Blätter, 85, Nr. 4379/4. 7. 1929, S. 15.

5. Gelegenheit macht Liebe. (1973)

Zeit-Magazin, Nr. 37/7. 9. 1973, S. 7. Auch Heinrich Schröter, *Lust*, S. 52; Jochen Zillig, *Gelegenheit macht Liebe. Bauernroman*, Frankfurt am Main: Fischer, 1979; Winfried Bornemann, *Blödel*, o. S.; Claudia Glismann, *Edel*, o. S.; dies., *Schüler*, o. S.; Andreas Bender, *Gelegenheit*, o. S.; Bernd Thomsen, *Neue Büro-Sprüche*, o. S.; H. Schröter, *Worte*, 2. Aufl., S. 70; ders., *Lebensworte*, S. 67; Beate Kuckertz, *Büro*, o. S.

6. Gelegenheit macht Liebe lauwarm. (1977)

Oliver Hassencamp, *Klipp*, S. 31.

7. Gelegenheit macht Diebe – aber auch Kinder und Leser. (1978)

Werner Sprenger, *Oasen*, S. 10.

8. „Ich trinke Jägermeister, weil Gelegenheit macht Liebe." (1981)

Der Spiegel, Nr. 38/14. 9. 1981, S. 91.

9. Gelegenheit macht Triebe. (1984)

Werner Ehrenforth, *Eintagsfliege*, S. 30.

10. Gelegenheit schafft Triebe. (1984)

Hans Leopold Davi, *Neue Distel*, S. 26.

11. Gelegenheit macht Schulden. (1986)

Ralf Bülow, *Bett*, o. S.

12. Gelegenheit macht Diebe – das gilt auch für das Stehlen von Zeit! (1990)

Gerhard Uhlenbruck, *Darum*, S. 78.

13. Gelegenheit macht Diebe: Das gilt besonders für diejenigen, die einem bei jeder Gelegenheit die Zeit stehlen. (1991)

Gerhard Uhlenbruck, *Diagnosen*, S. 84. Auch ders., *Medizinische Aphorismen*, 2. Aufl., S. 133.

14. Gelegenheit macht Gäste. (1994)

Wolfgang Lemhöfer, *Gelegenheit macht Gäste. Ein Lustspiel um drei Berliner auf dem Lande*, Weinheim: Deutscher Theaterverlag, 1994.

15. Gelegenheit macht Diebe – um anderen die Zeit zu stehlen. (1996)

Gerhard Uhlenbruck, „Hirnbissig", S. 456.

16. Gelegenheit macht Liebe: Die spontane Liebe verzeiht man sich eher als die geplante –. (1996)

Gerhard Uhlenbruck, *Nichtzutreffendes*, S. 38.

GEWISSEN

„Ein gutes Gewissen ist ein sanftes Ruhekissen."

1. „Ein gutes Gewissen" ist allerdings „ein gutes Ruhekissen", besonders, wenn man gute Federbetten zur Unterlage hat; denn auf einer hölzernen Bank liegt man mit dem besten Gewissen doch verzweifelt hart. (Um 1860)

Karl Friedrich Wilhelm Wander, *Sprichwörterbrevier*, S. 52.

2. Ein altes Sprichwort hat das gute Gewissen zum sanften Ruhekissen montiert; die neue Generation schafft all' diese Kissen ab, – es scheint, das gute Gewissen wird überflüssig. (Vor 1900)

Phia Rilke, *Ephemeriden*, S. 29.

3. *Gestörtes Mittagsschläfchen*

„God be praised: ein gutes Weltgewissen ist ein sanftes Ruhekissen – wenn nur die verdammten arabischen Roßhaare nicht wären!" (1937)

Simplicissimus, 42, Nr. 46/21. 11. 1937, S. 588.

4. „– mein schlechtes Gewissen ist für dich das beste Ruhekissen." (1954)

Max Frisch, *Stiller*, S. 76.

5. Ein gutes Gewissen ist oft nichts als ein schlechtes Gedächtnis. (1957)

Hans Krailsheimer, *Aphorismen*, S. 9.

6. Das beste Ruhekissen: Ein autoritäres Gewissen. (1973)

Gabriele Wohmann; zitiert aus Dieter Hülsemanns u. Friedrich Reske, *Lüste*, o. S.

7. Sein Wissen ist Ihr sanftes Ruhekissen. (1976)

Der Spiegel, Nr. 45/1. 11. 1976, S. 89. Auch *Der Spiegel*, Nr. 46/8. 11. 1976, S. 21.

GEWISSEN 7

8. Ein gutes Gewissen, – Frage des Blickwinkels. (1977)

   Oliver Hassencamp, *Klipp*, S. 90.

9. Ein gutes Gewissen ist ein aufgeblasenes Ruhekissen. (1977)

   Gerhard Uhlenbruck, *Netz*, S. 52.

10. *Helvetias Liebe*

    Ein gut Gewissen
    ist ein sanftes
    Ruhekissen
    aber
    Ruhe ist verpönt

    Darum
    seien Sie aktiv
    und gewissenlos!

Das sind die Männer
die Helvetia liebt

Ihnen gibt
sie ALLES hin

hin – hin – hin
bis ALLES
hin ist. (1982)

Armon Planta, zitiert aus *Nebelspalter*, Nr. 39/28. 9. 1982, S. 28.

11. *herr brockstiepel*
und das gute gewissen

ich habe
ein gutes
gewissen
wie ein
sanftes
ruhekissen,
reimt und lacht
herr brockstiepel.
herr brockstiepel
hat ein
sanftes
ruhegewissen
wie ein
sofakissen
mit
besucherknick. (1982)

Josef Reding, *Namen*, S. 95.

12. Ein gutes Gewissen ist ein sanftes Ruhekissen. Ein schlechtes Gedächtnis auch. (1983)

Peter Tille, *Sommersprossen*, S. 126.

13. Er schlief nachts immer ohne Ruhekissen. Weil er kein gutes Gewissen hatte.
Beleidigter Bettfedernfabrikant. (1983)

Nebelspalter, Nr. 47/22. 11. 1983, S. 55.

14. Mein schlechtes Gewissen ist des Lehrers Ruhekissen. (1984)

Claudia Glismann, *Schüler*, o. S. Auch Angelika Franz, *Sprüche*, S. 294.

15. Überhaupt kein Gewissen ist das beste Ruhekissen. (1984)

Albert Keller, *Wer denkt*, S. 39.

16. Ein ruhiges Gewissen,
ist ein sanftes Ruhekissen.
Noch besser ruht' sich's, ohne Frage,
wenn vorgesorgt für böse Tage. (1985)

Aachener Versicherungsgruppe, *Sprachschätze*, S. 49.

17. Gut versichert, gut Gewissen,
sind zwei sanfte Ruhekissen. (1985)

Aachener Versicherungsgruppe, *Sprachschätze*, S. 49.

18. Auch ein Ruhekissen:
das schlechte Gewissen der anderen. (Vor 1986)

Klaus Bernhardt, zitiert aus Ingetraud Skirecki, *Troja*, S. 27.

19. Ein schlechtes Gewissen
stört nicht beim Pissen. (1986)

Bernd Thomsen, *Pissen*, o. S.

20. Gern bette ich mein schlechtes Gewissen auf dein sanftes Ruhekissen. (1986)

Bernd Thomsen, *Pissen*, o. S.

21. Ein gutes Gewissen beruht häufig auf einem schlechten Wissen. (1987)

Gerhard Uhlenbruck, *Kaffee*, S. 94. Auch ders., *Medizinische Aphorismen*, 2. Aufl., S. 40.

22. Ein unruhiges Gewissen ist ein sanftes Ruhekissen. Es gibt deutsche Intellektuelle, die auch dagegen protestieren. (1987)

Nikolaus Cybinski, *Unfreiheit*, S. 42.

23. Wenn ein gutes Gewissen das beste Ruhekissen ist – dann gute Nacht! (1987)

Heinz Müller-Dietz, *Recht*, S. 42.

24. *Das andere Kissen*

Ein gutes Gewissen ist ganz ohne Zweifel ein sanftes Ruhekissen, aber ein skrupelloses Gemüt tut dieselben Dienste. Und da ist die

Umgebung des Ruhelagers meist mit bedeutend mehr Komfort ausgestattet. (Vor 1990)

Horst Drescher, *Zirkus*, S. 43.

25. Kein Gewissen ist auch ein sanftes Ruhekissen. (1992)

Manfred Strahl, *Hiebe*, S. 15.

GLASHAUS

„Wer im Glashaus sitzt, soll nicht mit Steinen werfen."

1. *Der Presse in die Fresse!*

Auch wer im Glashaus sitzt, darf dreist mit Augstein werfen. (1962)

Simplicissimus, Nr. 46/17. 11. 1972, S. 721.

GLASHAUS 1

2. Wer im Glashaus sitzt, muß mit Steinen rechnen. (1971)

   Die Zeit, Nr. 36/7. 9. 1971, S. 10.

3. Wer im Glashaus sitzt, sollte nicht vergessen, rechtzeitig die Vorhänge zuzuziehen. (1974)

   Hörzu, Nr. 2/12.–18. 1. 1974, S. 3.

4. Wer hat schon im Glashaus Steine zur Hand? (1977)

   Guido Hildebrandt, *Hohn*, S. 28. Auch Bernd Thomsen, *Polit*, o. S.

5. Wer im Amtshaus sitzt, soll nicht mit Akten werfen. (1977)

   Heinrich Schröter, *Lust*, S. 16.

6. Obwohl ich im Glashaus sitze, werfe ich mit Steinen. Es klirrt so schön. (1978)

   Ludwig Fienhold, *Wider-Sprüche*, S. 9.

7. wer im elfenbeinturm sitzt,
   darf nicht mit
   ja, womit wirft man elfenbein ein? (1979)

   Volker Erhardt, *Kannibale*, S. 92.

8. Wer im Glashaus sitzt, hat immer frische Gurken. (1979)

   Werner Mitsch, *Fische*, S. 92. Auch ders., *Wal*, o. S.

9. Wer im Glashaus sitzt, sollte die Hände auf dem Tisch lassen oder Vorhänge kaufen. (1980)

   Werner Mitsch, *Pferde*, S. 87.

10. Wer im Glashaus sitzt, sollte es endlich zerschmeißen. (1982)

    André Brie, *Wahrheit*, S. 11. Auch ders., *Wahrheit/Anfang*, S. 12.

11. Manche, die im Glashaus sitzen, werfen nur deshalb mit Steinen, um herauszukommen. (1983)

    Peter Maiwald, zitiert aus *Nebelspalter*, Nr. 43/25. 10. 1983, S. 42.

12. *Wandel*

    Wer im Glashaus sitzt, sollte nicht mit Steinen werfen.
    Warum denn nicht?
    Längst ist das Glas unzerbrechlich. (1983)

    Nebelspalter, Nr. 35/30. 8. 1983, S. 45.

13. Wer im Glashaus sitzt, hat immer frische Scherben. (1983)

Werner Mitsch, *Schwarze*, S. 36.

14. Wer im Porzellanladen sitzt, sollte nicht mit Elefanten werfen. (1983)

Hörzu, Nr. 1/30. 12. 1983, S. 3.

15. Wer im Glashaus sitzt,
soll nicht mit Steinen werfen.
Es sei denn Sicherheitsglas. (1984)

Siegfried Gloose, *Einfälle*, S. 63.

16. Wer im Glashaus sitzt, soll nicht mit Steinen werfen, sagte der Doppelzüngige, als er gerade keinen Stein bei der Hand hatte. (1984)

Werner Ehrenforth, *Eintagsfliege*, S. 71.

17. Wer im Glashaus sitzt, sollte im Keller scheißen. (1984)

Claudia Glismann, *Edel*, o. S.

18. Wer im Glashaus sitzt, sollte sich im Dunkeln ausziehen. (1984)

Eduard Moriz, *Dings*, o. S. Auch Karl Heinz Rauchberger u. Ulf Harten, *Sprüche*, S. 30; *Bild*, 15. 7. 1985, S. 2; *Bella*, Nr. 36/30. 8. 1985, S. 2.

19. Wer im Gasthaus sitzt, sollte nicht mit Scheinen werfen. (1985)

Bild, 19. 3. 1985, S. 2. Auch Hans Gamber, *Frech*, S. 105.

20. Wer im Gasthaus sitzt, sollte nicht mit Weinen werfen. (1985)

Bild, 13. 2. 1985, S. 2.

21. Der Mann, der im Glashaus sitzt und Steine wirft. (1986)

Die Weltwoche, Nr. 6/6. 2. 1986, S. 61.

22. Wer im Glashaus sitzt ... – braucht über das Wetter nicht schimpfen! (1986)

Lübecker Nachrichten, 14. 9. 1986, S. 13.

23. Wer im Glashaus sitzt, sollte im Keller pinkeln. (1986)

Bernd Thomsen, *Pissen*, o. S.

24. Herzneurose: Stell dir vor, daß du im Glashaus sitzt – und daß dir ein Stein vom Herzen fällt. (1987)

Gerhard Uhlenbruck, *Kaffee*, S. 94.

25. Was, wenn die, die im Glashaus sitzen, nur mit Steinen werfen, um herauszukommen? (1987)

Peter Maiwald, zitiert aus *Nebelspalter*, Nr. 21/21. 5. 1987, S. 34.

26. Wer im Glashaus sitzt, sollte abends die Vorhänge zuziehen. (1987)

Andreas Bender, *Socken*, o. S.

27. Wer im Parkhaus sitzt, sollte nicht mit Autos werfen. (1987)

Saskia Schlesinger, *Lenz*, o. S.

28. Zierfische: sitzen im Glashaus und werfen nicht mit Steinen – ein intelligentes Volk. (Vor 1989)

Stefan Tschök, zitiert aus Gabriele Berthel, *Kurz*, S. 140.

29. *Wer im Glashaus sitzt ...*

So mancher, der im Parlament,
auch anderswo, und das gewitzt,
Moral predigt, meist vehement,
merkt nicht, daß er im Glashaus sitzt! (1990)

Helmut Kater, *Denkanstöße*, S. 90.

GLAUBEN

„Wer's glaubt, wird selig."

1. Wer glaubt wird selig. Nein! – Wer glaubt *ist* selig. (Um 1935)

Rudolf Alexander Schröder, *Aphorismen*, S. 91.

2. Wer es glaubt, wird selig, und wer da mahlt, wird mehlig. (1955)

Erwin Strittmatter, *Tinko*, S. 380.

3. Wer nicht glaubt der wird nicht selig, wer nicht mahlt der wird nicht mehlig. (1967)

Johannes Bobrowski, *Claviere*, S. 34.

4. Ich bin der Herr, dein Gott.
Wer's glaubt, wird selig. (1973)

Kay Hoff, zitiert aus Dieter Hülsmanns und Friedrich Reske, *Lüste*, o. S. Auch in Michael Hallstatt, *Pferd*, S. 106.

5. Wer nicht glaubt, wird auch nicht selig. (1977)

Gerhard Uhlenbruck, *Netz*, S. 93.

6. Wer's glaubt, wird auch nicht selig. (1978)

Quick, Nr. 39/21. 9. 1978, S. 42.

7. Selig sind, die sehen. Und nicht glauben. (1979)

Nikolaus Cybinski, *Aphorismen*, S. 33.

8. Wer als Wissenschaftler glaubt, wird nicht selig. (1979)

Gerhard Uhlenbruck, *Einfach*, S. 86.

9. „Wer da glaubt, der wird selig werden."
„Wer's glaubt, wird selig." (1979)

Volker Erhardt, *Kannibale*, S. 6.

10. Wer glaubt wird unselig – in der Wissenschaft. (1980)

Gerhard Uhlenbruck, *Frust-Rationen*, S. 77. Auch ders., *Medizinische Aphorismen*, S. 66.

11. Wer's glaubt, wird selig. Wer's nicht glaubt, wird Professor. (1984)

Werner Mitsch, *Grund*, S. 12.

12. Wer's glaubt, wird selig.
Wer's nicht glaubt, wird verhaftet. (1985)

Bruno Lamprecht, *Silberzwiebeln*, S. 36.

13. Kapitalismus: Wer an ihn glaubt, wird habselig. (1987)

Gerhard Uhlenbruck, *Kaffee*, S. 62.

14. Wer's klaubt, wird selig. (1987)

Andreas Bender, *Socken*, o. S.

GLEICH

„Gleich und gleich gesellt sich gern."

1. *Die Rundköpfe und die Spitzköpfe oder Reich und Reich gesellt sich gern. Ein Greuelmärchen.* (1934)

Bertolt Brecht, *Gesammelte Werke*, Bd. 3, S. 907.

2. „Gleich und gleich gesellt sich gern" – wer das Sprichwort erfunden hat, muß nie bei einer Damenwahl gewesen sein. (1938)

Fliegende Blätter, 188, Nr. 4874/29. 12. 1938, S. 406.

3. „Leich und Leich gesellt sich gern", meinte die Friedhofsverwaltung und ließ die Gräber aus Platzgründen noch näher zusammenrücken. (1973)

Stern, Nr. 22/24. 5. 1973, S. 112.

4. Scheich und Scheich gesellt sich gern. (1974)

Die Zeit, Nr. 7/15. 2. 1974, S. 23. Auch *Hörzu*, Nr. 47/23.–29. 11. 1974, S. 3; Fritz Herdi, zitiert aus *Nebelspalter*, Nr. 33/17. 8. 1982, S. 2; Claudia Glismann, *Schüler*, o. S.; Otto Waalkes, *Zweites Buch Otto*, S. 143; Bernd Thomsen, *Pissen*, o. S.; *Die Weltwoche*, Nr. 48/29. 11. 1990, S. 69.

5. Frisch und frisch gesellt sich gern. (1975)

Der Spiegel, Nr. 47/17. 11. 1975, S. 43.

6. Gleich und gleich vergnügt sich gern. (1975)

Neue Illustrierte Revue, Nr. 41/6. 10. 1975, S. 40 f.

7. Gleich und gleich gesellt sich gern – bis kurz vor dem Ziel. (1977)

Gerhard Uhlenbruck, *Netz*, S. 66.

8. Ungleich und ungleich gesellt sich gern. (1977)

Gerhard Uhlenbruck, *Netz*, S. 60.

9. Halb und halb gesellt sich gern. (1978)

Werner Mitsch, *Spinnen*, S. 92.

10. Reich und reich gesellt sich gern. (1978)

Werner Mitsch, *Spinnen*, S. 95. Auch Gerhard Uhlenbruck, *Wahr*, S. 90.

11. Gleich und gleich vermehrt sich gern. (1980)

Werner Mitsch, *Pferde*, S. 85.

12. Gleich und gleich verstellt sich gern. (1980)

Manfred Hinrich, zitiert aus André Brie, *Weisheit*, S. 128.

13. Daß „zwei und zwei sich gerne gesellt“, stellt sich recht erheblich in Frage, wenn ein Drittes schon unterwegs ist. (1981)

Klaus Sochatzy, „Reflexionen“, S. 32.

14. Nackt und nackt gesellt sich gern. (1983)

Walter Kuppel, *Nackt und nackt gesellt sich gern*, München: Moewig, 1983.

15. „Gleich und gleich gesellt sich gern“, sagt der Volksmund. Warum muß das nur ewig zu solchen miesen Durchschnittsergebnissen führen! (1984)

Klaus Sochatzy, *Widerworte*, S. 17.

16. Gleich und gleich wählt sich gern. (1984)

Werner Ehrenforth, *Eintagsfliege*, S. 27.

17. Weich und weich gesellt sich gern. (Birnenweisheit). (1985)

Wolfgang Willnat, *Sprüche*, S. 116.

18. Gleich und gleich gesellt sich gern, doch die Gegensätze ziehen sich an. (1986)

Ehrfried Siewers, zitiert aus *Südwest-Presse*, 14. 6. 1986, o. S.

19. Leich' und Leich' gesellt sich gern. (1986)

Andreas Bender, *Gelegenheit*, o. S.

20. Links und links gesellt sich nicht. (1986)

Ulrich Weisstein, *Links und links gesellt sich nicht. Gesammelte Aufsätze zum Werk Heinrich Manns und Bertolt Brechts*, New York: Peter Lang, 1986.

21. Nach und nach gesellt sich's gern. (1986)

Andreas Bender, *Gelegenheit*, o. S.

22. Gleich und gleich gibt fette Hochzeiten. (1988)

Werner Mitsch, *Neue Hin-Sprüche*, S. 66.

23. Gleich und gleich gesellt sich gern?
Gleich und gleich gefällt sich gern. (1990)

Heinrich Schröter, *Worte*, 2. Aufl., S. 69.

GLÜCK

„Jeder ist seines Glückes Schmied."

1. „Seines eigenen Glückes Schmied sein" ist ein grober Ausdruck, der erst einer Interpretation bedarf, um einige Wahrheit zu haben. Wie soll ich etwas schmieden, was ich in der Regel gar nicht in Händen habe? (Vor 1945)

   Theodor Haecker, *Tag*, S. 59 f.

2. Nicht jeder ist seines Kindes Schmied. (1965)

   Robert Gernhardt, *Welt*, S. 43.

3. Jeder ist seines Harikiris Schmied! (1970)

   Rudolf Rolfs, *Inventur*, S. 162.

4. *Sprüche*

   Jeder ist seines Glückes
   Toleranz, ja das kenn ich schon
   jeder ist so tolerant, wie
   ich das kenne, jeder bleibt
   bei seinen, jeder kehrt vor
   seiner eignen, jeder nimmt
   was ihm eignet: so nützlich
   vereinzelt, ist das wenigen viel
   und vielen wenig. (1971)

   Gert Loschütz, *Gegenstände*, S. 53.

5. Jeder ist seiner Glückspläne Schmied, bevor sie von anderen im Ofen der Realität eingeschmolzen werden. (1977)

   Gerhard Uhlenbruck, *Netz*, S. 109.

6. Jeder ist seines Glückes Schmied. Aber wer kann noch mit Schmiedewerkzeug umgehen? (1977)

   Oliver Hassencamp, *Klipp*, S. 18.

7. Jeder ist seines Glückes Schmied, aber wer möchte heute noch Schmied werden? (1977)

   Ron Kritzfeld, *Flexikon*, Bd. 4, S. 12.

8. „Jeder ist seines Glückes Schmied“. Die meisten von uns sind der Amboß. (1977)

Hans-Horst Skupy, *Geistesblitze*, S. 114.

9. Jeder ist seines Glückes Störenfried. (1977)

Heinrich Schröter, *Lust*, S. 31. Auch ders., *Worte*, o. S.; Angelika Franz, *Sprüche*, S. 113; Saskia Schlesinger, *Lenz*, o. S.; H. Schröter, *Worte*, 2. Aufl., S. 68; ders., *Lebensworte*, S. 65.

10. Jeder ist seines Glückes Schmied. Nur warten die meisten noch auf die nötigen Kohlen. (1978)

Oskar Cöster, „Schüsse“, S. 132.

11. jeder ist seines glückes schmied.
meist ist ein anderer der amboß. (1979)

Volker Erhardt, *Kannibale*, S. 96.

12. Wer seines Glückes Schmied ist, hat mehrere Eisen im Feuer. (1979)

Gerhard Uhlenbruck, *Einfach*, S. 42.

13. Jeder ist seiner eisernen Gesundheit Schmied. (1981)

Gerhard Uhlenbruck, *Masche*, S. 27. Auch ders., *Medizinische Aphorismen*, S. 20.

14. Jeder ist seines Glückes Wirt. (1981)

Die Zeit, Nr. 46/13. 11. 1981, S. 24.

15. *Großer Kreis*

Jeder ist
seines Glückes
Rad

er schlägt
seine Spur ein
er schmiedet sein Eisen
heiß

kaltblütig macht er
die Maße stimmen
er weiß genau
was er weiß
[...] (1982)

Margot Scharpenberg, *Kunst*, A. 60.

16. Jeder ist seines Glückes Schmied,
deshalb: Hämmern, BIEGEN,
Brechen, AUS-GLÜHEN,
QUETSCHEN und –
KALTMACHEN! (1982)

Frieder Stöckle, *Ätsch*, S. 75.

17. jeder ist seines
glückes schmied
deshalb
schlage ich dich
mein mädchen. (1983)

Manfred Hausin, *Hausinaden*, S. 62. Auch ders., *Verboten*, S. 95.

18. Jeder ist seines Glückes Schmied, doch nicht jeder hat ein schmukkes Glied. (1983)

Hans Gamber, *Graffiti*, o. S. Auch Eduard Moriz, *Beziehungskiste*, o. S.; Bernd Thomsen, *Pissen*, o. S.

19. Jeder ist seines Glückes Schmied, wenn er nicht Angst hat, heiße Eisen anzupacken. (1983)

Gerhard Uhlenbruck, *Nächstenhiebe*, S. 21. Auch ders., *Kaffee*, S. 59 u. S. 62; ders., *Aphorismen/Satz*, S. 66.

20. Jeder ist seines Glückes Henker. (1984)

Ralf Bülow, *Graffiti*, o. S.

21. Jeder ist seines Glückes Schmied – besonders wenn er die Werkstatt dafür umsonst erhält. (1984)

Werner Ehrenforth, *Eintagsfliege*, S. 48.

22. Jeder ist seines Glückes Schmied –
mit dem entsprechend großen Glied! (1984)

Claudia Glismann, *Edel*, o. S.

23. Jeder ist seines Glückes Schmied, aber nicht jeder hat ein Eisen im Feuer. (1985)

Gerhard Uhlenbruck, *Eigenliebe*, S. 37. Auch ders., *Darum*, S. 72.

24. Jeder ist seines Glückes Schmied, aber nicht jeder Schmied hat Glück! (1985)

Bild, 27. 8. 1985, S. 2.

25. Jeder ist seines Glückes Schmied. Damit kann man höchstens Lehrlinge anwerben, die es dann nicht lernen, wie die Produkte der Schmiede zeigen. (1985)

Hermann Funke, *Worte*, S. 15.

26. Jeder ist seines Glückes Schmied, vorausgesetzt, er benutzt seinen Mitmenschen als Amboß. (1985)

Gerhard Uhlenbruck, *Eigenliebe*, S. 15.

27. Jeder ist sowohl seines Glückes als auch seines Unglückes Schmied: Je nachdem, ob er Ketten an- oder abschmiedet. (1987)

Gerhard Uhlenbruck, *Kaffee*, S. 90.

28. Jeder ist seines Glückes Schmied. Manche haben zwei Eisen im Feuer. (Vor 1989)

Günter Hartmann, zitiert aus Gabriele Berthel, *Kurz*, S. 128.

29. Jeder ist seines Wirtes Glück! (1989)

Die Weltwoche, Nr. 7/16. 2. 1989, S. 65. Auch ebd., Nr. 36/7. 9. 1989, S. 69.

30. *Am Amboß*

Jeder ist seines Glückes Schmied. Aber einer kann Jahr für Jahr am Amboß stehen und schmieden, und er ahnt gar nicht, daß es sein Glück ist, was er da schmiedet.
Oder wir schmieden und schmieden und schmieden all die Jahre und denken, wir schmieden unser Glück. (Vor 1990)

Horst Drescher, *Zirkus*, S. 9.

31. *Gesellenstück*

Jeder ist seines Glückes
Schneider oder Schmied
Wer bügelt wer schmiedet
Pläne für
Das Eisen im Feuer
Solange es heißt
Der Mann ist ein Kavalier der
Alten
Müssen wir ran
Sagt der Schmied
Sagt der Schneider
Keinen Stich umsonst

Bleibt der Schneider jung
Geselle bleibt der
Schmied. (Vor 1991)

Anton G. Leitner, zitiert aus Axel Kutsch, *Wortnetze*, S. 291.

32. „Jeder ist seines Glückes Schmied": Ausspruch eines Lebenskünstlers, der mit seiner Lebensschmiedekunst zufällig Glück hatte. (1994)

Felix Renner, *Worte*, S. 27.

33. Jeder ist seines Glückes Schmied. Unglücklich ist der, der keine Eisen im Feuer hat. (1996)

Gerhard Uhlenbruck, „Giftpfeile", S. 173.

34. Nicht jeder ist seines Unglückes Schmied. (1996)

Gerhard Uhlenbruck, „Giftpfeile", S. 164.

GOLD

„Es ist nicht alles Gold, was glänzt."

1. *Es ist nicht alles Gold, was glänzt*

Mancher, der nicht an dieses Sprichwort denkt, wird betrogen. Aber eine andere Erfahrung wird noch öfter vergessen: „Manches glänzt nicht und ist doch Gold", und wer das nicht glaubt und nicht daran denkt, der ist noch schlimmer daran. In einem wohlbestellten Acker, in einem gut eingerichteten Gewerbe ist viel Gold verborgen, und eine fleißige Hand weiß es zu finden, und ein ruhiges Herz dazu, und ein gutes Gewissen glänzt auch nicht, und ist doch mehr als Goldes wert. Oft ist gerade da am wenigsten Gold, wo der Glanz und die Prahlerei am größten ist. [...]. (1811)

Johann Peter Hebel, *Werke*, Bd. 2, S. 74.

2. Wie „nicht Alles Gold ist, was glänzt"; so glänzt auch nicht Alles, was Gold ist. (Um 1860)

Karl Friedrich Wilhelm Wander, *Sprichwörterbrevier*, S. 108.

3. Es ist nicht alles Gold, was glänzt. Aber, es glänzt auch nicht alles, was Gold ist, sollte man billig hinzusetzen. (Vor 1863)

Friedrich Hebbel, *Werke*, Bd. 4, S. 63.

4. *Gold*

Alles, was Gold ist, glänzt nicht. Die sanfte Strahlung ist dem edelsten Metalle zu eigen. (1878)

Friedrich Nietzsche, *Werke*, Bd. 1, S. 1004 (*Menschliches, Allzumenschliches*).

5. Es ist nicht alles Talmi, was glänzt. (Vor 1905)

Peter Hille, *Heiligtum*, S. 32. Auch ders., *Welten*, S. 49.

6. „Es ist nicht alles Gold, was glänzt“,
Das hat man früh mir beigebracht,
Doch spät erst hab ich selbst gelernt:
„Es ist nicht alles Glück, was lacht!“

Hab's hell geschaut und hell gedacht,
Und war doch blind, wie heut mir scheint:
Wohl ist nicht alles Glück, was lacht –
Doch auch nicht alles Schmerz, was weint! (Vor 1908)

Emil Gött, *Werke*, S. 77.

7. Es ist nicht alles *Gold*, was glänzt, aber vieles *Geld*, was schmutzig ist. (1927)

Felix Joseph Klein, *Gedanken*, S. 4.

8. Drei Arten der Naturbeschreibung: 1) Alles was glänzt, ist Gold. (Die Griechen.) – 2) Nicht alles was glänzt, ist Gold. (Das induktive 19. Jahrhundert.) – 3) Nicht alles was Gold ist, glänzt. (Die Statistiker.) (1955)

Erwin Chargaff, *Bemerkungen*, S. 55 f.

9. *Deutschland*

Es ist nicht alles deutsch, was nicht glänzt. (1967)

Ludwig Marcuse, *Argumente*, S. 25.

10. Es ist nicht alles golden, was glänzt. Und der Mittelweg schon mal gar nicht. (1971)

Joachim Schwedhelm, zitiert aus *Die Zeit*, Nr. 32/10. 8. 1971, S. 24.

11. Was glänzt, muß also nicht Gold sein; und nicht alles Gold glänzt. (1971)

Die Zeit, Nr. 4/16. 1. 1971, S. 13.

12. Wenn man blank ist, leuchtet es einem ein: Es ist nicht alles Gold, was durch Abwesenheit glänzt. (1975)

Joachim Schwedhelm; zitiert aus *Die Zeit*, Nr. 3/17. 1. 1975, S. 23. Der zweite Teil auch Gerhard Uhlenbruck, *Netz*, S. 69; *Die Weltwoche*, Nr. 43/25. 10. 1990, S. 73.

13. Es ist nicht alles Gold, was schweigt. (1978)

Werner Mitsch, *Spinnen*, S. 95. Auch *Hörzu*, Nr. 37/9. 9. 1983, S. 3; Wolfgang Willnat, *Sprüche*, S. 113; W. Mitsch, *Wal*, o. S.; *Die Weltwoche*, Nr. 22/31. 5. 1990, S. 69.

14. In Texas ist auch nicht alles Colt was glänzt. (1978)

Werner Mitsch, *Spinnen*, S. 45.

15. Es ist nicht alles Gold, was blendet. (1982)

Nebelspalter, Nr. 45/9. 11. 1982, S. 55.

16. Manches Gold, was glänzt, ist abgekupfert. (1983)

Gerhard Uhlenbruck, *Nächstenhiebe*, S. 28. Auch ders., *Kaffee*, S. 58.

17. Es glänzt nicht alles, was Gold ist. (1984)

Werner Ehrenforth, *Eintragsfliege*, S. 24. Auch Manfred Strahl, *Ausleg*, S. 60.

18. *Gold*

Weil Gold meist schimmert, deshalb ist nicht alles Gold, was glänzt. (1985)

Fritz Arcus, *Seedieb*, S. 22.

19. Lange nicht alles ist Gold, was als Mittelweg glänzt. (1985)

Kurt Marti, *Schilfgräser*, o. S.

20. Es ist nicht alles Golf, was glänzt. (1986)

Ulrich Kaiser, *Es ist nicht alles Golf, was glänzt.* München: Mosaik, 1986.

21. *Gold-Stück*

„Es ist nicht alles“, heißt es,
„Gold, was glänzt.“
Das Sprichwort wird von mir
wie folgt ergänzt:

„Im Gegenteil! Ein Defizit an Glanz
ist oft solider Hinweis auf Substanz!“ (1986)

Hansgeorg Stengel, *Waltz*, S. 40.

22. Man ist nicht jedem hold, der glänzt. (1986)

Karl-Ludwig Bickerle, *Gedankensprünge*, S. 23.

23. Es ist doch alles Gold, was glänzt. (1993)

Der Spiegel, Nr. 25/21. 6. 1993, S. 46 f.

24. Es ist nicht Gold, was ewig glänzt. (1994)

Focus, Nr. 41/10. 10. 1994, S. 39.

GOTT

„Wem Gott ein Amt gibt, dem gibt er auch Verstand.“

1. „Wem Gott ein Amt gibt, dem gibt er auch eine Frau“, das ist sehr weise vom lieben Himmel. Wenn der Mann ein Amt hat, schadet ihm die Frau nicht mehr, denn findet er zu Hause keine Ruh, so geht er ins Büro, und es ist fürs Büro besser, wenn der Beamte verheiratet ist, denn dann eilt er nicht nach Hause. (Um 1850)

Moritz Gottlieb Saphir, *Leier*, S. 81.

2. „Wem Gott ein Amt giebt, dem giebt er allerdings Verstand“ [. . .]; da aber die wenigsten Aemter von Gott besetzt werden, so darf man sich nicht wundern, wenn man sehr häufig das Gegentheil findet. (Um 1860)

Karl Friedrich Wilhelm Wander, *Sprichwörterbrevier*, S. 159.

3. „Wem Gott ein Amt gibt, dem gibt er auch Verstand.“ Wenn dies wahr ist, so muß kein unbedeutender Theil der Beamtenwelt die Berufung von einem andern Chef als dem „lieben Gott“ erhalten haben, da sie sich eher durch alles Andere als durch den Verstand im Amt auszeichnen. Zur Zeit können die Beamten den Verstand, der für sie das überflüssigste Ding von der Welt ist, überhaupt entbehren, da jeder durch einen Draht mit seinem nächsten Vorgesetzten und durch diesen mit dem Chef in Verbindung steht, von dem aller Verstand und – Unverstand ausgeht, der von ihnen nur in Vollzug gesetzt werden darf. Auf diese Weise würde sich der „liebe Gott“ auch Uebergriffe ins Beamtenwesen zu Schulden kommen lassen,

wenn er es wagen wollte einem subalternen Beamten Verstand zu geben; und die, welche die Leitung eben in den Händen haben, werden sich schwerlich ihr System mit göttlichem Verstande verderben. (Um 1860)

Karl Friedrich Wilhelm Wander, *Sprichwörterbrevier*, S. 65.

4. Wenn der Mann das Amt hat und die Frau den Verstand, dann gibt es eine gute Ehe. (Um 1880)

Marie von Ebner-Eschenbach, *Aphorismen*, S. 54.

5. Mit dem Amt kommt der Verstand, das heißt: bezahlt mich dafür, daß ihrs abwartet. (1918)

Richard Schaukal, *Gedanken*, S. 248.

6. *Hymnus an die Zeit*

Wem Gott ein Amt gibt, raubt er den Verstand.
In Geist ist kein Geschäft. Macht Ausverkauf!
Nehmt euren Kopf und haut ihn an die Wand!
Wenn dort kein Platz ist, setzt ihn wieder auf.
[...]. (1927)

Erich Kästner, *Gedichte*, S. 44. Die erste Zeile auch in Beate Kuckertz, *Büro*, o. S.

7. Wem Gott Verstand gibt, dem gibt er auch ein Amt. (Vor 1935)

Kurt Tucholsky, *Schnipsel*, S. 130.

8. Wem Gott ein Amt schenkt, schenkt er auch Kollegen. (1963)

Rolf Hochhuth, *Stellvertreter*, S. 184.

9. Wem Gott ein Amt gibt, dem geb er auch Verstand! (1977)

Heinrich Schröter, *Lust*, S. 16. Auch ders., *Worte*, 2. Aufl., S. 66.

10. Wem Gott ein Amt gibt, dem gibt er auch Verstand. Nur werden die Ämter leider nicht von Gott vergeben. (1977)

Gerhard Uhlenbruck, *Netz*, S. 56. Auch ders., *Aphorismen/Satz*, S. 96.

11. Wem Gott ein Amt gibt, dem gibt er auch Stempel. (1982)

Nebelspalter, Nr. 9/2. 3. 1982, S. 12 f.

12. Wem Gott Verstand gegeben hat, der sollte ihn auch nicht für ein Amt verschwenden. (1983)

Werner Mitsch, *Schwarze*, S. 80.

13. Wem Gott Verstand gegeben hat, dem gibt er auch ein Amt und eine ehrgeizige Frau. (1984)

Werner Mitsch, *Grund*, S. 49.

14. Wir haben noch gelernt: Wem Gott ein Amt gibt, dem gibt er auch Verstand. Aber wem gibt ER denn hierzulande noch ein Amt? (1984)

Klaus Sochatzy, *Widerworte*, S. 27.

15. *Nachruf*

Der Spruch ist allgemein bekannt:
Wem Gott ein Amt gibt, dem gibt er auch Verstand.
Oft dauert es geraume Zeit,
bis der Betreffende gescheit.
Doch wem nützt Grips und kluge Führung
erst lange nach der Pensionierung.
Es sei, daß er dies Ziel erreicht,
bevor er seine Löffel streicht.
Er hinterläßt 'nen Haufen Mist,
weil vieles schiefgelaufen ist.
Und die Moral:
Nur den im Amt ich glücklich preise,
wenn er von vornherein ist weise. (1993)

Alexander Tamsen, *Spinnerich*, S. 106.

GUT

„Unrecht Gut gedeihet nicht."

1. Unrecht Gut gedeihet gut. (1929)

Alfred Döblin, *Alexanderplatz*, S. 191.

2. Ehrlich Gut gedeiht nicht gut. (1972)

Kurt Sigel, *Kannibalisches*, S. 134.

3. Unrecht Spruchgut gedeiht nicht. (1973)

Dieter Höss, *Fettnapf*, S. 92.

4. Unrecht Gut ist steuerfrei. (1977)

Robert Lembke, *Glashaus*, S. 14. Auch Fritz Herdi, zitiert aus *Nebelspalter*, Nr. 35/31. 8. 1982, S. 2; Bernd Thomsen, *Neue Büro-Sprüche*, o. S.; Beate Kuckertz, *Büro*, o. S.

5. Unrecht Guhd gedeiht am besde. (1978)

Kurt Sigel, *Gegenreden*, S. 43.

6. Unrecht Hut sitzt nicht gut. (1978)

Werner Mitsch, *Spinnen*, S. 92.

7. Parteispenden-Affäre: „Unrecht Gut gedeihet nicht“, kann man nicht mehr sagen, wenn man sich unsere etablierten Parteien so anschaut. (1984)

Klaus Sochatzy, *Widerworte*, S. 73.

8. Unrecht Gut gedeihet nicht – ohne gewinnbringende Anlage. (1984)

Siegfried Gloose, *Einfälle*, S. 62.

9. Unrecht Gut gedeihet nicht – wenn man's nicht günstig anlegt. (1984)

Albert Keller, *Wer denkt*, S. 70.

10. Arbeitswut tut selten gut. (1986)

Bernd Thomsen, *Neue Büro-Sprüche*, o. S. Auch Beate Kuckertz, *Büro*, o. S.

11. Unrecht Gut gedeiht am besten. (1986)

Bernd Thomsen, *Neue Büro-Sprüche*, o. S. Auch Beate Kuckertz, *Büro*, o. S.

12. Verhohlen Glut tut selten gut. (1987)

Andreas Bender, *Socken*, o. S.

13. Unrecht Gut gedeihet, nicht?! (Vor 1989)

Wolfgang Mocker, zitiert aus Gabriele Berthel, *Kurz*, S. 99.

14. Unrecht Gut gedeihet nicht selten. (1990)

Wolfgang Funke, *Wendehals*, S. 128.

15. Unrecht gedeiht zu lang gut. (1995)

Clemens am Berg, *Kopfdisteln*, S. 110.

HÄKCHEN

„Was ein Häkchen werden will, krümmt sich beizeiten.“

1. Was ein Streber werden will, krümmt sich beizeiten. (Vor 1905)

   Peter Hille, zitiert aus Helmut Wolle, *Weisheit*, S. 122.

2. Früh krümmt sich, was ein Hexchen werden will. (1973)

   Praline, Nr. 4/24. 1. 1973, S. 40. Auch Angelika Franz, *Sprüche*, S. 45.

3. „Was ein Häkchen werden will, krümmt sich beizeiten“, sagte der Nagel und bog sich vor Lachen, als sich der Mann auf den Daumen schlug. (1973)

   Stern, Nr. 18/26. 4. 1973, S. 90.

4. Sollte ich mich krümmen, will ich ein Häkchen heißen. (1977)

   Guido Hildebrandt, *Hohn*, S. 27.

5. Was ein Urgroßväterchen werden will, trimmt sich beizeiten. (1977)

   Oliver Hassencamp, *Klipp*, S. 56.

6. Was sich trimmt, krümmt sich beizeiten.

   Wolfram Siebeck, *Geschichten*, S. 31.

7. Früh wird gekrümmt, was ein Haken werden soll. (1980)

   Peter Tille, „Pfefferkörner“, S. 137.

8. Was ein Häkchen werden will, hakt sich beizeiten unter. (1980)

   Werner Mitsch, *Pferde*, S. 19.

9. *Wunsch*

   zum Beispiel Häkchen sein,
   Häkchen,
   das sich krümmt,
   zeitig genug,
   um untauglich zu sein
   für Bretter vorm Kopf
   und Mäntelchen im Wind. (1981)

   Fritz Deppert, *Atempause*, o. S.

10. Was hoch hinaus will, krümmt sich beizeiten. (1982)

    Klaus Möckel, *Kopfstand*, S. 38.

11. Was ein Häkchen werden will, macht beizeiten krumme Dinger. (1983)

Morgenpost, 12. 1. 1983, o. S.

12. Was ein Häkchen werden will, krümmt sich beizeiten – wird aber später nie mehr grade gehn. (1984)

Siegfried Gloose, *Einfälle*, S. 66.

13. Früh krümmt sich, was ein Mädchen werden will. (1985)

Hörfunk, HR 2, 27. 10. 1985.

14. Was ein Häkchen ist, krümmt sich beizeiten zum Widerhaken. (1986)

Bernd Thomsen, *Polit*, o. S. Auch Elisabeth Blay, *Tropfen*, o. S.

HAND

„Eine Hand wäscht die andere."

1. *Saubere Brüder*

Ein Mensch sieht Hand von Hand gewaschen.
Und doch – es muß ihn überraschen,
Daß der Erfolg nur ein geringer:
Zum Schluß hat alles schmierige Finger. (1948)

Eugen Roth, *Menschen*, S. 160.

2. Wenn eine Hand die andere wäscht, so bleiben beide schmutzig. (1959)

Hans Arndt, zitiert aus Hans Gransow u. Wolfgang Kelsch, *Gedankenlosigkeit*, S. 62.

3. „Eine Hand wäscht die andere", sagt man, und meint damit, daß eine Hand die andere schmutzig macht. (Vor 1962)

Rudolf Alexander Schröder, *Aphorismen*, S. 107.

4. Wenn eine Hand die andere wäscht, werden beide schmutzig. (1967)

Sigmund Graff, *Weisheiten*, S. 29. Auch ders., *Lockvögel*, S. 40.

5. *auf gegenseitigkeit*

eine hand wäscht die andere
mein linke hand wäscht

meine recht hand
meine rechte hand wäscht
meine linke hand
eine hand braucht die andere. (Um 1970)

Dieter Fringeli. *Ohnmachtwechsel*, S. 31.

6. Ein Fuß wäscht den anderen! (1971)

Die Zeit, Nr. 26/29. 6. 1971, S. 21.

7. Die Herren nehmen
aus fremden Taschen
die Hände nur
um einander zu waschen. (1973)

Liselotte Rauner, *Volksmund*, S. 16.

8. Eine Hand wäscht die andere. Besonders in Kreisen, wo man sich die Hände nicht schmutzig macht. (1977)

Wolfgang Eschker, *Gift*, S. 14. Auch ders., *Mitgift*, S. 30.

9. Eine Hand wäscht die andere in Unschuld. (1979)

Volker Erhardt, *Kannibale*, S. 54. Auch Werner Mitsch, *Schwarze*, S. 116; Wolfgang Mocker, *Canossa*, S. 72.

10. Eine Hand wäscht die andere, und auf beiden ist Blut. (1979)

Erwin Chargaff, *Bemerkungen*, S. 163.

11. Ein Ohr wäscht das andere. (1980)

Günter Bruno Fuchs, *Ein Ohr wäscht das andere. Die schönsten Texte*, Berlin: Wagenbach, 1980.

12. Mafia: Eine Hand rächt die andere! (1980)

Gerhard Uhlenbruck, *Frust-Rationen*, S. 74.

13. Eine Hand wäscht die andere. Und die Füße haben dabei das Nachsehen. (1981)

Werner Mitsch, *Hunde*, S. 116. Auch ders., *Wal*, o. S.

14. Eine Hand cremt die andere ... (1982)

Für Sie, Nr. 13/10. 6. 1982, S. 43.

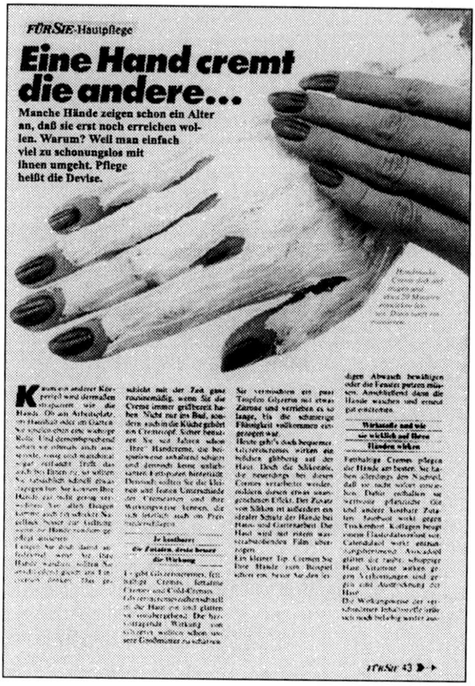

FÜR SIE-Hautpflege

Eine Hand cremt die andere...

Manche Hände zeigen schon ein Alter an, daß sie erst noch erreichen wollen. Warum? Weil man einfach viel zu schonungslos mit ihnen umgeht. Pflege heißt die Devise.

HAND 14

15. Eine Hand wäscht die andere
die sich gewaschen hat, aber
eine will nicht gewaschen werden
will die andere waschen
aber die wäscht eine
die schon die andere wäscht. (1983)

Ursula Krechel, *Rohschnitt*, S. 63.

16. Wenn im Leben eine Hand die andere wäscht, werden gewöhnlich beide schmutzig. (1983)

Sigbert Latzel, *Stichhaltiges*, S. 20.

17. Eine Hand wäscht die andere. Und wer wäscht die letzte Hand? (1984)

Hans Leopold Davi, *Neue Distel*, S. 29.

18. Eine Hand wäscht die andere – weil wir uns nicht das Schwarze unter den Nägeln gönnen. (1984)

Gerhard Uhlenbruck, *Mensch*, S. 49. Auch ders., „Hirnbissig", S. 456.

19. *Korruption*

Hände werden durch nichts schmutziger,
als wenn eine die andere wäscht. (1985)

Ron Kritzfeld, *Flexikon*, Bd. 10, S. 20.

20. Eine Hand wäscht die andere.
Wurde so die Schmierseife erfunden? (Vor 1986)

Hans-Dieter Schütt, zitiert aus Ingetraud Skirecki, *Troja*, S. 131

21. Ein Gehirn wäscht das andere. (1987)

Angelika Franz, *Sprüche*, S. 158. Auch Elisabeth Blay, *Tropfen*, o. S.; A. Franz, *Nix*, o. S.; Günter Hartmann in Gabriele Berthel, *Kurz*, S. 35; Beate Kuckertz, *Büro*, o. S.

22. Eine Hand wäscht die andere. Deshalb werden Seen und Flüsse immer schmutziger. (1987)

Günter Radtke, *Gedanken*, S. 100.

23. Eine Hand wäscht die andere, zwei Hände waschen den Hals. (1987)

Angelika Franz, *Sprüche*, S. 28.

24. Wenn eine Hand die andre wäscht, sind meist beide schmutzig! (1987)

Hans Gamber, *Frech*, S. 74.

25. Eine Hand schmiert die andere. (1988)

Die Zeit, Nr. 43/28. 10. 1988, S. 22.

26. *Gegenargument*

Eine Hand wäscht die andere – oder beschmutzt sie. (1988)

Hans Hollweg, *Kürze*, S. 69.

27. Wenn eine Hand die andere wäscht, ist das noch lange kein Zeichen für saubere Verhältnisse. (1988)

Hans-Dieter Schütt, *Haustür*, S. 21.

28. Wo eine Hand die andere wäscht, bleibt keine sauber. (1989)

Manfred Strahl, *Ausleg*, S. 18.

29. Ein feuchter Händedruck bedeutet noch nicht, daß eine Hand die andere wäscht. (1990)

Gerhard Uhlenbruck, *Darum*, S. 25.

30. Eine Hand wäscht die andere: So sorgt man für saubere Verhältnisse! (1992)

Gerhard Uhlenbruck, „Hechtsprünge", S. 471. Auch ders., *Medizinische Aphorismen*, 2. Aufl., S. 50; ders., *Nichtzutreffendes*, S. 57.

31. *Klüngel: Seminar eines Semi-Narren über Variationen eines Sprichwortes*

Herrn Professor Dr. Wolfgang Mieder gewidmet

Klüngel ist sozusagen ein Handwerk: Eine Hand wäscht die andere (E.H.w.d.a. = Abkürzung)

E.H.w.d.a.: eine Form manuell manipulierter Verfilzung.
: aus dem Handgelenk.
: und dann trocknet man sie an seiner weißen Weste.
: mit Schmierseife und Weihwasser, besonders in Köln!
: insofern ist Klüngelei immer ein sauberes Geschäft!
: – und zwar meistens unter der Hand!
: in Unschuld –.
: damit einer dem anderen aus der Hand fressen kann.
: und so arbeitet man sich gegenseitig in die Hand!
: und auf diese Weise kann man auch von seiner Hände Arbeit leben –!
: und so arbeitet man Hand in Hand.
: auf diese Weise kann man sogar ganz hygienisch von der Hand in den Mund leben!
: mit der linken Hand, wenn was Rechtes dabei herauskommen soll.
: und so hat man sich gegenseitig in der Hand!
: bei dunkeln Geschäften sogar so, daß man dabei die Hand nicht vor den Augen sehen kann.
: wobei manchmal die rechte nicht weiß, was die linke tut.
: und so wird man handgreiflich handelseinig!
: aber wenn zwei das gleiche tun, ist es noch lange nicht dasselbe –!
: nachdem man sie sich vorher dreckig gemacht hat!
: im Handumdrehen!
: wobei man nicht ins Handgemenge kommen darf!
: im Schweiße seines Angesichts, nachdem man sich durchgeboxt – und die harten Bandagen ausgezogen hat.
: genau so soll man die Klüngelei handhaben.
: dabei ist der Händedruck oft so warm, daß man für die Kühlung durch Wasser dankbar ist!
: wobei man aber auch in schlechte oder falsche Hände geraten kann!
: aber mit Fingerspitzengefühl, sonst sollte man vom Klüngeln die Hände lassen!
: und dabei sollte man jedem freie Hand lassen!

Man sollte nicht die Finger davon lassen, wenn eine Hand die andere wäscht.

Wenn eine Hand die andere wäscht, dann gönnt man sich auch nicht das Schwarze unter dem Fingernagel!

Klüngel ist, wenn eine öffentliche Hand die andere wäscht – unter Ausschluß der Öffentlichkeit!

Man kann sich die Finger danach lecken, wenn eine Hand die andere gewaschen hat –.

Ost-Klüngel: Eine Treuhand wäscht die andere.

Die Sache hat sich gewaschen, sagt man, wenn eine Hand die andere gewaschen hat.

Beim Klüngeln macht man keinen Finger krumm, es sei denn, eine Hand wäscht gerade die andere.

Was passiert, wenn eine Hand die andere gewaschen hat? Man klüngelt sauber hinter vorgehaltener Hand weiter!

Für andere Dinge sind dem Kölner oft die Hände gebunden, weil eine Hand die andere wäscht.

Klüngel ist, wenn eine Hand die andere wäscht, und einer dabei den anderen um den Finger wickelt.

Wenn eine Hand nicht die andere wäscht, dann kann man beim Klüngeln das Handtuch werfen!

Eine Hand wäscht die andere: Und dabei gibt es auch Leute mit einem echten Waschzwang!

Wenn eine Hand die andere wäscht, reibt man sie sich auch vor Freude!

Eine Hand wäscht die andere – wenn man schon sein Gewissen nicht rein waschen kann –!

In der Not wäscht händeringend eine Hand die andere!

Wenn eine Hand die andere waschen will, sollte man jedem dabei freie Hand lassen!

Beim Klüngeln muß man eine glückliche Hand haben, wenn man eine andere waschen will.

Wenn eine Hand die andere gewaschen hat, hat man eine Handhabe gegen ihn.

Wenn es darum geht, daß eine Hand die andere wäscht, hat der Kölner eine sehr hilfreiche Hand!

Wenn eine miese Klüngelei auffliegt: Hände hoch! (Damit nicht mehr eine Hand die andere waschen kann!)

Wenn eine Hand die andere waschen soll, sollte man das nicht mit zwei linken Händen tun!

Beim Klüngeln liegt auf der Hand, daß eine Hand die andere wäscht!

Wenn eine Hand die andere waschen soll, dann muß man rasch bei der Hand sein!

Eine Hand wäscht die andere – und damit hat man schon alle Hände voll zu tun!

Eine Hand wäscht die andere – auch wenn es sich dabei um eine Geldwaschanlage handelt (denn wer gibt schon Geld aus der Hand!).

Eine Hand wäscht die andere, weil man sich nicht die Hände schmutzig machen will –!

Eine Hand wäscht die andere: gerade „anhand" dieses Beispiels kann man das Wesen des Klüngels erläutern.

Eine Hand wäscht die andere – schon aus hygienischen Gründen, weil so viele Dinge beim Klüngeln durch so viele Hände gehen.

Eine Hand wäscht die andere: Nur so ist der Frieden gesichert, weil keiner die Hand gegen den anderen erheben kann!

Eine Hand wäscht die andere –: Gib mir darauf die Hand –!

Eine Hand wäscht die andere –: Wenn eine Hand die andere wäscht, befindet sich der Klüngel in guten Händen! (Wenn auch nicht immer in den richtigen!)

Eine Hand wäscht die andere, wobei man sich gegenseitig einseift!

Eine Hand wäscht die andere: Spucken Sie doch mal in die Hände und nehmen die Sache selbst in die Hand!

Eine Hand wäscht die andere und kühlt dabei die Brandblasen, die entstanden, als man sie für den anderen ins Feuer legen wollte.

Im übrigen: Wenn eine Hand die andere wäscht, so ist das auch Massage für die Seele –. (1992)

Gerhard Uhlenbruck, zitiert aus Uta Biedermann, *Köln*, S. 473–476.

32. Wenn eine Hand die andere wäscht, dann reibt man sich die Hände. (1992)

Gerhard Uhlenbruck, „Hechtsprünge", S. 470. Auch ders., *Nichtzutreffendes*, S. 55.

33. Ein Geldmensch wäscht den andern. (1994)

Felix Renner, *Worte*, S. 79.

34. Wenn eine Hand die andere wäscht, kann man den anderen leicht um den kleinen Finger wickeln. (1994)

Gerhard Uhlenbruck, „Homöopathie", S. 535. Auch ders., *Nichtzutreffendes*, S. 60.

35. Wenn es sich von selbst versteht, dass eine Hand die andere wäscht, versteht es sich auch von selbst, dass es in vermeintlicher Unschuld geschieht. (1994)

Felix Renner, *Worte*, S. 80.

36. Eine öffentliche Hand wäscht die andere. (1995)

Wolfgang Eschker, *Mitgift*, S. 121.

HÄNSCHEN

„Was Hänschen nicht lernt, lernt Hans nimmermehr."

1. Der Deutsche ist lange das Hänschen gewesen. Er dürfte aber wohl bald der Hans aller Hänse werden. Es geht ihm, wie es vielen dummen Kindern gehn soll: er wird leben und klug sein, wenn seine frühklugen Geschwister längst vermodert sind, und er nun allein Herr im Hause ist. (1798)

Novalis, *Aphorismen*, S. 26.

2. Der Hans, der etwas erlernte, was Hänschen nicht gelernt, der weiß es gut. (Um 1880)

Marie von Ebner-Eschenbach, *Aphorismen*, S. 67

3. Was Hänschen nicht lernt, braucht Hans nicht zu vergessen. (1918)

Richard Schaukal, *Gedanken*, S. 278. Auch Gerd Heyse, *Medaille*, S. 22.

4. Was Hänschen nicht lernte, muß Hans noch lernen. (1973)

Hörzu, Nr. 53/30. 12. 1972 – 5. 1. 1973, S. 43.

5. Was Hänschen nicht lernt, lernt Hans um so schneller. (1974)

Hörzu, Nr. 31/3.–9. 8. 1974, S. 51.

6. Was das Händchen nicht kriegt, kriegt die Hand nimmermehr. (1975)

   Brigitte, Nr. 13/20. 6. 1975, S. 48. Auch Claudia Glismann, *Schüler*, o. S.

7. Was Hänschen nicht lernt, lernt Hans immer mehr. (1977)

   Gerhard Uhlenbruck, *Netz*, S. 4.

8. Was Hänschen nicht lernt, kann Hans nicht vergessen. (1979)

   Werner Mitsch, *Fische*, S. 92. Auch ders., *Wal*, o. S.; ders., *Neue Hin-Sprüche*, S. 107.

9. Studium manchmal: Was Hänschen lernt, braucht Hans nimmermehr. (Vor 1982)

   Gabriele Berthel, zitiert aus Eckart Krumbholz, *Blatt*, S. 57.

10. Was Hans nimmer lernt, weiß Hänschen schon lange. (1982)

    Klaus Möckeln, *Kopfstand*, S. 53.

11. Was Hänschen nicht lernt, lernt Hans heute in der Abendschule. (1982)

    René Hildbrand, *Arbeit*, S. 82.

12. Was Fränzchen nicht gelernt, lernt Franz-Josef nimmermehr. (1983)

    Morgenpost, 15. 1. 1983, o. S.

13. Was Hänschen nicht behält, kann Hans später nachschlagen. Im Diercke. (1983)

    Der Spiegel, Nr. 34/22. 8. 1983, S. 142.

14. Was Hänschen nicht lernt, bringen die Mädchen Hans schon bei. (1983)

    Morgenpost, 17. 1. 1983, o. S.

15. Wussten Sie schon, dass Hänschen heute viel mehr lernen muss, als Hans gestern gelernt hat? (1983)

    Nebelspalter, Nr. 13/29. 3. 1983, S. 32.

16. Zum Gefängnis als Lehranstalt: Was Hänschen nicht lernte, lernt Hans immer mehr. (1983)

    Sigbert Latzel, *Stichhaltiges*, S. 55.

17. Was Hänschen nicht lernt, darf Hans nicht lehren. (1984)

    Christian Roman, *Lieber*, o. S.

18. Was Hänschen nicht lernt – ist längst veraltet, wenn er Hans geworden ist. (1984)

Albert Keller, *Wer denkt*, S. 52.

19. Was Hänschen nicht lernt, macht Hans arbeitslos. (1985)

Die Zeit, Nr. 43/1. 11. 1985, S. 6 (deutsche Ausg).

20. Was Hänschen nicht lernt, werden ihm schon die Mädchen beibringen. (1985)

Ahrensburger Markt, Nr. 12/20. 3. 1985, S. 3.

Was Hänschen nicht lernt, werden ihm schon die Mädchen beibringen.

HÄNSCHEN 20

21. Was das Hänschen hier nicht lernt, lernt die Hand nimmermehr. (1986)

Bernd Thomsen, *Pissen*, o. S. Auch Angelika Franz, *Sprüche*, S. 229.

22. Wenn Hänschen nicht lärmt, stört's den Hans nimmermehr. (1986)

Karl-Ludwig Bickerle, *Gedankensprünge*, S. 15.

23. Was Schwänzchen nicht lernt, lernt Schwanz nimmermehr. (1986)

Andreas Bender, *Gelegenheit*, o. S. Auch Saskia Schlesinger, *Lenz*, o. S.

24. *volksmund*

was hänschen nicht lernt
lernt hans nimmermehr
sagt der volksmund

scheinbar hat er recht
sonst könnte er
die fresse halten. (1987)

Manfred Hausin, *Verboten*, S. 54.

25. Was Hänschen lernt, kann Hans auch noch lernen und Hanna sowieso. (1989)

Hamburger Abendblatt, Nr. 43/20. 2. 1989, S. 9.

26. Was Hänschen nicht lernt, bringt er den anderen bei! (1990)

Žarko Petan, *Herren*, S. 86.

HERD

„Eigener Herd ist Goldes wert."

1. Eigener Herd ist den Baukostenzuschuß wert. (1929)

Fliegende Blätter, 85, Nr. 4379/4. 7. 1929, S. 15.

2. *Bissiche Strofe*

Eichner Herd is Prüschel werd
üb immer redlich mordde
aus Deuwelshuf un Wasserpferd
is nie e Vöglein wordde. (1968)

Kurt Sigel, *Feuer*, S. 14. Auf hochdeutsch als „Eigner Herd ist Prügel wert" auch ders., *Lieder*, S. 42; ders., *Kannibalisches*, S. 134.

3. *Eheliche Liebe*

Eigener Gerd ist Holdes wert! (1973)

Ron Kritzfeld, *Schüttel*, S. 17.

4. „Eigener Herd ist Goldes wert", sagte der Werksangehörige, als er nach dem Essen die Kantine verließ. (1975)

Hörzu, Nr. 16/19.–25. 4. 1975, S. 3.

5. *Wertbegriffe*

Der eigne Herd ist Goldes wert.
Doch nicht so ists beim Krankheitsherd,
Da bringt der *fremde* Gold allein
Dem Arzt und Apotheker ein. (Vor 1976)

Eugen Roth, *Je nachdem*, S. 39.

6. Eigener Wagen ist Goldes wert. (1976)

Der Spiegel, Nr. 32/2. 8. 1976, S. 75.

7. Eignes Gerät ist Goldes wert:
Statt Zeit verlieren selbst kopieren. (1976)

Der Spiegel, Nr. 46/15. 11. 1976, S. 253. Auch ebd., Nr. 13/21. 3. 1977, S. 115.

8. Fremder Herd ist Goldes wert, wenn er auch Holdes mitbeschert. (1977)

Gerhard Uhlenbruck, *Netz*, S. 37.

9. Eiterherd ist Goldes wert. (1978)

Werner Mitsch, *Spinnen*, S. 94. Auch ders., *Wal*, o. S.

10. Goldener Herd ist einiges wert. (1978)

Werner Mitsch, *Spinnen*, S. 92. Auch ders., *Wal*, o. S.

11. My home is my castle! ... sagt der Engländer. Und recht hat er. Die eigenen Wände sind Gold wert – für den, der sie hat. (1978)

Lübecker Nachrichten, 6. 8. 1978, S. 22.

12. Eigener Herd ist zwar viel wert ... doch ohne Köchin nicht begehrt. (1984)

Wochenend, Nr. 30/19. 7. 1984, S. 30.

13. Eigner Herd ist Steuerermäßigung wert. (1984)

Wochenkurier, 5. 10. 1984, o. S.

14. „Ich trinke Jägermeister, weil eigner Gerd ist Goldes wert.“ (1984)

Hörzu, Nr. 31/27. 7. 1984, S. 5.

15. Eigener Unruheherd ist Goldes wert. (1985)

André Brie, *Anfang*, S. 41. Auch ders., *Wahrheit/Anfang*, S. 108.

16. Eigener Herd ist Schulden wert. (1986)

    Bunte, Nr. 15/3. 4. 1986, S. 118.

17. Gute Berufung ist Goldes wert. (1986)

    Andreas Bender, *Gelegenheit*, o. S.

18. Ein eigener Herd ist Goldes wert – aber nur, wenn man sein eigenes Süppchen darauf kocht. (1994)

    Gerhard Uhlenbruck, *Wahr*, S. 20.

HEUTE

„Was du heute kannst besorgen, das verschiebe nicht auf morgen."

1. Was du heute kannst besorgen, kaufst du billiger als morgen! (1973)

   Die Zeit, Nr. 33/17. 8. 1973, S. 15.

2. Was du heute kannst besorgen, kannst du dir morgen bestimmt nicht mehr leisten. (1975)

   Hörzu, Nr. 45/8.–14. 11. 1975, S. 3. Auch Eduard Moriz, *Nimm's leicht*, o. S.; Karl Heinz Rauchberger u. Ulf Harten, *Club*, S. 56; Ralf Bülow, *Graffiti*, o. S.; Claudia Glismann, *Schüler*, o. S.; Renato Biscioni, *Kindersprüche*, S. 97.

3. Verschiebe nicht auf morgen, was genau so gut auf übermorgen verschoben werden kann. (1978)

   Udo Bracht, *Bilder*, S. 105.

4. Verschiebe nie etwas auf morgen, was man auf übermorgen verschieben kann. (1982)

   René Hildbrand, *Arbeit*, S. 55.

5. Was du heut nicht kannst besorgen, das verschieben andre morgen. (1982)

   Klaus Möckel, *Kopfstand*, S. 34.

6. Was du heute kannst besorgen,
Verschiebe stets auf morgen.
Denn hast du's heute schon getan,
kommt morgen gleich was Neues dran! (1982)

   René Hildbrand, *Arbeit*, S. 68.

7. Was du verschieben kannst auf Morgen, das verschiebe. Denn wer weiss, vielleicht gibt es kein Morgen mehr. Und dann bist du froh, dass du es nicht schon getan hast. (1982)

   René Hildbrand, *Arbeit*, S. 31.

8. Drum verschiebe nicht auf morgen, was Du heute kannst verschieben. (1983)

   Klaus Sochatzy, *Dauer*, S. 90.

9. Was Du heute kannst besorgen, das verschiebe lieber gleich auf morgen. (1983)

   Karl Heinz Rauchberger u. Ulf Harten, *Club*, S. 50. Auch Eduard Moriz, *Dings*, o. S.

10. Was du heute kannst besorgen, verschiebe getrost auf morgen, denn morgen ist auch noch ein Heute. (1983)

    Peter Oprei, *Bedenkliches*, S. 54.

11. Wem Du's heute kannst besorgen, den verhaue nicht erst morgen. (1983)

    Morgenpost, 28. 1. 1983, o. S.

12. Verschiebe nicht auf morgen, was heute ein anderer für Dich tun kann. (1984)

    Christian Roman, *Lieber* o. S.

13. Was du heut' nicht kannst besorgen,
    mußt du dir vom Nachbarn borgen. (1984)

    Claudia Glismann, *Schüler*, o. S. Auch *Bella*, Nr. 11/7. 3. 1986, S. 2; *Das neue Blatt*, Nr. 6/29. 1. 1986, S. 63; Angelika Franz, *Sprüche*, S. 302.

14. Was du morgen kannst besorgen, das verschiebe nie auf heute. (1984)

    Eduard Moriz, *Intim*, o. S.

15. Verschiebe nie auf morgen, was Du heute von anderen erledigen lassen kannst. (1985)

    Richard Mahkorn, *Büro*, o. S.

16. Was du heute kannst besorgen,
    das verschiebe nicht erst morgen. (1985)

    Wolfgang Willnat, *Sprüche*, S. 110.

17. Was Du heute kannst besorgen,
das verschieb getrost auf morgen. (1986)

Monika Schattenhofer, *Poesiealbum*, S. 100.

18. Was du heute kannst besorgen, das verschiebe nicht auf morgen, wenn du es auch nächste Woche tun kannst. (1986)

Bella, Nr. 6/31. 1. 1986, S. 2.

19. Was du heute kannst besorgen, mußt du nicht erst morgen borgen. (1986)

Bild, 26. 4. 1986, S. 2.

20. Was du heute kannst verschieben – das verschiebe nicht erst morgen. (1986)

Bild, 24. 1. 1986, S. 2.

21. Wem du's heute kannst besorgen,
den vernasche nicht erst morgen. (1986)

Bernd Thomsen, *Pissen*, o. S. Auch Angelika Franz, *Sprüche*, S. 239.

22. Umweltverschmutzung: Was du dir heute machen kannst an Sorgen, das verschiebe nicht auf morgen. (1987)

Gerhard Uhlenbruck, *Kaffee*, S. 72.

23. Wem du's heute kannst besorgen.
den verschone nicht bis morgen. (1987)

Angelika Franz, *Sprüche*, S. 423. Auch Saskia Schlesinger, *Lenz*, o. S.

24. Was du heute kannst besorgen – mache lieber am anderen Morgen. (1989)

Beate Steinmeyer, *Schoß*, o. S.

25. Motto gewisser Leute: „Was du heute kannst erborgen, das verschiebe nicht auf morgen." (1990)

Fritz Herdi, *Witz*, S. 37.

26. Was du heute kannst besorgen, das verschiebe nicht auf morgen. Eine Volksweisheit, die mir immer zuwider war. Wie manches entfällt nicht kurz vor Fälligkeit! Dann bricht Seligkeit aus wie früher, wenn ein Unterricht unvermutet ausfiel, und bitter gestraft ist derjenige, der sein Soll vorfristig erfüllt hat. Außerdem schärft es das Bewußtsein, regt die Leistungskraft mächtig auf, wenn der Setzer schon

in der Tür steht, Flugzeug oder Zug schon warten, die letzte Frist schon beinah abgelaufen ist. (1993)

Johannes Gross, *Fürwitz*, S. 108.

HÖREN

„Wer nicht hören will, muß fühlen."

1. Wer nicht fühlen kann, muß hören, was andre sagen. (1918)

   Richard Schaukal, *Gedanken*, S. 273.

2. Wer nicht hören will, muß das Rundfunkabonnement abbestellen. (1929)

   Fliegende Blätter, 85, Nr. 4379/4. 7. 1929, S. 15.

HÖREN 5

3. Wer hören will muß fühlen. (1972)

Der Spiegel, Nr. 42/9. 10. 1972, S. 180.

4. „Wer nicht hören will, muß fühlen", sagte der Radiohändler und erhöhte fühlbar die Preise für Fernseher. (1974)

Stern, Nr. 12/14. 3. 1974, S. 130.

5. Wer nicht lesen will, kann fühlen. (1976)

Freundin, Nr. 13/10. 6. 1976, S. 67.

6. „Wer nicht hören will, muss fühlen", sagte der Radiodirektor und stimmte für eine drastische Erhöhung der Fernsehkonzession. (1977)

Markus Ronner, *Moment*, S. 48.

7. Wer nicht hören will, muß führen. (1979)

Volker Erhardt, *Kannibale*, S. 66. Auch Gerhard Uhlenbruck, *Kaffee*, S. 72; ders., *Aphorismen/Satz*, S. 92; ders., *Farum*, S. 42.

8. Wäre das schön, dass die Leute, die nicht hören wollen, allmählich zu fühlen begännen! (1980)

Felix Renner, *Schwalben*, S. 20.

9. Wer nicht hören will und auch nicht fühlen, der sollte auch nicht heiraten. (1981)

Werner Mitsch, *Hunde*, S. 114. Auch ders., *Wal*, o. S.

10. „Ich trinke Jägermeister, weil wer nicht röhren will, muß fühlen." (1982)

Der Spiegel, Nr. 39/27. 9. 1982, S. 80. Nur die Sprichwortvariation in Otto Waalkes, *Zweites Buch Otto*, S. 144.

11. Wer nicht fühlen kann, muß lesen! (1982)

Bunte, Nr. 47/18. 11. 1982, S. 218.

12. Wer nicht stöhnen will, muss büssen. (1982)

Willi Hau, *Zeit*, o. S.

13. Wer nicht hören kann, kann auch nicht fühlen. (1984)

Bunte, Nr. 37/6. 9. 1984, S. 148.

14. Wer nicht hören will, muß fernsehen. (1984)

Ralf Bülow, *Graffiti*, o. S. Auch Claudia Glismann, *Schüler*, o. S.; Eduard Moriz, *Dings*, o. S.; *Bild*, 30. 8. 1985, S. 2; *Bild*, 12. 9. 1985, S. 2; Angelika Franz, *Sprüche*, S. 265; Brigitte Xander, zitiert aus Ernst Günter Tange, *Funk*, S. 8 u. S. 32.

15. Wer nicht hören will, muß lesen. (1984)

Claudia Glismann, *Edel*, o. S. Auch Erich Kästner, *Wer nicht hören will, muß lesen. Eine Auswahl*, Frankfurt am Main: Fischer, 1984.

16. Wer nicht hören will – muß seine Ohren verstopfen. (1984)

Siegfried Gloose, *Einfälle*, S. 69.

17. Wer mich hören will, muß mich erst fühlen. (1986)

Bernd Thomsen, *Pissen*, o. S.

18. Was ist das für ein unbegreifliches Land, wo einer fühlen muß, wenn er nicht hören will? (1987)

Nikolaus Cybinski, *Unfreiheit*, S. 24.

19. Wer nicht hören will, muß fühlen – wie man ihm das Fell über die Ohren zieht. (1987)

Gerhard Uhlenbruck, *Kaffee*, S. 96.

20. Wer nicht hören will, muß spülen! (1987)

Hans Gamber, *Frech*, S. 50.

21. Wer nicht hören will, soll wenigstens fernsehen. (1987)

Bild, 15. 1. 1987, S. 2.

22. Wer nicht hören will, will auch nicht fühlen. (Vor 1989)

Peter Gruber; zitiert aus Gabriele Berthel, *Kurz*, S. 201.

HUHN

„Ein blindes Huhn findet auch (ein)mal ein Korn."

1. Auch die Körner, die blinde Hühner finden, sind genießbar. (1959)

Gerhard Branstner, *Aphorismus*, S. 19.

2. Ein blindes Huhn findet auch einmal einen blinden Hahn. (1966)

Robert Gernhardt, *Welt*, S. 62.

3. Ein blindes Korn findet kein Huhn! (1970)

Rudolf Rolfs, *Inventur*, S. 159.

4. Auch ein blinder Säufer findet mal ‘n Korn. (1972)

Praline, Nr. 47/16. 11. 1972, S. 45. Auch Claudia Glismann, *Schüler*, o. S.

5. Armut findet auch ein Korn. (1973)

Franz Fühmann, *Tage*, S. 224.

6. Blinder Eifer findet auch einmal ein Körnchen Wahrheit. (1977)

Gerhard Uhlenbruck, *Netz*, S. 125.

7. Ein blindes Huhn findet auch mal eine lahme Ente. (1978)

Werner Mitsch, *Spinnen*, S. 95. Auch ders., *Wal*, o. S.

8. Auch ein blindes huhn findet mal einen hahn. (1979)

Volker Erhardt, *Kannibale*, S. 115. Auch Žarko Petan, *Sintflut*, S. 11.

9. *Dem Fleiß kein Preis*

Sofern ein Huhn, noch nicht erblindet,
das güldne Korn der Wahrheit findet,
sagt achselzuckend jedermann:
„Na, Kunststück, wenn es sehen kann!“ (1982)

Hansgeorg Stengel, *Extrakt*, S. 17.

10. Auch ein blinder Trinker findet mal einen Korn. (1984)

Claudia Glismann, *Edel*, o. S. Auch Elisabeth Blay, *Tropfen*, o. S.

11. Auch ein blindes Huhn findet mal einen Doppelkorn. (1984)

Walter Kempowski, *Willkommen*, S. 226.

12. Ein blindes Huhn findet auch einmal ein Korn, doch ein schlafendes kann höchstens davon träumen. (1984)

Albert Keller, *Wer denkt*, S. 74.

13. Gemeinheit: Einem blinden Huhn auf der Suche nach einem Körnchen Wahrheit Sand in die Augen streuen. (1987)

Gerhard Uhlenbruck, *Kaffee*, 1987. Auch ders., *Aphorismen/Satz*, S. 22.

14. Ein blindes Huhn trinkt auch mal 'nen Korn. (1988)

Die Weltwoche, Nr. 43/27. 10. 1988, S. 69.

15. Ein blindes Huhn hat viel zu tun. (1995)

Ulrich Erckenbrecht, *Katzenköppe*, S. 122.

HUHN 14

HUND (a)

„Hunde, die bellen, beißen nicht."

1. Es gibt auch Hunde, die bellen, um dich glauben zu machen, daß sie nicht beißen werden. (1953)

   Ludwig Strauss, *Wintersaat*, S. 82. Auch ders., zitiert in Federico Hindermann u. Bernhard Heinser, *Aphorismen*, S. 373.

2. Eine aussichtslose Maxime: „Lerne bellen, ohne zu beißen." (1956)

   Carl August Emge, „Diesseits", S. 122.

3. Wußten Sie schon, daß Kühe, die bellen, nicht beißen? (1966)

   Robert Gernhardt, *Welt*, S. 68.

4. Der Vater zum Sohn: Warum fürchtest du dich vor dem Hund, der dich anbellt? Weißt du nicht, daß Hunde, die viel bellen, nicht beißen? – Ja, das weiß ich schon, sagt der Sohn, aber ich weiß nicht, ob es der Hund auch weiß. Mit demselben Anteil von Berechtigung könnte man sagen: Ich weiß wohl, daß es einen Gott geben muß, aber ich weiß nicht, ob Gott es auch weiß. (1975)

   Erich Brock, *Linien*, S. 5.

5. „Hunde, die bellen, beißen nicht", sagte der Briefträger und behielt recht. Im gleichen Moment, wo der Hund zubiß, hörte er auf zu bellen. (1975)

   Hörzu, Nr. 16/19.–25. 1. 1975, S. 3.

6. Hunde, die beißen, bellen nicht. (1977)

   Gerhard Uhlenbruck, *Netz*, S. 101.

7. Fische, die bellen, beißen nicht. (1978)

   Werner Mitsch, *Spinnen*, S. 95. Auch ders., *Fische, die bellen, beißen nicht. Sprüche. Nichts als Sprüche*, Stuttgart: Letsch, 1979.

8. Hunde, die schielen, beißen daneben. (1978)

   Werner Mitsch, *Spinnen*, S. 93. Auch ders., *Hunde, die schielen, beißen daneben. Sprüche. Nichts als Sprüche*, Stuttgart: Letsch, 1981.

9. Anständige Hunde bellen bevor sie beißen. (1979)

   Werner Mitsch, *Fische*, S. 95.

10. Gewissensbisse sind innere Kettenhunde, die zwar öfters bellen, aber nur selten beissen. (1979)

Beat Läufer (eigent. Felix Renner), zitiert aus *Nebelspalter*, Nr. 45/6. 11. 1979, S. 6.

11. Hunde, die beißen, haben nichts zu lachen. (1979)

Werner Mitsch, *Fische*, S. 93.

12. Schweinehunde, die bellen, beißen auch. (1979)

Gerhard Uhlenbruck, *Einfach*, S. 38. Auch ders., *Eigenliebe*, S. 28; Bernd Thomsen, *Polit*, o. S.

13. Hunde, die bellen, laufen Gefahr, gebissen zu werden. (1981)

Žarko Petan, *Himmel*, S. 11.

14. *Cave canem!*

Will ein Hund dich an der Kehle fassen,
mußt du ihn Kartoffeln schälen lassen,
denn du weißt doch,
wie der Volksmund spricht:
Hunde, die pellen, beißen nicht. (1982)

Hansgeorg Stengel, *Extrakt*, S. 108.

15. Hunde, die beissen, können nicht bellen. (1982)

Hans Jürgen Bundfuss, *Büro*, o. S.

16. Für Kritiker gilt der Grundsatz: Hunde, die beißen, bellen nicht. (Vor 1983)

Hans Weigel, zitiert aus Roland Michael, *Treffend*, S. 37.

17. Hunde, die nie bellen, beißen früh ins Gras. (1983)

Werner Mitsch, *Schwarze*, S. 24.

18. „Anständige Hunde bellen nur, wenn man sie beißt." (1984)

Werner Mitsch, *Grund*, S. 31.

19. Ein Hund, der bellt, beißt nicht. Der Mensch ist kein Hund. (1984)

Gabriel Laub, *Denken*, S. 16.

20. Hunde, die bellen, beißen nicht. Aber sie bellen doch nicht un-unterbrochen? (1984)

Gabriel Laub, *Denken*, S. 181.

21. Hunde, die bellen, haben oft nichts zu beißen. (1984)

Werner Ehrenforth, *Eintagsfliege*, S. 26.

22. Hunde, die schellen, beissen nicht! (1984)

Otto Waalkes, *Zweites Buch Otto*, S. 146.

23. Schweine, die bellen, beissen nicht. (1985)

Wolfgang Willnat, *Sprüche*, S. 90.

24. Hunde, die bellen, beißen später. (Vor 1989)

Peter Gruber, zitiert aus Gabriele Berthel, *Kurz*, S. 153.

25. Schweinehunde, die nicht bellen, beissen. (1989)

Gerhard Uhlenbruck, *Aphorismen/Satz*, S. 39.

26. Hunde, die bellen, riskieren, gebissen zu werden. (1990)

Žarko Petan, *Herren*, S. 36.

27. Hunde, die bellen, beißen nicht. Sie machen die Propaganda. (1994)

Birgit Berg, *Worte*, S. 26.

HUND (b)

„Viele Hunde sind des Hasen Tod."

1. Viele Pläne sind der Taten Tod. (1938)

Charles Tschopp, *Aphorismen*, S. 8.

2. Zu viele Apostel sind Gottes Tod. (1956)

Erwin Chargaff, *Bemerkungen*, S. 60.

3. Viele Hunde – des Hasen Leben? (1971)

Die Zeit, Nr. 20/18. 5. 1971, S. 5.

4. *Osterspruch*

Viele Hasen sind des Heiland Tod. (1973)

Dieter Höss, *Fettnapf*, S. 77.

5. Viele Gedanken sind des einen Tod. (1977)

Guido Hildebrandt, *Hohn*, S. 13.

6. Viele Hasen sind des Hundes Tod. (1977)

Gerhard Uhlenbruck, *Netz*, S. 4.

7. Viele Hunde sind des Läufers Not. (1977)

Gerhard Uhlenbruck, *Netz*, S. 143.

8. Zu viele Ärzte sind des Kranken Tod. (1978)

Werner Mitsch, *Spinnen*, S. 94.

9. Viele Ängste sind des Hasen Fuß. (1979)

Werner Mitsch, *Fische*, S. 96. Auch ders., *Wal*, o. S.

10. Viele Köche sind des Hasen Pfeffer. (1979)

Werner Mitsch, *Fische*, S. 95. Auch ders., *Wal*, o. S.

11. *Nadelöhr*

In vielen Lebensmitteleinkaufshallen
herrscht permanente Arbeitskräftenot.
Erschöpft hört man Kassiererinnen lallen:
„Zu viele Kunden sind der Kassen Tod." (1980)

Hansgeorg Stengel, *Stengelsgeduld*, S. 27.

12. Zuviele Tische sind des Kellners Tod. (1981)

Werner Mitsch, *Hunde*, S. 15.

13. Viele Flöhe sind der Algen Tod. (1982)

Die Zeit, Nr. 2/15. 1. 1982, S. 20.

14. Viele Hunde sind des Rasen(s) Tod. (1982)

Klaus Lettke, zitiert aus Eckart Krumbholz, *Blatt*, S. 39. Auch Iris Blaschzok, *Ächt*, S. 58; *Bild*, 2. 10. 1985, S. 2; Eduard Moriz, *Sauweich*, o. S.; Elisabeth Blay, *Tropfen*, o. S.

15. Viele Jäger sind des Jägers Tod. (1982)

Nebelspalter, Nr. 44/2. 11. 1982, S. 33.

16. Viele Läufer sind der Piste Tod. (1985)

Wolfgang Willnat, *Sprüche*, S. 119.

17. Viele Prüfer sind der Bilanzen Tod. (1986)

Bernd Thomsen, *Neue Büro-Sprüche*, o. S.

18. Viele Pfunde sind der Base Not. (1987)

Andreas Bender, *Socken*, o. S.

19. Viele Neider sind der Schönen Tod. (1992)

Sheila Radley, *Viele Neider sind der Schönen Tod*, München: Scherz, 1992.

IRREN

„Irren ist menschlich."

1. „Irren ist menschlich." Die Leute glauben daher, sie sind schon menschlich, wenn sie sich irren, da irren sie sich aber unmenschlich! (Um 1850)

Moritz Gottlieb Saphir, *Leier*, S. 87.

2. Irren ist göttlich. (Um 1905)

Gerhart Hauptmann, *Werke*, Bd. 6, S. 1001.

3. Menschsein ist irrig. (1919)

Karl Kraus, *Wort*, S. 300.

4. Irren ist menschlich, aber schmerzlich, sobald es zu einem Zusammenstoß mit der Umwelt führt. Unsere ganze bisherige Weltgeschichte ist eine Sammlung menschlicher Irrtümer. (Um 1925)

Carl Haensel, zitiert aus Ernst Hauschka, *Handbuch*, S. 85.

5. Irrsinn ist menschlich und hat Gold im Munde. (1927)

Erich Kästner, *Gedichte*, S. 80.

6. Irren ist ärztlich. (Vor 1960)

Curt Goetz, *Täglich*, S. 51. Auch ders., zitiert in Winfried Hönes, *Äskulap*, S. 72.

7. Irren ist menschlich. Der Mensch aber ist vielleicht selbst der größte Irrtum der Natur. (1969)

Arthur Hafink, *Hergebrachtes*, S. 90.

8. Irren ist menschlich! So dokumentieren Dummköpfe ihre Menschlichkeit. (1970)

Rudolf Rolfs, *Inventur*, S. 77.

9. Irren ist menschlich. Aber in der Liebe tragisch. (1972)

Frau, Nr. 8/14. 4. 1972, S. 75.

10. Irren ist männlich. (1976)

Stern, Nr. 39/20. 9. 1976, S. 173. Auch *Der Spiegel*, Nr. 41/4. 10. 1976, S. 197; Iris Blaschzok, *Muse*, S. 42; Eduard Moriz, *Intim*, o. S.; Christian Roman, *Big Mäc*, o. S.; Bernd Thomsen, *Polit*, o. S.; Angelika Franz, *Sprüche*, S. 203; *Die Weltwoche*, Nr. 7/12. 2. 1987, S. 55; Grußkarte von Paloma Cards & Arts (Berlin 1994).

11. Es ist ein Irrtum zu glauben, daß Irren menschlich sei, wenn Menschen geopfert werden. (1977)

Hans-Horst Skupy, *Geistesblitze*, S. 56.

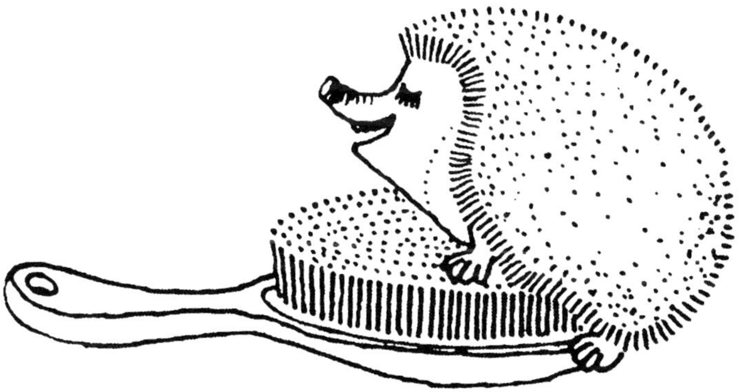

Irren ist menschlich, sagte der Igel, da sprang er von der Kleiderbürste

IRREN 15

12. In der inhumanen Gesellschaft ist auch das Irren nicht menschlich. (1977)

Hans-Horst Skupy, *Geistesblitze*, S. 82.

13. Irren ist menschlich. Aber wer ist (schon) menschlich zu den Irren? (1977)

Hans-Horst Skupy, *Geistesblitze*, S. 104. Auch ders., zitiert in Gerhard Uhlenbruck, *Kranker*, S. 63.

14. Irren ist menschlich, auf einem Irrtum beharren, unmenschlich. (1977)

Gerhard Uhlenbruck, *Netz*, S. 112.

15. Irren ist menschlich, sagte der Igel, da sprang er von der Kleiderbürste. (1977)

Lutz Röhrich, *Witz*, S. 22 b. Auch *Morgenpost*, 14. 1. 1983, o. S.

16. ... denn Fehler sind mänschlich. (1978)

Der Spiegel, Nr. 15/10. 4. 1978, S. 87.

17. Tiere irren sich selten. Denn Irren ist menschlich. (1978)

Werner Mitsch, *Spinnen*, S. 94.

18. Irren ist menschlich, zuweilen auch mitmenschlich. (Um 1980)

Daniel Textor, zitiert aus Ingetraud Skirecki, *Troja*, S. 178.

19. Irren ist menschlich, sagte der Gorilla als er von der Schimpansin kletterte. (1980)

Werner Mitsch, *Pferde*, S. 108.

20. Irren ist menschlich. Und schon mancher verdankte seine Menschenähnlichkeit einem Irrtum. (1980)

Werner Mitsch, *Pferde*, S. 53.

21. Irren ist menschlich. Die Justiz macht keine Fehler. (1981)

Winfried Thomsen, *Radikalauer*, o. S.

22. Wissen ist menschlich. (1981)

Manfred Krüger, *Denkbilder*, S. 16. Auch *Die Zeit*, Nr. 15/5. 4. 1985, S. 16 (deutsche Ausg.); *Der Spiegel*, Nr. 15/8. 4. 1985, S. 78.

23. Irren ist menschlich; deshalb werden Menschen, die sich geirrt haben, bestraft, Instanzen nicht. (Um 1982)

Kurt Tackmann, zitiert aus Ingetraud Skirecki, *Troja*, S. 158.

24. Irren ist wohl menschlich, aber es ist fraglich, ob man durch fortwährendes Irren menschlicher wird. (Um 1982)

Jakob Ternay, zitiert aus Eckart Krumbholz, *Blatt*, S. 54.

25. *Irrtümliche Auslegung*

„Irren ist menschlich" –
das klingt so, als seien
Fehler, weil menschlich,
pauschal zu verzeihen.
Laßt euch von Kürzeln
den Kopf nicht verwirren:
Irren ist menschlich?
Auch Unmenschen irren! (1982)

Hansgeorg Stengel, *Extrakt*, S. 98.

26. Irren ist menschlich. Aber wenn man richtigen Mist bauen will, braucht man einen Computer. (Um 1983)

Dan Rather, zitiert aus Michael Roland, *Treffend*, S. 41. Auch Beate Steinmeyer, *Schoß*, o. S.

27. Irre sind menschlich. (1983)

Iris Blaschzok, *Ächt*, S. 30. Auch Hans Gamber, *Graffiti*, o. S.; Eduard Moriz, *Dings*, o. S.; Postkarte von H & L Pictura (Heidelberg 1988).

28. Irren ist menschlich, betrügen ist weiblich. (1983)

Morgenpost, 17. 1. 1983, o. S.

29. Irren ist menschlich.
Geirrt zu haben oft unmenschlich. (1983)

Werner Ehrenforth, *Sitzbeschwerden*, S. 69.

30. Irren ist menschlich; in extremen Fällen sogar unmenschlich. (1983)

Werner Mitsch, *Schwarze*, S. 38.

31. Irren ist menschlich – je mehr man sich irrt, desto menschlicher wird man. (1983)

Morgenpost, 31. 1. 1983, o. S.

32. Girren ist menschlich. (1984)

Werner Ehrenforth, *Eintagsfliege*, S. 31.

33. Irren ist menschlich; Politiker irren sich nie. (1984)

Claudia Glismann, *Edel*, o. S.

34. Irren ist meteorologisch. (1984)

Darmstädter Echo, Nr. 230/8. 10. 1984, S. 1.

35. Irren ist menschlich, aber für das totale Chaos braucht man einen Computer. (1985)

Richard Mahkorn, *Büro*, o. S. Auch Angelika Franz, *Sprüche*, S. 148; Beate Kuckertz, *Büro*, o. S.

36. Irren ist menschlich. Darum wird es in der Regel auch bestraft. (1986)

Wolfgang Mocker, „Aphorismen", S. 170.

37. „Klirren ist menschlich", sagte der Glasermeister zum Gesellen, als er wieder eine neue Scheibe einsetzte. (1986)

Bild, 27. 6. 1986, S. 5.

38. Irren ist menschlich. Ärzte sind Menschen – die sich dadurch nicht beirren lassen. (1987)

Gerhard Uhlenbruck, *Kaffee*, S. 6. Auch ders., *Medizinische Aphorismen*, 2. Aufl., S. 4.

39. Irren ist menschlich – doch Fluglotsen darf das nicht passieren. (1987)

Zeit-Magazin, Nr. 43/16. 10. 1987, S. 18.

40. Irren ist menschlich und vielleicht auch der Mensch – nur ein Irrtum. (1987)

Gerhard Uhlenbruck, *Kaffee*, S. 72.

41. Irren ist tödlich. (1987)

Zeit-Magazin, Nr. 43/16. 10. 1987, S. 10. Auch als Titel eines Buches von Elliott Lewis, *Irren ist tödlich. Kriminalroman*, München: Goldmann, 1990.

42. Irren ist unmenschlich. (1987)

Manfred Schlapp, *Irren ist unmenschlich. Kritik der reinen und praktischen Unvernunft*, Berlin: Arcus, 1987.

43. Irren ist menschlich, Irrtümer beseitigen ist übermenschlich. (1991)

Ulrich Erckenbrecht, *Maximen*, S. 166.

44. Morderne Psychiatrie: Die Irren sind menschlich. (1994)

Gerhard Uhlenbruck, „Homöopathie“, S. 537. Auch ders., *Nichtzutreffendes*, S. 63.

45. Irren ist menschlich. – Er irrte nie. (1995)

Wolfgang Eschker, *Mitgift*, S. 72.

KIND

„Gebranntes Kind scheut (fürchtet) das Feuer.“

1. Ein gebranntes Kind scheut das Feuer, ein oft versengter Greis scheut, sich zu wärmen. (Um 1815)

Johann Wolfgang von Goethe, *Maximen und Reflexionen* (Hamburger Ausgabe), Bd. 12, S. 521.

2. Gebrannte Kinder fürchten das Feuer oder vernarren sich darein. (Um 1880)

Marie von Ebner-Eschenbach, *Aphorismen*, S. 10.

3. Gebrannte Kinder fürchten das Feuer: Kinder! Die Alten tappen immer wieder hinein. (Vor 1908)

Emil Gött, *Werke*, S. 116.

4. *Auf freiem Markt*

Gebranntes Kind
fürchtet das Feuer
Gebrannten Kindes Kinder
fürchten das Feuer nicht

Gebrannten Kinds Kindeskinder
malen sich aus
wie schön die Großeltern brannten
und sammeln feurige Kohlen

Nochmals gebranntes Kind
fürchtet kein Feuer mehr

Asche ist furchtlos. (1964)

Erich Fried, *Warngedichte*, S. 88.

5. Gebranntes Kind scheut's Sperrfeuer! (1967)

Rudolf Rolfs, *Schlag*, S. 57.

6. Gebranntes Kind
schürt das Feuer. (1974)

Manfred Ach, *Husarenstücke*, S. 9.

7. „Gebranntes Kind scheut das Feuer", sagte die Witwe des Brandmeisters und schloß eine Feuerbestattung aus. (1975)

Stern, Nr. 18/24. 4. 1975, S. 88. Auch Hans Gamber, *Frech*, S. 100.

8. Ein gebranntes Kind scheut nicht die Wärme. (1979)

Gerhard Uhlenbruck, *Einfach*, S. 20.

9. Gebranntes Kind scheut die Mandeln. (1983)

Morgenpost, 10. 1. 1983, o. S. Auch Manfred Hausin, *Hausinaden*, S. 30; und ders., *Verboten*, S. 42.

10. Geköpftes Kind scheut das Fallbein. (1984)

Eduard Moriz, *Dings*, o. S.

11. Gebrannte Mandeln scheuen das Feuer! (1985)

Wolfgang Willnat, *Sprüche*, S. 115.

12. Gebrannte Lehrer scheuen das Feuer. (1986)

Christian Roman, *Big Mäc*, o. S.

13. Gebranntes Kind sucht das Feuer. (1986)

Cordelia Edvardson, *Gebranntes Kind sucht das Feuer. Roman*, München: Carl Hanser, 1986.

14. Ein gebranntes Kind holt keine Kastanien mehr aus dem Feuer. (1987)

Gerhard Uhlenbruck, *Kaffee*, S. 43.

15. Ein gebranntes Kind geht nicht mehr für andere durchs Feuer. (1989)

Gerhard Uhlenbruck, *Aphorismen/Satz*, S. 87. Auch ders., *Darum*, S. 42.

16. Ein gebranntes Kind lässt nichts mehr anbrennen. (1989)

Gerhard Uhlenbruck, *Aphorismen/Satz*, S. 31. Auch ders., „Geistesblitze", S. 227; ders., *Nichtzutreffendes*, S. 85.

17. *Vom Grunde der deutschen Sprichwörterkiste*

Gebrannte Kinder scheuen die brennenden noch mehr als das Feuer. (Vor 1990)

Horst Drescher, *Zirkus*, S. 207.

18. *Die gebrannten Kinder*

Die gebrannten Kinder fürchten das Feuer. Lieber erfrieren sie.
Die gebrannten Kinder scheuen brennende Fragen. Sie sind die kalten Antworten zufrieden.
Die gebrannten Kinder meiden heiße Eisen. Am besten alles auf Eis gelegt. Unter den Erfrorenen ist der Amputierte König.
Die gebrannten Kinder beklagen ein heißes Herz. Die Herzenswärme ist unser Unglück.
Die gebrannten Kinder sind nordischer Natur. Der Süden klingt ihnen wie Sünde.
Die gebrannten Kinder fürchten den Sommer, das Fieber, die fliegende Hitze, Heißsporne, die Farbe Rot und andere Ansteckungsgefahren.
Die gebrannten Kinder verbieten alle Märchen, in denen Knaben und Mädchen mit Schwefelhölzern vorkommen.
Die gebrannten Kinder wollen alle Feuerwehrleute werden. Das Wasser ist ihr Element.
Die gebrannten Kinder mißtrauen der Erde, der Luft, den Menschen und den Wäldern, weil sie sich so leicht entzünden.
Die gebrannten Kinder wünschen alle Andersartigen zur Hölle, zum Teufel und in den Feuerofen. (1990)

Peter Maiwald, *Völkchen*, S. 9.

19. Ein gebranntes Kind, das hoffentlich das Feuer der Wahrheit nicht scheut, der Mann. (1991)

Werner Kraft, *Sätze*, S. 42.

20. Ein gebranntes Kind geht für seine Eltern nicht mehr durchs Feuer. (1994)

Gerhard Uhlenbruck, *Medizinische Aphorismen*, 2. Aufl., S. 27.

KLEID

„Kleider machen Leute."

1. *Kleider*

   Kleider machen Leute; trifft es richtig ein,
   Werdet ihr, ihr Schneider, Gottes Pfuscher seyn. (1654)

   Friedrich von Logau, *Sinngedichte*, S. 514.

2. „Kleider machen Leute," aber sie sind auch danach. (Um 1860)

   Karl Friedrich Wilhelm Wander, *Sprichwörterbrevier*, S. 249.

3. Nun traten allmählich jene besagten Schneidergruppen nacheinander ein. Jede führte in zierlichem Gebärdenspiel den Satz „Leute machen Kleider" und dessen Umkehrung [„Kleider machen Leute"] durch, indem sie erst mit Emsigkeit irgendein stattliches Kleidungsstück, einen Fürstenmantel, Priestertalar u. dergl. anzufertigen schien und sodann eine bedürftige Person damit bekleidete, welche, urplötzlich umgewandelt, sich in höchstem Ansehen aufrichtete und nach dem Takte der Musik feierlich einherging. (Um 1870)

   Gottfried Keller, *Kleider*, S. 37.

4. Leiber machen Kleider. (1920)

   Rudolf Leonhard, *Alles*, S. 183.

5. „Kleider machen Leute, Marquis, – oder besser wohl umgekehrt: Der Mann macht das Kleid." (1922)

   Thomas Mann, *Krull*, S. 182.

6. Kleider machen Leute, und Leute machen Kleider. (1923)

   J. Gössel, *Wortspiele*, S. 47.

7. Kleider machen wohl Leute – aber nicht Menschen. (1955)

   Friedl Beutelrock, *Rande*, S. 40.

8. Geister machen Leute. (1967)

   Ernst Wilhelm Eschmann, *Einträge*, S. 120.

9. Kleider machen Leute? Ich will kein Leut sein! (1967)

   Rudolf Rolfs, *Schlag*, S. 140.

10. Kleider machen Leute – aber sie machen nicht den Menschen. (1971)

Othmar Capellmann, *Güte*, S. 44.

11. Kleider machen – nicht immer – Leute. (1972)

Hörzu, Nr. 52/23.–29. 12. 1972, S. 62.

12. Neue Tapeten machen Leute. (1973)

Stern, Nr. 17/18. 4. 1973, S. 16.

13. Kleider machen Bräute. (1974)

Buch der Zeit, Nr. 2/Febr. 1974, S. 12. Auch als Titel eines Buches von Dieter Schubert, *Kleider machen Bräute*, Rostock: Hinstorff, 1974; Heinrich Schröter, *Lust*, S. 54.

KLEID 16

14. „Kleider machen Leute“, sagte die Striptease-Tänzerin und entkleidete sich nicht. (1974)

Stern, Nr. 15/4. 4. 1974, S. 129.

15. Konten machen Leute. (1974)

Poster in einem Schaufenster in München (Sommer 1974).

16. Wörter machen Leute. (1976)

Wolf Schneider, *Wörter machen Leute. Magie und Macht der Sprache*, München: Piper, 1976. Auch Broder Carstensen, „Wörter“, S. 21.

17. „Kleider machen Leute“, sagte die Striptease-Tänzerin und streikte. (1977)

Markus Ronner, *Moment*, S. 33.

18. Kleider machen aus Menschen Leute. (1978)

Werner Mitsch, *Spinnen*, S. 95.

19. Kleider machen Lehrer. (1980)

Lea Fleischmann, *Land*, S. 119.

20. Kleider machen Leute, aber Meßgewänder keine Heiligen. (1980)

Werner Mitsch, *Pferde*, S. 71.

21. „Machen Kleider Leute?“
Ich bin von der Verpackungsindustrie. (1980)

Rudolf Rolfs, *Fragen*, S. 116.

22. *Attraktiv*

Der Grundsatz gilt gestern und heute
für das schöne Geschlecht:
Kleider machen Leute.
Unterkleider erst recht. (1982)

Hansgeorg Stengel, *Extrakt*, S. 88.

23. Kleider machen Fernseh Leute ... oder auch nicht. (1983)

Journal für die Frau, Nr. 4/Apr. 1983, S. 23.

24. Kleider machen flotte Leute,
das ist die Devise von heute. (1983)

Nebelspalter, Nr. 17/26. 4. 1983, S. 28.

25. „Ich trinke Jägermeister, weil Kräuter machen Leute.“ (1984)

Hörzu, Nr. 35/28. 8. 1984, S. 141.

26. Kleider machen Neider. (1984)

Werner Mitsch, *Grund*, S. 49.

27. Neider machen Leute. (1984)

Werner Ehrenforth, *Eintagsfliegen*, S. 23.

28. Autos machen Leute. (1986)

Cosmopolitan, Nr. 4/Apr. 1986, S. 303. Auch Heinrich Schröter, *Lebensworte*, S. 66.

29. Kleider machen, heute. (1986)

Die Zeit, Nr. 37/12. 9. 1986, S. 11.

30. Kleider machen Leute, aber noch keine Menschen. (1986)

Bild, 14. 11. 1986, S. 2.

31. Kleider machen Leute?
Nackt wünsch' ich mir jedoch die Bräute. (1986)

Bernd Thomsen, *Pissen*, o. S.

32. Kleider machen Leute – und der Gürtel die Figur. (1986)

Bild, 30. 10. 1986, S. 2.

33. „Kleider machen Leute“, sagte Herr Direktor Wolf und entledigte sich seines Schafpelzes. (1987)

Felix Renner, *Leine*, S. 76.

34. Schneider machen Leute. (1987)

Josef Lukas (Hrsg.), *Schneider machen Leute. Das ehrbare Handwerk der Schneider: Ein kulturgeschichtliches Potpourri*, Zürich: Pendo, 1987.

35. Spesen machen Leute. (1988)

Hans Norbert Janowski, *Kürze*, S. 35.

36. Leute machen Kleider (Französisch). (1991)

Ulrich Erckenbrecht, *Maximen*, S. 147.

37. Kleider macht Leute, Verkleider ein Vermögen. (1993)

Gerd Heyse, *Medaille*, S. 55.

38. Nicht Kleider sondern Taten machen Leute. (1994)

Gina Garen, *Weisheiten*, S. 13.

39. Sonderangebote im Schlußverkauf: Kleider als Beute machen Leute zur Meute. (1996)

Gerhard Uhlenbruck, „Giftpfeile“, S. 170.

KLÜGERE, DER

„Der Klügere gibt nach.“

1. Der Gescheitere gibt nach! Eine traurige Wahrheit; sie begründet die Weltherrschaft der Dummheit. (Um 1880)

Marie von Ebner-Eschenbach, *Aphorismen*, S. 9.

2. Der Klügere gibt nach, aber nur einer von jenen, die durch Schaden klug geworden sind. (1909)

Karl Kraus, *Wort*, S. 169.

3. Der Klügere gibt nach – der Klügste tut allenfalls so. (1962)

Hans Kasper, *Abel*, S. 53.

4. *Immer ...*

Ein Mensch erklärt, es sei im Leben
Das Klügste, *immer* nachzugeben.
Ein andrer Mensch ihm widerspricht
Und meint, bescheiden: immer nicht!
Nur so von Fall zu Fall, beliebig –
Jedoch der Mensch bleibt unnachgiebig. (1964)

Eugen Roth, *Menschen*, S. 255.

5. Im ehelichen Zwist zwischen Leben und Idee gibt der Klügere nach – die Idee; und so bleibt das Leben dumm. (1970)

Hans Kudszus, *Jaworte*, S. 89.

6. Wenn der Klügere in der Politik nachgibt, begeht er nicht nur eine Dummheit, sondern ein Verbrechen. (1970)

Hans Kudszus, *Jaworte*, S. 59.

7. Gibt der Klügere nach, dann bekommt ihn die Dummheit beim Wikkel. (1973)

Dieter Höss, *Fettnapf*, S. 92.

8. *an die klügeren*

gebt nicht immer nach
und setzt der herrschaft
der dummen
ein ende. (1977)

Jürg Moser, *Randbemerkungen*, S. 37.

9. „Der Klügere gibt nach." – Die Hoffnung der Dummköpfe. (1977)

Hans-Horst Skupy, *Geistesblitze*, S. 15.

10. Der Klügere gibt nicht nach. (1977)

Gerhard Uhlenbruck, *Netz*, S. 112.

11. Klug ist, wer erkennt, wann der Klügere nachzugeben hat. (1977)

Hans-Horst Skupy, *Geistesblitze*, S. 97.

12. Der Klügere gibt nach – und macht damit der Dummheit Platz. (1980)

Gert Udo Jerns, *Immer*, S. 9.

13. Der Klügere muß nachgeben, sonst ist er der Dumme. (1980)

Gerhard Uhlenbruck, *Frust-Rationen*, S. 31.

14. „Stimmt es, daß der Klügere nachgeben sollte?"
Elastizität ist nicht Kapitulation! (1980)

Rudolf Rolfs, *Fragen*, S. 278.

15. Wo Verwirrung herrscht und gestritten wird, gibt meistens der Klügere nach. Wo aber immer der Klügere nachgibt, kann nichts Gescheites herauskommen, so daß man sich nicht wundern darf, wenn der Zuwachs der Verwirrung von einer Abnahme der Vernunft begleitet wird. (Um 1981)

Manfred Rommel, *Sprüche*, S. 27.

16. Der Klügere gibt nach. Besser gesagt: der Klügere gibt auf. (1981)

Werner Mitsch, *Hunde*, S. 30.

17. Der Klügere gibt nach – im dümmsten Augenblick. (1981)

Gerhard Uhlenbruck, *Masche*, S. 2.

18. Der Klügere gibt so lange nach, bis er der Dumme ist. (1981)

Werner Mitsch, *Hunde*, S. 9. Auch Karl Heinz Rauchberger u. Ulf Harten, *Club*, S. 13; Claudia Glismann, *Edel*, o. S.; Christian Roman, *Lieber*, o. S.; *Bild*, 6. 9. 1985, S. 2; ebd., 24. 4. 1986, S. 2; W. Mitsch, *Hin und Wider*, S. 29; *Bild*, 12. 4. 1988, S. 2.

19. Der Klügere gibt vorher. (1982)

Klaus Möckel, *Kopfstand*, S. 102.

20. Der Klügere gibt nach. Aber sollen immer nur die Dummen bestimmen? (1983)

Iris Blaschzok, *Ächt*, S. 67.

21. „Der Klügere gibt nach!" An dieser Maxime sind schon ganze Völker zugrunde gegangen. (1983)

Hans Franzmeyer, *Steinigt*, S. 17.

22. Der Klügere gibt nach, ist die Hoffnung aller Dummköpfe – deswegen setzt sich der Chef immer durch. (1983)

Morgenpost, 13. 1. 1983, o. S.

23. der klügere gibt nach
sagen die dummen. (1983)

Manfred Hausin, *Hausinaden*, S. 30. Auch ders., *Verboten*, S. 42.

24. Der Klügere gibt nach, sagte der Fuchs und ging der Falle aus dem Wege. (1983)

Werner Ehrenforth, *Eintagsfliege*, S. 69.

25. Nachgiebigkeit ist Schwäche. Der Klügere gibt nach. Also ist der Klügere der Schwächere. (1983)

Gerhard Uhlenbruck, *Nächstenhiebe*, S. 25.

26. *Überlegung*

Wer nachgibt, sei der Klügere, sagt man. Leider ist der andere der Stärkere. (1983)

Nebelspalter, Nr. 31/2. 8. 1983, S. 20.

27. Der Klügere gibt nach. Was bleibt ihm auch anderes übrig – bei der Übermacht! (1984)

Werner Mitsch, *Grund*, S. 104.

28. Der Klügere gibt Nachhilfestunden. (1984)

Otto Waalkes, *Zweites Buch Otto*, S. 141.

29. Der Klügere gibt vor, nachzugeben. (1984)

Werner Mitsch, *Grund*, S. 116. Auch Gerhard Uhlenbruck, „Geistesblitze", S. 226; ders., *Nichtzutreffendes*, S. 84.

30. Weil die Klugen immer nachgeben, regieren die Dummen die Welt. (1984)

Eduard Moriz, *Intim*, o. S.

31. Wenn der Klügere nachgibt, ist er in der Politik der Dumme. (1984)

Gerhard Uhlenbruck, *Mensch*, S. 53.

32. Das Gefühl der Macht: Der Klügere hat nachgegeben! (1985)

Gerhard Uhlenbruck, *Eigenliebe*, S. 21. Auch ders., *Wahr*, S. 118.

33. Der Klügere kippt nach. (1985)

Bild, 16. 2. 1985, S. 2. Auch Bernd Thomsen, *Haste*, o. S.; *Die Weltwoche*, Nr. 50/12. 12. 1985, S. 55; *Dumme Sprüche für Gescheite: Wandsprüch'-Kalender*, München: Heye, 1990 (Oktober); *Die Weltwoche*, Nr. 20/16. 5. 1996, S. 61.

34. Der Klügere gibt nach, vor allem wenn er stark genug ist, es sich leisten zu können. (Vor 1986)

Daniel Textor, zitiert aus Ingetraud Skirecki, *Troja*, S. 179.

35. Der Klügere, der immer nachgibt, ist am Ende der Dumme. (1986)

Gerhard Uhlenbruck, „Gedankensprünge", S. 189. Auch ders., *Kaffee*, S. 70; ders., *Aphorismen/Satz*, S. 21.

36. Der Klügere gibt nach, der Dümmere wird befördert. (1986)

Bernd Thomsen, *Neue Büro-Sprüche*, o. S. Auch Beate Kuckertz, *Büro*, o. S.

37. Der Klügere gibt nach wie vor seinen Senf nicht dazu. (1986)

Andreas Bender, *Gelegenheit*, o. S.

38. Weil die Klugen nachgeben, regieren Deppen die Welt. (1986)

Bernd Thomsen, *Polit*, o. S. Auch Angelika Franz, *Sprüche*, S. 438.

39. Der Klügere, der immerzu nachgibt, ist am Ende der Dumme. (1987)

Wolfgang Mocker, *Canossa*, S. 57.

40. Der Klügere gibt nicht nach – in der Liebe. (1987)

Gerhard Uhlenbruck, *Kaffee*, S. 32.

41. Der Klügere gibt nach. Der Kluge gibt acht. (1988)

Werner Mitsch, *Neue Hin-Sprüche*, S. 99.

42. Der Klügere zählt nach. (1988)

Werner Mitsch, *Neue Hin-Sprüche*, S. 45.

43. Wo der Klügere nicht nachgibt, da ist der Dumme der Dumme. (1988)

Werner Mitsch, *Neue Hin-Sprüche*, S. 59.

44. Der Kluge gibt nach, der Klügere Nachhilfe. (Vor 1989)

Reinhard Gundelach, zitiert aus Gabriele Berthel, *Kurz*, S. 42.

45. Der Klügere gibt nach. Wenn er der Schwächere ist. (Vor 1989)

Wolfgang Mocker, zitiert aus Gabriele Berthel, *Kurz*, S. 41.

46. Der Klügere gibt nach, der Weise gibt vor – nachzugeben. (1989)

Gerhard Uhlenbruck, *Aphorismen/Satz*, S. 91. Auch ders., *Darum*, S. 47; ders., *Diagnosen*, S. 110.

47. Der Klügere gibt nach. Solange er der Schwächere ist. (1989)

Manfred Strahl, *Ausleg*, S. 52.

48. Der Kluge erzählt dem Dummen, er sei der Klügere und müsse nachgeben. (1990)

Gerhard Uhlenbruck, *Darum*, S. 59.

49. Der Klügere gibt nach allen Seiten. (1990)

Wolfgang Funke, *Wendehals*, S. 96.

50. *Nachgiebig?*

Ich habe früh gelernt im Leben:
Der Klügere hat nachzugeben!
Doch möchte ich dagegen schreiben,
die Sache nicht so weit zu treiben!

Ich weiß genau, was dann passierte:
Die Dummheit in der Welt regierte!! (1990)

Gerhard Grümmer, *Herzhaft*, S. 39.

51. Der Klügere gibt nach, aber nicht auf! (1994)

Gerhard Uhlenbruck, *Wahr*, S. 93.

52. Der Klügere gibt nach und nach nicht zu, daß er nicht nachgibt! (1994)

Gerhard Uhlenbruck, „Homöopathie", S. 539. Auch ders., *Nichtzutreffendes*, S. 66.

KLÜGERE, DER 54

53. Der Klügere gibt nach – und nicht zu, daß er nicht nachgibt! (1994)

Gerhard Uhlenbruck, *Wahr*, S. 19.

54. Der Klügere liest nach. (1994)

Focus, Nr. 33/15. 8. 1994, S. 107.

55. Bei Komplimenten gibt die Klügere nicht nach! (1994)

Gerhard Uhlenbruck, *Wahr*, S. 83.

56. Wenn der Klügere nachgibt, kommt's auch dem Klugen zugute. (1995)

Günther Hindel, *Rat*, S. 38.

57. Der Klügere, der nachgibt, ist am Ende der Dumme, der aufgibt. (1996)

Gerhard Uhlenbruck, *Nichtzutreffendes*, S. 38.

58. Der Klügere gibt nach und ist am Ende der Dumme, der klug geworden ist. (1996)

Gerhard Uhlenbruck, „Giftpfeile", S. 164.

59. Rechthaberei: Der Dümmere gibt nicht nach! (1996)

Gerhard Uhlenbruck, *Nichtzutreffendes*, S. 46.

KOCH

„Viele Köche verderben den Brei."

1. Nicht immer „versalzen viele Köche den Brei"; es kommt auch vor, daß er ganz ungesalzen bleibt, weil sich stets einer auf den andern verlassen hat. (Um 1860)

Karl Friedrich Wilhelm Wander, *Sprichwörterbrevier*, S. 94.

2. Lassen Sie uns viele Köche sein und denen den Brei verderben. (1967)

Rudolf Rolfs, *Schlag*, S. 26.

3. Viele Könner verderben den Brei. (1971)

Die Zeit, Nr. 23/8. 6. 1971, S. 11.

4. Liebe verdirbt den ganzen Brei. (1973)

Franz Fühmann, *Tage*, S. 224.

Viele Köche verderben die Köchin...

KOCH 5

5. Viele Köche verderben die Köchin. (1973)

Praline, Nr. 3/17. 1. 1973, S. 12. Auch *Morgenpost*, 29. 1. 1983, o. S.; Ralf Bülow, *Graffiti*, o. S.; Otto Waalkes, *Zweites Buch Otto*, S. 141; Wolfgang Willnat, *Sprüche*, S. 95.

6. *Kochkunst*

Viele Köche verderben den Brei
sie sagten's
und schlichen umeinander herum
um und um
mit ihren langen langen Löffeln

So verbrannte der Brei. (1974)

Manfred Jendryschik, „Fragezeichen", S. 20.

7. Viele Köche verderben auch den besten Werbebrei. (1975)

Die Welt, Nr. 157/10. 7. 1975, S. 1.

8. Zu viele Kommissare verderben den Tatort!
Alte Krimi-Regel. (1975)

Hörzu, Nr. 31/2.–8. 8. 1975, S. 3.

9. Zu viele Küchen verderben den Preis. (1975)

Die Welt, Nr. 20/24. 1. 1975, S. 10.

10. Viele Köche verderben den Rat. (1976)

Die Zeit, Nr. 31/30. 7. 1976, S. 9.

11. Zu viele Feste verderben die Gäste. (1978)

Werner Mitsch, *Spinnen*, S. 94. Auch ders., *Wal*, o. S.

12. Zu viele Götter verderben den Zeus. (1978)

Werner Mitsch, *Spinnen*, S. 85.

13. Zu viele Meister verderben den Kleister. (1978)

Werner Mitsch, *Spinnen*, S. 95. Auch ders., *Wal*, o. S.

14. Filet-Köche verderben den Brei. (1980)

Hans Weigel, „Kulinarisches", S. 225.

15. Viele Köche – kein Rezept. (1981)

Die Zeit, Nr. 34/21. 8. 1981, S. 9.

16. Kannibalenfrau: „Soll ich die beiden Köche mit Yamswurzeln servieren?"
„Nein", meint ihr Mann, „einer genügt. Viele Köche verderben den Brei." (1984)

Klaus Frank, *Kalauer*, S. 17.

17. Viele Köche verderben das Küchenmädchen. (1984)

Claudia Glismann, *Edel*, o. S. Auch Karl Heinz Rauchberger u. Ulf Harten, *Sprüche*, S. 33.

18. Viele Köchinnen verderben die Küchenjungen. (1986)

Andreas Bender, *Gelegenheit*, o. S.

19. Viele Panzer verderben den Brei. (1986)

Bernd Thomsen, *Polit*, o. S.

20. Viele Erben verkochen den Brei. (1987)

Andreas Bender, *Socken*, o. S.

21. Viele Köche verderben die Cuisine. (1987)

Nebelspalter, Nr. 7/12. 2. 1987, Titelseite.

22. Viele Köche lieben den Brei. (1988)

Hans A. Neunzig (Hrsg.), *Viele Köche lieben den Brei. Heitere und bedenkliche Geschichten vom Essen und Trinken*, München: Nymphenburger, 1988.

23. Auch der Sänger Hermann Prey muss auf seine Figur aufpassen. Denn: Zu viele Köche verderben den Prey. (1990)

Fritz Herdi, *Witz*, S. 55.

24. Viele Sekretärinnen verderben den Chef. (1990)

Angelika Franz, *Nix*, o. S. Auch Beate Kuckertz, *Büro*, o. S.

KOPF

„Was man nicht im Kopf hat, muß man in den Beinen haben."

1. Was man nicht im Kopf hat, hat man in den Beinen.
Viele Leute haben so dicke Beine. (1970)

Rudolf Rolfs, *Inventur*, S. 80.

2. Was ein Mann nicht im Kopf hat,
muss er in den Beinen haben.
Was eine Frau nicht in den Beinen hat,
sollte sie wenigstens im Kopf haben. (1972)

Schweizer Illustrierte, Nr. 23/5. 6. 1972, S. 87. Auch Claudia Glismann, *Schüler*, o. S.

3. Häßliche Strümpfe: Was man nicht im Kopf hat, das hat man gerechterweise auch nicht an den Beinen. (1973)

Werner Schneyder, *Empfehlung*, S. 94.

4. „Was man nicht im Kopf hat, muß man in den Beinen haben", sagte das Mädchen, das nichts als Flausen in den Beinen hatte. (1973)

Stern, Nr. 46/8. 11. 1973, S. 144.

5. Was man nicht im Kopf hat, muß man in den Beinen haben, denn wer keinen eigenen Kopf hat, dem leiht auch keiner einen. (1974)

Die Zeit, Nr. 30/26. 7. 1974, S. 23.

6. „Was man nicht im Kopf hat, muss man in den Beinen haben“, sagte das Mädchen und spreizte sie. (1977)

   Markus Ronner, *Moment*, S. 8.

7. Wer heute was im Kopf hat, hat auch was in den Beinen. (1977)

   Gerhard Uhlenbruck, *Netz*, S. 26.

8. Was man nicht im Kopf hat, muß man auf dem Konto haben. (1978)

   Werner Mitsch, *Spinnen*, S. 90. Auch ders., *Wal*, o. S.

9. Was man nicht im Kopf hat, fällt einem auch nicht im Schlaf ein. (1979)

   Werner Mitsch, *Fische*, S. 23.

10. Was man nicht im Kopf hat, hat man zwischen den Beinen. (1979)

    Werner Mitsch, *Fische*, S. 85.

11. Was man nicht im Kopf hat, das hat man notgedrungen am Halse. (1980)

    Werner Mitsch, *Pferde*, S. 19.

12. Was man nicht im Kopf hat, muß man im Computer haben. (1981)

    Stern, Nr. 53/23. 12. 1981, S. 4. Auch Bernd Thomsen, *Neue Büro-Sprüche*, o. S.; ders., *Polit*, o. S.; Elisabeth Blay, *Tropfen*, o. S.

13. Was man nicht im Kopf hat, muß man in den Scheinen haben. (1981)

    Dumme Sprüche für Gescheite: Wandsprüch'-Kalender (Apr.), München: Heye, 1981. Auch Winfried Bornemann, *Blödel*, o. S.; Wolfgang Willnat, *Sprüche*, S. 75; Bernd Thomsen, *Polit*, o. S.; Beate Kuckertz, *Büro*, o. S.

14. Was man nicht am Kopf hat, muss man an den Beinen haben. (1984)

    Otto Waalkes, *Zweites Buch Otto*, S. 143.

15. Was man nicht im Kopf hat, muß man in atomaren Sprengköpfen haben. (1985)

    Felix Renner, „Sprüche“, S. 86.

16. Was man nicht im Kopf hat, sollte man im Computer haben. (1985)

    Bild, 6. 11. 1985, S. 2.

17. Was man nicht im Kopf hat, das hat man halt im Teller, sinnierte der Gast, als er seine Hirnsuppe löffelte. (1986)

Werner Mitsch, *Neue Hin-Sprüche*, S. 17.

18. Was man nicht im Kopf hat, muß man an Scheinen haben. (1986)

Bernd Thomsen, *Neue Büro-Sprüche*, o. S.

19. Was man nicht im Kopf hat, hat man im Örtlichen [Fernsprechbuch]. (1987)

Der Spiegel, Nr. 20/11. 5. 1987, S. 50.

20. Wer was im Kopf hat, der hat heute auch etwas in den Beinen – so daß er gesundheitlich auf festen Füßen steht. (1991)

Hella Krahmann und Gerhard Uhlenbruck, *Bewegungstherapie*, S. 14.

KOPF 19

21. Was manch ein Bonze nicht im Kopf hat, hat er im Kehlkopf. (1992)

Beate Kuckertz, *Büro*, o. S.

22. Macho: Was er nicht im Kopf hat, das meint er zwischen den Beinen zu haben. (1994)

Gerhard Uhlenbruck, *Medizinische Aphorismen*, 2. Aufl., S. 73.

KRUG

„Der Krug geht so lange zum Brunnen (zu Wasser), bis er bricht."

1. Der Krug geht so lange zum Brunnen, bis ihn – die Magd zerschlägt. (Um 1860)

Karl Friedrich Wilhelm Wander, *Sprichwörterbrevier*, S. 185.

2. Der Krug, der nicht zum Brunnen geht, bleibt leer. (Um 1952)

Heiner Müller, *Umsiedlerin*, S. 113.

3. *Irrtum*

Der Krug, wie der Volksmund so spricht,
Geht zum Brunnen, solang, bis er bricht.
Doch das Sprichwort irrt:
Der Krug, der zerklirrt,
Der tat ja nur seine Pflicht! (1968)

Eugen Roth, *Schwarze*, S. 9.

4. Ein Dummkopf, wer den Krug so lange hebt, bis er bricht. (1970)

Rudolf Rolfs, *Inventur*, S. 180.

5. Der Student geht so lange zur Mensa, bis er bricht. (1972)

Die Zeit, Nr. 45/14. 11. 1972, S. 2. Auch Torsten Capelle, *Dativ*, S. 24; Willi Hau, *Kaputt*, o. S.; Albert Schmude, *Freiheit*, S. 23; Hans Gamber, *Graffiti*, o. S.; Karl Heinz Rauchberger u. Ulf Harten, *Club*, S. 80; Christian Roman, *Lieber*, o. S.

6. Wußten Sie schon, daß der Krug nur so lange zum Brunnen geht, bis wieder Geld für Bier im Hause ist? (1972)

Hörzu, Nr. 52/23.–29. 12. 1972, S. 3. Auch *Schweizer Illustrierte*, Nr. 6/5. 2. 1973, S. 85; *Bild*, 14. 12. 1985, S. 2.

7. Der Krug geht so lange zum Brunnen, bis er bricht, sagten unsere Großväter; auf jede *actio* folgt die *reactio*, sagen unsere modernen Gurus. (1974)

Die Zeit, Nr. 1/4. 1. 1974, S. 1.

8. Wo der Brunnen zum Krug geht und der Apfel das Messer schält, da fängt Poesie an. (1974)

Hellmut Walters, *Abseits*, o. S.

9. Der Krug geht so lange zum Brunnen, bis Frau Krug Verdacht schöpft. (1978)

Werner Mitsch, *Spinnen*, S. 95. Auch Anonym, *Hamster*, o. S.; W. Mitsch, *Wal*, o. S.

10. *Zukunft*

Der Krug geht so lange zum Brunnen, bis der versiegt. (1979)

Frankfurter Allgemeine Zeitung, 13. 6. 1979, S. 3.

11. Radikal ist der Brunnen, nicht der Krug, der an ihm zerbricht. (1980)

Felix Renner, *Schwalben*, S. 36.

KRUG 17

12. Der Krug geht so lange zum Wein, bis man ihn zerschmettert. (1981)

Žarko Petan, *Himmel*, S. 18.

13. Der Gast geht so lange zum Tresen, bis er bricht. (1982)

Frieder Stöckle, *Ätsch*, S. 22. Auch Eduard Moriz, *Nimm's leicht*, o. S.

14. Der Gast geht so lange zur Theke, bis er bricht. (1983)

Poster (1983).

15. Der Krug geht so lange zum Brunnen, bis man bricht. (1983)

Morgenpost, 29. 1. 1983, o. S.

16. Ist der Krug aus Plastik, so geht er ein Leben lang zum Brunnen. (1983)

Nebelspalter, Nr. 11/15. 3. 1983, S. 25.

17. Mein Wagen geht solange zum TÜV bis er bricht. (1983)

Bunter Aufkleber von Rudi Aufkleber Service (1983).

18. Der Krug geht solange zum Mund, bis man bricht. (1984)

Otto Waalkes, *Zweites Buch Otto*, S. 145. Auch Bernd Thomsen, *Haste*, o. S.; Elisabeth Blay, *Tropfen*, o. S.

19. Der Krug geht so lange zum Wasser, bis er kaputtgeschmissen wird. (1984)

Walter Kempowski, *Willkommen*, S. 71.

20. Der Krug der Liebe geht so lange zum Wasser des Mißtrauens, bis er bricht. (Vor 1987)

Manfred Kubowsky, zitiert aus Gisela Reller, *Liebe*, S. 106.

21. Der Krug geht so lange zum Brunnen, bis der Henkel im Eimer ist. (1988)

Werner Mitsch, *Neue Hin-Sprüche*, S. 42.

22. *Keramisches*

Ich kenne Krüge, die sind so lange zum Brunnen gegangen, bis er brach. (Vor 1990)

Horst Drescher, *Zirkus*, S. 130.

KÜRZE

„In der Kürze liegt die Würze."

1. Würze ist des Witzes Kürze. (1919)

   Kurt Schwitters, *Werk*, S. 170.

2. Kürze ist nicht des Gedankens Würze, sondern ein anderer Gedanke. (1960)

   Erwin Chargaff, *Bemerkungen*, S. 83.

3. In der Kürze liegt auch die politische Würze. Also vorwärts, Jugendfreunde, in aller Kürze mit aller Würze vorwärts. (1966)

   Hermann Kant, *Aula*, S. 142.

4. „In der Kürze liegt die Würze", sagte der Kannibale, als er die Beine des Lügners kostete. (1973)

   Stern, Nr. 11/8. 3. 1973, S. 86. Auch Hans Gamber, *Frech*, S. 36.

5. In der Kürzel liegt die Würzel. (1976)

   Paul Guntermann, *Lustigste*, o. S.

6. „In der Kürze liegt die Würze", sagte der Mann, doch die Frau fand's fad. (1977)

   Markus Ronner, *Moment*, S. 15.

7. Bei der Schürze liegt die Würze in der Kürze. (1979)

   Werner Mitsch, *Fische*, S. 87.

8. In der Kürze liegt die Würze. Und in der Länge das Format. (1979)

   Werner Mitsch, *Fische*, S. 92. Auch ders., *Wal*, o. S.

9. In der Würze liegt auch die Kürze – des Lebens. (1979)

   Gerhard Uhlenbruck, *Einfach*, S. 28.

10. „Ich trinke Jägermeister, weil in der Hand ist die Flasche, in der Flasche ist der Kräuterlikör, im Kräuterlikör sind die Kräuter, in den Kräutern ist die Würze, in der Würze liegt die Kürze." (1981)

    Der Spiegel, Nr. 33/10. 8. 1981, S. 38.

11. In der Kürze, wenn sie taugen soll, liegt nicht die Würze, sondern die Substanz. (1982)

Peter Maiwald, zitiert aus *Nebelspalter*, Nr. 30/27. 7. 1982, S. 40.

12. In der Kürze liegt eben nur die Würze für diese Kürze.
Für andere Küchengerichte nicht zu gebrauchen. (1983)

Peter Oprei, *Bedenkliches*, S. 13.

13. In der Schärfe liegt die Würze. (1984)

Brigitte, Nr. 4/Apr. 1984, S. 204 f.

14. Unter der Schürze liegt die Würze. (1986)

Bernd Thomsen, *Neue Büro-Sprüche*, o. S. Auch ders., *Pissen*, o. S.

15. Fürze sind des Lebens Würze. (1987)

Andreas Bender, *Socken*, o. S.

16. In der Kürze der weiblichen Röcke liegt die Würze für männliche Böcke. (1987)

Gerhard Uhlenbruck, *Kaffee*, S. 35.

17. In der Kürze liegt die Würze,
manchmal auch in einer Schürze. (1987)

Andreas Bender, *Socken*, o. S.

18. In der Kürze lügt die Schürze. (1995)

Ulrich Erckenbrecht, *Katzenköppe*, S. 125.

LACHEN

„Wer zuletzt lacht, lacht am besten."

1. Wer zuletzt lacht, bleibt verhallend mit sich allein. (1918)

Richard Schaukal, *Gedanken*, S. 231.

2. Wer zuletzt lacht, hat es (hat's) nicht eher begriffen. (1960)

Martin Kessel, *Gegengabe*, S. 143. Auch *Dumme Sprüche für Gescheite: Wandsprüch'-Kalender* (Apr.), München: Heye, 1974; Claudia Glismann, *Edel*, o. S.; Eduard Moriz, *Intim*, o. S.; Christian Roman, *Lieber*, o. S.; Angelika Franz, *Sprüche*, S. 83; Elisabeth Blay, *Tropfen*, o. S.

3. „Wer zuletzt lacht, lacht am besten“: gibt es etwas Grinsenderes als Totenschädel? (1962)

Erwin Chargaff, *Bemerkungen*, S. 97.

4. *In den Schwanz gebissen*

wer zuerst lacht lacht zuerst noch
wer zuzweit lacht lacht zweimal
wer gleich lacht lacht doppelt
wer zuerst kommt mahlt am besten
wer zuzweit kommt sieht doppelt
wer nicht kommt lacht als letzter
wer zuletzt kommt beißt die hunde
wen der hund beißt ist der erste. (Vor 1964)

Franz Mon, zitiert aus Günter Bruno Fuchs, *Meisengeige*, S. 173.

5. Wer am besten lacht, lacht zu früh. (1965)

Raoul Hausmann, „Dadaradatsch“, S. 141.

6. „Wer zuletzt lacht, lacht am besten“: Dies Wort erdachte sich die enge Seele eines schlechten Verlierers. (1970)

Hans Kudszus, *Jaworte*, S. 19.

7. Wer im Bett lacht, lacht am besten. (1973)

Werner Schneyder, *Empfehlung*, S. 92. Auch ders., *Gelächter*, S. 215.

8. Wer zuletzt lacht, weint. (1974)

Erwin Chargaff, *Bemerkungen*, S. 142.

9. Wer zuletzt lacht, sitzt im Finanzamt. (1977)

Gerhard Uhlenbruck, *Netz*, S. 124.

10. Wer zuletzt lacht, hat die längste Leitung. (1977)

Oliver Hassencamp, *Klipp*, S. 19. Auch Fritz Herdi in *Nebelspalter*, Nr. 32/10. 8. 1982, S. 2; Karl Heinz Rauchberger u. Ulf Harten, *Club*, S. 82; Andreas Bender, *Gelegenheit*, o. S.

11. Wer zuletzd lacht lacht am besde
secht de Dood zum Narr un kichert. (1978)

Kurt Sigel, *Gegenreden*, S. 46.

12. Wer zuletzt lacht, lacht allein. (1978)

Harald Hauser, „Einfälle“, S. 171.

13. Wer zuletzt lacht, stirbt wenigstens fröhlich. (1979)

Volker Erhardt, *Kannibale*, S. 107. Auch Ralf Bülow, *Graffiti*, o. S.; Saskia Schlesinger, *Lenz*, o. S.

14. Wer zuletzt lacht, strahlt am besten. (1979)

Stern, Nr. 26/21. 6. 1979, S. 5.

15. Wer zuletzt lacht, hat eine unterentwickelte Auffassungsgabe. (1980)

Robert Lembke, zitiert aus *Nebelspalter*, Nr. 33/12. 8. 1980, S. 35.

16. „Wer zuletzt lacht, lacht am besten."
Aber womöglich nicht sehr lange. (1980)

Hans-Horst Skupy, zitiert aus *Nebelspalter*, Nr. 14/1. 4. 1980, S. 39.

17. Wer zuletzt lacht, lacht am besten. Aber dafür beißen ihn die Hunde. (1981)

Wolfgang Mocker, „Widersprich-Wörter", S. 167. Auch ders., *Canossa*, S. 70.

18. *Feststellung*

Wer zuletzt lacht, lacht am besten.
Wer gar nicht lacht, ist ein Schweizer. (1982)

Nebelspalter, Nr. 48/30. 11. 1982, S. 44.

19. Wer zuletzt lacht, lacht am dümmsten. (1982)

Wolfram Siebeck; zitiert aus *Stern*, Nr. 26/24. 6. 1982, S. 44. Auch Bernd Thomsen, *Neue Büro-Sprüche*, o. S.; Beate Kuckertz, *Büro*, o. S.

20. Wer zuletzt lacht – hat den Witz nicht verstanden. (1983)

Morgenpost, 29. 1. 1983, o. S.

21. Wer zuletzt lacht, wird allein lachen. (1983)

Žarko Petan, *Sintflut*, S. 52.

22. Wer zuletzt denkt, lacht am besten! (1984)

Albert Keller, *Wer denkt*, S. 3.

23. Wer zuletzt lacht, hat eine lange Leitung. (1984)

J. Bloberger, *Bemerktes*, S. 84. Auch Gerhard Uhlenbruck, „Homöopathie", S. 537; ders., *Wahr*, S. 24; ders., *Nichtzutreffendes*, S. 62.

24. Wer zuletzt lacht – hat nichts mehr zu lachen. (1984)

Siegfried Gloose, *Einfälle*, S. 65.

25. Wer zuletzt lacht, lacht am lautesten. (1984)

Werner Ehrenforth, *Eintagsfliege*, S. 33.

26. Wer zuletzt lacht, lacht am Rand des Abgrunds. (1984)

Claudia Glismann, *Edel*, o. S.

27. Wer zuletzt lacht, hat es vorher nicht begriffen. (1985)

Wolfgang Willnat, *Sprüche*, S. 79.

28. Wer zuletzt lacht, lacht am besten – ins eigene Fäustchen. (1985)

Gerhard Uhlenbruck, *Eigenliebe*, S. 19.

LACHEN 29

29. Wer zuletzt lacht – lacht im Westen. (1985)

Bild, 19. 2. 1985, S. 2. Auch Hans Gamber, *Frech*, S. 94; *Bild*, 16. 2. 1988, S. 2; Fritz Herdi, *Witz*, S. 38; *IG Medien Forum*, Nr. 3/März 1992, S. 19.

30. Wer zuletzt lacht, lacht zu spät. (1985)

Bild, 4. 11. 1985, S. 2.

31. Was zuletzt kracht, hielt am besten. (1986)

Karl-Ludwig Bickerle, *Gedankensprünge*, S. 23.

32. Wer zuletzt lacht, ist nicht der Bessere. (1987)

Gerhard Uhlenbruck, *Kaffee*, S. 41.

33. Wer zuletzt lacht, lacht am besten? Kein Kunststück. Er mußte keinen Anlaß erkennen, er lacht nur mit. (1987)

Günter Radtke, *Gedanken*, S. 53.

34. Wer zu spät kommt, lacht am besten. (1988)

Claudia Glismann, *Schäferstündchen*, o. S.

35. Wer zuerst lacht, lacht oft nie wieder. (1990)

Wolfgang Funke, *Wendehals*, S. 120.

36. Wer zuletzt lacht, lacht am schönsten. (1991)

Helmut Ludwig, *Wer zuletzt lacht, lacht am schönsten. Neue Geschichten rund um den Kirchturm*, Konstanz: Bahn, 1991.

37. Wer zuletzt killt, killt am besten. (1992)

Douglas Enefer, *Wer zuletzt killt, killt am besten*, München: Scherz, 1992.

38. Wer zuletzt lacht, lacht oft für sich allein. (1995)

Clemens am Berg, *Kopfdisteln*, S. 57.

39. Wer zuletzt liebt, liebt am besten. (1995)

Mavis Cheek, *Wer zuletzt liebt, liebt am besten*, Bergisch Gladbach: Lübbe, 1995.

40. Im übrigen: Wer zuletzt lacht, lacht am besten – nicht laut! (1996)

Gerhard Uhlenbruck, *Nichtzutreffendes*, S. 90.

LAND

„Andere Länder, andere Sitten."

1. Andere Länder – anderes Essen. (1961)

   Der Spiegel, Nr. 21/17. 5. 1961, S. 13.

2. Andere Leute – andere Bilder. (1968)

   Siegfried Lenz, *Deutschstunde*, S. 145.

3. Andere Länder – andere Feriengewohnheiten. (1972)

   Frau, Nr. 2/21. 1. 1972, S. 48.

4. Andere Länder – gleiche Probleme. (1972)

   Die Zeit, Nr. 39/3. 10. 1972, S. 8.

5. Andere Länder – andere Stundenpläne. (1975)

   Lübecker Nachrichten, 9. 11. 1975, o. S.

6. Andre Länder, andre Suppen. (1980)

   Wolfgang Tilgne, zitiert aus André Brie, *Weisheit*, S. 134.

7. Andere Völker, andere Sitten: In Indien gibt es heilige Kühe, bei uns ist schon das Kalbfleisch heilig. (1981)

   Žarko Petan, *Himmel*, S. 149.

8. Andere Länder, andere Strafen. (1982)

   Stern, Nr. 25/16. 6. 1982, S. 134.

9. Andere Weiten, andere Schlitten. (1984)

   Werner Ehrenforth, *Eintagsfliege*, S. 30.

10. Andere Länder, andere Fritten. (1986)

    Bild, 1. 7. 1986, S. 2. Auch Saskia Schlesinger, *Lenz*, o. S.

11. Andere Länder, andere Titten. (1986)

    Andreas Bender, *Gelegenheit*, o. S. Auch Bernd Thomsen, *Bett*, S. 9.

LEBEN (a)

„Leben und leben lassen."

1. Frieren und frieren lassen. (1926)

   Kurt Tucholsky, *Werke*, Bd. 2, S. 536.

2. Sterben und sterben lassen: auch eine Ethik. (1967)

   Rudolf Rolfs, *Schlag*, S. 167.

3. Schenken und schenken lassen. (1971)

   Der Spiegel, Nr. 52/20. 12. 1971, S. 2. Auch *Stern*, Nr. 48/23. 11. 1978, S. 174; *Frankfurter Allgemeine Zeitung*, 25. 11. 1978, S. 5; *Stern*, Nr. 50/ 7. 12. 1978, S. 85.

LEBEN (a) 3

4. Lachen und lachen lassen. (1974)

   Buch der Zeit, Nr. 7/Juli 1974, S. 3. Auch als Buchtitel: Jo Schulz, *Lachen und lachen lassen. Ein heiteres Vortragsbuch*, Berlin: Eulenspiegel, 1988.

5. Leben und sparen lassen. Per Dauerauftrag. (1974)

   Stern, Nr. 15/4. 4. 1974, S. 115.

6. Lügen und lügen lassen. (1974)

   Buch aktuell, Nr. 3/März 1974, S. 6.

7. Schmecken und schmecken lassen. (1974)

   Stern, Nr. 6/31. 1. 1974, S. 83.

8. Siegen und siegen lassen. (1974)

   Stern, Nr. 21/16. 5. 1974, S. 217.

9. „Leben und leben lassen", sagte der Jäger, als er vorbeigeschossen hatte. (1977)

   Stern, Nr. 6/27. 4. 1977, S. 76.

10. Sprechen und sprechen lassen. (1977)

    Der Spiegel, Nr. 41/3. 10. 1977, S. 257.

11. Leben und leben lassen: falls sie dich leben lassen. (1978)

    Harald Hauser, „Einfälle", S. 171.

12. Intensiv-Station: Sterben und sterben lassen? (1979)

    Gerhard Uhlenbruck, *Einfach*, S. 53.

13. Liberal: lesen und lesen lassen. (1979)

    Volker Erhardt, *Kannibale*, S. 54.

14. In der Jugend: Lieben und Leben lassen?
    Im Alter: Leben und Lieben lassen? (1980)

    Gerhard Uhlenbruck, *Frust-Rationen*, S. 117.

15. Lieben und lieben lassen. (1981)

    Jürgen Zinnecker, „Wandsprüche", S. 454.

16. Arbeiten und arbeiten lassen. (1982)

    René Hildbrand, *Arbeit*, S. 52.

17. Heben und heben lassen. (1982)

    Der Spiegel, Nr. 41/11. 10. 1982, S. 54.

18. Leben und arbeiten lassen. (1982)

    Werner Mitsch, *Bienen,* S. 39. Auch ders., *Hin und Wider,* S. 48.

19. Kaufen und sich kaufen lassen. (1984)

    Die Zeit, Nr. 44/2. 11. 1984, S. 1.

20. Kleben und kleben lassen. (1984)

    Der Spiegel, Nr. 6/6. 2. 1984, S. 160. Auch Andreas Bender, *Gelegenheit,* o. S.

21. Leben und Leben hassen. (1986)

    Bernd Thomsen, *Polit,* o. S. Auch Angelika Franz, *Sprüche,* S. 219.

22. Pissen und pissen lassen. (1986)

    Bernd Thomsen, *Pissen,* o. S.

23. Eine seiner Redensarten: Leben und leben lassen! Er liebt nicht nur seine Erlebnisse, sondern auch seine Erlasse. (1987)

    Günter Radtke, *Gedanken,* S. 122.

24. Sterben und sterben lassen. (1990)

    Die Zeit, Nr. 33/17. 8. 1990, S. 15.

LEBEN (b)

„Man lebt nur einmal."

1. *Leben*

   „Man lebt nur einmal."
   „Ich hab' an einmal schon zu viel." (Vor 1862)

   Johann Nestroy, *Stichworte,* S. 91.

2. Man lebt nicht einmal einmal. (1909)

   Karl Kraus, *Wort,* S. 178.

3. *Unsterbliche Albernheiten*

„Man lebt nur einmal."
„Die Toten haben keine Schmerzen." (1967)

Ernst Wilhelm Eschmann, *Einträge*, S. 23.

4. Man stirbt nur einmal. (Vor 1973)

Rudolf Rolfs, zitiert aus Dieter Hülsemanns u. Friedrich Reske, *Lüste*, o. S. Auch Manfred Bröker, *Spatenpaulis*, o. S.; Michael Hallstatt, *Pferd*, S. 72.

5. „Man lebt nur einmal", sagte die Nonne auf dem Totenbett, aber sie hatte nicht einmal einmal gelebt. (1977)

Markus Ronner, *Moment*, S. 30.

6. Man lebt nur einmal, aber das muß man erleben. (1982)

André Brie, *Wahrheit*, S. 55. Auch ders., *Wahrheit/Anfang*, S. 56.

7. Man lebt nur einmal. Aber nur wenige Menschen scheinen sich dieser Einmaligkeit bewußt zu sein. (1983)

Werner Mitsch, *Schwarze*, S. 97. Auch ders., *Hin und Wider*, S. 73.

8. Man lebt nur zweimal. (1983)

Quick, Nr. 8/17. 2. 1983, S. 99.

9. Der Mensch lebt nur einmal. Wenn er das verstanden hat, dann eröffnen sich ihm viele Leben. (1990)

Werner Ehrenforth, *Sitzbeschwerden*, S. 89.

10. Sicher, der Mensch lebt nur einmal. Eine ganz andere Frage ist es, wie oft ihm das gelingt. (1990)

Werner Ehrenforth, *Sitzbeschwerden*, S. 91.

LIEBE (a)

„Alte Liebe rostet nicht."

1. Alte Liebe rostet nicht – wenn sie gut vergoldet ist. (1879)

Fliegende Blätter, 71/1879, S. 7.

2. Alte Liebe rostet nicht – aber die liebe Alte. (1923)

J. Gössel, *Wortspiele*, S. 54.

3. „Alte Liebe rostet nicht“, sagte die Oma und bewarb sich für die Hauptrolle im Senioren-Report. (1974)

Stern, Nr. 24/6. 6. 1974, S. 84. Auch Hans Gamber, *Frech*, S. 80.

4. Alte Liebe rostet doch. (1975)

Hörzu, Nr. 36/6.–12. 9. 1975, S. 59.

5. Alte Liebe kostet nichts. (1977)

Heinrich Schröter, *Lust*, S. 53. Auch Werner Mitsch, *Spinnen*, S. 91; Winfried Bornemann, *Blödel*, o. S.; Wolfgang Willnat, *Sprüche*, S. 106; W. Mitsch, *Wal*, o. S.; *Bild*, 7. 12. 1988, S. 2; Wolfgang Funke, *Wendehals*, S. 40; *Die Weltwoche*, Nr. 1/4. 1. 1990, S. 37; Ulrich Erckenbrecht, *Katzenköppe*, S. 12.

6. Alte Liebe rastet nicht. (1979)

Gerhard Uhlenbruck, *Einfach*, S. 4.

7. Porsche-Liebe rostet nicht. (1980)

Der Spiegel, Nr. 45/3. 11. 1980, S. 193.

8. Liebe ist nur in Ausnahmefällen rostfrei. (1983)

Žarko Petan, *Sintflut*, S. 19.

9. Alte Liebe mordet nicht. (1984)

Henry Kane, *Alte Liebe mordet nicht*, Hamburg: Kelter, 1984.

10. Alte Liebe rostet nicht. Nein, sie entfernt sich. (1984)

Siegfried Gloose, *Einfälle*, S. 80.

11. Kalte Liebe kostet nichts. (1984)

Werner Ehrenforth, *Eintagsfliege*, S. 30.

12. Alter Adel rostet nicht. (1986)

Pelham Wodehouse, *Alter Adel rostet nicht. Roman*, München: Deutscher Taschenbuch Verlag, 1986.

13. Alte Feindschaft rostet nicht. (1987)

Die Zeit, Nr. 37/11. 9. 1987, S. 3.

14. Erzfeinde rosten nicht. (1987)

Gerhard Uhlenbruck, *Kaffee*, S. 88.

15. Alte Liebe rostet nicht, das gilt vor allem für die Eigenliebe! (1993)

Gerhard Uhlenbruck, „Lebenslügen“, S. 518.

16. Alte Vorurteile rosten nicht. (1995)

Die Zeit, Nr. 27/7. 7. 1995, S. 16.

17. Auch alte Liebe rostet. (1995)

Die Zeit, Nr. 29/21. 7. 1995, S. 4.

LIEBE (b)

„Die Liebe geht durch den Magen."

1. Das Eheglück geht nicht bloß durch den Magen, das Eheglück geht durch die Möbel, ganz eminent durch das Schlafzimmer, aber ich möchte sagen prominent durch die Betten, durch die Ehebetten sozusagen. (1935)

   Elias Canetti, *Blendung*, S. 82 f.

2. Mag das Sprichwort, daß die Liebe durch den Magen gehe, auch Recht haben, für uns Deutsche gilt ebensosehr: die Liebe geht durch den Geist! (1950)

   Wilhelm von Scholz, *Irrtum*, S. 51.

3. „Die Liebe geht durch den Magen“: „Die Ehre geht übers Bankkonto!“ (1970)

   Rudolf Rolfs, *Inventur*, S. 161.

4. Die Liebe, die durch den Magen geht, endet als Konsumgenossenschaft. (1973)

   Gottfried Edel, *Tierliebe*, S. 14.

5. Die Liebe geht durch das Kochen. (1975)

   Schweizer Illustrierte, Nr. 5/27. 1. 1975, S. 30.

6. Liebe geht durch die Haut. (1975)

   Desmond Morris, *Liebe geht durch die Haut. Die Naturgeschichte des Intimverhaltens*, München: Droemer Knaur, 1975.

7. Auch die unglückliche Liebe geht durch den Magen, oft sogar durch die Magenwand. (1977)

Gerhard Uhlenbruck, *Netz*, S. 7. Auch ders., *Kranker*, S. 6.

8. Die Liebe kommt mit dem Wagen. (1977)

Heinrich Schröter, *Lust*, S. 53.

9. Liebe, die durch den Magen geht, braucht das Herz nicht zu belasten. (1977)

Der Spiegel, Nr. 19/2. 5. 1997, S. 157. Auch *Für Sie*, Nr. 26/8. 12. 1977, S. 112; *Stern*, Nr. 7/9. 2. 1978, S. 76.

10. Liebe geht durch den Magen. Das erklärt ihre häufige Unkenntlichkeit. (1978)

Oskar Cöster, „Schüsse", S. 132.

11. Die Liebe geht durch den Magen – wohin? (1979)

Žarko Petan, *Kopf*, S. 10. Auch Birgit Berg, *Worte*, S. 24.

12. „Geht die Liebe durch den Magen?" Zum Beispiel ... Aber auch die, welche durch's Herz geht, wird irgendwann verdaut. (1980)

Rudolf Rolfs, *Fragen*, S. 62.

13. Liebe geht durch den Briefkasten. (1980)

Der Spiegel, Nr. 27/30. 6. 1980, S. 138 f.

14. Liebe geht durch die Nase. (1980)

Bunte, Nr. 12/13. 3. 1980, S. 48. Auch Gerhard Uhlenbruck, *Masche*, S. 24.

15. Liebe, die nur durch den Magen führt, führt zu Verstimmungen. (1981)

Hans-Horst Skupy, zitiert aus Gerhard Uhlenbruck, *Kranker*, S. 45.

16. Bei allem, was durch den Magen geht, kommt letzten Endes nur Scheiße heraus. Auch bei der Liebe, die durch den Magen geht. (1982)

Gerhard Uhlenbruck, *Medizinische Aphorismen*, S. 42.

17. Liebe geht durch die Küche. (1982)

Die Weltwoche, Nr. 11/17. 3. 1982, S. 30.

LIEBE (b) 14

18. Liebe, die durch den Magen geht, scheide ich aus. (1983)

Ulrich Erckenbrecht, *Körnchen*, S. 15.

19. Liebe geht durch den Magen – deshalb ist nach dem fünfzigsten Jahr Diät geboten. (1983)

Žarko Petan, *Sintflut*, S. 12.

20. Nach Herz und Gefühl soll die Liebe durch den Magen gehen. Wo sie eigentlich am besten durchschlüpft, wird nicht erwähnt. (1983)

Peter Oprei, *Bedenkliches*, S. 38.

21. Bei uns geht die Liebe durch den Wagen. (1984)

Stern, Nr. 39/20. 9. 1984, S. 215.

22. Die Liebe geht durch den Magen und das Geld in die Binsen. (1984)

Werner Mitsch, *Grund*, S. 45.

23. Wenn bei jemandem die Liebe durch den Magen geht, geht sie naturgemäß den Weg jeder Speise. (1984)

J. Bloberger, *Bemerktes*, S. 8.

24. Die Liebe geht durch den Magen. Muß der Volksmund einen seltsamen Geschmack haben! (1985)

Hermann Funke, *Worte*, S. 44.

25. Tod geht durch den Magen. (1985)

Deutschlandfunk Programm und Information, Sept. 1985, o. S.

26. Die Liebe geht zwar durch den Magen,
doch der Wagen hat auch das Sagen. (1986)

Andreas Bender, *Gelegenheit*, o. S.

27. Liebe geht durch den Magen, Pils durch die Blase. (1986)

Bernd Thomsen, *Pissen*, o. S.

28. Liebe geht durch den Schwanz. (1986)

Bernd Thomsen, *Bett*, S. 64.

29. Liebe ... geht sogar im Sozialismus durch den Magen. (Vor 1987)

Rudi Strahl, zitiert aus Gisela Reller, *Liebe*, S. 168.

30. *folgerung*

wenn liebe
durch den magen geht
dann muß
was rauskommt
scheiße sein. (1987)

Manfred Hausin, *Verboten*, S. 118.

31. Die Liebe geht durch den Magen, bis es einem schlecht wird. (1987)

Andreas Bender, *Socken*, o. S.

32. Liebe geht durch Mark und Pfennig. (1987)

Angelika Franz, *Sprüche*, S. 369. Auch Saskia Schlesinger, *Lenz*, o. S.

33. Liebe geht durch den Magen – wo soll das enden? (Vor 1989)

Lutz Häschel, zitiert aus Gabriele Berthel, *Kurz*, S. 130.

34. Arbeitsessen: Auch die Liebe zum Geschäft geht durch den Magen. (1990)

Gerhard Uhlenbruck, *Darum*, S. 88. Auch ders., *Medizinische Aphorismen*, 2. Aufl., S. 6.

35. Liebe geht durch den Magen, aber nur bei oralem Sex. (1990)

Žarko Petan, *Herren*, S. 75.

36. *Wiederbegegnung*

Ein Mitmensch meinte, Liebe ginge
wie tausend andre schöne Dinge
nur durch den Magen unters Mieder ...
Im Rieselfeld fand er sie wieder. (1990)

Wolfgang Funke, *Wendehals*, S. 35.

37. Bei den meisten Leuten ist die Liebe mit dem Unterleib verbunden. Bei manchen geht sie aber auch durch den Magen. (1991)

Michael Hallstatt, *Pferd*, S. 14.

38. Liebe geht durch den Magen. Deshalb die häufigen Magenbeschwerden. (1991)

Otto Wicki, *Sentenzen*, S. 13.

LIEBE (c)

„Liebe macht blind."

1. Ein wie seltsam Ding die Liebe ist, geht schon daraus hervor, daß sie zugleich blind und erfinderisch macht. (1927)

Felix Klein, *Gedanken*, S. 12.

2. Nicht die Liebe macht blind, sondern allein der Eros! Er zwingt die Paare zusammen, blendet, verführt und – entschwindet. Was er zurückläßt, sind häufig Menschen, die einander fremd sind und es meist auch bleiben. (1971)

Othmar Capellmann, *Güte*, S. 31.

3. Liebe macht blind aber glücklich. (1976)

Locus vivendi 1976: Sentenzen fürs Klo (Mai), München: Heye, 1976. Auch als Buchtitel: Heinrich Korte, *Liebe macht blind aber glücklich! Kleine Gemeinheiten zum großen Gefühl*, München: Claudius, 1992.

4. Liebe macht nicht blind. Der Liebende sieht weit mehr als da ist. (1977)

Oliver Hassencamp, *Klipp*, S. 32.

5. Liebe und Haß erzeugen die gleiche Augenkrankheit: beide machen blind. (1977)

Gerhard Uhlenbruck, *Netz*, S. 25. Auch ders., *Body*, S. 5.

6. Liebe macht blind – und Petting kurzsichtig. (1978)

Werner Mitsch, *Spinnen*, S. 105.

7. Die Liebe macht nicht blind, aber sehr kurzsichtig. (1979)

Gerhard Uhlenbruck, *Einfach*, S. 38.

8. Er verwechselte ständig ihr Herz mit seinem Magen. Das hatte er nun davon, daß die Liebe ihn blind gemacht hatte. (1979)

Nikolaus Cybinski, *Werden*, S. 89.

9. Liebe macht blind, darum tasten sich Verliebte ab. (1979)

Žarko Petan, *Kopf*, S. 38.

10. *Liebe*

Macht blind,
Haß war es immer. (1979)

Ron Kritzfeld, *Flexikon*, Bd. 6, S. 18.

11. liebe macht blind.
macht liebt die blinden. (1979)

Volker Erhardt, *Kannibale*, S. 25.

12. Liebe macht zwar blind, doch auch Blinde hören das Geld klimpern. (1979)

Žarko Petan, *Kopf*, S. 38.

13. Zufällige Liebe macht blind, dann sehend. Bei der wahren ist das umgekehrt. (1979)

Nikolaus Cybinski, *Werden*, S. 83.

14. Liebe macht blind – indem sie blendet. (1980)

Gerhard Uhlenbruck, *Frust-Rationen*, S. 112.

15. Die Liebe macht (solange) blind, bis einem die Augen aufgehen. (1980)

Gerhard Uhlenbruck, *Frust-Rationen*, S. 80. Auch ders., *Nächstenhiebe*, S. 12; ders., *Kaffee*, S. 28; ders., *Aphorismen/Satz*, S. 119; ders., *Medizinische Aphorismen*, 2. Aufl., S. 12; ders., „Hirnbissig", S. 456.

16. Ich verstehe nicht, wozu sich die Frauen so herausputzen, da Liebe doch blind ist! (1981)

Žarko Petan, *Himmel*, S. 143.

17. Liebe macht blind und Enthaltsamkeit taub. (1982)

Werner Mitsch, *Bienen*, S. 96.

LIEBE (c) 19

18. Wenn Liebe blind macht, setzt Nächstenliebe dann Blindheit voraus? (1982)

Gerhard Uhlenbruck, *Medizinische Aphorismen*, S. 11. Auch ders., *Mensch*, S. 17; ders., *Wahr*, S. 78.

19. Werbung macht blind! (1982)

Klaus Appuhn, *Graffiti*, S. 105.

20. *lieblos*

liebe macht blind
sagst du mir
beim abschied

du hast dir
einen offenen
blick bewahrt. (1983)

Manfred Hausin, *Hausinaden*, S. 52. Auch ders., *Verboten*, S. 128.

21. Liebe macht blind – aber wer heiratet, kann plötzlich wieder sehen. (1984)

Claudia Glismann, *Edel*, o. S. Auch Bernd Thomsen, *Neue Büro-Sprüche*, o. S.

22. Liebe macht blind: deshalb sehen Außenstehende schwarz. (1984)

Gerhard Uhlenbruck, *Mensch*, S. 34.

23. Liebe macht blind, sagte der alte Mann, da hatte er fünfzig Jahre in Finsternis gelebt. (1984)

Werner Ehrenforth, *Eintagsfliege*, S. 70.

24. Blinder Eifer schadet nur – auch in der Liebe, die blind macht. (1985)

Gerhard Uhlenbruck, *Eigenliebe*, S. 19.

25. Eigenliebe macht blind. (1985)

Gerhard Uhlenbruck, *Eigenliebe macht blind. Hinrissige Gedankensprünge und Aphorismen*, Aachen: Josef Stippak, 1985.

26. Eigenliebe macht blind: Man bekommt einen Star, wenn man sich für einen Star hält. (1985)

Gerhard Uhlenbruck, *Eigenliebe*, S. 28.

27. Liebe macht blind – aus Sprachlosigkeit. (1985)

Hermann Funke, *Worte*, S. 16.

28. Nicht die Liebe macht blind, sondern der blinde Glaube daran. (1985)

Gerhard Uhlenbruck, *Eigenliebe*, S. 23. Auch ders., *Wahr*, S. 115.

29. Nur dort, wo die Liebe blind war, gehen Partnern später die Augen auf. (1985)

Bruno Lamprecht, *Silberzwiebeln*, S. 61.

30. Liebe macht blind, aber deshalb (deswegen) ist nicht jeder, der fremd geht, ein Blindgänger. (1986)

Gerhard Uhlenbruck, „Gedankensprünge“, S. 189. Auch ders., *Aphorismen/Satz*, S. 117.

31. Liebe macht nicht nur blind – sie muß wohl auch taub machen. (1986)

Robert Lembke, *Fettnäpfchen*, S. 87.

32. Liebe macht blind.
Taub war man schon vorher.
Stumm wird man erst später. (Vor 1987)

Gerd W. Heyse, zitiert aus Gisela Reller, *Liebe*, S. 83.

33. Liebe macht blind, und ich behaupte trotz aller späteren Enttäuschungen, sie macht ebenso tiefblickend, weil wir sehen, daß jemand trotz gekrümmten Rückens und ungleicher Augenstellung schön sein kann, weil er ein Mensch ist, weil er liebt und weil wir ihn lieben. (Vor 1987)

Charlotte Worgitzky, zitiert aus Gisela Reller, *Liebe*, S. 194.

34. Eigenliebe macht blind, weil wir bei uns selbst immer beide Augen zudrücken. (1987)

Gerhard Uhlenbruck, *Kaffee*, S. 42. Auch ders., *Darum*, S. 52.

35. Hiebe macht blind. (1987)

Andreas Bender, *Socken*, o. S.

36. Liebe macht blind, aber meistens handelt es sich dabei um hormonell bedingten blinden Alarm. (1987)

Gerhard Uhlenbruck, *Kaffee*, S. 34.

37. Liebe macht blind, Haß blindwütig. (1987)

Gerhard Uhlenbruck, *Kaffee*, S. 32.

38. Liebe macht nicht blind, sondern weitsichtig: sie übersieht die naheliegenden negativen Seiten. (1987)

Gerhard Uhlenbruck, *Kaffee*, S. 33.

39. Liebe macht nicht nur blind, sondern auch schwerhörig, weil man leicht hörig wird. (1987)

Gerhard Uhlenbruck, *Kaffee*, S. 31.

40. *paradox*

liebe
macht blind –
bis die
beziehung
ins auge geht. (1987)

Manfred Hausin, *Verboten*, S. 123.

41. Psycho-Analyse: Liebe macht blind – besonders die zu sich selbst. (1987)

Gerhard Uhlenbruck, *Kaffee*, S. 10. Auch ders., *Aphorismen/Satz*, S. 103; ders., *Medizinische Aphorismen*, 2. Aufl., S. 95.

42. Liebe macht tatsächlich blind: Schon nach kurzer Zeit ihrer Ehe konnten sie einander nicht mehr sehen. (1988)

Hans-Dieter Schütt, *Haustür*, S. 84.

43. Eigentlich macht die Liebe gar nicht blind, sondern im Gegenteil: Sie sieht sogar Eigenschaften, die (gar) nicht vorhanden sind. (1989)

Gerhard Uhlenbruck, *Body*, S. 82. Auch ders., *Darum*, S. 77.

44. Liebe macht blind?
Liebe macht gleichgesinnt. (1990)

Heinrich Schröter, *Worte*, 2. Aufl., S. 71.

45. Liebe macht nicht immer blind, oft sieht sie viel mehr, als eigentlich da ist. (1990)

Žarko Petan, *Herren*, S. 73.

46. Liebe macht blind, und so kann man den Hausfreund auch als blinden Passagier bezeichnen. (1991)

Gerhard Uhlenbruck, *Diagnosen*, S. 33.

47. Liebe macht blind, vor allem, weil der andere meist blendet! (1991)

Gerhard Uhlenbruck, *Diagnosen*, S. 28.

48. Liebe macht blind – wegen der Tränen. (1994)

Gerhard Uhlenbruck, *Medizinische Aphorismen*, 2. Aufl., S. 71.

49. Die Liebe macht blind, weil man in bezug auf den geliebten Menschen beide Augen zudrückt. (1996)

Gerhard Uhlenbruck, „Giftpfeile", S. 179. Auch ders., „Hirnbissig", S. 456.

50. Liebe macht blind, weil man die Augen vor der Realität verschließt. (1996)

Gerhard Uhlenbruck, *Nichtzutreffendes*, S. 14.

LÜGE

„Lügen haben kurze Beine."

1. „Lügen haben kurze Beine"; aber, was schadet das! Kommt nicht ein Hase mit seinen viel kürzeren Beinen weiter als ein Ochs? Mit der Lüge kommt man besser fort als mit der Wahrheit; die letztere befördert zwar auch das Fortkommen, aber man kommt damit höchstens in's Gefängnis oder als Flüchtling nach Amerika. Mit der Lüge dagegen erwirbt man sich Gunst und Gnade und kommt dadurch zu Aemtern und Orden. Die Wahrheit reden daher auch nur Kinder und Narren. (Um 1860)

Karl Friedrich Wilhelm Wander, *Sprichwörterbrevier*, S. 165.

2. Daß die Lüge mit ihren kurzen Beinen jetzt gezwungen ist rund um die Welt zu laufen, und daß sie's aushält, ist das Überraschende an dem Zustand. (1919)

Karl Kraus, *Wort*, S. 444.

3. Fliegen haben kurze Beine. (1919)

Kurt Schwitters, *Werk*, S. 170. Auch Ralf Bülow, *Phantasie*, o. S.

4. Lügen haben hübsche lange Beine. (Um 1930)

   Erika Mann, „Prinz“, S. 350.

5. *Paradox*

   Daß Lügen haben kurze Beine,
   Wird zwar gesagt, jedoch ich meine,
   Daß Lügen mit Gerücht im Bunde
   Im Höllentempo macht die Runde. (1949)

   Helmut Zech, *Bosheiten*, S. 93.

6. Lügen haben kurze Beine, aber eine sehr kräftige Stimme. (1951)

   Erwin Chargaff, *Bemerkungen*, S. 33.

7. Gespenster haben kurze Beine. (1953)

   Rolf Randall, *Gespenster haben kurze Beine*, Sinzig: UTA-Verlag, 1953.

8. Lügen haben kurze Beine, tragen aber Siebenmeilenstiefel. (1960)

   Erwin Chargaff, *Bemerkungen*, S. 83. Auch Gerhard Uhlenbruck, *Kaffee*, S. 95.

9. Lügen haben kurze Beine, deshalb werden wir sie nicht so bald los. (Um 1960)

   Stanisław Jerzy Lec, *Spätlese*, S. 106.

10. Lügen haben kurze Beine, verstehen es aber vorzüglich, sie zu stellen. (Um 1960)

    Stanisław Jerzy Lec, *Spätlese*, S. 10.

11. Die Beine der Wahrheiten sind nicht länger. (1970)

    Rudolf Rolfs, *Inventur*, S. 152.

12. „Lügen haben kurze Beine“; und lange Arme. (1970)

    Hans Kudszus, *Jaworte*, S. 21.

13. Lügen haben kurze Beine. Seit der Erfindung des Fernschreibers ist das kein Handicap mehr. (1971)

    Eugen Gürster, *Narrheiten*, S. 83.

14. Kriege haben kurze Beine, denn, wer einmal kriegt, dem glaubt man nicht und nichts ist so fein gewonnen ... (1973)

    Werner Schneyder, *Empfehlung*, S. 43. Auch ders., *Gelächter*, S. 72.

15. Wer wirbt, hat kurze Beine,
ich hab gar keine. (1973)

Kurt Brandt, zitiert aus Dieter Hülsmanns, *Lüste*, o. S.

16. Die Lüge hat kurze Beine, rennt aber schneller als die Wahrheit. (1974)

Antoni Marianowicz, *Denkspiele*, S. 84.

17. Liegen haben kurze Beine. (1974)

Hörzu, Nr. 10/7.–13. 3. 1974, S. 3. Auch Winfried Bornemann, *Blödel*, o. S.; Iris Blaschzok, *Muse*, S. 64; Otto Waalkes, *Zweites Buch Otto*, S. 142; Eduard Moriz, *Sauweich*, o. S.; *Die Weltwoche*, Nr. 36/6. 9. 1990, S. 61.

18. Lügen haben kurze Beine, aber einen langen Atem. (1974)

Hellmut Walters, *Abseits*, o. S. Auch Gerhard Uhlenbruck, *Frust-Rationen*, S. 96.

19. Lügen haben kurzen Atem. (1974)

Die Zeit, Nr. 24/14. 6. 1974, S. 2.

Liegen haben kurze Beine.

LÜGE 17

20. *Die Lüge von den kurzen Beinen*

Die
Beine
der
größeren
Lügen
sind
gar
nicht
immer
so
kurz

Kürzer
ist
oft
das
Leben
derer
die
an
sie
glauben. (1976)

Erich Fried, *Beine*, S. 23.

21. *Lügen*

Haben kurze, aber ausdauernde Beine. (1976)

Ron Kritzfeld, *Flexikon*, Bd. 3, S. 18.

22. Geschichte hat kurze Beine. (1977)

Aufbau, 25. 3. 1977, S. 32.

23. Lügen haben kurze Beine, aber weiche Knie. (1977)

Gerhard Uhlenbruck, *Netz*, S. 7. Auch ders., *Eigenliebe*, S. 37; ders., *Body*, S. 6.

24. Schweine haben kurze Beine. (1977)

Guido Hildebrandt, *Hohn*, S. 24.

25. Bekanntlich haben Lügen kurze Beine und Wahrheiten lange Beine. Und doch gewinnen regelmäßig die Lügen den Wettlauf in unserer Zeit. Was heißt das? (1978)

Werner Sprenger, *Gedanken I*, S. 28.

26. Die Lüge hat es trotz ihrer kurzen Beine geschafft, die ganze Erde zu überlaufen. (1978)

Ludwig Fienhold, *Wider-Sprüche*, S. 7.

27. Frauen und Lügen haben kurze Beine. (1978)

Werner Mitsch, *Spinnen*, S. 94.

28. Lieche hawwe korze Baa
awwer guhd geschnirde Schdiwwel. (1978)

Kurt Sigel, *Gegenreden*, S. 13.

29. Lügen haben kurze beine aber lange schatten. (1978)

Harald Hauser, „Einfälle", S. 171.

30. Lügen haben kurze Beine. Nicht wenige gehen deshalb auf Stelzen. (1978)

Oskar Cöster, „Schüsse", S. 132. Auch ders., „Maulschellen", S. 174*.

31. Lügen haben schöne Beine. (1978)

Neue Revue, Nr. 9/27. 2. 1978, S. 45. Auch als Buchtitel: William Crisp, *Lügen haben schöne Beine*, München: Scherz, 1984; Bernd Thomsen, *Neue Büro-Sprüche*, o. S.; als weiterer Buchtitel: Harold Adams, *Lügen haben schöne Beine*, München: Goldmann, 1989.

32. Wahrheiten sind Lügen mit sehr langen Beinen. (1978)

Wolfram Weidner und Karl Schwarzer, *Worte*, o. S.

33. Lügen haben kurze Beine, aber tausend Füße. (1979)

Werner Mitsch, *Fische*, S. 93. Auch *Hörzu*, Nr. 21/18. 5. 1984, S. 3; Christian Roman, *Reden*, o. S.; W. Mitsch, *Wal*, o. S.

34. Lügen haben kurze Beine; deshalb tragen sie gewöhnlich Schuhe mit hohen Absätzen. (1979)

Žarko Petan, *Kopf*, S. 53.

35. Lügen haben kurze Beine, aber das bedeutet noch lange nicht, daß die Wahrheit überhaupt keine Beine hat. (1980)

Gerhard Uhlenbruck, *Frust-Rationen*, S. 95.

36. Lügen haben kurze Beine, aber fällt das in unserer Dackelgesellschaft überhaupt jemandem auf? (1980)

Gerhard Uhlenbruck, *Frust-Rationen*, S. 96.

37. Lügen haben kurze Beine; die Wahrheit hat lange Beine, weil sie sich dauernd auf der Flucht befindet. (1980)

Gerhard Uhlenbruck, *Frust-Rationen*, S. 95.

38. Lügen haben kurze Beine. Wahrheiten keine. Sie müssen weitergetragen werden. (1980)

Peter Tille, zitiert aus André Brie, *Weisheit*, S. 138. Auch ders., *Sommersprossen*, S. 138.

39. Lügen haben kurze Beine, aber Rückenwind. (1981)

Werner Mitsch, *Hunde*, S. 78. Auch ders., *Hin und Wider*, S. 40.

40. Lügen haben kurze Beine, deshalb reisen sie mit den schnellsten Kommunikationsmitteln. (1981)

Žarko Petan, zitiert aus *Nebelspalter*, Nr. 6/10. 2. 1981, S. 28. Auch ders., *Himmel*, S. 147.

41. Die Lüge, mit dem Makel der kurzen Beine behaftet, ist aus Überlebensgründen zum Tausendfüßler geworden. (1982)

Werner Mitsch, *Bienen*, S. 80. Auch ders., *Hin und Wider*, S. 95.

42. Eine der grössten Lügen ist die Lüge, dass Lügen kurze Beine hätten. Die längsten Beine haben Lügen, die leugnen, dass Lügen Lügen sind. (1982)

Albert Ehrismann, zitiert aus *Nebelspalter*, Nr. 15/13. 4. 1982, S. 20.

43. Korrektur: Nicht alle, nur die *kleinen* Lügen haben kurze Beine. (1982)

Hans Derendinger, zitiert aus *Nebelspalter*, Nr. 35/31. 8. 1982, S. 33.

44. Lügen haben kurze Beine. Ich rief nach einem Taxi. (1982)

Nebelspalter, Nr. 30/27. 7. 1982, S. 44.

45. Lügen haben kurze Beine. Ja, am liebsten kriechen sie. (1982)

André Brie, *Wahrheit*, S. 52. Auch ders., *Wahrheit/Anfang*, S. 52.

46. Lügen haben kurze Beine, lange Haare und einen handlichen Busen. (1982)

Werner Mitsch, *Bienen*, S. 49.

47. Lügen haben kurze Beine:
Wahrheiten ganz kleine,
meistens aber keine. (1982)

Werner Sprenger, *Auswendiglernen*, S. 54.

48. Lügen haben oft schöne lange Beine. (1982)

Klaus Möckel, *Kopfstand*, S. 12.

49. Märchen haben kurze Beine. (1982)

Bunte, Nr. 40/30. 9. 1982, S. 173.

50. Wenn Lügen wirklich kurze Beine haben, wieso kommen sie dann so weit herum? (1982)

Beate Kuckertz, *Büro*, o. S. Auch Bernd Thomsen, *Neue Büro-Sprüche*, o. S.

51. Lügen haben kurze Beine, aber hübsche Schenkel. (1983)

Werner Mitsch, *Schwarze*, S. 87.

52. lügen haben
kurze beine
deshalb
sind liliputaner
lügner. (1983)

Manfred Hausin, *Hausinaden*, S. 59. Auch ders., *Verboten*, S. 92.

53. Lügen haben kurze Beine. Deshalb kommen sie oft auf hohem Kothurn daher. (1984)

Siegfried Gloose, *Einfälle*, S. 67.

54. Lügen haben sehr lange kurze Beine. (1984)

Werner Ehrenforth, *Eintagsfliege*, S. 33.

55. Lügen haben kurze Beine? Jetzt weiß ich endlich warum die Richter alle eine Etage höher sitzen. (1984)

Günter Hesse, *Wände*, Bd. 2, S. 139.

56. Mythen haben kurze Beine. (1984)

Der Spiegel, Nr. 35/27. 8. 1984, S. 140.

57. Lügen haben kurze Beine, weil sie niedrigen Beweggründen dienen. (1985)

Gerhard Uhlenbruck, *Eigenliebe*, S. 36. Auch ders., *Body*, S. 6; ders., *Wahr*, S. 75.

58. Lügen haben kurze Beine, weil sie so lange vertreten werden, bis sie sich die Beine in den Leib gestanden haben. (1985)

Gerhard Uhlenbruck, *Eigenliebe*, S. 45.

59. Lügen haben lange Beine – wenn man sich nur selbst belügt. (1985)

Gerhard Uhlenbruck, *Eigenliebe*, S. 17.

60. Lügen haben lange Beine. Wenn sie erst einmal unterwegs sind, holt sie keiner mehr ein – schlimmstenfalls die Wirklichkeit. (1985)

Hermann Funke, *Worte*, S. 16.

61. Lügen, mit denen man sich selbst belügt, haben lange Beine, damit man vor der Wahrheit davonlaufen kann. (1985)

Gerhard Uhlenbruck, *Eigenliebe*, S. 45. Auch ders., *Wahr*, S. 67.

62. Lügen haben kurze Beine, aber die Igel haben ja auch schon den Hasen besiegt. (Vor 1986)

Thomas Trautmann, zitiert aus Ingetraud Skirecki, *Troja*, S. 195.

63. Lügen haben kurze Beine, aber es gibt genügend Esel, die sie über weite Strecken tragen. (Vor 1986)

Daniel Textor, zitiert aus Ingetraud Skirecki, *Troja*, S. 175.

64. Ach, nicht kurzbeinig, gut zu Fuß schritten die Lügen aus! (1986)

Günter Grass, *Rättin*, S. 80.

65. Der Fortschritt hat kurze Beine. (1987)

Karl Heinz Kirchner, zitiert aus *Wir in Ost und West*, Nr. 4/Juli 1987, S. 4 f.

66. Die Wahrheit ist eine Dame ohne Unterleib.
Die Lüge hat wenigstens kurze Beine. (1987)

Felix Renner, *Leine*, S. 14.

67. Lügen mit sehr langen Beinen. (1987)

Der Spiegel, Nr. 19/4. 5. 1987, S. 18.

68. Lügen haben hübsche Beine. (1988)

Süddeutsche Zeitung, 26. 4. 1988, S. 12.

69. *Die Wahrheit*

„Lügen haben kurze Beine!“
höhnte die Wahrheit
und
wurde im Rollstuhl
davongeschoben. (Vor 1989)

Jens Sparschuh, zitiert aus Dorothea von Törne, *Komm*, S. 115

70. Lügen haben kurze Beine. Die Wahrheit hat keine. (1990)

Die Zeit, Nr. 30/27. 7. 1990, S. 15.

71. Lügen haben kurze Beine,
Egon [Krenz], zeig, wie lang sind deine? (1990)

Ewald Lang, *Wendehals*, S. 82.

72. Lügen haben nicht immer kurze Beine. (1990)

Wolfgang Funke, *Wendehals*, S. 128.

73. Wenn es stimmt, daß Lügen kurze Beine haben, dann kann die ganze Regierung unter dem Teppich Fallschirm springen. (1990)

Oskar Lafontaine, zitiert aus *Frankfurter Rundschau*, 20. 10. 1990, S. 2.

74. Wenn Lügen kurze Beine hätten, wären die Liliputaner in der Mehrheit. (1990)

Fritz Herdi, *Witz*, S. 46.

75. Lebenslügen haben kurze (lange) Beine. (1993)

Gerhard Uhlenbruck, „Lebenslügen“, S. 515. Auch ders., „Giftpfeile“, S. 177.

LÜGEN

„Wer einmal lügt, dem glaubt man nicht.“

1. Wer selten lügt, dem glaubt man nicht. (1967)

Rudolf Rolfs, *Schlag*, S. 67.

2. Wer einmal lügt, dem glaubt man nicht, auch wenn er schafsbescheiden spricht, er sei der „Mund des Volkes". (1967)

   Erwin Strittmatter, *Selbstermunterungen*, S. 110.

3. Wer einmal lügt, dem glaubt man nicht ... Besser: zweimal lügen. (1980)

   Wolfgang Tilgner, zitiert aus André Brie, *Weisheit*, S. 135.

4. Wer einmal lügt, dem glaubt man nicht, daß er so dumm ist und noch mal die Wahrheit spricht. (1981)

   Gerhard Uhlenbruck, *Masche*, S. 24.

5. Wer einmal lügt, dem glaubt man nicht – und so glauben wir keinem mehr. (1981)

   Gerhard Uhlenbruck, *Masche*, S. 19.

6. Wer einmal liebt, dem glaubt man nicht. (1982)

   Torsten Capelle, *Dativ*, S. 62. Auch Claudia Glismann, *Schüler*, o. S.; Angelika Franz, *Sprüche*, S. 308.

7. Wer einmal fickt, dem glaubt man nicht. (1983)

   Klaus Sochatzy, *Dauer*, S. 85.

8. Wer einmal klaut ... (1983)

   Die Zeit, Nr. 32/12. 8. 1983, S. 21.

9. Wer einmal lügt, dem glaubt man nicht,
   und wenn er auch im Fernsehen spricht! (1983)

   Nebelspalter, Nr. 4/25. 1. 1983, S. 47.

10. Wer einmal rügt, dem traut man nicht,
    und wenn er auch ein Lob ausspricht. (1983)

    Morgenpost, 6. 1. 1983, o. S.

11. Wer einmal lügt, dem glaubt man nicht, bis er die Lüge öfter spricht. (1984)

    Albert Keller, *Wer denkt*, S. 59.

12. Wer einmal lügt, dem glaubt man nicht,
    wer tausendmal lügt, dem glaubt man immer. (1984)

    Claudia Glismann, *Edel*, o. S.

13. Wer einmal liegt, dem glaubt man nicht. (1985)

Eduard Moriz, *Beziehungskiste*, o. S.

14. Wer einmal lügt, dem glaubt man nicht. Wer immer die Wahrheit sagt, dem traue ich nicht. (1985)

Hermann Funke, *Worte*, S. 47.

15. Wer keinmal lügt, dem glaubt man nicht, weil kein Mensch immer die Wahrheit spricht. (1985)

Gerhard Uhlenbruck, *Eigenliebe*, S. 11.

16. Wer einmal lügt, dem glaubt man nicht, aber man wählt ihn trotzdem. (1986)

Ralf Bülow, *Bett*, o. S.

17. Wer einmal lügt, dem glaubt man nicht, es sei, daß er im Sprichwort spricht. (1987)

Gerhard Uhlenbruck, *Kaffee*, S. 67.

18. Wer einmal schweigt, dem glaubt man nicht. (1987)

Lübecker Nachrichten, 11. 10. 1987, S. 2.

19. Wer einmal stirbt, dem glaubt man nicht. (1989)

Donald MacKenzie, *Wer einmal stirbt, dem glaubt man nicht*, München: Scherz, 1989.

20. *Polit-Regel*

Wer einmal lügt,
Dem glaubt man
immer wieder.

Auch wenn er
Zwischendurch mal
Die Wahrheit spricht. (1990)

Bernhard Katsch, zitiert aus *Süddeutsche Zeitung*, 1. 4. 1990, S. 174.

21. Lüg deinen Chef dauernd an, denn wer einmal lügt, dem glaubt er nicht. (1992)

Beate Kuckertz, *Büro*, o. S.

22. Wer einmal lügt, dem glaubt man nicht. Das ist richtig. Wer aber immer lügt, hat ganz gute Chancen. (1993)

Johannes Gross, *Fürwitz*, S. 45.

23. Einem Politiker, der nur einmal lügt, dem glaubt man nicht. (1994)

Felix Renner, *Worte*, S. 68.

MEISTER (a)

„Es ist noch kein Meister vom Himmel gefallen."

1. Jüngst fielen, mit großem Getümmel,
Viel Knaben als Meister vom Himmel;
Doch mancher – ich sag's nicht von allen –
Ist hart auf den Kopf gefallen. (Vor 1835)

August Friedrich Ernst Langbein, zitiert aus Klemens Altmann, *Epigramme*, S. 27.

2. Es fällt kein Meister vom Himmel, wohl aber ein Himmel vom Meister. (Vor 1905)

Peter Hille, *Heiligtum*, S. 33. Auch ders., *Welten*, S. 54.

3. Es ist noch kein Gott in den Himmel gefallen! (Vor 1908)

Emil Gött, *Werke*, S. 108.

4. Auch in der Liebe fällt kein Meister vom Himmel. Aber nie wird eine Frau ein Mädchen lehren. Eine große Amoureuse wird es nur durch den Mann. Frauen haben sich in Liebesdingen nichts zu sagen. (1921)

Carl Hagemann, *Liebesweisheit*, o. S.

5. Es ist noch kein Meister vom Himmel gefallen, ohne sich dabei weh zu tun. (1966)

Robert Gernhardt, *Welt*, S. 60. Auch Christian Roman, *Lieber*, o. S.; Richard Mahkorn, *Büro*, o. S.

6. Kein Meister ist vom Himmel gefallen, aber mancher Schüler in die Jauche. (1971)

Hans Leopold Davi, *Distel*, o. S.

7. „Es ist noch kein Meister vom Himmel gefallen“, sagte der Meister Specht und klopfte dreimal auf Holz. (1974)

Stern, Nr. 23/30. 5. 1974, S. 121.

8. Es ist noch kein Schulmeister vom Himmel gefallen. Das wäre ja auch noch schöner angesichts der augenblicklichen Lehrerschwemme. Da jagt man eher einen zum Teufel, weil er mal Marx gelesen hat. (1975)

Joachim Schwedhelm, zitiert aus *Die Zeit*, Nr. 17/25. 4. 1975, S. 23.

9. Es sind noch keine Geister vom Himmel gefallen. (1977)

Heinrich Schröter, *Lust*, S. 36.

10. Es ist noch kein Feister vom Himmel gefallen. (1978)

Werner Mitsch, *Spinnen*, S. 94.

MEISTER (a) 12

11. Es ist noch kein Meister vom Himmel gefallen. Für die gefährlichen Arbeiten hat man seine Gesellen. (1978)

Oskar Cöster, „Schüsse“, S. 132.

12. Manchmal fällt doch ein Meister vom Himmel. Ford Fiesta. (1978)

Der Spiegel, Nr. 32/7. 8. 1978, S. 66.

13. Wenn der Meister vom Himmel fällt, wird dieser auch nicht mehr voller Geigen hängen. (1978)

Locus vivendi 1978: Sentenzen fürs Klo (März). München: Heye, 1976.

14. Es fällt auch mal ein Meister aus allen Wolken. (1979)

Gerhard Uhlenbruck, *Einfach*, S. 75. Auch Bernd Thomsen, *Polit*, o. S.; Elisabeth Blay, *Tropfen*, o. S.

15. es ist noch kein meister vom himmel gefallen.
aber sie tun so. (1979)

Volker Erhardt, *Kannibale*, S. 102.

16. Es ist noch kein Meister vom Himmel gefallen. Aber aus allen Wolken. (1980)

Werner Mitsch, *Pferde*, S. 31. Auch *Hörzu*, Nr. 23/30. 5. 1986, S. 3.

17. Und es fallen doch Meister vom Himmel. (1980)

Quick, Nr. 47/13. 11. 1980, S. 162 f.

18. Es ist noch kein Vegetarier vom Stengel gefallen. (1981)

Werner Mitsch, *Hunde*, S. 113. Auch ders., *Wal*, o. S.

19. Auch beim Drachenfliegen ist noch kein Meister vom Himmel gefallen. (1982)

Werner Mitsch, *Bienen*, S. 62.

20. Es ist noch kein Gelehrter vom Himmel gefallen. (1982)

René Hildbrand, *Arbeit*, S. 61.

21. Es ist noch kein Meister vom Fleische gefallen. (1982)

Klaus Möckel, *Kopfstand*, S. 84.

22. Es ist noch kein Meister vom Himmel gefallen, der nicht auch schon aus allen Wolken gefallen wäre. (1982)

André Brie, *Wahrheit*, S. 56. Auch ders., *Wahrheit/Anfang*, S. 56.

23. es ist noch kein meister
vom himmel gefallen
deshalb
vorsicht
vor solchen leuten. (1983)

Manfred Hausin, *Hausinaden*, S. 67.

24. Es ist noch kein Meister vom Himmel gefallen, sie sind alle noch (dr)oben. (1983)

Karl Heinz Rauchberger u. Ulf Harten, *Club*, S. 48. Auch Eduard Moriz, *Sauweich*, o. S.

25. Es ist noch kein Meister vom Himmel gefallen – aber mancher schon vom Dach! (1984)

Albert Keller, *Wer denkt*, S. 22.

26. Es ist noch kein Meister vom Himmel gefallen, wohl aber schon mancher aus allen Wolken. (1984)

Gerhard Uhlenbruck, *Mensch*, S. 17.

27. Wenn ein Meister vom Himmel fällt, war er mal einer. (1986)

Eduard Moriz, *Sauweich*, o. S.

28. *Es ist noch kein Leid*

Es ist noch kein Leid vom Himmel gefallen.
Glaubt mir. (1987)

Brigitte Schwaiger, *Leben*, S. 99.

29. Noch kein Meister sei vom Himmel gefallen? Ihr habt wohl Satan, den Meister des Bösen, vergessen? (1988)

Werner Mitsch, *Neue Hin-Sprüche*, S. 95.

30. Es sind schon mehr Meister von der Leiter gefallen als vom Himmel. (1989)

Beate Steinmeyer, *Schoß*, o. S. Auch Beate Kuckertz, *Büro*, o. S.

31. Es ist noch kein Meister vom Himmel gefallen. Für gefährliche Arbeiten hat man seine Azubis! (1992)

Beate Kuckertz, *Büro*, o. S.

MEISTER (b)

„Früh übt sich, was ein Meister werden will.“

1. Früh übt sich, wer ein Kanzler werden will. (1961)

   Simplicissimus, Nr. 13/26. 3. 1961, S. 205.

Früh übt sich, wer ein Kanzler werden will
„Den Rechtsdrall besser noch etwas verstärken, Willy, und dann nimm mal den Hut und die Hosenträger – irgendwie siehst du viel zu modern aus.“

MEISTER (b) 1

2. Früh übt sich, was ein Beamter werden will. (1976)

   Die Zeit, Nr. 12/19. 3. 1976, S. 22.

3. Täglich übt sich, was ein Meister werden will. (1977)

   Gerhard Uhlenbruck, *Netz*, S. 41.

4. Früh trübt sich, wer ein stilles Wasser werden will. (1979)

   Gerhard Uhlenbruck, *Einfach*, S. 98.

5. Früh übt sich, wer ein Feister werden will. (1981)

   Gerhard Uhlenbruck, *Kranker*, S. 10.

6. Früh bückt sich, was ein Meister werden will. (1983)

Karl Heinz Rauchberger u. Ulf Harten, *Club*, S. 46. Auch Christian Roman, *Lieber*, o. S.

7. Früh liebt sich, wer ein Meister werden will! (1984)

Happy Schlaf- und Bett-Kalender 1984 (Aug.), ohne Ort: Paper Box, 1984.

8. Früh übt sich, was ein Meister werden will, sagte das Kind und brachte seinen Eltern die Flötentöne bei. (1984)

Werner Ehrenforth, *Eintagsfliege*, S. 72.

9. Früh übt sich, wer ein Rentner werden will. (1984)

Bella, Nr. 35/24. 8. 1984, S. 41.

10. Früh färbt sich, was ein Hippie werden will. (1985)

Stern, Nr. 37/5. 9. 1985, S. 47.

11. Sprüh übt sich ... (1985)

Bernd Thomsen. *Haste*, o. S.

12. Früh regt sich, was ein Schwänzchen werden will. (1986)

Bernd Thomsen, *Bett*, S. 43. Auch ders., *Pissen*, o. S.

13. Früh trübt sich, was ein Flüßchen werden will. (1986)

Bernd Thomsen, *Polit*, o. S. Auch *Die Weltwoche*, Nr. 28/11. 7. 1986, S. 43.

14. Früh übt sich, was ein Jongleur werden will. (1987)

Lübecker Nachrichten, 27. 9. 1987, S. 46.

15. Früh übt sich, wer ein Schauspieler werden will. (1987)

Lübecker Nachrichten, 27. 9. 1987, S. 14.

16. Früh übt sich, wer ein Manager werden will. (1988)

Der Spiegel, Nr. 38/19. 9. 1988, S. 233.

MENSCH

„Der Mensch denkt, Gott lenkt."

1. „Der Mensch denkt's, Gott lenkt's." Das ist nun wieder nicht wahr. Wenn Gott lenken will, macht er, daß die Menschen *nicht* denken, er läßt sie den Kopf verlieren. (Vor 1837)

   Ludwig Börne, *Schriften*, Bd. 2, S. 294.

2. Der Mensch denkt, und der Kutscher lenkt. (1891)

   Gerhart Hauptmann, *Werke*, Bd. 1, S. 187 (*Einsame Menschen*).

3. Der Mensch denkt, aber der Nebenmensch lenkt. Er denkt nicht einmal so viel, daß er sich denken könnte, daß ein anderer denken könnte. (1909)

   Karl Kraus, *Wort*, S. 62.

4. Der Geist denkt, das Geld lenkt. (Vor 1935)

   Oswald Spengler, zitiert aus Agnes Emrich, *Zitatenlexikon*, S. 51. Auch Helene Hucke, *Lebensweisheiten*, S. 85; Lothar Schmidt, *Geld*, S. 20. Ohne Hinweis auf Spengler auch Bernd Thomsen, *Neue Büro-Sprüche*, o. S.; ders., *Polit*, o. S.; Beate Kuckertz, *Büro*, o. S.

5. Der Geärgerte spricht: der Mensch denkt, Gott lenkt. Ist es nicht heute umgekehrt? Denkt vielleicht der Mensch? Aber er lenkt! Und Gott wird um so mehr denken. – Mein Freund, wie billig sind solche Scherze, unwürdig deiner Verzweiflung und der Bitterkeit deines Herzens. Such einen andern Weg! Weine, schweige, bete, falte die Hände! Aber laß das! Denn alles bleibt beim Alten. Gott ist der Herr. Er lenkt und er denkt anders als die Menschen. (Um 1941)

   Theodor Haecker, *Tag*, S. 156.

6. Der Mensch denkt: Gott lenkt.
   Keine Red davon! (1941)

   Bertolt Brecht, *Gesammelte Werke*, Bd. 1, S. 1395 f. (*Mutter Courage und ihre Kinder*).

7. Aber der Mensch denkt und Gott lenkt auch nicht. (1966)

   Martin Walser, *Einhorn*, S. 186.

8. Zwischen menschlichem Denken und göttlichem Lenken verläuft die Grenzlinie, die wir Schicksal nennen. (1971)

Othmar Capellmann, *Güte*, S. 12.

9. Der Mensch denkt. Und lenkt. (1972)

Heinrich Wiesner, *Kehrseite*, S. 18.

10. Der Mann denkt, die Frau lenkt. (1977)

Gerhard Uhlenbruck, *Netz*, S. 25.

11. Der Mensch denkt, daß Gott lenkt. Gelegentlich überkommen ihn Zweifel. (1977)

Oliver Hassencamp, *Klipp*, S. 18.

12. Der Mensch denkt. Und Gott macht sich Gedanken. (1978)

Werner Mitsch, *Spinnen*, S. 82.

Die Maschine „denkt“, der Mensch lenkt

Computer werden schlauer – werden sie auch klug?

Immer mehr Arbeitsplätze fallen den elektronischen Maschinen zum Opfer – jetzt sollen Computer uns auch noch das Denken abnehmen. Wissenschaftler bringen Computern „künstliche Intelligenz“ bei – und melden erste Erfolge: Denk-Maschinen, die clevere Dialoge führen, ihr Schachspiel selbst verbessern und mathematische Beweise erfinden.

Montan-Mitbestimmung

Die SPD kämpft weiter

Hoffen auf eine bessere Ausgangslage in der nächsten Legislaturperiode

DIE ZEIT

MENSCH 14

13. Jimmy Carter denkt, Rosalynn lenkt ... und hat auch zu Hause die Hosen an. (1979)

Quick, Nr. 32/2. 8. 1979, S. 92.

14. Die Maschine „denkt", der Mensch lenkt. (1980)

Die Zeit, Nr. 50/12. 12. 1980, S. 11.

15. Der Kanzler denkt. Aber wer lenkt? (1981)

Bunte, Nr. 9/19. 2. 1981, S. 12 f.

16. Gott lenkt, der Mensch lenkt ein. (1981)

Gerhard Uhlenbruck, *Masche*, S. 39.

17. Der Mann denkt. Die Frau denkt weiter. (1982)

Werner Mitsch, *Bienen*, S. 51.

18. Der Mensch denkt. Und Gott schlägt die Hände über dem Kopf zusammen. (1982)

Werner Mitsch, *Bienen*, S. 78. Auch Ralf Bülow, *Graffiti*, o. S.; W. Mitsch, *Hin und Wider*, S. 56; Angelika Franz, *Sprüche*, S. 128.

19. Der Deutsche denkt – und die Polizei lenkt. (1983)

Uwe Gruhle u. Dö Van Volxem, *Lexikon*, S. 19.

20. der mensch denkt
gott lenkt
deshalb
die vielen
verkehrstoten. (1983)

Manfred Hausin, *Hausinaden*, S. 64. Auch ders., *Verboten*, S. 96.

21. Der Mensch denkt und die Leute ziehen Schlüsse. (1983)

Werner Mitsch, *Schwarze*, S. 66.

22. Der Mensch denkt. Doch vieles spricht dagegen. (1984)

Werner Mitsch, *Grund*, S. 21.

23. Der Mensch denkt. Gott lenkt. Aber das gilt nicht für Autofahrer. (1984)

Ehrfried Siewers, *Fränkischer Tag*, 11. 9. 1984, o. S.

24. Der Mensch denkt, Gott lenkt.
Der Mensch dachte, Gott lachte. (1984)

Ralf Bülow, *Graffiti*, o. S. Auch in Monika Jetter, *Sprüche*, S. 79.

25. Der Mensch denkt, der Computer lenkt. (1985)

Ralf Bülow, *Phantasie*, o. S. Auch Angelika Franz, *Sprüche*, S. 163; dies., *Nix*, o. S.

26. Der Mensch, denkt Gott, lenkt. (1985)

Dumme Sprüche für Gescheite 1985: Wandsprüch'-Kalender (März), München: Heye, 1985.

27. Der Mensch denkt: Gott lenkt – ein. (1985)

Gerhard Uhlenbruck, *Eigenliebe*, S. 43. Auch ders., „Giftpfeile", S. 174.

28. Der Chef lenkt, wir lenken ein. (1986)

Bernd Thomsen, *Neue Büro-Sprüche*, o. S.

29. Der Kanzler lenkt, aber wer denkt? (1987)

Angelika Franz, *Sprüche*, S. 432. Auch Ewald Lang, *Wendehals*, S. 161.

30. Der Mensch denkt, Gott lenkt. Möglicherweise ist das unser grösster Denkfehler. (1987)

Nikolaus Cybinski, *Unfreiheit*, S. 51.

31. Der Mensch lenkt, die Bremse denkt. (1987)

Bunte, Nr. 41/1. 10. 1987, S. 185.

32. Der Mensch denkt. Der Automat reagiert. (1988)

Werner Mitsch, *Neue Hin-Sprüche*, S. 57.

33. Der Mensch denkt. Der Mitmensch denkt mit. (1988)

Werner Mitsch, *Neue Hin-Sprüche*, S. 31.

34. Mensch denkt – Natur lenkt. (1989)

Die Zeit, Nr. 33/18. 8. 1989, S. 18.

35. Der Mensch denkt, Gott henkt (Alttestamentarisch). (1991)

Ulrich Erckenbrecht, *Maximen*, S. 147. Auch ders., *Katzenköppe*, S. 116.

36. Der sichtbaren Herrschaft des Mannes über die Frau liegt die unsichtbare Herrschaft der Frau über den Mann zugrunde. „Der Mensch denkt, und das Weib lenkt“ (Heine). (1991)

Ulrich Erckenbrecht, *Maximen*, S. 137.

37. Pilot denkt, Computer lenkt. (1993)

Die Zeit, Nr. 39/1. 10. 1993, S. 19.

38. Das Volk denkt, der Jurist lenkt. (1996)

Die Weltwoche, Nr. 33/15. 8. 1996, S. 31.

39. Der Mensch denkt, das Auto lenkt. (1996)

Die Zeit, Nr. 28/12. 7. 1996, S. 19.

40. Früher sah die Ehe so aus: Der Mann lenkt, und die Frau lenkt ein. Heute gibt die Frau Gas und der Mann versucht gegenzusteuern. (1996)

Gerhard Uhlenbruck, *Nichtzutreffendes*, S. 19.

MORGENSTUNDE

„Morgenstunde hat Gold im Munde.“

1. *Sozialpartnerschaft*

Morgenstund' hat Gold im Mund, ist für die Prinzipals gesund, doch richtet s' die Kommis zu Grund. (Um 1855)

Johann Nestroy, *Stichworte*, S. 137.

2. Ich weiß nicht, warum die Morgenstunde, sei es die eines Tages, Jahres, Menschen- oder Völkerlebens, Gold im Munde haben soll. Man kann ja dann nicht einmal ein verständliches Gespräch mit ihr führen. Ueberdies sollte sie, wie es der Zeitgeist erfordert, um sich nach Oben beliebt zu machen, lieber Bibelsprüche und Verse aus Kernliedern kauen. (Um 1860)

Karl Friedrich Wilhelm Wander, *Sprichwörterbrevier*, S. 1.

3. „Morgenstunde,“ sagt das Sprichwort, „hat Gold im Munde.“ Aber wie Viele [. . .] stehen früh um fünf Uhr auf, und haben doch weder Gold im Munde, noch in der Tasche. Jetzt hat nur die Abendstunde Gold im Munde, wenigstens für manche Schönen. (Um 1860)

Karl Friedrich Wilhelm Wander, *Sprichwörterbrevier*, S. 233.

4. Morgenstunde ist aller Laster Anfang. (1891)

Dr. Kokes, *Schlagworte*, S. 1. Auch René Hildbrand, *Arbeit*, S. 20; Albert Schmude, *Freiheit*, S. 29; Karl Heinz Rauchberger u. Ulf Harten, *Club*, S. 72.

5. Fröhlichkeit hat Gold im Munde. (Um 1900)

Anton Ludwig, zitiert aus Heinz Seydel, *Unsinn*, S. 248.

6. Morgenstunde hat Gold im Munde – aber es ist für viele so unverwertbar, wie das einer Zahnplombe. (1927)

Felix Joseph Klein, *Gedanken*, S. 12.

7. Ick sage immer: Morjenstund is aller Laster Anfang. –
Du meinst wol: Müßigjang hat Jold im Munde, wat? (1930)

Carl Zuckmayer, *Köpenick*, S. 25.

8. *Ach, des Armen Morgenstund*

Ach, des Armen Morgenstund
Hat für den Reichen Gold im Mund.
Eines hätt' ich fast vergessen:
Auch wer arbeit', soll nicht essen. (1932)

Bertolt Brecht, *Gesammelte Werke*, Bd. 8, S. 396.

9. *Langschläfers Morgenlied*

Das mit der goldgeschmückten Morgenstunde
Hat sicher nur das Lesebuch erdacht.
Ich ruhe sanft. – Aus einem kühlen Grunde:
Ich hab mir niemals was aus Gold gemacht. (Um 1933)

Mascha Maléko, *Stenogrammheft*, S. 43 (hier nur eine Strophe des Gedichts).

10. *Sprichwörter*

Die Peitsche liegt im Weine.
Die Wahrheit liegt beim Hund.
Morgenstund hat kurze Beine.
Lügen haben Gold im Mund. (Um 1942)

Fred Endrikat, *Buch*, S. 9 (hier nur eine Strophe des Gedichts).

11. *Die goldene Stunde*

Man hört sehr oft, die Morgenstunde
Hab so zu sagen Gold im Munde.
Doch konnt ich niemals mich entschließen,
Dies Gold so richtig zu genießen,
Denn in den frühen Morgenstunden
Hab Schlaf ich goldiger gefunden. (1949)

Helmut Zech, *Bosheiten*, S. 79.

12. *Die Morgenstunde*

Eine frühe Morgenstunde
hatte plötzlich Gold im Munde.

Staunend sieht sie es im Wasser,
wird ganz rot und wieder blasser:

Gold, was hat das zu bedeuten –
ganz wie bei alten Leuten?

Und dann weint sie eine Träne:
Goldne Zähne! Falsche Zähne!
Gold im Munde! Gold im Munde!
Alt bist du nun, Morgenstunde!

Und ein Dichter trug die Kunde –
sehr verblümt und sehr ästhetisch,
indiskret, doch höchst poetisch –
durch die ganze Weltenrunde:

Morgenstunde – Gold im Munde! (Um 1965)

Siegfried von Vegesack, zitiert aus Erich Kästner, *Heiterkeit*, S. 214.

13. Morgenstund ist ungesund. (1966)

Hermann Kant, *Aula*, S. 177. Auch Torsten Capelle, *Dativ*, S. 37; Claus Peter Müller-Thurau, *Schnecke*, S. 96; Claudia Glismann, *Schüler*, o. S.; Renato Biscioni, *Kindersprüche*, S. 42; Angelika Franz, *Sprüche*, S. 283.

14. Der Morgen Gold im Munde hat –
Ich aber fühl mich hundematt. (1968)

Eugen Roth, *Schwarze*, S. 113.

15. *Morgenstunde*

Morgenstunde hat Blut im Mund
das habe ich schon lange verstanden
und meine Zeitung gelesen

Leid vertiefte die Druckerschwärze
Verhöre in Saigon
gingen der Erschießung voraus. (1968)

Karl Alfred Wolken, *Verhältnisse*, S. 12.

16. Agitatorenstunde hat „Scheiße!" im Munde? (1970)

Rudolf Rolfs, *Inventur*, S. 155.

17. „Morgenstunde hat Gold im Munde": der Wunschtraum nachtschcuer Dentisten. (1970)

Hans Kudszus, *Jaworte*, S. 20.

18. Morgenstund hat Blei im Mund. (1971)

Hans Leopold Davi, *Distel*, S. 45. Auch *Das Neue Blatt*, Nr. 9/20. 2. 1985, S. 12.

19. Morgenstund hat Ei im Mund. (1971)

Der Spiegel, Nr. 21/17. 5. 1971, S. 157.

20. Überstund hat Geld im Mund. (1973)

Der Spiegel, Nr. 5/29. 1. 1973, S. 110 f.

21. Abendstund' hat Gold im Mund! (1974)

Hamburger Abendblatt, Nr. 226/29. 9. 1974, S. 7.

22. „Ich trinke Jägermeister, weil Morgenstund auch ruhig mal Likör im Mund haben sollte." (1974)

Hörzu, Nr. 24/15.–21. 6. 1974, S. 132.

23. Morgenstund ist aller Laster Andrang! (1974)

Hörzu, Nr. 40/5.–11. 10. 1974, S. 3. Auch Paul Guntermann, *Lustigste*, o. S.

24. Morgenstunde hat Geld im Munde! (1975)

Neue Westfälische, Nr. 71/25. 3. 1975, o. S. Auch *Lübecker Nachrichten*, 16. 9. 1991, S. 12.

25. Morgentrunk hat Gold im Mund. (1975)

Stern, Nr. 35/21. 8. 1975, S. 62.

26. Abendstund hat vollen Mund. Leider! (1977)

Gerhard Uhlenbruck, *Netz*, S. 55. Auch ders., *Medizinische Aphorismen*, S. 16.

27. Fernsehen in der Abendrunde, hat Tabak und Bier im Munde. (1977)

Gerhard Uhlenbruck, *Netz*, S. 124.

28. Morgenstund' riecht aus dem Mund. (1977)

Guido Hildebrandt, *Hohn*, S. 37. Auch Andreas Bender, *Socken*, o. S.

29. Wer die Morgenstund' nicht ehrt,
ist das Gold im Mund nicht wert! (1978)

Locus vivendi 1978: Sentenzen fürs Klo (Juli), München: Heye, 1978. Auch Christian Roman, *Reden*, o. S.

30. Modestund' hat Gold im Mund. (1979)

Quick, Nr. 34/16. 8. 1979, S. 8.

31. „Morgenstund hat Gold im Mund" –
der Fyrabig heds uf der Hand! (1979)

Julian Dillier, zitiert aus *Nebelspalter*, Nr. 38/18. 9. 1979, S. 24.

32. Morgenstund hat Gold im Mund.
Und Gold im Mund ist ungesund. (1980)

Werner Mitsch, *Pferde*, S. 115. Auch ders., *Grund*, S. 53; Eduard Moriz, *Dings*, o. S.; W. Mitsch, *Hin und Wider*, S. 95; ders., *Wal*, o. S.

33. Morgenstund hat Blei im Arsch. (1981)

Jürgen Zinnecker, „Wandsprüche", S. 455. Auch Claudia Glismann, *Schüler*, o. S.; Christian Roman, *Reden*, o. S.; Bernd Thomsen, *Neue Büro-Sprüche*, o. S.; Angelika Franz, *Sprüche*, S. 283.

34. Morgenstund' hat Jold im Mund,
wer lange schläft, bleibt ooch jesund! (1981)

Luise Lemke, *Lieber*, S. 33.

35. *Morgenstund hat nicht immer Gold im Mund*

Morgenstund hat nicht immer
Gold im Mund
manchmal steh ich auf und
bin ganz herzlahm
seh an mir herunter
was könnt mir denn weh tun
mir Griesgram

[...]

Morgenstund hat auch manchmal
Blei im Mund
manchmal steh ich auf und
weiß nicht weiter
steh herum wie
auf ner Leiter
[...]. (1981)

Gisela Steineckert, *September*, S. 71.

36. Morgenstund hat Schmalz im Ohr. (1981)

Werner Mitsch, *Hunde*, S. 113. Auch ders., *Wal*, o. S.

37. *Morgenstund' hat Gold im Mund.*

Ich blickte im Spiegel in meinen weit geöffneten Mund und entdeckte bloss ein entzündetes Halszäpfchen. (1982)

Nebelspalter, Nr. 12/23. 3. 1982, S. 36.

38. Ob Huhn im Topf, ob Gold im Mund –
zu viel davon ist ungesund. (1982)

Werner Mitsch, *Bienen*, S. 29.

39. Private Zahnsprechstund' hat Gold im Mund. (1982)

Gerhard Uhlenbruck, *Medizinische Aphorismen*, S. 69.

40. Abendstund hat Bier im Mund. (1983)

Manfred Hausin, *Hausinaden*, S. 31. Auch ders., *Verboten*, S. 43.

41. Morgenstund hat Blei im Mors. (1983)

Morgenpost, 10. 1. 1983, o. S.

42. Morgenstund hat Mundgeruch –
und unser kranker Nachbar auch. (1983)

Winfried Bornemann, *Blödel*, o. S.

43. Morgenstund hat 2000 Mark im Mund! (1983)

Wiesbadener Wochenblatt, 30. 6. 1983, S. 6.

44. *Spruch*

meine Morgenstund
hat Arbeit im Mund. (1984)

Ilse Kibgis, *Stadt*, S. 23.

45. Morgenstund hat Colt im Mund. (1984)

Otto Waalkes, *Zweites Buch Otto*, S. 145.

46. Morgenstund hat Gold im Mund – und Blei in den Beinen. (1984)

Frau im Spiegel, Nr. 23/30. 5. 1984, S. 80.

47. Morgenstund ist aller Tage Anfang. (1984)

Hörzu, Nr. 9/24. 2. 1984, S. 3. Auch *Bild*, 3. 3. 1986, S. 2.

48. Morgenstunde – hat Müsli im Munde. (1984)

Siegfried Glosse, *Einfälle*, S. 67.

49. Morgenstunde ist aller Laster Anfang,
Müßigkeit hat Gold im Munde. (1984)

Luise Lemke, *Besser jut*, S. 109.

50. *wer ...*

wer schreibt, bleibt
wer weiß, wo
wer singt, klingt
wer klingt, hat mehr vom leben
wer geigt, schweigt
wer schweigt, hat gold im mund. (1984)

Kurt Mautz, *Ortsbestimmung*, S. 33.

51. Morgenschiß hat Gold im Mund,
doch später ist es auch gesund. (1985)

Bernd Thomsen, *Haste*, o. S.

52. Morgenstund hat Blond im Mund. (1985)

Kurt Marti, *Schilfgräser*, o. S.

53. Morgenstund hat Gold im Mund oder ein Gebiß auf dem Nachttisch. (1985)

Gerhard Uhlenbruck, *Eigenliebe*, S. 20. Auch ders., *Diagnosen*, S. 92; ders., *Medizinische Aphorismen*, 2. Aufl., S. 33.

54. Morgenstund ist immer zu früh. (1985)

Christian Roman, *Reden*, o. S.

55. Morgenwund hat Bier als Grund. (1985)

Bernd Thomsen, *Haste*, o. S.

56. Überstund hat Gold im Mund. (1985)

Richard Mahkorn, *Büro*, o. S. Auch Beate Kuckertz, *Büro*, o. S.

57. Morgenstund hat Geruch im Mund. (1986)

Eduard Moriz, *Sauweich*, o. S.

58. Morgenstund hat Gold im Mund,
wer das glaubt, ist nicht gesund! (1986)

Monika Schattenhofer, *Poesiealbum*, S. 101.

59. Morgenstund' hat Pillen im Mund. (1986)

Süddeutsche Zeitung, 5. 5. 1986, S. 13.

60. Morgenstund stinkt aus dem Mund. (1986)

Bernd Thomsen, *Pissen*, o. S.

61. Aller Laster Anfang ist die Morgenstund,
wer lange pennt, bleibt auch gesund. (1987)

Saskia Schlesinger, *Lenz*, o. S.

62. Morgenstund hat Blei im Knie. (1987)

Saskia Schlesinger, *Lenz*, o. S.

63. Wartestund' hat Gold im Mund. (1987)

Süddeutsche Zeitung, 9. 9. 1987, S. 15.

64. Morgenstund' hat schräg im Mund. (1987)

Journal für die Frau, Nr. 8/8. 4. 1987, S. 48.

65. O Morgenstund! Gold im Mund ist ungesund. (1988)

Hans Norbert Janowski, *Kürze*, S. 36.

66. *Opernvorstellung*

Morgenstund' hat Gold im Mund, aber Gold in der Kehle kommt meistens abends zum Glänzen. (1988)

Hans Hollweg, *Kürze*, S. 132.

67. Wer Porsche fährt, hat Gold im Mund und pfeift auch auf die Morgenstund. (1988)

Werner Mitsch, *Neue Hin-Sprüche*, S. 65.

68. Abendstund hat Blei im Mund. (1989)

Die Weltwoche, Nr. 27/6. 7. 1989, S. 53.

69. Morgenstund' hat Brot im Mund. (1989)

Werbeplakat, Juli 1989.

70. Abendstund hat Gewalt im Mund. (1992)

Reiner Kunze, *Tagebuch*, S. 142.

71. Mittagsstund macht kugelrund. (1992)

Beate Kuckertz, *Büro*, o. S.

72. Morgenstund macht mich nicht rund. (1992)

Die Weltwoche, Nr. 35/27. 8. 1992, S. 10.

73. Morgenstund hat Gold im Mund. Das sagt der Bauer, der nie einen Barren zu sehen kriegt. (1993)

Johannes Gross, *Fürwitz*, S. 22.

74. Morgenstund hat Gold im Mund, aber manchmal auch Blei in den Beinen. (1994)

Gerhard Uhlenbruck, *Medizinische Aphorismen*, 2. Aufl., S. 80.

75. *Variationen über ein ständig wiederkehrendes Thema*

Morgenstunde: Schrecksekunde.
Abendstunde ist aller Laster Anfang.
Kühlerhaube ist aller Laster Anfang.
Morgenstunde geht zugrunde.
Abendstunde hat Geld in der Tasche.
Müßiggang hat Gold am Hemd.
Privatpatient hat Gold im Mund.
Kassenpatient hat Amalgammelzeug in der Fresse.
Morgenständer höhlt den Stein.
Überstunde hat Kies auf der Hand.
Morgenstund hat Volk im Mund.
Morgen stunden dir alle deine Schulden.
Der Schlaf in der Morgenstunde ist der beste.

Morgenstern ist aller Gedichte Anfang.
Morgenstund nimmt den Mund zu voll.
Morgengrauen: das Grauen vor dem Aufstehen.
Morgenstund hat rotes Zäpfchen im Schlund.
Morgenstund hat Gebiß auf dem Nachttisch.
Morgenstund hat Gestank im Mund.
Morgenstund hat Belag auf der Zunge.
Morgenstund hat Blei im Hintern.
Morgenstund hat Blut im Spund.
Morgenstund ist prall und rund.
Morgenstund hat Ei im Mund.
Morgenstund hat Kaffee im Mund.
Morgenstund hat Tee im Mund.
Morgenstund hat Müsli im Mund.
Abendstunde hat Bier im Munde.
Morgenstund ist liebeswund.
Abendstund ist kunterbunt.
Morgenstunde: Geisterstunde.
Abendstunde: Tafelrunde.
Morgenstund hat Schaumwein vorm Mund.
Abendstund hat Likör im Mund.
Morgenstund ist Vagabund.
Abendstund tut Wahrheit kund.
Des einen Morgenstund ist des anderen Gold im Mund.
Man soll die Morgenstunde nicht vor der Abendstunde loben.
Einer geschenkten Stund schaut man nicht in den Mund.
Morgenstund fühlt Abendstund auf den Goldzahn.
Morgenstund Goldmund, Abendstund Narziß.
Morgenstund wird Abendstund.
Abendstund wird Morgenstund.
Morgenstund hat kurze Beine.
Abendstund kommt auf den Hund.
Morgenstund ist ungesund.
(Rund die Hälfte dieser Variationen stammt aus den Sammlungen von Wolfgang Mieder, die andere Hälfte ist mir aus dem Mund gefallen.)

Ulrich Erckenbrecht, *Katzenköppe*, S. 91 f.

76. Morgenstund hat Glans im Mund. (1996)

Heinz Hütter, *Eros*, S. 42.

MÜSSIGGANG

„Müßiggang ist aller Laster Anfang."

1. Nichts bereuen ist aller Weisheit Anfang. (Vor 1837)

   Ludwig Börne, *Schriften*, Bd. 2, S. 287.

2. *Sozialkritik*

   Wenn Müßiggang aller Laster Anfang ist, so seh' ich nicht ein, warum gerade die arbeitende Klasse schlecht sein soll. (Um 1855)

   Johann Nestroy, *Stichworte*, S. 136.

3. Müßiggang ist aller Psychologie Anfang. Wie? wäre Psychologie – ein Laster? (1889)

   Friedrich Nietzsche, *Werke*, Bd. 2, S. 943 (*Götzen-Dämmerung*).

4. Eitelkeit ist aller Laster Anfang. (1918)

   Richard Schaukal, *Gedanken*, S. 288.

5. Müßiggang ist aller Laster Anfang, aller Tugenden Krönung. (Um 1920)

   Franz Kafka, zitiert aus Laurenz Wiedner, *Geist*, S. 248.

6. *Müßiggang*

   Müßiggang ist aller Laster Anfang und aller entscheidenden Fähigkeiten Ursprung, Prüfung und Lohn. (1942)

   Heimito Doderer, *Repertorium*, S. 161.

7. Müßiggang ist aller Künste Anfang. (1958)

   Erwin Chargaff, *Bemerkungen*, S. 78. Auch Albert Keller, *Wer denkt*, S. 141.

8. Im Verdikt, daß Müßiggang aller Laster Anfang sei, stimmt der Bürger mit dem Marxisten überein. (1966)

   Helmut Arntzen, *Prozeß*, S. 48.

9. Keuschheit ist vieler Laster Anfang. (1967)

   Rudolf Rolfs, *Schlag*, S. 82. Auch ders., *Rost*, S. 41.

10. Es wäre für unsere Großkultur getan
wenn viele Hände sich nicht an einer
Schreibmaschine vergingen:
Müßiggang ist aller Kultur Anfang.
Nicht nur die Muse, auch die Muße küßt schön. (Um 1968)

Klaus Frank, *Gedichte/Aphorismen*, S. 171.

11. Hunger ist aller Laster Anfang. (1973)

Franz Fühmann, *Tage*, S. 224.

12. [Werbung ist] Aller Lüste Anfang. (1973)

Dieter Hülsmanns und Friedrich Reske, *Aller Lüste Anfang. Das 7. Buch der Werbung*. Reinbek: Rowohlt, 1973.

13. Die Stoßstange ist aller Laster Anfang. (1974)

Schweizer Illustrierte, Nr. 51/16. 12. 1974, S. 85. Auch Torsten Capelle, *Dativ*, S. 107; Willi Hau, *Kaputt*, o. S.; bunter Aufkleber von Rudi Aufkleber Service (1983); Karl Heinz Rauchberger u. Ulf Harten, *Club*, S. 76; Claudia Glismann, *Edel*, o. S.; dies., *Schüler*, o. S.; Angelika Franz, *Sprüche*, S. 282; Ernst Günter Tange, *Wörterbuch*, S. 109; Johannes Conrad, *Horn*, S. 201.

14. Manch geschenkter Gaul ist aller Laster Anfang. (1974)

Dumme Sprüche für Gescheite 1974: Wandsprüch'-Kalender (Okt.), München: Heye, 1974.

15. Abendstund ist aller Laster Anfang. (1977)

Gerhard Uhlenbruck, *Netz*, S. 8.

16. Müßiggang ist aller Ideen Anfang. (1977)

Gerhard Uhlenbruck, *Netz*, S. 3.

17. Unschuld ist aller Laster Anfang. (1977)

Oliver Hassencamp, *Klipp*, S. 106.

18. Der Herzinfarkt ist aller Laster Ende. (1978)

Werner Mitsch, *Spinnen*, S. 90. Auch ders., *Wal*, o. S.

19. Jeder schwarze Auspuff ist aller Laster Ende. (1978)

Locus vivendi 1978: Sentenzen fürs Klo (Juni), München: Heye, 1978.

20. Müßiggang ist Muße ohne Musen. (1978)

Jorg Schröder, *Findling*, S. 83.

21. „Müßiggang ist aller Laster Anfang", sagte der Unternehmer und ließ die Bandgeschwindigkeit erhöhen. (1979)

Klaus Sochatzy, *Adnotationen*, S. 54.

22. Müßiggang ist vieler Freuden Anfang. (1979)

Klaus Sochatzy, *Adnotationen*, S. 27.

23. Das dicke Ende ist aller Laster Anfang. (1980)

Werner Mitsch, *Pferde*, S. 30.

24. Wo die Lenden enden, ist aller Laster Anfang. (1980)

Werner Mitsch, *Pferde*, S. 100. Auch Eduard Moriz, *Intim*, o. S.; W. Mitsch, *Hin und Wider*, S. 116.

25. Die Zeit ist aller Haster Anfang. (1981)

Werner Mitsch, *Hunde*, S. 40. Auch ders., *Neue Hin-Sprüche*, S. 114.

26. Einigkeit ist vieler Übel Anfang. (1981)

Klaus Sochatzy, „Reflexionen", S. 19.

27. Mäßigkeit ist vieler Laster Anfang. (1982)

André Brie, *Wahrheit*, S. 16. Auch ders., *Wahrheit/Anfang*, S. 16.

28. Müssiggang ist aller Laster Anfang.
Er zog die Jogging-Schuhe an und rannte davon. (1982)

Nebelspalter, Nr. 30/27. 7. 1982, S. 44.

29. Müßiggang ist aller Zaster Anfang! (1982)

Der Spiegel, Nr. 9/1. 3. 1982, S. 73. Auch *Stern*, Nr. 11/11. 3. 1982, S. 29; *Der Spiegel*, Nr. 39/22. 9. 1986, S. 46; Bernd Thomsen, *Neue Büro-Sprüche*, o. S.

30. Nichts Halbes und nichts Ganzes ist aller Laster Anfang. (1982)

Werner Mitsch, *Bienen*, S. 35.

31. Sparsamkeit ist aller Laster Anfang. Der Transporter Diesel. (1982)

Der Spiegel, Nr. 13/29. 3. 1982, S. 144.

WOB-AV 585
Sparsamkeit ist aller Laster Anfang.
Der Transporter Diesel.
Der Transporter Diesel.
V.A.G

MÜSSIGGANG 31

32. Untugend ist aller Laster Anfang. (1982)

Werner Mitsch, *Bienen*, S. 67.

33. Ein schöner Rücken ist aller Laster Anfang. (1984)

Werner Mitsch, *Grund*, S. 33.

34. Gier ist aller Laster Anfang. (1984)

Douglas Clark, *Gier ist aller Laster Anfang*, München: Scherz, 1984.

35. Müßiggang ist aller Lüste Anfang. (1984)

Claudia Glismann, *Schüler*, o. S. Auch dies., *Schäferstündchen*, o. S.; Beate Kuckertz, *Büro*, o. S.

36. Vorschuß ist aller Laster Anfang. (1984)

Eduard Moriz, *Intim*, o. S.

37. Alle Laster sind auch der Anfang eines Müßiggangs. (1985)

Gerhard Uhlenbruck, *Eigenliebe*, S. 20.

38. Der Faden ist aller Knäuel Anfang. (1985)

Carola Jührs, *Matsch*, o. S.

39. Müßiggang ist allen Glückes Anfang. (1985)

Ben Witter, *Müßiggang ist allen Glückes Anfang*, Hamburg: Hoffmann und Campe, 1985.

40. Müßiggang ist aller Liebe Anfang. (1985)

Christa Reinig, *Feuergefährlich*, S. 25. Auch Bernd Thomsen, *Haste*, o. S.

41. Müßiggang ist aller Passagen Anfang. (1985)

Die Zeit, Nr. 5/25. 1. 1985, S. 47 (deutsche Ausg.).

42. *Rastlosigkeit*

Tatendrang, Tätigkeitsdrang,
Tätlichkeitsdrang:
vieler Laster Anfang! (1985)

Ron Kritzfeld, *Flexikon*, Bd. 10, S. 26.

43. Enthaltsamkeit ist aller Faster Anfang. (1986)

Bild, 18. 4. 1986, S. 2. Auch Fritz Herdi, *Witz*, S. 29.

44. Erster Gang ist aller Laster Anfang. (Fernfahrerweisheit). (1986)

Karl-Ludwig Bickerle, *Gedankensprünge*, S. 23.

45. Die Neugier ist aller Laster Anfang. (1987)

Rainer Jogschies, *Vorurteile*, S. 88.

46. Enthaltsamkeit ist aller Laster Anfang. (1987)

Angelika Franz, *Sprüche*, S. 47.

47. Müder Gang ist aller Laster Ende. (1987)

Heinz Müller-Dietz, *Recht*, S. 40.

48. Mord ist aller Laster Anfang. (1992)

Eleanor Sullivan (Hrsg.), *Mord ist aller Laster Anfang. Die besten Stories aus 50 Jahren Ellery Queens*, Bergisch Gladbach: Bastei-Verlag Lübbe, 1992.

49. Rückwärtsgang ist aller Laster Andrang! (1992)

Die Weltwoche, Nr. 43/22. 10. 1992, S. 61.

50. Müßiggang ist nicht aller Laster Anfang, falls man wirklich dabei geht. (1994)

Gerhard Uhlenbruck, *Medizinische Aphorismen*, 2. Aufl., S. 81.

NOT (a)

„Not lehrt beten."

1. Not lehrt beten! Arbeit lehrt,
wie man gegen Not sich wehrt. (Vor 1803)

Johann Wilhelm Ludwig Gleim, zitiert aus Helene Hucke, *Lebensweisheiten*, S. 69.

2. *Die Tretmühle*

Du sollst für Laut- und Leisetreter beten:
„Gib Himmel, jedem Stiefel seinen Knecht!
Beliefre uns mit Not! Denn Not lehrt treten!"
Wer nicht getreten wird, kommt nie zurecht. (1927)

Erich Kästner, *Gedichte*, S. 51.

3. Die Not lehrt nicht einmal Bremsen. (1960)

Martin Walser, *Halbzeit*, S. 8.

4. Not lehrte erst beten, dann fluchen; beides war ihrer Herrschaft günstig. Diese zu stürzen, hat sie nicht gelehrt. (1962)

Max Rychner, *Lavinia*, S. 33.

5. Not lehrt betteln. (1970)

Hans Kudszus, *Jaworte*, S. 20.

6. *Entwicklungsländer*

Not lehrt beten, auch aus Mao-Bibeln. (1976)

Ron Kritzfeld, *Flexikon*, Bd. 3, S. 8.

7. Not lehrt schon des längeren nicht mehr beten. Wann wird es mit dem geschichtlich-gesellschaftlichen Untergrund des Einzelnen so weit sein, daß auch Angst es nicht mehr tut? (1976)

Joachim Günther, *Findlinge*, S. 70.

8. Das ist ein armer Glaube, wo die Not beten lehrt. (1979)

Nikolaus Cybinski, *Werden*, S. 48.

9. Not lehrt beten, aber noch häufiger, fluchen. (1982)

Fritz Herdi, zitiert aus *Nebelspalter*, Nr. 30/27. 7. 1982, S. 2. Auch ders., *Witz*, S. 87.

10. not lehrt
beten
deshalb
bringt mich mein frommer
staat in gewissensnot. (1983)

Manfred Hausin, *Hausinaden*, S. 65.

11. *Beten*

Not lehrt betteln. Oder juristisch gesprochen: Not lehrt nötigen (nämlich den lieben Gott: Unter der Bedingung, daß Du mir hilfst, verspreche ich Dir, in Zukunft nie wieder Kirschen zu stehlen oder was immer). (1985)

Herbert Eisenreich, *Groschenweisheiten*, S. 12.

12. Not lehrt beten, glaubt der Volksmund. Not lehrt denken, parodiert Ernst Bloch, der offenbar nie in die Not geraten ist, die handeln lehrt. (1985)

Hermann Funke, *Worte*, S. 55.

13. Not lehrt beten, und Überfluß lehrt geifern gegen anderer Leute Not. (1985)

Felix Renner, „Sprüche“, S. 87. Auch ders., *Leine*, S. 76.

14. Not lehrt treten (Sado Macho). (1991)

Ulrich Erckenbrecht, *Maximen*, S. 147.

NOT (b)

„Not macht erfinderisch."

1. Laster macht erfinderisch. (1935)

   Elias Canetti, *Blendung*, S. 33.

2. Liebe macht erfinderisch. (1935)

   Elias Canetti, *Blendung*, S. 240.

3. Not macht listig. (1960)

   Martin Walser, *Halbzeit*, S. 582.

4. Aber die Not macht erfinderisch, nicht wahr, und die Liebe auch. (1966)

   Hermann Kant, *Aula*, S. 227.

5. Seine ganze Hoffnung, einmal durch eine große Erfindung reich zu werden, setzte er in seine Not; denn auch für ihn galt „Not macht erfinderisch". Und so unterband er mit äußerster Energie und eiserner Logik jede Behebung seiner Not. (1970)

   Hans Kudszus, *Jaworte*, S. 17.

6. „Not macht erfinderisch", sagte der erfolglose Erfinder und versuchte sein Glück im Armenhaus. (1975)

   Stern, Nr. 39/18. 9. 1975, S. 42.

7. Liebe macht erfinderisch, denn man kann nicht allen Frauen immer das gleiche sagen, obwohl sie alle dasselbe hören wollen. (1977)

   Gerhard Uhlenbruck, *Netz*, S. 19.

8. Not macht erfinderisch. Not-wendig. (1977)

   Hans-Horst Skupy, *Geistesblitze*, S. 113.

9. Not macht wendig. (1977)

   Elazar Benyoëtz, *Worthaltung*, S. 33.

10. Not macht erfinderisch. So ward ihre Unverzichtbarkeit erfunden. Ohne Not. (1978)

    Oskar Cöster, „Schüsse", S. 132.

11. Geldnot macht erfinderisch, das gilt insbesondere auch für die Wissenschaft. (1979)

Gerhard Uhlenbruck, *Einfach*, S. 12.

12. Not macht wendig, daher Notwendigkeit. (1979)

Gerhard Uhlenbruck, *Einfach*, S. 50.

13. Die Not der Liebe macht erfinderisch. (1981)

Gerhard Uhlenbruck, *Masche*, S. 70.

14. Not macht erfinderisch. Nur diejenigen, die sie verursachen, sind noch erfinderischer – in der Verteidigung ihrer Bosheit. (1981)

Gerhard Uhlenbruck, *Masche*, S. 86.

15. Not macht nur dann wirklich erfinderisch, wenn es gelingt, die Erfinder der Not ausfindig zu machen. (1982)

Peter Maiwald, zitiert aus *Nebelspalter*, Nr. 9/2. 3. 1982, S. 36.

16. *Der Geist*

steht nur deshalb auch links,
weil Not erfinderisch und
Wohlstand denkfaul macht. (1985)

Ron Kritzfeld, *Flexikon*, Bd. 10, S. 13.

17. Furcht macht erfinderisch. (1986)

Die Zeit, Nr. 26/27. 6. 1986, S. 12.

18. Notdurft macht erfinderisch. (1986)

Andreas Bender, *Gelegenheit*, o. S.

19. Dafür, daß Not erfinderisch macht, gibt es zuwenig Erfindungen. (1989)

Manfred Strahl, *Ausleg*, S. 85.

ORDNUNG (a)

„Ordnung ist das halbe Leben."

1. Arbeit muß es quasi geben.
   Denn der Mensch besteht aus Bauch.
   Arbeit ist das halbe Leben,
   und die andre Hälfte auch. (1929)

   Erich Kästner, *Gedichte*, S. 132.

2. Ordnung sei das halbe Leben, sagt man. Das stimmt: Ordnung ist nur das halbe Leben. Das ganze Leben ist Unordnung. (1969)

   Arthur Hafink, *Hergebrachtes*, S. 130.

3. Neugier ist das halbe Leben. (1973)

   Rolf Hochhuth, *Lysistrate*, S. 109.

4. Pünktlichkeit ist das halbe Leben. (1976)

   Christa Wolf, *Kindheitsmuster*, S. 106.

5. Beamter: Ordnung ist das ganze Leben. (1977)

   Gerhard Uhlenbruck, *Netz*, S. 76.

6. Ordnung
   Ist das halbe Leben. –
   Was ist das ganze? (1977)

   Guido Hildebrandt, *Hohn*, S. 14.

7. Ordnung is des halwe Lewe –
   e ganzes is merr liewer. (1978)

   Kurt Sigel, *Gegenrede*, S. 43.

8. Ordnung ist das halbe Leben. Die andere Hälfte Schlamperei. (1978)

   Werner Mitsch, *Spinnen*, S. 49.

9. Ordnung ist das halbe Leben, Unordnung die andere Hälfte. (1979)

   Volker Erhardt, *Kannibale*, S. 111. Auch Karl Heinz Rauchberger u. Ulf Harten, *Sprüche*, S. 59.

10. *Teils, teils*

Nein, Perfektes kanns nicht geben.
Zweimal zwei, geteilt durch zwei, ist zwei.
Ordnung ist das halbe Leben
und die andre Hälfte Schlamperei. (1980)

Hansgeorg Stengel, *Stengelsgeduld*, S. 67.

11. Ordnung ist das halbe Leben.
Meine Unordnung ist die andere Hälfte. (1982)

Nebelspalter, Nr. 30/27. 7. 1982, S. 44.

12. Ordnung ist das halbe Leben,
Unterordnung die andere Hälfte. (1982)

Frieder Stöckle, *Ätsch*, S. 85. Auch Eduard Moriz, *Nimm's leicht*, o. S.; Christian Roman, *Reden*, o. S.

13. Ordnung ist das halbierte Leben. (1983)

Ulrich Erckenbrecht, *Körnchen*, S. 29.

14. Wenn Ordnung das halbe Leben ist, dann ist Chaos das ganze. (1983)

Eduard Moriz, *Nimm's leicht*, o. S.

15. Ordnung ist das halbe Leben.
Ich lebe in der anderen Hälfte. (1984)

Eduard Moriz, *Dings*, o. S.

16. Ordnung ist das halbe Leben. Und was ist mit der anderen Hälfte? (1984)

Ehrfried Siewers, zitiert aus *Fränkischer Tag*, 11. 9. 1984, o. S.

17. Ordnung ist das halbe Leben.
Unordnung der ganze Rest. (1984)

Siegfried Gloose, *Einfälle*, S. 78.

18. Ordnung ist das halbe Sterben. (1984)

Hörzu, Nr. 1/28. 12. 1984, S. 38.

19. Systematiker: Menschen, für die Ordnung das ganze Leben ist. (1984)

Klaus Sochatzy, *Widerworte*, S. 76.

20. Vermutlich konnte nur in Deutschland das Sprichwort entstehen, Ordnung sei das halbe Leben. (1984)

Klaus Sochatzy, *Widerworte*, S. 65.

21. Ordnung ist das halbe Leben, aber die andere Hälfte ist schöner. (1985)

Richard Mahkorn, *Büro*, o. S. Auch Beate Kuckertz, *Büro*, o. S.

22. Wem Ordnung das halbe Leben ist, dem bleibt für die andere Hälfte nur Unterordnung. (1985)

André Brie, *Anfang*, 1985. Auch ders., *Wahrheit/Anfang*, S. 96.

23. Ordnung ist das ganze Leben. (1986)

Ludwig Harig, *Ordnung ist das ganze Leben: Roman meines Vaters*, München: Carl Hanser, 1986.

24. Ordnung ist das halbe Leben,
steck ihn ins Loch und nicht daneben. (1986)

Bernd Thomsen, *Bett*, S. 51.

25. Ordnung ist das halbe Leben,
und jeder muß selbst wissen, wie er leben kann. (1986)

Andreas Bender, *Gelegenheit*, o. S.

26. *Ordnungssinn*

Ordnung ist das halbe Leben!
Vieles wird ein Mensch versäumen,
wenn sein Sinnen ist und Streben,
ständig alles aufzuräumen. (1986)

Karl-Ludwig Bickerle, *Gedankensprünge*, S. 21.

27. Ordnung ist der halbe Mord. (1986)

Douglas Clark, *Ordnung ist der halbe Mord*, München: Scherz, 1986.

28. Ordnung ist das halbe Leben, aber wer gibt sich schon mit halben Sachen zufrieden? (1987)

Saskia Schlesinger, *Lenz*, o. S.

29. Ordnung ist das halbe Leben. Aber wer stirbt schon gern mit 50? (1987)

Nebelspalter, Nr. 36/3. 9. 1987, S. 33.

30. Timing ist das halbe Leben. (1988)

Der Spiegel, Nr. 25/20. 6. 1988, S. 191.

31. Arbeit ist das halbe Leben, drum kann's nicht immer Arbeit geben! (1989)

Beate Steinmeyer, *Schoß*, o. S.

32. Ordnung ist das halbe Leben. Aber wer liebt schon halbe Sachen? (1989)

Manfred Strahl, *Ausleg*, S. 39.

ORDNUNG (b)

„Ordnung muß sein."

1. Ungerechtigkeit muß sein; sonst kommt man zu keinem Ende. (1912)

Karl Kraus, *Wort*, S. 287.

2. „Reklame muß sein!" sagte der Einbrecher – da hinterließ er etwas am Tatort. (1926)

Kurt Tucholsky, *Werke*, Bd. 2, S. 328.

3. Ordnung muß im Paradiese sein. (1929)

Alfred Döblin, *Alexanderplatz*, S. 69.

4. Sport muß sein! (1964)

Erwin Strittmatter, *Bienkopp*, S. 251.

5. Bewegung muß sein. (1966)

Martin Walser, *Einhorn*, S. 78.

6. Hausmusik muß sein! (1966)

Erwin Strittmatter, *Wundertäter*, Bd. 1, S. 276.

7. Ordnung muß sein, sagte die träge Hausfrau, aber nicht in meinem Haus. (1983)

Uwe Gruhle und Dö Van Volxem, *Lexikon*, S. 8.

8. Ordnung muß sein, sagte zur Sau das Schwein. (1983)

Werner Mitsch, *Schwarze*, S. 18.

9. Ordnung muß sein – und wenn der Kamm in der Butter steckt. (1983)

Morgenpost, 12. 1. 1983, o. S.

10. Ordnung muß sein, sagte der Pedant und stellte sich seinen Totenschein aus. (1984)

Werner Ehrenforth, *Eintagsfliege*, S. 70.

11. Ordnung muß sein, sprach der Anarchist
und warf die Bombe ins Rathaus. (1984)

Günter Bruno Fuchs, *Gemütlich*, S. 8.

12. Ordnung muß sein, sagte der Bürokrat und drückte seiner Zeit den Stempel auf. (1988)

Werner Mitsch, *Neue Hin-Sprüche*, S. 38.

13. Schönheit muss sein. (1988)

René Straub, *Schönheit muss sein*, St. Gallen: Vexer, 1988.

14. Urlaub muß sein. (1993)

Gabriel Laub, *Urlaub muß sein. Satiren zur Freizeit*, München: Langen Müller, 1993.

PAPIER

„Papier ist geduldig."

1. *Telegrafie*

Der Telegraph is grad' so geduldig als 's Papier. (Vor 1867)

Johann Nestroy, *Stichworte*, S. 146.

2. Papier ist geduldig. Es könnte sogar die Wahrheit ertragen. (1969)

Gabriel Laub, *Logik*, S. 62. Auch ders., *Denken*, S. 151.

3. „Papier ist geduldig", sagte der Dichter und ließ seinen weißen Bogen ein Jahr auf einen Einfall warten. (1974)

Stern, Nr. 41/3/ 10. 1974, S. 85.

4. Papier ist ungeduldig – besonders wenn es weiß ist. (1977)

Gerhard Uhlenbruck, *Netz*, S. 94.

5. Die sprichwörtliche Geduld des Papiers wird gottlob von der Geduld der Papierkörbe noch übertroffen. (1978)

   Hanns-Hermann Kersten, *Euphorismen*, S. 27.

6. Papier ist geduldig, sogar bei der Wahrheit. (1979)

   Žarko Petan, *Kopf*, S. 41.

7. Schriftsteller: Für ihn ist Papier ungeduldig. (1981)

   Gerhard Uhlenbruck, *Masche*, S. 61.

8. Nützliche Erfindung: ein ungeduldiges Papier, das die Lüge nicht mehr erträgt. (1982)

   Peter Maiwald, zitiert aus *Nebelspalter*, Nr. 35/31. 8. 1982, S. 43.

9. Papier erträgt alles – besonders Toilettenpapier. (1983)

   Žarko Petan, zitiert aus *Nebelspalter*, Nr. 21/24. 5. 1983, S. 29.

10. „Papier ist geduldig", sagte der Direktor der Chemiefabrik, der seine Briefe auf Umweltschutzpapier schrieb. (1984)

    Stern, Nr. 40/27. 9. 1984, S. 133.

11. Papier ist geduldig, der Papierkorb noch geduldiger. (1986)

    Bernd Thomsen, *Neue Büro-Sprüche*, o. S. Auch Beate Kuckertz, *Büro*, o. S.

12. Im Volksmund heißt es,
    Papier wäre geduldig.
    Lügner brauchen das.

    Alexander Hoyer, *Gute*, S. 58.

13. Papier ist geduldig. Aber nicht der Mensch, der es ständig nachlegen muß. (1994)

    Der Spiegel, Nr. 40/3. 10. 1994, S. 285.

14. Schreib die Menschenrechte in dein Herz, Papier ist viel zu geduldig. (1994)

    Amnesty International (Hrsg.), *Schreib die Menschenrechte in dein Herz, Papier ist viel zu geduldig*, Klagenfurt: Heyn, 1994.

PFENNIG

„Wer den Pfennig nicht ehrt, ist des Talers nicht wert."

1. Wer den Pfennig nicht ehrt
   ist die Valuta nicht wert. (Um 1915)

   Kurt Schwitters, *Werk*, Bd. 1, S. 175.

2. Wer den Pfennig nicht ehrt, dessen Zeit ist was wert! (1950)

   Wilhelm von Scholz, *Irrtum*, S. 13.

3. *Weltspartag*

   Wer den Pfennig ehrt, betet den Taler an. (1966)

   Hermann Schweppenhäuser, *Frucht*, S. 98.

4. Wer die Gegenwart nicht ehrt, ist die Vergangenheit nicht wert. (1974)

   Dumme Sprüche für Gescheite 1974: Wandsprüch'-Kalender (Sept.), München: Heye, 1974.

5. Wer Ihren Cent nicht ehrt, ist Ihrer Dollars nicht wert. (1974)

   Schöne Welt, Nr. 7/Juli 1974, S. 9.

6. Wer den Pfennig ehrt, ist auch des Talers wert. (1975)

   Neue Westfälische, Nr. 45/22. 2. 1975, o. S.

7. Wer seinen Verbrecher nicht ehrt, ist die Tat nicht wert. (1975)

   Der Spiegel, Nr. 11/10. 3. 1975, S. 20.

8. Wer den Pater nicht ehrt,
   ist des Papstes nicht wert. (1977)

   Heinrich Schröter, *Lust*, S. 41.

9. Wer den Pfennig ehrt, ist des Scheines nicht wert. (1977)

   Peter Bamm, *Einfälle*, S. 34.

10. Wer den Pfennig ehrt, ist die Mark nicht wert. (1977)

    Guido Hildebrandt, *Hohn*, S. 39.

11. Wer den Pfennig nicht ehrt, ist des Talars nicht wert. (Universitäts-Professor.) (1977)

    Gerhard Uhlenbruck, *Netz*, S. 123.

12. Wer den Pfennig nicht ehrt, ist des Talers nicht wert. Aber die, die seiner nicht wert sind, haben ihn gewöhnlich. (1977)

Peter Bamm, *Einfälle*, S. 34.

13. Wer die Jugend nicht lehrt, ist sein Alter nicht wert. (1977)

Guido Hildebrandt, *Hohn*, S. 32.

14. Wer die Chefin nicht ehrt,
ist die Lohntüte nicht wert! (1978)

Locus vivendi 1978: Sentenzen fürs Klo (Juli), München: Heye, 1978.

15. Wer den Groschen nicht ehrt, bei dem fällt er auch nicht. (1980)

Gerhard Uhlenbruck, *Frust-Rationen*, S. 12.

16. Wer den Pfennig nicht ehrt, lebt in einer Schein-Welt. (1980)

Werner Mitsch, *Pferde*, S. 54.

17. Wer den Pfennig nicht ehrt, hat einen Hang zum Großgeld. (1981)

Werner Mitsch, *Hunde*, S. 8. Auch *Hörzu*, Nr. 1/8.–14. 1. 1983, S. 3; Eduard Moriz, *Intim*, o. S.

18. Wer die Wurst nicht ehrt, ist des Schinkens nicht wert. (1981)

Schweizer Familie, 18. 2. 1981, S. 3.

19. Was das Alter nicht ehrt
ist die Jugend nicht wert! (1982)

Frieder Stöckle, *Ätsch*, S. 11.

20. Wer den Pfennig nicht ehrt, rechnet mit einer Inflation. (1982)

Ralf Bülow, „Sprache“, S. 124. Auch ders., *Liebe*, o. S.

21. Wer den Pfennig nicht ehrt, den juckt auch nicht die Nadel im Heuhaufen. (1983)

Werner Mitsch, *Schwarze*, S. 48.

22. Wer das Gläschen nicht ehrt,
ist die Flasche nicht wert. (1984)

Ralf Bülow, *Liebe*, o. S. Auch ders., *Bett*, o. S.

23. Wer den Pfennig nicht ehrt – hat endlich Zeit, sich ums große Geld zu kümmern. (1984)

Albert Keller, *Wer denkt*, S. 113.

24. Wer den Pfennig nicht ehrt – kennt seinen eigenen Wert. (1984)

Siegfried Gloose, *Einfälle*, S. 66.

25. Wer Denver nicht ehrt, ist Dalles nicht wert. (1984)

Ralf Bülow, *Graffiti*, o. S. Auch Christian Roman, *Reden*, o. S.

26. Wer die Darbietung nicht ehrt, ist die Freikarte nicht wert. (1984)

Siegfried Gloose, *Einfälle*, S. 33.

27. *Friedensdiskussion*

Wer die Raketen nicht ehrt,
ist des Friedens nicht wehrt!
Wer den Frieden verkehrt,
wird im Frieden geehrt. (1985)

Fritz Arcus, *Seedieb*, S. 19.

28. Wer das Ferkel nicht ehrt, ist des Schweines nicht wert. (1985)

Ahrensburger Markt, Nr. 30/28. 7. 1985, o. S.

29. Wer das Skiwachs nicht ehrt, ist die Piste nicht wert. (1985)

Wolfgang Willnat, *Sprüche*, S. 119.

30. Wer den Frühling nicht ehrt, ist des Sommers nicht wert! (1985)

Wolfgang Willnat, *Sprüche*, S. 86.

31. Wer den Fußpilz nicht ehrt,
ist des Pfifferlings nicht wert. (1985)

Bernd Thomsen, *Haste*, o. S.

32. Wer den Pfennig nicht ehrt – krümmt sich beizeiten! (1985)

Wolfgang Willnat, *Sprüche*, S. 75.

33. Wer den Sohn nicht ehrt, ist als Vater nichts wert. (1985)

Bild, 25. 11. 1985, S. 2. Auch Hans Gamber, *Frech*, S. 21.

34. Wer die Schraube nicht ehrt, ist die Mutter nicht wert. (1985)

Bild, 26. 2. 1985, S. 2. Auch Hans Gamber, *Frech*, S. 106.

35. Wer das Kleine sehr ehrt, ist das Große nicht wert. (1986)

Robert Lembke, *Fettnäpfchen*, S. 42.

36. Wer den Pfennig nicht ehrt, weiß, was Inflation bedeutet. (1986)

Bend Thomsen, *Polit*, o. S.

37. Wer den Taschenrechner nicht ehrt,
ist des Computers nicht wert. (1986)

Bernd Thomsen, *Neue Büro-Sprüche*, o. S. Auch Beate Steinmeyer, *Schoß*, o. S.

38. Wer den Talar nicht ehrt, der ist mir keinen Pfennig wert. (1987)

Andreas Bender, *Socken*, o. S.

39. *kreislauf*

wer den tropfen nicht ehrt
ist das meer nicht wert
wer das meer nicht ehrt
ist die muschel nicht wert
wer die muschel nicht ehrt
ist die perle nicht wert
wer die perle nicht ehrt
ist die träne nicht wert
wer die träne nicht ehrt
ist die liebe nicht wert
wer die liebe nicht ehrt
ist die vereinung nicht wert
wer die vereinung nicht ehrt
ist den tropfen nicht wert. (1988)

Gerhard Rühm, *Geschlechterdings*, S. 287.

40. Wer den Kanzler nicht ehrt, ist der Demokratie nicht wert. (1988)

Peter Wiech, zitiert aus Winfried Maaß, *Worte*, S. 25.

41. Wer den Pfennig nicht ehrt, bekommt auch keine Gehaltserhöhung. (1988)

Claudia Glismann, *Schäferstündchen*, o. S. Auch Beate Kuckertz, *Büro*, o. S.

42. Wer die Leber nicht ehrt, ist die Milz nicht wert. (Alte Säuferweisheit.) (1988)

Morgenpost, 4. 1. 1988, o. S.

43. Wer den Pfennig nicht ehrt, bei dem fällt auch kein Groschen. (1990)

Gerhard Uhlenbruck, *Darum*, S. 39. Auch ders., *Diagnosen*, S. 20.

44. Wer den Pfennig begehrt, ist des Talers auch wert! (1991)

Gerhard Uhlenbruck, *Diagnosen*, S. 78.

45. Wer den Privatpatienten nicht ehrt – ist dessen Schwarzgeld nicht wert! (1991)

Gerhard Uhlenbruck, *Diagnosen*, S. 61.

46. Wer Phallus nicht ehrt,
ist des Beischlafs nicht wert. (1996)

Heinz Hütter, *Eros*, S. 31.

PROBIEREN

„Probieren geht über studieren."

1. *Probieren geht über Studieren*

Wie die Menschen den Geist einschätzen, den sie vergötzen, beweist das Bestehen auf dem Augenschein dessen, was ohne diesen gewiß ist. Der irre Empirismus, der erst töten muß, um zu der unumstößlichen Gewißheit zu gelangen, daß der Tod eintritt, wenn getötet wird, darf der welthistorische heißen. (1966)

Heinrich Schweppenhäuser, *Furcht*, S. 119.

2. Studieren geht über Probieren. (1973)

Stern, Nr. 21/17. 5. 1973, S. 101. Auch *Stern*, Nr. 12/14. 3. 1974, S. 73; Claudia Glismann, *Schüler*, o. S.

3. Verdienen geht über Dienen. (1977)

Gerhard Uhlenbruck, *Netz*, S. 5.

4. Kapieren geht über Studieren. (1978)

Werner Mitsch, *Spinnen*, S. 90. Auch ders., *Wal*, o. S.

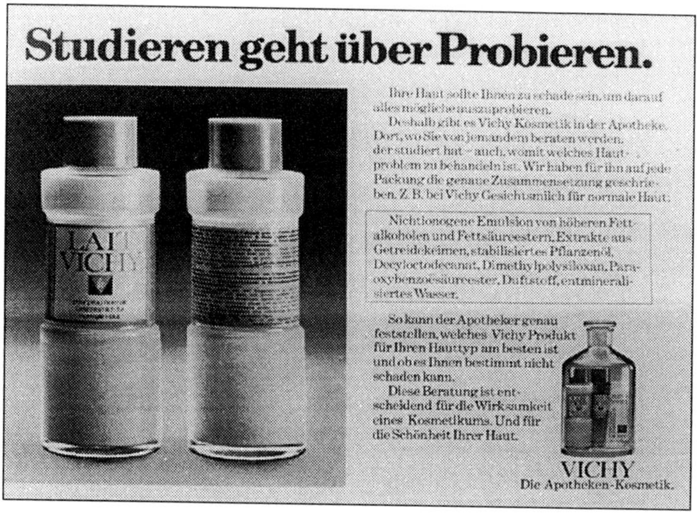

PROBIEREN 2

5. Probieren geht über Studieren, tadelt das Sprichwort die Theorie und wird theoretisch. (1978)

   Oskar Cöster, „Schüsse", S. 132.

6. Probieren geht über Kopieren. (1982)

   Gabriele Berthel, zitiert aus Eckart Krumbholz, *Blatt*, S. 77.

7. Verführen geht über Studieren. (1983)

   Morgenpost, 28. 1. 1983, o. S.

8. Probieren geht über Studieren, sagte sich der jugendliche Nichtraucher – und brach einen Zigarettenautomaten auf. (1984)

   Günter Hesse, *Wände*, Bd. 2, S. 154.

9. Kapieren geht über Studieren!
   Quatsch:
   Studieren geht über Kapieren! (1985)

   Wolfgang Willnat, *Sprüche*, S. 79.

10. Schmieren geht über studieren. (1986)

   Bernd Thomsen, *Polit*, o. S.

11. Probieren geht vor dem numerus clausus,
    Studieren erst danach. (1987)

    Andreas Bender, *Socken*, o. S.

12. Probieren geht über Studieren, und Klüngeln ist besser als Kommunizieren. (1988)

    Gerhard Uhlenbruck, *Klüngel*, o. S.

13. Probieren, probieren
    geht über Resignieren. (1995)

    Ulrich Erckenbrecht, *Katzenköppe*, S. 119.

RAT

„Guter Rat ist teuer."

1. Gute Ratschläge sind teuer, aber befolgt werden sie meistens nicht. (1971)

   Die Zeit, Nr. 35/31. 8. 1971, S. 16.

2. Guter Staat ist teuer. (1971)

   Die Zeit, Nr. 5/2. 2. 1971, S. 15. Auch Eduard Moriz, *Intim*, o. S.; Bernd Thomsen, *Polit*, o. S.; Angelika Franz, *Sprüche*, S. 396; Hans-Dieter Schütt, *Haustür*, S. 99.

3. Guter Wirtschaftsrat ist teuer. (1971)

   Die Zeit, Nr. 27/6. 7. 1971, S. 16.

4. Viele Eltern klagen über radikale Lehrer. Neuerdings auch über Radikale im privaten Dienst, die wie etwa Studienrat Worps, für eine Privatstunde 40 Mark verlangen. Aber, aber! Guter Studienrat ist nun mal teuer. (1975)

   Joachim Schwedhelm, zitiert aus *Die Zeit*, Nr. 17/25. 4. 1975, S. 23.

5. Wussten Sie schon, dass guter Rat teurer geworden ist? (1975)

   Schweizer Illustrierte, Nr. 5/27. 1. 1975, S. 77.

6. Guter Rat ist wirklich teuer – vor allem dann, wenn man sich danach richtet. (1976)

   Paul Guntermann, *Lustigste*, o. S.

7. In der Essig-Branche ist guter Rat sauer. (1978)

Werner Mitsch, *Spinnen*, S. 93.

8. *Der gute Rat*

Ist immer der billigste. (1980)

Ron Kritzfeld, *Flexikon*, Bd. 7, S. 26.

9. Guter Rat ist nicht teuer. (1980)

Quick, Nr. 36/21. 8. 1980, S. 103.

10. Guter Rat wird noch teurer. (1980)

Die Zeit, Nr. 42/17. 10. 1980, S. 13.

11. Guter Rat ist teuer, aber nicht jeder teure Rat gut. (1981)

Gerhard Uhlenbruck, *Masche*, S. 65. Auch ders., *Medizinische Aphorismen*, S. 25; ders., *Diagnosen*, S. 137.

12. Selbst für Wohlhabende ist guter Rat oft teuer. (1981)

Peter Reichenbach, zitiert aus *Nebelspalter*, Nr. 19/12. 5. 1981, S. 15.

13. Altes Rad ist teuer. (1982)

Der Spiegel, Nr. 23/7. 6. 1982, S. 106.

14. Guter Rat ist teuer, aber billiger als gute Hilfe. (1982)

Klaus Möckel, *Kopfstand*, S. 34.

15. Inflation: Wenn auch guter Rat teurer wird. (1982)

Peter Reichenbach; zitiert aus *Nebelspalter*, Nr. 45/9. 11. 1982, S. 57.

16. *Beratungshilfegesetz*

Rat ist nicht teuer ... aber überraschend wenig gefragt. (1983)

Die Zeit, Nr. 11/18. 3. 1983, S. 20.

17. Für Raucher ist guter Rat Feuer. (1984)

Bild, 5. 12. 1984, S. 2.

18. Guter Rat ist teuer, schlechter Rat kann teuer zu stehen kommen. (1985)

Gerhard Uhlenbruck, *Eigenliebe*, S. 56.

19. Gutes Rad ist nicht teuer. (1985)

Der Spiegel, Nr. 17/22. 4. 1985, S. 10.

20. Guter Stadtrat ist teuer. (1986)

Bernd Thomsen, *Polit*, o. S.

21. „Guter Rat, das sagt schon ein altes deutsches Sprichwort, ist immer teuer“ (Kissinger). „Guter Rat mag teuer sein. Aber nicht jeder teure Rat ist gut.“ (Pöhl – Präsident der Dt. Bank [richtig: Bundesbank].) (1991)

Hörzu, Nr. 3/11. 1. 1991, S. 16.

22. Gutes Rad ist teuer. (1994)

Der Spiegel, Nr. 18/2. 5. 1994, S. 84 f.

23. Kein Wunder, daß guter Rat teuer ist, wenn Angebot und Nachfrage den Markt beherrschen. (1995)

Wolfgang Eschker, *Mitgift*, S. 75.

RAT 22

REDEN

„Reden ist Silber, Schweigen ist Gold."

1. Schweigen ist wie Gold, die Red' ist silbern, manchmal auch von Blech. (Vor 1926)

   Ludwig Thoma, *Werke*, Bd. 8, S. 122.

2. Daß Reden Silber und Schweigen Gold,
   Dem Spruche wär' ich nicht abgeneigt,
   Wenn man dabei bedenken wollt':
   Es ist nicht alles Gold, was schweigt. (Vor 1939)

   Ludwig Fulda, zitiert aus Helmut Wolle, *Weisheit*, S. 77.

3. *Gold und Silber*

   Daß Reden Silber, Schweigen Gold,
   Hat sicherlich ein Mann gewollt,
   Denn eine Frau konnt nur so wählen,
   Daß goldig sei, sich zu erzählen. (1949)

   Helmut Zech, *Bosheiten*, S. 80.

4. Schweigen sei Gold, Reden aber nur Silber ist die Maxime derer, die, damit sie Blech reden können, den Befehl ergehen lassen: Schnauze halten! (1966)

   Helmut Arntzen, *Prozeß*, S. 31.

5. Schweigen sei Gold? Das Gold ist eine Hure! (1967)

   Rudolf Rolfs, *Schlag*, S. 10. Auch ders., *Fragen*, S. 247.

6. Gewiß kann Schweigen Gold oft sein.
   Doch bringt auch Reden Geld herein. (1970)

   Eugen Roth, *Buch*, S. 148.

7. „Reden ist Silber" – dem Judas; und das Schweigen der Sklaven ist das Gold der Tyrannen. (1970)

   Hans Kudszus, *Jaworte*, S. 20.

8. „Schweigen ist Gold!" Also eine reine Kursfrage. (1970)

   Rudolf Rolfs, *Inventur*, S. 162.

9. Manchmal ist Schweigen nur Silber. (1971)

Die Zeit, Nr. 43/26. 10. 1971, S. 9.

10. „Reden ist Silber, Schreien ist Gold." (Josef Tarzan.) (1972)

Robert Gernhardt, *Welt*, S. 203.

11. Reden ist Silber, Ausreden Gold! (1973)

Hörzu, Nr. 35/1.–7. 9. 1973, S. 3.

12. Reden ist Silber.
Liebe ist Gold.
Gold ist Liebe. (1973)

Brigitte, Nr. 40/12. 10. 1973, S. 205.

13. Reden ist Silber, Schweigen ist Öl. (1973)

Der Spiegel, Nr. 48/26. 11. 1973, S. 116.

14. Häufig ist Reden Tat und Schweigen Verbrechen. (1974)

Kazimierz Bartoszewicz, zitiert aus Antoni Marianowicz, *Denkspiele*, S. 16.

15. Reden ist Silber – Schreiben ist Gold. (1974)

Frau im Spiegel, Nr. 20/9. 5. 1974, S. 59.

16. Schweigen ist Geld. (1974)

Die Zeit, Nr. 17/26. 4. 1974, S. 2.

17. Und woher soll man wissen, ob das Gold des Schweigens echt ist? (1974)

Albert Wendt, „Aphorismen", S. 77.

18. *Für wen ist Dein Schweigen Gold?*

Da hatte er,
plötzlich,
DIE Gelegenheit,
allen alles zu sagen.
Und da hatte er,
plötzlich,
ja gar nichts zu sagen.
Denn zu lange hatte er
keine Gelegenheit,

etwas zu sagen.
Und dies ist die Moral
von dem Gedicht:
Weil wir so oft nichts sagen,
haben wir so oft nichts zu sagen.
Und das wissen die,
und damit rechnen sie,
die, die das Sagen haben.
Auch Dein Schweigen ist Gold,
Gold für die Mächtigen. (1977)

Werner Sprenger, *Hungernde*, S. 39.

19. Reden ist Blech, Schweigen ist Silber, Handeln ist Gold. (1977)

Gerhard Uhlenbruck, *Netz*, S. 1.

20. *Worte*

Legt man nicht auf die Goldwaage, –
Reden ist Silber! (1977)

Ron Kritzfeld, *Flexikon*, Bd. 4, S. 31.

21. Früher dachte ich: Schweig! Was du nicht gesagt hast, kann nicht mißverstanden werden. Jetzt sehe ich, daß Schweigen noch besser mißverstanden werden kann. Schweigen ist Eisen. (1978)

Werner Sprenger, *Oasen*, S. 49.

22. Löten ist Silber und Feilen Gold. (1978)

Werner Mitsch, *Spinnen*, S. 111. Auch ders., *Wal*, o. S.

23. Maul halde is Gold schdumm sei is goldischer. (1978)

Kurt Sigel, *Gegenreden*, S. 60.

24. Reden ist Silber, Schweigen ist Gold, schwatzt da einer daher. (1978)

Oskar Cöster, „Schüsse“, S. 132.

25. Reden ist Silber und Bauchreden Gold. (1978)

Werner Mitsch, *Spinnen*, S. 92.

26. Reden sind Silber und Ausreden Gold. (1978)

Werner Mitsch, *Spinnen*, S. 95. Auch ders., *Wal*, o. S.

27. *Reden und Schweigen 1–3*

1
Reden, heißt es, ist Silber, Gold Schweigen; seit Feinmetall knapp ist
Zahlt man dem Weisen, der spricht, gern seine Reden mit Blei.

2
Reden, weiß man, ist Silber, Gold Schweigen; wie baun Weise Datschen?
Schweigen! Vom Weisesten heißt's, er schwieg sich ein Schloß.

3
Schweigen ist Gold; da es unwahrscheinlich, doch immerhin möglich
ist, daß ein Dummer mal schweigt, zahln wir zur Vorsicht auch dem.
(1978)

Rainer Kirsch, *Fürchten*, S. 250.

28. Schweigen ist Gold: Das Schweigen der Ausgebeuteten ist das pure Gold der Ausbeuter. (1978)

Werner Sprenger, *Gedanken* I, S. 51.

29. *Spruchgedicht*

Redd net fer Silwer
wann de Schweische vergolde kannst
die Lieb geht dorsch de Geldbeudel
un was lang währt kann net besser werrn.
[...] (1978)

Kurt Sigel, *Gegenreden*, S. 70. Auch ders., *Verse*, S. 92.

30. Schweigen ist Gold nur dann, wenn derjenige, der schweigt, viel zu sagen hat. (1979)

Žarko Petan, *Kopf*, S. 18.

31. Schweigen ist Gold. Reden ist Silber. Schreiben ist Blech. Und die Konsequenz? (1979)

Peter Weingartner, zitiert aus *Nebelspalter*, Nr. 36/4. 9. 1979, S. 23.

32. Reden ist Silber, Schweigen ist dann Gold, wenn man Blech redet. (1980)

André Brie, *Weisheit*, S. 124. Auch ders., *Wahrheit*, S. 67; ders., *Wahrheit/Anfang*, S. 67.

33. Reden sind Silber und Schweigen ist doof. (1980)

Werner Mitsch, *Pferde*, S. 115. Auch ders., *Wal*, o. S.

34. Reden ist Silber, Zuhören ist Gold. (1982)

Bunte, Nr. 1/29. 12. 1982, S. 74.

35. *Sprichwörtlich*

Fein abgewogen
Das Silber der Worte
Kein Gran zuviel
Nich blenden lassen
Vom Glanz des Schweigens. (Vor 1983)

Peter Will, zitiert aus Dorothea von Törne, *Vogelbühne*, S. 35.

36. „Dioxin ist Gift,
Schweigen ist Gold."
(Aus der Firmenphilosophie der Hoffmann-La Roche). (1983)

Nebelspalter, Nr. 19/10. 5. 1983, S. 32.

37. Reden ist Silber. Helfen ist Gold. (1983)

Der Spiegel, Nr. 51/19. 12. 1983, S. 139. Auch *Schwarzwälder Bote*, 28. 11. 1984, o. S.

38. Reden ist Silber, Schweigen ist Gold, und das Sprichwort gehört zum alten Eisen. (1983)

Ulrich Erckenbrecht, *Körnchen*, S. 47.

39. Reden ist Silber, Schweigen ist Karriere. (1983)

Žarko Petan, *Sintflut*, S. 24.

40. Reden ist Schweigen, Silber ist Gold. (1984)

Christian Roman, *Lieber*, o. S. Auch als Buchtitel: Helen Leuninger, *Reden ist Schweigen, Silber ist Gold. Gesammelte Versprecher*, München: Deutscher Taschenbuch Verlag, 1996.

41. Reden ist Silber, Handeln ist Gold. (1984)

Die Zeit, Nr. 33/17. 8. 1984, S. 17.

42. Reden ist Silber, Schweigen ist 6. (1984)

Christian Roman, *Lieber*, o. S.

43. Reden ist Silber. Und Schweigen ist auch nicht jedermanns Sache. (1984)

Werner Mitsch, *Grund*, S. 10.

Reden ist Silber.
Helfen ist Gold.
Machen Sie mit!

REDEN 37

44. Wer über Gold schweigt, redet oft vom Silber. (1984)

Werner Ehrenforth, *Eintagsfliege*, S. 27.

45. Graffiti sind Silber, Beton ist Gold. (1985)

Felix Renner, „Sprüche“, S. 83. Auch ders., *Leine*, S. 7.

46. Reden bringt Silberlinge, Schweigen bringt Goldreserven. (1985)

Gerhard Uhlenbruck, *Eigenliebe*, S. 39.

47. *Reden ist gesund*

Belügen uns die Sprichwörter – oder verstehen wir sie falsch? Jeder weiß doch, daß Reden Silber und Schweigen Gold ist. Man kann das auch an Beispielen von Menschen nachweisen, die sich mit Reden

Silber verdienten, und von solchen, die für ihr Schweigen Gold bekamen. Diese sind allerdings schwieriger beim Namen zu nennen, weil sie sich meistens darüber ausschweigen, daß sie für ihr Schweigen Gold bekommen haben.

Es gibt natürlich auch umgekehrte Beispiele – von Leuten, die für das Reden Gold kassieren und für das Schweigen Silber. Listig – wie die Volksweisheit nun mal ist – verschweigt das Sprichwort die Mengenverhältnisse. Ein Pfund Silber ist ja wertvoller als ein Gramm Gold. Somit läßt der Spruch alle Auslegungsmöglichkeiten zu. Die traditionelle Interpretation, daß er eine Aufforderung zum Schweigen ist, ist eine mutwillige Behauptung derjenigen, die sich in Schweigen hüllen, um sich nicht zu verraten, oder aber andere zum Schweigen bringen möchten.

Und nun kommt ein Professor Jean Camiot aus Nizza und behauptet, daß vieles Reden das Leben verlängert. Der stete Redefluß beschleunigt nämlich die Atmung und regt den Blutkreislauf an [...]. (1985)

Gabriel Laub, *Entdeckungen*, S. 18 f.

48. Reden ist Silber, Lieben ist Gold. (1986)

Ralf Bülow, *Bett*, o. S.

49. Reden ist Silber, Schweigegeld ist Gold. (1986)

Andreas Bender, *Gelegenheit*, o. S.

50. Reden ist Silber,
Schweigen ist Pappe.
Sei munter und fröhlich
und halte die Klappe. (1986)

Monika Schattenhofer, *Poesiealbum*, S. 101.

51. Schweigen ist Gold. Wurden deshalb die Schweigegelder erfunden? (1988)

Hans-Dieter Schütt, *Haustür*, S. 98.

52. *Der Golf*

Verändern ist Silber. Verbessern ist Golf. (1989)

Auto Bild, Nr. 9/Sept. 1989, S. 38 f.

53. Reden sind Silberlinge, Verschweigen ist Gold. (1989)

Gerhard Uhlenbruck, *Aphorismen/Satz*, S. 81. Auch ders., *Diagnosen*, S. 18.

54. Reue ist Silber, Rache ist Gold. (1989)

Rae Foley, *Reue ist Silber, Rache ist Gold*, München: Scherz, 1989.

55. Schweigen ist Gold, aber die schweigende Mehrheit ist nicht immer goldrichtig. (1989)

Gerhard Uhlenbruck, *Aphorismen/Satz*, S. 97. Auch ders., *Darum*, S. 42.

56. Gehen ist Silber, Bleiben ist Gold. (1990)

Ewald Lang, *Wendehals*, S. 38.

57. Reden ist Silber, tanzen ist Gold. (1990)

Hörzu, Nr. 16/12. 4. 1990, S. 26.

58. Sprichwörtlich: Reden ist Silber, Reedereien sind Gold. (1990)

Fritz Herdi, *Witz*, S. 34.

59. Der Rest ist Schweigen – aber nicht Gold. (1994)

Gerhard Uhlenbruck, *Medizinische Aphorismen*, 2. Aufl., S. 22.

60. Schweigen ist Gold, sagte mein Großvater und biß die Goldzähne zusammen. (1994)

Gerhard Uhlenbruck, *Medizinische Aphorismen*, 2. Aufl., S. 40.

61. Schnurren ist Gold. (1996)

Marion Mosell, *Schnurren ist Gold. Roman*, Frankfurt am Main: Ullstein, 1996.

REGEN, SICH

„Sich regen bringt Segen."

1. Sich nicht regen bringt auch Segen! (1972)

Der Spiegel, Nr. 30/17. 7. 1972, S. 23.

2. Regen bringt Segen. (1974)

Lübecker Nachrichten, Nr. 149/2. 7. 1974, S. 3.

3. Sich laufend bewegen, bringt Segen. (1977)

Gerhard Uhlenbruck, *Netz*, S. 22.

4. Sich regen? Von wegen! (Wahlspruch der Faulpelze). (1977)

Hörzu, Nr. 8/19.–25. 2. 1977, S. 3. Auch Ralf Bülow, *Phantasie*, o. S.; Bernd Thomsen, *Neue Büro-Sprüche*, o. S.

5. Sich bewegen, bringt Segen. (1978)

Quick, Nr. 7/9. 2. 1978, S. 9.

6. Sich regen bringt Muskelkater. (1982)

Fritz Herdi, zitiert aus *Nebelspalter*, Nr. 35/31. 8. 1982, S. 2. Auch *Bild*, 18. 2. 1988, S. 2.

7. Sich legen bringt Segen. (1985)

Wolfgang Willnat, *Sprüche*, S. 106. Auch Andreas Bender, *Gelegenheit*, o. S.

8. Sich regen bringt Segen, sich aufregen segnet uns dereinst als reglos. (1985)

Gerhard Uhlenbruck, *Eigenliebe*, S. 31.

9. Sich hegen bringt Segen. (1986)

Stern, Nr. 20/7. 5. 1986, S. 178.

10. Das Lied der Straße: Auch Fegen bringt Segen. (1987)

Werner Mitsch, *Wal*, o. S.

11. Sich regen bringt Segen, sich aufregen bringt Unsegen. (1987)

Gerhard Uhlenbruck, *Kaffee*, S. 63.

12. Sich beschweren bringt Lehren. (Vor 1989)

Ronald Jannasch, zitiert aus Gabriele Berthel, *Kurz*, S. 164.

13. Fortbildungs-Kongreß: Sich anregen bringt Segen. (1991)

Gerhard Uhlenbruck, *Diagnosen*, S. 12.

14. Sich laufend bewegen, bringt laufend Segen, und es ist besser, als sich laufend erregen. (1992)

Gerhard Uhlenbruck, „Spott-Studio“, S. 81.

15. Sich regen bringt Segen, sagte die Jungfrau, da war sie auch schon schwanger. (1993)

Gerd Heyse, *Medaille*, S. 95.

SCHADEN (a)

„Durch Schaden wird man klug."

1. Jedermann ist sehr bereitwillig durch Schaden klug zu werden, wenn nur der erste Schade der dieses lehrt wieder ersetzt wäre. (Vor 1799)

   Georg Christoph Lichtenberg, *Sudelbücher*, S. 751.

2. Durch Schaden wird man klug. Du gehst auf Heiles Pfaden,
   Wenn statt durch eignen klug du wirst durch fremden Schaden.
   Beispiele stehn vor dir, nimm Warnung an von ihnen,
   Daß du nie mögest selbst zum Warnungsbeispiel dienen.
   (Vor 1866)

   Friedrich Rückert, *Werke*, Bd. 5, S. 257.

3. Durch Schaden wird man klug,
   Sagen die klugen Leute.
   Schaden litt ich genug,
   Doch bin ich ein Thor noch heute. (Vor 1866)

   Friedrich Rückert, *Werke*, Bd. 2, S. 270. Auch ders. in Klemens Altmann, *Epigramme*, S. 89; ders. in Otto Böhmer, *Leben*, S. 62.

4. *Advokat des Teufels*

   „Nur durch eigenen Schaden wird man klug, nur durch fremden Schaden wird man *gut*" – so lautet jene seltene Philosophie, welche alle Moralität aus dem Mitleiden und alle Intellektualität aus der Isolation des Menschen ableitet: damit ist sie unbewußt die Sachwalterin aller irdischen Schadhaftigkeit. Denn das Mitleiden hat das Leiden nötig, und die Isolation die Verachtung der anderen. (1878)

   Friedrich Nietzsche, *Werke*, S. 906 (*Menschliches, Allzumenschliches*).

5. Das sind die Edelsten auf Erden, die nie durch Schaden klüger werden. (Vor 1914)

   Paul Heyse, zitiert aus Helene Hucke, *Lebensweisheiten*, S. 84.

6. Warnen, Raten, Meinen
   Hilft uns wenig genug:
   Von dem Schaden des einen
   Wird der andre nicht klug. (Vor 1939)

   Ludwig Fulda, zitiert aus Klemens Altmann, *Epigramme*, S. 47. Auch ders. in Otto Böhmer, *Leben*, S. 30.

7. Schaden macht klug. Aber jeder hat Gebiete, wo er daraus nichts erfährt, wo ihm der Schaden nichts „anhat". So wird niemand aus jederlei Schaden klug. (1956)

Carl August Emge, „Diesseits", S. 114.

8. Das Kind wurde aus Schaden immer nur sehr vorübergehend klug. (1974)

Gabriele Wohmann, *Paulinchen*, S. 212 f.

9. *Wahrheitsfanatiker*

Durch den Schaden der Lüge Kluggewordener. (1974)

Ron Kritzfeld, *Flexikon*, Bd. 1, S. 23.

10. Durch Barrikaden wird man klug. (1977)

Heinrich Schröter, *Lust*, S. 9. Auch in Bernd Thomsen, *Polit*, o. S.

11. Durch eigenen Schaden wird man klug, durch fremden wird man reich. (1977)

Robert Lembke, *Glashaus*, S. 13.

12. Durch Schaden soll man klug werden. Ausnahme: Der Dachschaden. (1977)

Gerhard Uhlenbruck, *Netz*, S. 31.

13. Durch Schaden wird man froh. (1978)

Werner Mitsch, *Spinnen*, S. 91. Auch ders., *Wal*, o. S.

14. Wer dorsch Schade dumm werd
werd nie dorsch Bleedheit schlau. (1978)

Kurt Sigel, *Gegenreden*, S. 60.

15. aus fehlern wird man klug.
unsere herrschenden machen keine fehler. (1979)

Volker Erhardt, *Kannibale*, S. 78.

16. Werden wir je so klug sein, den Schaden zu beheben, durch den wir es wurden? (1979)

Nikolaus Cybinski, *Werden wir je so klug sein, den Schaden zu beheben, durch den wir es wurden? Aphorismen*. Lörrach: Waldemar Lutz, 1979.

17. Durch Schaden wird man klug, durch Schadenfreude böse, aber die klügste Bosheit ist es, wenn es einem nichts schadet, wenn man anderen schadet. (1981)

Gerhard Uhlenbruck, *Masche*, S. 20.

18. Weniger durch eigenen Schaden, als durch die Schadenfreude anderer wird man klug. (1981)

Gerhard Uhlenbruck, *Masche*, S. 3. Auch ders., *Nächstenhiebe*, S. 18.

19. Durch fremden Schaden wird man klug. Für den eigenen hat man eine Versicherung. (1983)

Peter Reichenbach, zitiert aus *Nebelspalter*, Nr. 5/1. 2. 1983, S. 43.

20. Durch Waden wird man unklug. (1984)

Werner Ehrenforth, *Eintagsfliege*, S. 32.

21. Schaden macht klug. Zumindest bis zu dem Zeitpunkt, wo der Mensch durch einen neu angerichteten noch klüger werden möchte. (1984)

Werner Ehrenforth, *Eintagsfliege*, S. 85.

22. Würde man wirklich durch Schaden klug werden können, müßten wir es schon lange sein. (1984)

J. Bloberger, *Bemerktes*, S. 91.

23. Aus Jammer wird man klug. (1985)

Deutscher Forschungsdienst, Nr. 34/21. 8. 1985, S. 10.

24. Aus Schaden wird man klug. Dieser Satz sollte in Optativ und Potentialis zugleich stehen. In seiner gebräuchlichen Form ist er ein Musterbeispiel des Irrealis. (1985)

Hermann Funke, *Worte*, S. 13.

25. Durch Schaden wird man klug, ist aber ein theures Lehrgeld. (1985)

Aachener und Münchener Versicherungsgruppe (Hrsg.), *Sprachschätze*, S. 68.

26. Durch welchen Schaden soll man noch klug werden, nachdem man sich gegen jeden versichert hat? (1985)

Hermann Funke, *Worte*, S. 44.

27. Durch Dachschaden wird man selten klug. (1986)

Bernd Thomsen, *Neue Büro-Sprüche*, o. S. Auch Beate Kuckertz, *Büro*, o. S.

28. Durch Hehler wird man klug. (1986)

Andreas Bender, *Gelegenheit*, o. S.

29. Durch Schaden wird man Klugscheißer. (1986)

Andreas Bender, *Gelegenheit*, o. S.

30. Durch Schaden anderer wird man klug,
durch die Schadenfreude anderer wird man weise. (1987)

Gerhard Uhlenbruck, *Kaffee*, S. 89. Auch ders., *Aphorismen/Satz*, S. 27; ders., *Diagnosen*, S. 54; ders., *Medizinische Aphorismen*, 2. Aufl., S. 102.

31. Aus Schaden wird man klug, sagte der Narr und zündete sein Haus an. (1988)

Gerd Heyse, *Gedanken*, S. 53.

32. *Davongefahren*

Durch Schaden wird man klug,
Kommt später früher zum Zug. (1988)

Hans Hollweg, *Kürze*, S. 38.

33. Je höher derjenige steht, der den Schaden anrichtet, desto mehr können daraus klug werden. (Vor 1989)

Klaus Bernhardt, zitiert aus Gabriele Berthel, *Kurz*, S. 82.

34. Aus Erfahrung wird man klug, aber aus Klugheit lernt man auch, die Erfahrung zu meiden. (1990)

Gerhard Uhlenbruck, *Darum*, S. 27.

35. Durch Schaden wird man klug: Mancher Arzt ist auch durch den Schaden eines Patienten klug geworden. (1991)

Gerhard Uhlenbruck, *Diagnosen*, S. 60.

36. X. möchte aus dem Schaden nicht nur klug, sondern noch viel klüger werden. Er sehnt sich immer direkt nach dem nächsten. (1993)

Gerd Heyse, *Medaille*, S. 94.

SCHADEN (b)

„Wer den Schaden hat, braucht für den Spott nicht zu sorgen."

1. „Wer den Schaden hat, darf für den Spott nicht sorgen." (Vor 1799)

   Georg Christoph Lichtenberg, *Sudelbücher*, S. 727. Auch *Kladderadatsch*, Nr. 40/21. 8. 1864, o. S.; hier zitiert aus *Bismarck-Album des Kladderadatsch*, Berlin: A. Hofmann, 1890, S. 23.

2. Wer den Schaden hat, muß die Police 'rausholen! (1973)

   Hörzu, Nr. 15/14.–20. 4. 1973, S. 3.

3. *Kalkulation*

   Wer den Schaden hat
   braucht für den Spott nicht zu sorgen:
   Er schlägt die Schadensumme
   kichernd auf die Preise. (1978)

   Oskar Cöster, „Maulschellen", S. 172*.

4. Wer den Schaden hat, braucht für (den) Schrott nicht zu sorgen. (1978)

   Hörzu, Nr. 2/14.–20. 1. 1978, S. 27. Auch André Brie, *Weisheit*, S. 124; Felicia Keitling, *Holographie*, S. 73.

5. Wer den Schaden hat, braucht für Spott nicht zu sorgen.
   Ihm wird die Schadenssumme auf die Preise geschlagen. (1978)

   Oskar Cöster, „Schüsse", S. 132.

6. Wer den Schaden hat, spottet jeder Beschreibung! (1978)

   Locus vivendi 1978: Sentenzen fürs Klo (Jan.), München: Heye, 1978. Auch Claudia Glismann, *Edel*, o. S.

7. Wer den Leistungssport hat, braucht für den Schaden nicht zu sorgen. (1979)

   Gerhard Uhlenbruck, *Einfach*, S. 20.

8. Wer den Schaden hat, braucht für Ersatz nicht zu zahlen. (1980)

   Quick, Nr. 42/9. 10. 1980, S. 126 f.

9. Wer den Schaden hat, braucht für die Belehrung nicht zu sorgen. (1983)

   Josef Meier O'Mayr, *Weisheiten*, S. 43.

10. Wer den Schaden hat, braucht den Schrott nur noch abholen zu lassen. (1984)

    Karl Heinz Rauchberger und Ulf Harten, *Sprüche*, S. 39. Auch Christian Roman, *Reden*, o. S.; ders., *Big Mäc*, o. S.; Bernd Thomsen, *Neue Büro-Sprüche*, o. S.

11. Wer den Gewinn hat, braucht sich um den Spott nicht zu sorgen. (1984)

    Die Zeit, Nr. 23/1. 6. 1984, S. 40 (deutsche Ausg.).

12. Wer den Schaden hat, muß für den Schrott auch noch sorgen! (1987)

    Hans Gamber, *Frech*, S. 23.

13. Wer den Schaden hat, braucht für den spot [!] nicht zu sorgen. (Vor 1989)

    Thomas Spanier, zitiert aus Gabriele Berthel, *Kurz*, S. 179.

14. Wer den Schaden hat, braucht sich nicht um die Schadenfreude anderer zu sorgen. (1996)

    Gerhard Uhlenbruck, *Nichtzutreffendes*, S. 33.

SCHEIN

„Der Schein trügt."

1. Der Schein trügt – wenn er gut nachgemacht ist. (1879)

   Fliegende Blätter, 71 (1979), S. 7.

2. Nur der Schein trügt nicht. (Vor 1959)

   Titel einer Kurzgeschichte von Georg Britting, zitiert aus Willi Fehse, *Erzähler*, S. 87.

3. *Illusion*

   Ein Tor haßt die Lebenslüge
   Und schwört, daß der schöne Schein trüge.
   Doch dreimal nein!

Der schöne Schein
Allein hält das Weltgefüge. (1968)

Eugen Roth, *Schwarze*, S. 8.

4. Der [Geld-]Schein trügt. (Alte Fälscherweisheit.) (1975)

Hörzu, Nr. 14/5.-11. 4. 1975, S. 3.

5. Kassenschein: der Schein trügt nicht; die Kasse stimmt. (1976)

Gert Udo Jerns, *Kopfschmerzen*, S. 69.

6. *Hochstapelei*

Der Schein trägt. (1978)

Ron Kritzfeld, *Flexikon*, Bd. 5, S. 13.

7. Der Schein trügt? Aber er scheint. (1980)

Sigmar Schollak, zitiert aus André Brie, *Weisheit*, S. 132.

8. Der Trauschein trügt. (1980)

Gerhard Uhlenbruck, *Nagel*, S. 32.

9. der schein
trügt
deshalb
ist alles
in ordnung. (1983)

Manfred Hausin, *Hausinaden*, S. 61.

10. *Schein*

Auch Unglück trügt,
Gesicht wie Maske trügen,
was man für Antwort hält,
für groß, für klein,
es trügt.
Und was trügt nicht?
Antwort des Malers: Schein. (Um 1985)

Walter Helmut Fritz, *Gedichte*, S. 53.

11. Der Schein kann trügen, auch wenn eine 100 darauf steht.
(Vor 1986)

Daniel Textor, zitiert aus Ingetraud Skirecki, *Troja*, S. 170.

12. Der Schein trügt.
Aber viele Scheine sind überzeugend. (Vor 1989)

Gudrun Piotrowski, zitiert aus Gabriele Berthel, *Kurz*, S. 104.

SCHLAFEN

„Wer schläft, sündigt nicht."

1. Wer seufzt, gähnt nicht. (Um 1850)

   Moritz Gottlieb Saphir, *Leier*, S. 56.

2. Wer Wein gut trinkt, schläft gut.
   Wer gut schläft, sündigt nicht.
   Wer nicht sündigt, wird selig.
   Also, wer gut Wein trinkt, wird selig! (Vor 1969)

   Dieter Kellermann, *Trinksprüche*, S. 25.

3. „Wer schläft, sündigt nicht", sagte der Prinz und ließ das Dornröschen in der Hecke weiterschlummern. (1975)

   Stern, Nr. 12/13. 3. 1975, S. 76.

4. Wer arbeitet, sündigt nicht! – sagte der Tresorknacker und zündete den Schneidbrenner an. (1977)

   Oliver Hassencamp, *Klipp*, S. 95.

5. Wer flippert, sündigt nicht. (1978)

   Mein Eigenheim, Nr. 2/März-April 1978, S. 26. Auch Claudia Glismann, *Schüler*, o. S.; Angelika Franz, *Sprüche*, S. 317.

6. Wer schläft, sündigt nicht.
   Aber wer vorher sündigt, schläft nachher besser! (1981)

   Luise Lemke, *Lieber*, S. 34. Auch in *Happy Schlaf- und Bett-Kalender 1984* (März), ohne Ort: Paper Box, 1984.

7. Wer kriecht, stolpert nicht. (1982)

   René Hildbrand, *Arbeit*, S. 62.

8. Wer schläft, hat schon gesündigt. (1982)

   Klaus Möckel, *Kopfstand*, S. 24.

SCHLAFEN 6

9. Wer schnarcht, sündigt nicht. (1982)

Lübecker Nachrichten, 30. 6. 1982, o. S.

10. Wer schläft, (der) kündigt nicht. (1983)

Iris Blaschzok, *Ächt*, S. 56. Auch Winfried Bornemann, *Blödel*, o. S.; Claudia Glismann, *Edel*, o. S.; Eduard Moriz, *Dings*, o. S.; Richard Mahkorn, *Büro*, o. S.; Hans Gamber, *Frech*, S. 103; C. Glismann, *Schäferstündchen*, o. S.; Wolfgang Funke, *Wendehals*, S. 58; Beate Kuckertz, *Büro*, o. S.

11. Wer sündigt, schläft nicht. (1983)

Morgenpost, 5. 1. 1983, o. S. Auch Iris Blaschzok, *Muse*, S. 9; Eduard Moriz, *Intim*, o. S.; Bernd Thomsen, *Haste*, o. S.; Angelika Franz, *Sprüche*, S. 193; Hans Gamber, *Frech*, S. 85.

12. Wer seufzt, kündigt nicht. (1986)

Bernd Thomsen, *Neue Büro-Sprüche*, o. S. Auch Beate Kuckertz, *Büro*, o. S.

13. Wer schläft, sündigt nicht.
Wer sündigt, schläft besser. (1987)

Saskia Schlesinger, *Lenz*, o. S.

14. Wer dichtet, sündigt nicht. Höchstens an der Sprache. (1988)

Günter Jäntsch, zitiert aus Winfried Maaß, *Worte*, S. 167.

15. Wer schläft, sündigt nicht. Und wer nicht sündigt, ist eine Schlafmütze. (1988)

Werner Mitsch, *Neue Hin-Sprüche*, S. 14.

16. Wer schläft, sündigt nicht,
wer arbeitet, weiß nicht,
welche Gemeinheiten er unterstützt. (1988)

Claudia Glismann, *Schäferstündchen*, o. S. Auch Beate Kuckertz, *Büro*, o. S.

17. Wer schläft, der sündigt nicht. Die Umkehrung hat auch was für sich: wer nicht sündigt, schläft. (1993)

Johannes Gross, *Fürwitz*, S. 48.

18. Wer flucht, salbadert nicht. (1994)

Felix Renner, *Worte*, S. 45.

SCHUSTER

„Schuster, bleib bei deinem Leisten!"

1. „Läufer, bleib bei deinen Beinen!" sagte ich zu meinem Bruder, doch er war in jenem Zustand, wo zitierte Sprichwörter einem den Rest geben, und er warf mich hinaus. (1953)

Heinrich Böll, *Heidelberg*, S. 34.

2. Da der Schuster bei dem Leisten bleibt, gehe ich. (1966)

Hans Peter Keller, *Panoptikum*, S. 29.

3. *Leisten*

Von zwei Schustern einer
machte bequemere Schuhe
indes der andere beim alten Leisten
verharrte: Nicht Bequemlichkeit
des Fußwerks sei des Handwerks
Ziel
sondern: unnachgiebiges
Auftreten. (1970)

Günter Kunert, *Warnung*, S. 15.

4. Der Gegensatz zu „Schuster, bleib bei deinem Leisten" heißt: mobile Gesellschaft. (1974)

   Hellmut Walters, *Abseits*, o. S.

5. Da der heutige Mensch den Schuster nur noch aus Erzählungen seines Großvaters kennt und den Begriff des Leistens nur im Zusammenhang mit Leistungsdruck, weiß er mit dem an den Schuster gerichteten Ratschlag, bei seinem Leisten zu bleiben, nichts anzufangen. (Vor 1979)

   Friedrich Torberg, *Apropos*, S. 56.

6. Ein guter Schuster bleibt bei seiner Leistung. (1979)

   Gerhard Uhlenbruck, *Einfach*, S. 64.

7. Schuster, bleib bei deiner Feisten! (1982)

   Werner Mitsch, *Bienen*, S. 115.

8. der schuster blieb
   bei seinen leisten
   deshalb
   verhungerte er
   mit seiner familie. (1983)

   Manfred Hausin, *Hausinaden*, S. 69.

9. Schuster, bleib bei deiner Leistungskontrolle. (1987)

   Andreas Bender, *Socken*, o. S.

10. „Schuster, bleibt bei euren Leisten!" Hätten sie dabeibleiben müssen, gäbe es einen Beweis weniger dafür, daß es die Umstände sind, die dem Menschen die Kaste zudiktieren. (1989)

    Günter Rizy, *Funken*, S. 8.

SCHWALBE

„Eine Schwalbe macht noch keinen Sommer."

1. Auch *zwei* Schwalben machen noch keinen Sommer. (Um 1880)

   Theodor Fontane, *Beleuchtung*, S. 75.

2. Eine Hure macht noch keinen Krieg. (1924)

   Bertolt Brecht, *Gesammelte Werke*, Bd. 1, S. 205 (*Leben Eduards des Zweiten von England*).

3. 7500 Schwalben machen einen Sommer. – Adam Riese. (1965)

Robert Gernhardt, *Welt*, S. 32.

4. Siehst du, hielten der einsamen Schwalbe die Spatzen an einem kalten Junitag vor, du machst allein noch keinen Sommer.
Gewiß nicht, sagte die Schwalbe, aber warum eigentlich sind hundert ein Argument? (1966)

Helmut Arntzen, *Prozeß*, S. 27.

5. Wußten Sie schon, daß eine Schwalbe zwar noch keinen Sommer, zwei Schwalben jedoch schon einen Haufen Schwalben machen können? (1970)

Robert Gernhardt, *Welt*, S. 155.

6. Eine Schwalbe macht noch keinen Sommer,
Zwei Jungfrauen noch kein Kind,
Drei Gräser noch kein Kleeblatt,
Vier Bretter noch kein Spind. (Vor 1973)

Ernest Borneman, *Kinder*, S. 74.

7. Ein Sommeranzug macht noch keinen angenehmen Sommer ... aber ist die beste Voraussetzung dazu. (1973)

Schweizer Illustrierte, Nr. 20/14. 5. 1973, S. 121.

8. Ein Nackter macht noch keinen Porno. (1975)

Stern, Nr. 26/19. 6. 1975, S. 182.

9. Viele Sterne machen noch keinen Star. (1975)

Lübecker Nachrichten, 6. 7. 1975, S. 6.

10. Ein Teufel macht noch keine Hölle. (1977)

Guido Hildebrandt, *Hohn*, S. 30.

11. Eine Grube macht noch keinen Fall. (1977)

Guido Hildebrandt, *Hohn*, S. 29.

12. Eine Biene macht noch keinen Imker. (1978)

Werner Mitsch, *Spinnen*, S. 91.

13. Eine Fistel macht noch keine Stimme. (1978)

Werner Mitsch, *Spinnen*, S. 92. Auch Fritz Herdi in *Nebelspalter*, Nr. 11/ 15. 3. 1983, S. 2; W. Mitsch, *Wal*, o. S.

14. Eine Schwalbe macht noch keinen Sommer. Und eine Ente noch keine Zeitung. (1978)

Werner Mitsch, *Spinnen*, S. 93.

15. Eine Taube macht noch keinen Frieden. (1978)

Werner Mitsch, *Spinnen*, S. 95. Auch ders., *Wal*, o. S.

16. Eine Ziege macht noch keinen Peter. (1978)

Werner Mitsch, *Spinnen*, S. 111. Auch ders., *Wal*, o. S.

17. Die vielen Schwalben, die der Sommer macht, haben sich verflogen, und zurückgeblieben ist die eine, die ihn nicht macht. (1979)

Erwin Chargaff, *Bemerkungen*, S. 162.

18. Die berühmte eine Schwalbe macht ungleich sicherer den Sommer als gar keine. (1980)

Hans Kopp, *Jagdunfälle*, S. 71.

19. Eine aphoristische Schwalbe macht schon einen halben Gedankensommer. (1980)

Felix Renner, *Schwalben*, S. 5.

20. Eine Eule macht noch kein Athen. (1980)

Manfred Eigendorf, „Gedichte“, S. 351.

21. Eine junge Witwe macht noch keinen zweiten Frühling. (1980)

Werner Mitsch, *Pferde*, S. 95.

22. Ein klarer Himmel macht noch lang keine klare Umwelt. (1981)

Jürgen Zinnecker, „Wandsprüche“, S. 449.

23. Eine Leiche macht noch keinen Friedhof. (1981)

Werner Mitsch, *Hunde*, S. 19.

24. Eine Meise macht noch keinen zweiten Frühling. (1981)

Werner Mitsch, *Hunde*, S. 109.

25. Für einen Hoffnungslosen macht auch eine Schwalbe schon einen Sommer. (1981)

Gerhard Uhlenbruck, *Masche*, S. 58.

26. *Redensart*

Eine Schwalbe höre ich
mache noch keinen Sommer

Wartet wir werden
uns an Sommer gewöhnen
von einer Schwalbe gemacht

Dies sei
sagt meine Frau
die dem Geheimnis
Nester wünscht
etwas zu wenig
für ein Gedicht

Und für den Sommer? (1981)

Karl Corino, *Tür-Stürze*, S. 28.

27. Ein Bikini macht noch keinen Sommer. (1982)

Fritz Herdi, zitiert aus *Nebelspalter*, Nr. 31/3. 8. 1982, S. 2.

28. Ein Spanier macht noch lange keinen Sommer. (1982)

Willi Hau, *Kaputt*, o. S.

29. Eine Glatze macht noch keinen zweiten Frühling. (1982)

Werner Mitsch, *Bienen*, S. 94.

30. Laßt uns die eine Schwalbe, solange der Sommer noch fern ist. (1982)

Klaus Möckel, *Kopfstand*, S. 90.

31. Ein Marx macht noch keinen Sozialismus. (1983)

Werner Ehrenforth, *Sitzbeschwerden*, S. 37.

32. Ein Soldat macht noch keinen Krieg. (1983)

Winfried Bornemann, *Blödel*, o. S.

33. Eine Schwalbe macht noch keinen Sommer – aber zwei Schwalben können den ganzen Giebel versauen. (1983)

Morgenpost, 19. 1. 1983, o. S.

34. Auch eine noch so große Anzahl von Schwalben macht keinen Sommer. Dazu bedarf es eines Wetterumschwungs. (1984)

Gabriel Laub, *Denken*, S. 182.

35. Eine Schwalbe macht noch keine Schwälbchen. (1984)

Iris Blaschzok, *Muse*, S. 38. Auch Renato Biscioni, *Kindersprüche*, S. 81; Hans Gamber, *Frech*, S. 73.

36. Eine Schwalbe macht noch keinen Sommer – da müssen schon Tausende erfrieren. (1984)

Albert Keller, *Wer denkt*, S. 77.

37. Eine zergrübelte Stirn macht noch keinen Denker. (1984)

Hugo Ernst Käufer, *Kehrseiten*, S. 16.

38. Im Winter macht eine Schwalbe viele Sommer. (1984)

Werner Ehrenforth, *Eintagsfliege*, S. 24.

39. Eine Liebe macht noch keinen Sommer. (1985)

Ralf Bülow, *Phantasie*, o. S.

40. Eine Sommersprosse macht noch lange keinen Gesichtspunkt. (1985)

Carola Jührs, *Matsch*, o. S.

41. Ein Zitronenfalter macht noch keinen Frühling. (1987)

Bild, 2. 3. 1987, S. 3.

42. Was macht im Schwabenland noch keinen Sommer?
Ein Spätzle! (1987)

Angelika Franz, *Sprüche*, S. 432.

43. Ein Gedanke macht
noch kein Gedicht,
ohne Gemüt und Phantasie
gedeiht keine Poesie. (1990)

Heinrich Schröter, *Worte*, 2. Aufl., S. 50.

44. Eine Schwalbe macht noch keinen Elfmeter. (1991)

Ulrich Erckenbrecht, *Maximen*, S. 73.

45. Eine Lesbe macht noch keinen Sommer. (1993)

Gabriele Gelien, *Eine Lesbe macht noch keinen Sommer*, Hamburg: Argument, 1993.

46. Ein Dämon macht noch keinen Sommer. (1994)

Robert Asprin, *Ein Dämon macht noch keinen Sommer. Fantasy-Roman*, Bergisch Gladbach: Bastei-Verlag Lübbe, 1994.

47. Eine laszive Bildstory macht schon einen halben Illustriertensommer. (1994)

Felix Renner, *Worte*, S. 47.

48. Eine Schwalbe macht noch keinen Sommer, aber eine „Meise" kündigt bereits den Herbst des Lebens an. (1994)

Gerhard Uhlenbruck, *Medizinische Aphorismen*, 2. Aufl., S. 36.

SEINE, DAS

„Jedem das Seine."

1. Das Sprichwort: „Jedem das Seine" würde, zeitgemäß ausgedrückt, lauten müssen: Keinem das Seine! (Um 1860)

Karl Friedrich Wilhelm Wander, *Sprichwörterbrevier*, S. 189.

2. Die Regierung, außerstande, jedem das Seine zu geben, gibt allen dasselbe. (Vor 1958)

Max Jacob Friedländer, zitiert aus Federico Hindermann u. Bernhard Heinser, *Aphorismen*, S. 246.

3. *Rechnung*

Alles zusammen?
Nein!
Jedem das Seine,
was er muß! (1970)

Arnfrid Astel, *Kläranlage*, S. 36. Auch ders., *Rechtsstaat*, S. 551.

4. Grundgesetzlich
jedem das Gleiche
aber grundsätzlich
jedem das Seine. (1983)

Liselotte Rauner, *Volksmund*, S. 11.

5. Jedem die Seine! (1979)

Volker Erhardt, *Kannibale*, S. 21. Auch Elfriede Jelinek, *Lust*, S. 162.

6. Toleranz: Jedem das Seine. Aber alles zu seiner Zeit. (1979)

Werner Mitsch, *Fische*, S. 60.

7. Jedem das Seine, mir das Meiste. (1985)

Bild, 11. 11. 1985, S. 2. Auch Hans Gamber, *Graffiti*, o. S.; Claudia Glismann, *Edel*, o. S.; Eduard Moriz, *Nimm's leicht*, o. S.; Beate Steinmeyer, *Schoß*, o. S.; Beate Kuckertz, *Büro*, o. S.

8. Jedem das Seine, mir ein bißchen mehr. (1985)

Carola Jührs, *Matsch*, o. S.

9. Jedem das Seine und mir die Beine, sagte der Kannibale. (1988)

Werner Mitsch, *Neue Hin-Sprüche*, S. 23.

10. Jedem das Sein. (1990)

Hans-Horst Skupy, zitiert aus Gerhard Uhlenbruck, *Kranker*, 3 Aufl., S. 103.

SEINEN, DIE

„Den Seinen gibt's der Herr im Schlaf."

1. Den Seinen gibts der Herr im Beischlaf. (1968)

Werner Bukofzer, *Splitter*, S. 16.

2. Auf daß er es den Seinen im Schlafe geben könnte, verweigerte der HERR ihrem Ohr das Lid. (1970)

Hans Kudszus, *Jaworte*, S. 76.

3. den seinen gibts der herr im schlaf. wies gescherr, so der herr. (1971)

Bert Berkensträter, *Zungen-Schläge*, S. 16.

4. Im Vertrauen darauf, daß es der Herr den Seinen im Schlafe gebe, wird viel verschlafen. (1974)

Hellmut Walters, *Abseits*, o. S.

5. Seinen gibt Er's im Schlaf. Den andern im Wachen. (1975)

Emil Baschnonga, *Blume*, o. S.

6. Einen guten Schlaf gibt der Herr den Seinen. (1977)

Gerhard Uhlenbruck, *Netz*, S. 78.

7. Den Kreativen gibts der Herr im Schlaf. (1979)

Gerhard Uhlenbruck, *Einfach*, S. 38.

8. Kreativität: Den Seinen gibt es der Herr im Halbschlaf. (1979)

Gerhard Uhlenbruck, *Einfach*, S. 1.

9. Den Seinen gibt's der Herr im Schlaf,
egal ob Lambsdorff oder graf. (1984)

Claudia Glismann, *Edel*, o. S.

10. Den Seinen gibt's der Chef im Schlaf. (1986)

Bernd Thomsen, *Neue Büro-Sprüche*, o. S.

11. Den Seinen gibts der Herr im Schlaf: das nennt man dann Sternstunden. (1987)

Gerhard Uhlenbruck, *Kaffee*, S. 96.

12. Den Seinen gibt's der Herr im Schlaf des Gerechten – meinte ein Gerechter. (1987)

Felix Renner, *Leine*, S. 53.

13. Den Seinen gibts der Herr im Schlafe: Wer länger schläft, lebt länger. (1987)

Gerhard Uhlenbruck, *Kaffee*, S. 85.

14. Den Schweinen gibt's der Herr im Schlaf. (1988)

Claudia Glismann, *Schäferstündchen*, o. S.

15. Manch einem gibts der Herr sogar im Beischlaf. (1992)

Manfred Strahl, *Hiebe*, S. 57.

16. Den Seinen gibt's der Herr im Bett. (1996)

Heinz Hütter, *Eros*, S. 26.

SEITE

„Alles hat (seine) zwei Seiten."

1. *Objektivität*

   Es hat alles zwei Seiten. Aber erst wenn man erkennt, daß es drei sind, erfaßt man die Sache. (1954)

   Heimito von Doderer, *Repertorium*, S. 172.

2. Auch das Gute hat zwei Seiten. Eine gute und eine böse. (Um 1960)

   Stanisław Jerzy Lec, *Spätlese*, S. 66.

3. Es ist wahr, alles auf der Welt hat zwei Seiten, auch der Teufel; aber es ist der Teufel auf beiden Seiten. (1961)

   Erwin Chargaff, *Bemerkungen*, S. 88.

4. „Jedes Ding hat zwei Seiten", sagen die Alten. „Jedes Ding hat seine positive und seine negative Seite", sagt Lehrer Sigel. Das ist umständlicher, dafür wissenschaftlich und keineswegs falsch. Haben Gerüchte zwei Seiten? Es scheint so. (1964)

   Erwin Strittmatter, *Bienkopp*, S. 351.

5. Jedes Ding hat zwei Seiten – die zweite ist immer hypothetisch. (1969)

   Elazar Benyoëtz, *Sahadutha*, S. 34.

6. Jede Sache hat zwei Seiten
   meistens zwei Einseitigkeiten. (1973)

   Liselotte Rauner, *Volksmund*, S. 37. Auch dies., *Sorge*, S. 91.

7. Jedes Ding hat zwei Seiten,
   doch das beste nur zwei – Rückseiten. (1973)

   Rolf Hochhuth, *Lysistrate*, S. 130.

8. Wer die Mitte sucht, muß wissen, daß jede Mitte zwei Seiten hat. (1973)

   Werner Schneyder, *Empfehlung*, S. 7.

9. Es hat alles zwei Seiten. Nur? (1977)

   Oliver Hassencamp, *Klipp*, S. 18.

10. Alles hat seine zwei Seiten. Damit man weiß was vorn und hinten ist. (1978)

Werner Mitsch, *Spinnen*, S. 26.

11. Alles hat zwei Seiten, sagt die eine Seite zur anderen. (1978)

Oskar Cöster, „Schüsse“, S. 132.

12. Alles hat seine zwei Seiten, sagte der Doppelagent. (1978)

Werner Mitsch, *Spinnen*, S. 22. Auch Claudia Glismann, *Edel*, o. S.; W. Mitsch, *Neue Hin-Sprüche*, S. 118.

13. Wenn alles nur zwei Seiten hätte, so wäre das Ende schnell abzusehen. (1979)

Hans-Horst Skupy, zitiert aus *Nebelspalter*, Nr. 39/25. 9. 1979, S. 35.

14. Alles hat seine zwei Seiten. Auch das Einseitige? (1983)

Werner Mitsch, *Schwarze*, S. 118.

15. Alles hat zwei Seiten. Das ist das Gute am Schlechten und das Schlechte am Guten. (1983)

Werner Mitsch, *Schwarze*, S. 116.

16. Alles hat seine zwei Seiten, sagte der Pessimist. Eine unschöne und eine häßliche. (1984)

Werner Mitsch, *Grund*, S. 48. Auch ders., *Hin und Wider*, S. 86.

17. *Gläser*

Auch (Brillen-)Gläser haben zwei Seiten. (1985)

Fritz Arcus, *Seedieb*, S. 22.

SONNE

„Die Sonne bringt es an den Tag.“

1. Die Sprache bringt es an den Tag. (1933)

Karl Kraus, *Walpurgisnacht*, S. 241.

2. Nicht die blinde blendende Sonne bringt es an den Tag, aber Musik. (1960)

Martin Walser, *Halbzeit*, S. 369.

3. Lehrer Gerbers Unterrichtsmethoden brachten es an den Tag. (1966)

   Erwin Strittmatter, *Wundertäter*, Bd. 1, S. 35.

4. Wer die Intimität des Lebens kennt, weiß: Bedeutsamer als das wenige, was die Sonne an den Tag, ist das, was der Mond an die Nacht bringt. (1970)

   Hans Kudszus, *Jaworte*, S. 24.

5. Das Wahltheater in Saigon hat es an den Tag gebracht. (1971)

   Die Zeit, Nr. 35/31. 8. 1971, S. 5.

6. Das Bikini bringt es an die Sonne. (1973)

   Schweizer Illustrierte, Nr. 25/18. 6. 1973, S. 49.

7. Eine Kleinigkeit brachte es in Hannover an den Tag. (1973)

   Die Zeit, Nr. 10/9. 3. 1973, S. 10.

8. Der Regen bringt es an den Tag. (1974)

   Schweizer Illustrierte, Nr. 35/26. 8. 1974, S. 28. Auch *Quick*, Nr. 13/24. 3. 1983, S. 65.

9. Ein Toter brachte es wieder einmal an den Tag. (1974)

   Die Zeit, Nr. 36/6. 9. 1974, S. 3.

10. Essig bringt es an den Tag. (1974)

    Für Sie, Nr. 6/8. 3. 1974, S. 134.

11. Kinder bringen's an den Tag. (1976)

    Martin Walser, *Liebe*, S. 71.

12. Die Nacht bringt die Liebe nicht an den Tag. (1977)

    Gerhard Uhlenbruck, *Netz*, S. 104.

13. Manchmal, denke ich, sieht man es der Sonne an, daß sie sehr genau weiß, was sie an den Tag bringt und was nicht. (1979)

    Nikolaus Cybinski, *Werden*, S. 24.

14. Die Nacht bringt es an den Tag! (1987)

    Hans Gamber, *Frech*, S. 10.

15. Die Wonne bringt es an den Tag. (1987)

    Andreas Bender, *Socken*, o. S.

16. Die Zeit wird es an den Tag bringen. (1989)

    Elfriede Jelinek, *Lust*, S. 206.

17. Die Sonne bringt es an den Tag – aber erst in Jahren! (1994)

    Gerhard Uhlenbruck, *Medizinische Aphorismen*, 2. Aufl., S. 76.

SPATZ/SPERLING

„Besser (Lieber) ein Spatz (Sperling) in der Hand als eine Taube auf dem Dach."

1. Die Hoffnung auf den Sperling fern am Dachesrand
   Ist schöner als die schönste Taube in der Hand. (1916)

   Marie von Ebner-Eschenbach, *Werke*, Bd. 9, S. 105 (*Aus einem zeitlosen Tagebuch*).

2. Mit dem Sperling in der Hand denken wir nur an die Taube auf dem Dach. (1938)

   Charles Tschopp, *Aphorismen*, S. 8.

3. Eine feste Taube in der Hand ist besser als ein loser Sperling auf dem Dache. (Vor 1948)

   Kurt Schwitters, *Werk*, Bd. 1, S. 176.

4. *scherzo*

   du hast einen spatzen in der hand
   aber die hand ist kein flügel
   du hast eine taube auf dem dach
   aber das dach hat kein haus
   was frommen die vögel?
   mir nichts dir nichts
   der himmel blickt sprachlos
   auf rache vermählung hunger und licht
   (nur der spatz schweigt nicht). (1962)

   Hans Magnus Enzensberger, *Verteidigung*, S. 21.

5. Besser ein Star im Haar als ein Spatz auf der Glatz. (1964)

   Robert Gernhardt, *Welt*, S. 13.

6. Wußten Sie schon, daß es besser ist, einen Spatz auf dem Dach zu haben, als einen toten Briefträger im Rucksack? (1967)

Robert Gernhardt, *Welt*, S. 87.

7. „Ein Sperling in der Hand ist besser als eine Taube auf dem Dache": So spricht der Haß des Krämers gegen alle Poesie. (1970)

Hans Kudszus, *Jaworte*, S. 19.

8. *Verkehrsregel*

Leichtsinn ist kein Leistungsmesser.
Unbesonnenheit bringt Harm.
Das Lenkrad in der Hand ist besser
als das Täubchen im Arm! (1971)

Hansgeorg Stengel, *Stenglisch*, S. 71.

9. Besser als Olympia-Tauben ist der Hausspatz in der Hand. (1972)

Stern, Nr. 37/3. 9. 1972, S. 13.

10. Besser eine Minibrust in der Hand
als ein Busenstar auf der Bühne. (1977)

Heinrich Schröter, *Lust*, S. 58. Auch ders., *Worte*, 2. Aufl., S. 72; ders., *Lebensworte*, S. 68; Heinz Hütter, *Eros*, S. 43.

11. Eine kleine Camera in der Hand ist besser ale eine große in der Schublade. (1977)

Der Spiegel, Nr. 18/25. 4. 1977, S. 85.

12. *Besser*

Besser dumm geschwetzt
als miehsam dauwes Korn gedrosche
besser uffen Bauch gefalle
als wie uffen hohle Kopp
besser de Schbatz in de Hand
als de Kuhschwanz uffem Dach
besser nix als wie gar nix
denn ehrlisch:
wann de derr in die aa Hand was winschst
un in de anner was scheißt
wo hasde da des mehrschst? (1978)

Kurt Sigel, *Gegenreden*, S. 34.

13. *Bundeswehr-Latrine*

Besser den Schwanz
in der Hand
als ein Loch im Kopf. (1978)

Arnfrid Astel, *Rechtsstaat*, S. 394. Auch Bernd Thomsen, *Pissen*, o. S.

14. „Da gefällt mir aber meine Taube am Bein besser als Ihr Spatz in der Hand, Herr Kurdirektor!“ (1978)

Neue Revue, Nr. 30/24. 7. 1978, S. 39.

15. *Der Spatz in der Hand*

„Der Spatz in der Hand ...“
Sich kleinlich begnügen.
Sich selber belügen:
Was ich habe, das weiß ich.
Was ich kriege, noch nicht.
Ich liebe und lebe
den großen Verzicht.
„Der Spatz in der Hand ...“
und Zank und Gezeter.
Die Taube fliegt frei
im lichtblauen Äther.
„Der Spatz in der Hand ...“
Halt ihn nicht fest!
Baue der Taube
ein sicheres Nest! (1978)

Jorg Schröder, *Findling*, S. 23.

16. Lernen Sie jemanden kennen, der John Player Special raucht – vielleicht pfeifen Sie dann auf den Spatz in der Hand. (1978)

Der Spiegel, Nr. 24/12. 6. 1978, S. 109.

17. Lieber den Spatz in der Hand als den Teufel an der Wand. (1978)

Werner Mitsch, *Spinnen*, S. 91. Auch in *Dumme Sprüche für Gescheite 1981: Wandsprüch'-Kalender* (Aug.), München: Heye, 1981; W. Mitsch, *Wal*, o. S.

18. *Prophet im eigenen Land*

Ihm zu Ehren
werden Volksmund
und Bibelweisheit
umgekrempelt.

Lieber
eine Taube auf dem Dach
als ein Spatz
in der Hand.

Ein toter Löwe
ist besser
als ein
lebender Hund. (1978)

Detlev Block, *Anhaltspunkte*, S. 90.

19. *Wohnungsnot*

Die Taube auf dem Dach
wäre mir lieber als
der Spatz in der Hand:

Des Daches wenigstens
wäre ich sicher. (1978)

Oskar Cöster, „Maulschellen", S. 172*.

20. Besser eine Taube auf dem Dach als ein Spatz in der Hand. (1979)

Frankfurter Allgemeine Zeitung, 26. 1. 1979, S. 3.

21. Besser einen Schatz an der Hand als einen Vogel im Kopf. (1979)

Gerhard Uhlenbruck, *Einfach*, S. 17.

22. Lernen Sie jemanden kennen, der John Player Special raucht – vielleicht werden Sie ihr Spatz in der Hand. (1979)

Der Spiegel, Nr. 35/27. 8. 1979, S. 6.

23. *Tauben*

Hätten die Tauben früher gewusst, dass sie Symbole des Friedens werden würden – sie hätten grösser werden wollen. Jetzt sitzen sie auf den Dächern und der Soldat hält den „Spatz" in der Hand. – Besser als anderes. (1979)

Albert Ehrismann, zitiert aus *Nebelspalter*, Nr. 46/13. 11. 1979, S. 9.

24. Besser Durchfall im Klosett
Als im Abi Krach.
Besser 'ne Taube im Bett
Als 'ne Schwerhörige auf dem Dach. (Vor 1980)

Ernest Borneman, *Mist*, S. 46.

25. Besser ein Sozialspatz in der Hand als eine gesellschaftspolitische Taube auf dem Dach! (1980)

Felix Renner, *Schwalben*, S. 40.

26. Besser ein Buch in der Hand als die Fernsehantenne auf dem Dach. (1981)

Buch Aktuell, Weihnachten 1981, S. 66 f.

SPATZ/SPERLING 26

27. Lieber eine Taube auf dem Dach als eine Atomwaffe in der Hand. (1982)

Frieder Stöckle, *Ätsch*, S. 97.

28. *Tauben und Spatzen*

Ich pfeife die Taube vom Dach
auf meinen Balkon
und sende sie aus,
den Ölzweig zu holen.

Doch sie kehrt mit leerem Schnabel zurück.
Ich hole ihr Brot aus der Küche,
ich breche das Brot,

streue die Krümel zwischen uns aus.
Sie pickt sie auf,
ich esse die Rinde.
Wir schnäbeln uns zu.

Ich greife nach ihr
und halte die Taube
in meiner Hand,
während sich über uns auf dem Dach
ein Schwarm von Spatzen niederläßt. (1982)

Wolfgang Bächler, *Nachtleben*, S. 43.

29. Wer schützt die Tauben auf dem Dach vor den Spatzen? (1982)

    Frieder Stöckle, *Ätsch*, S. 23.

30. Besser ein Spatz in der Hand als eine Taube am Telefonhörer. (1983)

    Morgenpost, 13. 1. 1983, o. S.

31. Besser eine Dicke/Dünne im Bett als eine Runde im Lokal. (1983)

    Morgenpost, 13. 1. 1983, o. S.

32. Besser eine Stumme (Taube, Blinde) im Bett (auf dem Dach/im Keller), als ein Spatz (eine Taube/Lahme/Schwerhörige) auf dem Dach (im Bett/in der Hand). (1983)

    Morgenpost, 13. 1. 1983, o. S.

33. Der Spatz auf dem Dach ist besser als ein Kuckuck unterm Dach. (1983)

    Morgenpost, 13. 1. 1983, o. S.

34. Lieber den Spatz in der Hand, als den Reiher im Seiher. (1983)

    Werner Mitsch, *Schwarze*, S. 23. Auch ders., *Wal*, o. S.

35. Lieber den Spatz in der Hand als den Star im Auge. (1983)

    Morgenpost, 13. 1. 1983, o. S.

36. Lieber die weiße Taube in der Hand als den roten Hahn auf dem Dach. (1983)

    Werner Mitsch, *Schwarze*, S. 116.

37. Besser 'ne Nixe am Strand, als nix in der Hand. (1984)

    Bild, 10. 1. 1984, S. 13.

38. Ein Sperling in der Hand ist besser
als eine Taube auf dem Dach.
Umgekehrt wär's doch noch besser! (1984)

Siegfried Gloose, *Einfälle*, S. 64.

39. Lieber den Spatz in der Hand als den Sperling auf dem Dach. (1984)

Werner Mitsch, *Grund*, S. 47. Auch ders., *Wal*, o. S.

40. Lieber einen Schwanz in der Hand als eine Pershing auf dem Dach. (1984)

Claudia Glismann, *Edel*, o. S.

41. Lieber ein Spatz in der Hand als gar nichts zum Vögeln. (1985)

Eduard Moriz, *Beziehungskiste*, o. S.

42. Eine Stumme am Strand ist besser als eine Taube auf dem Dach. (1986)

Andreas Bender, *Gelegenheit*, o. S.

43. Eine Stumme im Bett ist besser als eine Taube auf dem Dach. (1986)

Andreas Bender, *Gelegenheit*, o. S.

44. Lieber einen Spatz in der Hand als gar kein Sex. (1986)

Bernd Thomsen, *Bett*, S. 57.

45. Besser
das Buch
in der Hand
als die Antenne
auf dem Dach. (1987)

Hans Kruppa, *Glück*, S. 14.

46. Lieber den Sperling in der Hand als den Buchfinken in der Bibliothek. (1988)

Werner Mitsch, *Neue Hin-Sprüche*, S. 22.

47. Modern time: Lieber die Pille in der Hand als den Storch auf dem Dach. (1988)

Hans Norbert Janowski, *Kürze*, S. 7.

48. *Zeitgeist*

Lieber den Spatz in der Hand
als die Taube auf dem Dach,
dachte er sich vorerst,
um dann den Faden weiterzuspinnen:
Den toten Spatz presse ich ins Kanonenrohr;
so hole ich auch noch die Taube vom Dach. (1991)

Peter Weingartner, zitiert aus *Neue Zürcher Zeitung*, 7. 6. 1991, S. 83.

49. Eine Frau im Haus ist besser als zehn auf dem Dach! (1996)

Willy Breinholst, *Eine Frau im Haus ist besser als zehn auf dem Dach!*, Bergisch Gladbach: Lübbe, 1996.

SUCHEN

„Wer sucht, der findet."

1. Wer sucht, wird zweifeln. (1798)

Novalis, *Fragmente*, S. 9.

2. Wer nicht sucht, wird bald nicht mehr gesucht. (Vor 1825)

Jean Paul, *Bermerkungen*, S. 68.

3. Wer sucht, der findet. Ja! nur der nicht, wer erblindet
An Orten sucht, wo sich nicht das Gesuchte findet. (Vor 1866)

Friedrich Rückert, *Werke*, Bd. 5, S. 239.

4. Wer sucht, findet nicht, aber wer nicht sucht, wird gefunden. (Vor 1924)

Franz Kafka, *Werke*, Bd. 6, S. 70. Auch ders. in Laurenz Wiedner, *Geist*, Bd. 2, S. 247; ders. in Federico Hindermann u. Bernhard Heinser, *Aphorismen*, S. 344.

5. Wer sucht, sieht übers Gesuchte hinweg. (1955)

Erwin Strittmatter, *Tinko*, S. 183.

6. Wer sucht, der findet. Frag nur nicht, was! (1979)

Helmut Lamprecht, *Lächerlichkeit*, S. 34.

7. Wer versucht, der findet. (1981)

Pro, Nr. 1–2/Jan./Febr. 1981, S. 2.

8. Wer sucht, wird gefunden. (1983)

Žarko Petan, *Sintflut*, S. 26.

9. Wer lange versucht, der findet. (1986)

Die Weltwoche, Nr. 14/3. 4. 1986, S. 47.

10. Wer suchet, der findet.
Frag bloß nicht, was! (1989)

Beate Steinmeyer, *Schoß*, o. S. Auch Beate Kuckertz, *Büro*, o. S.

TAG

„Man soll den Tag nicht vor dem Abend loben."

1. Man soll den Handwerker nicht vor der Rechnung loben. (1929)

Fliegende Blätter, 85, Nr. 4379/4. 7. 1929, S. 15.

2. *Reklame*

Wenn vorschnell ihr euch selber Kränze wobt,
Verzeihlich scheint es und erklärlich;
Daß man den Tag schon vor dem Abend lobt,
Ist Eintagsfliegen unentbehrlich. (Vor 1939)

Ludwig Fulda, zitiert aus Klemens Altmann, *Epigramme*, S. 264.

3. Es gehört Großmut dazu, den Tag vor dem Abend zu loben und für Vorfreuden dankbar zu sein, denen keine Erfüllung folgt. (1971)

Eugen Gürster, *Narrheiten*, S. 59.

4. *Vorsicht*

Ein Mensch, der – weil ers längst erprobt –
Den Tag nie vor dem Abend lobt,
Lernt selbst am Abend noch zu zittern:
Denn oft kommts auch zu Nachtgewittern. (1971)

Eugen Roth, *Genau*, S. 17.

5. Man soll den Tag nicht vor dem letzten Ehekrach loben. (1972)

Schweizer Illustrierte, Nr. 44/30. 10. 1972, S. 140.

6. Man soll am Tag nicht für den Abend proben. (1973)

Praline, Nr. 3/17. 1. 1973, S. 12.

7. Mit dieser Tagespflege können Sie den Tag schon vor dem Abend loben. (1974)

Brigitte, Nr. 33/30. 8. 1974, S. 47.

8. Man soll den Tag nicht vor dem Abendprogramm loben. (1975)

Frau im Spiegel, Nr. 17/17. 4. 1975, S. 98. Auch Otto Waalkes, *Zweites Buch Otto*, S. 144; Andreas Bender, *Gelegenheit*, o. S.; Robert Lembke, *Fettnäpfchen*, S. 8; ders. zitiert in Winfried Maaß, *Worte*, S. 175.

9. Dimple Whisky. Damit man den Tag schon vor dem Abend loben kann. (1976)

Der Spiegel, Nr. 25/14. 6. 1976, letzte Umschlagseite.

10. *Lob den Tag vor dem Abend!*

Lob den Tag vor dem Abend!
Gib nicht nach, wenn du
klüger bist – sonst herrschen
die Dummen!
Manche betten sich gut
und schlafen trotzdem schlecht.
Viele müssen alles so heiß essen,
wie es gekocht wird,
sonst ist kein Essen mehr da!
Es gibt Hunde, die beißen den
ersten besten Postboten!
Liebe geht manchmal durch –
aber nicht durch den Magen.
Wer anderen eine Grube gräbt,
weiß, wo sie ist und fällt
selten hinein.
Mit dem Hut in der Hand
hast du nichts auf dem
Kopf. Mit dem
Sprichwort im Kopf
kommst du
nicht weit! (1976)

Josef Reding, *Texte*, S. 20.

Man soll die Braut nicht
vor dem Morgen
loben...

TAG 11

11. Man soll die Braut nicht vor dem Morgen loben ... (1976)

    Locus vivendi 1976: Sentenzen fürs Klo (März), München: Heye, 1976.

12. Man soll das Leben nicht vor dem Sterben loben. (1977)

    Heinrich Schröter, *Lust*, S. 31.

13. Man soll den Abend nicht vor dem anderen Tag loben. (1977)

    Gerhard Uhlenbruck, *Netz*, S. 48.

14. „Man soll den Tag nicht vor dem Abend loben", sagte die Eintagsfliege, als es eindunkelte. (1977)

    Markus Ronner, *Moment*, S. 47.

15. Man soll den Tag nicht vor dem Fernsehabend loben. (1977)

    Gerhard Uhlenbruck, *Netz*, S. 28. Auch Fritz Herdi, zitiert aus *Nebelspalter*, Nr. 31/3. 8. 1982, S. 2; G. Uhlenbruck, *Eigenliebe*, S. 12.

16. Man soll die Nacht nicht vor dem Räuber loben. (1977)

    Peter Bamm, *Einfälle*, S. 13.

17. Man soll den Geist nicht vor dem Weine loben. (1978)

    Werner Mitsch, *Spinnen*, S. 94.

18. Man soll das Kind nicht vor der Zeugung loben. (1979)

Werner Mitsch, *Fische*, S. 75.

19. Man soll den Gag nicht vor der Gage loben. (1979)

Werner Mitsch, *Fische*, S. 73.

20. Man soll die Faust nicht in der Tasche loben. (1979)

Werner Mitsch, *Fische*, S. 96. Auch ders., *Wal*, o. S.

21. Man soll den Teig nicht vor dem Abend loben. (1980)

Hans Weigel, „Kulinarisches", S. 225. Auch *Die Weltwoche*, Nr. 18/6. 5. 1993, S. 63.

22. Lobe den Tag nicht vor dem Abendessen. (1981)

Žarko Petan, *Himmel*, S. 145.

23. Man soll den Tag nicht vor dem Abend-Fernsehprogramm loben. (1981)

Robert Lembke, zitiert aus *Nebelspalter*, Nr. 18/5. 5. 1981, S. 33.

24. Man soll den Tag nicht vor dem Frühstück loben. (1981)

Schweizer Familie, 18. 2. 1981, S. 3.

25. Man soll den Plan nicht vor Silvester loben. (Um 1982)

Peter Tille, zitiert aus Eckart Krumbholz, *Blatt*, S. 79.

26. Man soll die Nacht im fremden Bett nicht vor dem Morgen loben. (Um 1982)

Gabriele Berthel, zitiert aus Eckart Krumbholz, *Blatt*, S. 9.

27. Man soll den Held des Tages nicht vor dem Abend loben. (1982)

André Brie, *Wahrheit*, S. 48. Auch ders., *Wahrheit/Anfang*, S. 48.

28. Man soll den Job nicht vor der Arbeit loben. (1982)

Werner Mitsch, *Bienen*, S. 35.

29. Der *Redliche*

Ich will den Tag *vor* dem Abend
loben, denn es wäre unfair,

das Schöne, Liebliche, Geliebte – trotz und aber –
nicht verdankt zu haben. (1983)

Albert Ehrismann, zitiert aus *Nebelspalter*, Nr. 21/24. 5. 1983, S. 16.

30. Man soll den Arzt nicht vor der Rechnung loben. (1983)

Winfried Bornemann, *Blödel*, o. S.

31. Man soll den Scheck nicht vor der Buchung loben. (1983)

Werner Mitsch, *Schwarze*, S. 16.

32. Man soll den Schnaps nicht vor dem Rollmops loben. (1983)

Peter Tille, *Sommersprossen*, S. 112.

33. Man soll den Tag nicht vor dem Abend loben,
und den Mann nicht, bevor die Nacht vorbei ist. (1983)

Karl Heinz Rauchberger u. Ulf Harten, *Club*, S. 28. Auch Eduard Moriz, *Beziehungskiste*, o. S.

34. Man soll das Gehalt nicht vor der Steuer loben! (1984)

Bella, Nr. 35/24. 8. 1984, S. 2. Auch *Das neue Blatt*, Nr. 52/17. 12. 1985, S. 63.

35. Man soll den Flug nicht vor der Landung loben. (1984)

Werner Mitsch, *Grund*, S. 9.

36. Man soll den Tag nicht vor dem Abend loben, sagte der Clown, es sei denn, man hat einen Tag vorgearbeitet. (1984)

Werner Ehrenforth, *Eintagsfliege*, S. 71.

37. Wenn der Morgen schön war, dann kann man getrost den Tag vor dem Abend loben. (1984)

J. Bloberger, *Bemerktes*, S. 29.

38. In der Liebe soll man den Abend nicht vor der Nacht loben. (1985)

Gerhard Uhlenbruck, *Eigenliebe*, S. 20. Auch ders., *Wahr*, S. 118.

39. Man soll am Tag nicht vor dem Abend toben. (1985)

Wolfgang Willnat, *Sprüche*, S. 93.

40. Man soll den Stuhl nicht vor dem Feierabend loben. (1985)

Der Spiegel, Nr. 21/20. 5. 1985, S. 61.

41. Man soll den Tag nicht vor der Abfahrt loben. (1985)

Wolfgang Willnat, *Sprüche*, S. 118.

42. Man soll den Mann nicht vor dem Morgen loben. (1986)

Bild, 25. 4. 1986, S. 2. Auch Bernd Thomsen, *Neue Büro-Sprüche*, o. S.

43. „Man soll den Tag nicht vor dem Abend loben" –
Man soll bei Nacht noch vor dem Morgen toben. (1986)

Pascal Märki, *Denkbar*, S. 61.

44. Man soll die Magd nicht vor dem Abend loben. (1986)

Andreas Bender, *Gelegenheit*, o. S. Auch Saskia Schlesinger, *Lenz*, o. S.

45. Mann [!] soll den Tag nicht vor der 6. Stunde loben. (1986)

Christian Roman, *Big Mäc*, o. S.

46. Man soll den Tag vor dem Elternabend nie loben. (1987)

Angelika Franz, *Sprüche*, S. 328.

47. Wer zur Frau geht, sollte die Peitsche nicht vor dem Abend loben! (1987)

Hans Gamber, *Frech*, S. 20.

48. Man soll das Kind nicht vor dem Alter loben. (Vor 1989)

Rolf Seiffert, zitiert aus Gabriele Berthel, *Kurz*, S. 101.

49. Du sollst am Tag nicht vor dem Abend toben! (1989)

Die Weltwoche, Nr. 1/5. 1. 1989, S. 47.

50. Man soll den Tag nicht vor dem Feierabend loben. (1992)

Beate Kuckertz, *Büro*, o. S.

51. Man soll ein Luftschloss nicht vor dem Absturz loben. (1994)

Felix Renner, *Worte*, S. 92.

52. Man soll den Tag nicht mit dem Abend verloben. (1995)

Ulrich Erckenbrecht, *Katzenköppe*, S. 17.

TOD

„Gegen den Tod ist kein Kraut gewachsen."

1. Gegen den Fluch des Gestaltenmüssens ist kein Kraut gewachsen. (1909)

   Karl Kraus, *Wort*, S. 92.

2. Gegen den Satan der Fleischeslust ist noch kein Kraut gewachsen. (1930)

   Ödön von Horváth, *Sportmärchen*, S. 141.

3. Gegen die Jahre ist noch kein Kraut gewachsen. (1971)

   Die Zeit, Nr. 19/11. 5. 1971, S. 3.

4. Gegen Glatzen ist kein Kraut gewachsen. (1973)

   Schweizer Illustrierte, Nr. 8/19. 2. 1973, S. 49.

5. Ist gegen die Inflation kein Kraut gewachsen? (1973)

   Die Zeit, Nr. 33/17. 8. 1973, S. 12.

6. Kaum aufgewacht, im Kopf: Ficken als Kraut gegen den Tod, Ficken als Revolte gegen den übermächtigen Vater, Zwerenz und Z. Können Z. und ich nicht gemeinsam die Revolte gegen beides machen? Ich will alles: Ficken, Geist, Gefährtin gegen den Tod, Gefährtin in der Gefahr, gegen den aseptischen Tod, gegen den Tod der Familie, gegen den Schrumpfungstod, gegen den Alterstod. (1973)

   Karin Struck, *Klassenliebe*, S. 83 f.

7. Für jeden Hauttyp ist ein Kraut gewachsen. Man muß nur wissen wo. (1978)

   Brigitte, Nr. 14/29. 6. 1978, S. 21.

8. Gegen das Rauchen ist kein Kraut gewachsen. Wohl aber gegen das Nichtrauchen. (1978)

   Werner Mitsch, *Spinnen*, S. 30.

9. Gegen Frühjahrsmüdigkeit ist ein Kraut gewachsen. (1978)

   Stern, Nr. 13/23. 3. 1978, S. 230.

Gegen Frühjahrsmüdigkeit ist ein Kraut gewachsen.
Wußten Sie, daß Frühjahrsmüdigkeit oft nur durch Darmträgheit bedingt ist? Sie ist Folge von Bewegungsmangel im Winter. Doch hiergegen gibt es einen wirksamen Wachmacher. Der bringt die Verdauung wieder in Schwung: MIDRO – Deutschlands beliebtester Abführ-Kräutertee. Er reinigt, entschlackt, entwässert, reguliert. Und macht Frühjahrsmüde wieder munter.
Midro Tee
erhält schlank und gesund auf natürliche Weise

TOD 9

10. Gegen geschwollene Beine ist kein Kraut gewachsen. Aber ein Strumpf. (1978)

Bunte, Nr. 49/30. 11. 1978, S. 113.

11. Gegen Sauer ist kein Kraut gewachsen. (1978)

Locus vivendi 1978: Sentenzen fürs Klo (Jan.), München: Heye, 1978.

12. Es ist ein Kraut gewachsen gegen den Tod: die Entfernung. (1979)

Nikolaus Cybinski, *Werden*, S. 11.

13. Gegen Krankheit ist ein Kraut gewachsen. (1979)

Quick, Nr. 40/29. 11. 1979, S. 5.

14. Gegen Wasserkopf und krumme Haxen ist leider kein Kraut gewachsen. (1979)

    Werner Mitsch, *Fische*, S. 99.

15. Gegen die Liebe ist kein Kraut gewachsen – ausgenommen das giftige. (1980)

    Gerhard Uhlenbruck, *Frust-Rationen*, S. 112.

16. *Kontra-Wiegenlied*

    Gegen unsere Ängste
    wächst kein Kraut,
    und wer auf Sand gebaut,
    wohnt sicherer, *als wer in*
    Illusionen und Ideologien sich wiegt. (1981)

    Albert Ehrismann, zitiert aus *Nebelspalter*, Nr. 15/14. 4. 1981, S. 12.

17. Homöopathie: Gegen den Tod ist so manches Kraut gewachsen. (1982)

    Gerhard Uhlenbruck, *Medizinische Aphorismen*, S. 28.

18. Der Erwachsene: er weiß bereits, daß gegen die Dummköpfe kein Kraut gewachsen ist. (1984)

    Gabriel Laub, *Denken*, S. 53.

19. Gegen alles ist ein Kraut gewachsen. (1984)

    Quick, Nr. 18/26. 4. 1984, S. 151.

20. Gegen den Tod ist ein Kraut gewachsen, das Leben. (1991)

    Werner Kraft, *Sätze*, S. 19.

TRAUM

„Träume sind Schäume."

1. „Träume sind Schäume", aber nicht des Seifensieders, sondern des urgewaltigen Meeres, das sich Seele nennt. (1970)

   Hans Kudszus, *Jaworte*, S. 20.

2. Meine Träume sind keine Schäume. (1974)

   Schweizer Illustrierte, Nr. 48/25. 11. 1974, S. 76 f.

3. Auch nicht verwirklichte Träume sind Schäume – vor dem Mund. (1977)

   Gerhard Uhlenbruck, *Netz*, S. 81.

4. *Veralberung*

   Träume
   sind Schäume?
   Dann wäre es
   unverschämt schön
   auch Albträume nur
   als Schemen
   und Schäume zu sehn. (1980)

   Erich Fried, „Trilogie", S. 73.

5. *Ist es wahr ...*

   ... dass unsere Gewässer
   deshalb so schäumen,
   weil unsere Träume
   nichts als Schäume
   sind? (1981)

   Nebelspalter, Nr. 5/3. 2. 1981, S. 13.

6. Träume sind Seifenblasen, die beim Erwachen zersterben. (1981)

   Werner Mitsch, *Hunde*, S. 86.

7. Träume sind Schäume.
   Ich liess das Badewasser sofort ablaufen. (1982)

   Nebelspalter, Nr. 12/23. 3. 1982, S. 36.

8. Mit dem Schaumbad sind für manchen die schönsten Träume Wirklichkeit geworden. (1983)

   Nebelspalter, Nr. 11/15. 3. 1983, S. 25.

9. Träume sind nicht immer Schäume. (1983)

   Quick, Nr. 18/28. 4. 1983, S. 58.

10. Träume sind Schäume – bade drin. (1984)

    Eduard Moriz, *Intim*, o. S.

11. Träume sind keine Schäume mit Bundeswertpapieren. (1988)

    Der Spiegel, Nr. 43/24. 10. 1988, S. 128.

12. Träume sind Schäume – von einer Seife, mit der sich das Unbewußte reinigt. (1989)

Gerhard Uhlenbruck, *Aphorismen/Satz*, S. 106.

13. Träume sind Schäume – und die Phantasie liefert uns das Schaumbad dazu! (1996)

Gerhard Uhlenbruck, *Nichtzutreffendes*, S. 64.

TROPFEN

„Steter Tropfen höhlt den Stein."

1. So kann ohne Übertreibung gesagt werden, daß das alte römische Sprichwort „gutta cavat lapidem non vi sed saepe cadendo" ohne die Wassermusik von Georg Friedrich Händel nie die moderne Fassung von „Stete Werbung erhöht den Umsatz" gefunden hätte. (1970)

Otto Grünmandl, *Ministerium*, S. 121.

2. Steter Tropfen höhlt die Leber. (1972)

Dumme Sprüche für Gescheite 1972: Wandsprüch'-Kalender (Aug.), München: Halwart Schrader Verlag, 1972. Auch Klaus Sochatzy, *Anarchie*, S. 87; Iris Blaschzok, *Ächt*, S. 85; Hans Gamber, *Graffiti*, o. S.; *Bild*, 12. 4. 1985, S. 2; Bernd Thomsen, *Haste*, o. S.; *Bild*, 1. 10. 1986, S. 2; Fritz Herdi, *Witz*, S. 48; Otto Wicki, *Sentenzen*, S. 42.

TROPFEN 2

3. Steter Tropfen höhlt Stein und Leber. (1978)

Gerd Heyse, *Hund*, S. 40.

4. Steter Tropfen höhlt das Stirnhirn. (1980)

Gerhard Uhlenbruck, *Frust-Rationen*, S. 2. Auch ders., *Medizinische Aphorismen*, S. 56.

5. Steter Tropfen höhlt das Sein. (Um 1982)

Gerhardt Hildebrand, zitiert aus Eckart Krumbholz, *Blatt*, S. 66. Auch Klaus Möckel, *Kopfstand*, S. 86.

6. Aus jedem Jahr zwölf Tropfen. Steter Tropfen? Welcher Stein? (1983)

Elias Canetti, *Aufzeichnungen*, S. 506.

7. *Der Tropfen und der Stein*

Als der bekannte
stete Tropfen
sein Loch in
den Stein
geschlagen hatte,
fragte der Stein:
Was beweist das?
Sagte der Tropfen:
Ich tropfe stets.
Sagte der Stein:
Ich nicht. (1983)

Friedrich Christian Delius, *Kerbholz*, S. 20.

8. Steter Tropfen höhlt den Feind. (1983)

Werner Mitsch, *Schwarze*, S. 43.

9. Steter Tropfen füllt das Weinglas. (1984)

Claudia Glismann, *Edel*, o. S.

10. Unsteter Tropfen ölt den Verstand. (1984)

Werner Ehrenforth, *Eintagsfliege*, S. 23.

11. Steter Tropfen höhlt Gesundheit aus. (1985)

Deutscher Forschungsdienst, Nr. 35/28. 8. 1985, S. 9.

12. *Alkohohl*

Der stete Tropfen höhlt den Stein.
Doch jenen, die ihn darum preisen,
muß immerdar geläufig sein,
das gilt auch für den Stein der Weisen. (1986)

Wolfgang Funke, *Funkenflug*, S. 10. Auch ders., *Wendehals*, S. 111.

13. Steter Tropfen höhlt das Bein. (1986)

Bernd Thomsen, *Pissen*, o. S.

14. Steter Tropfen leert das Hirn. (1986)

Eduard Moriz, *Sauweich*, o. S. Auch Angelika Franz, *Sprüche*, S. 344; Saskia Schlesinger, *Lenz*, o. S.

15. Steter Tropfen näßt das Bein. (1986)

Bernd Thomsen, *Pissen*, o. S.

16. Stetige Tröpfe höhlen den Stein. (1987)

Felix Renner, *Leine*, S. 36.

TÜR

„Jeder kehre vor seiner eigenen Tür."

1. Man kehrt nur dann vor fremder Bewußtseinsschwelle, wenn man's zuhause schmutzig hat. (1919)

Karl Kraus, *Wort*, S. 351.

2. „Es muß ja jeder zuerst vor seiner eigenen Tür kehren."
„Gut – kehren wir. Sie als der Ältere und als mein Gast haben den Vortritt. Fangen Sie vor der Ihren an. Vor meiner Tür hat sowieso schon die Gestapo gekehrt, wie Sie wissen dürften. Und die kehrt anders rum. Den Dreck ins Haus. (1946)

Carl Zuckmayer, *General*, S. 112.

3. seht er kehrt vor seiner Tür
– und drinnen? (1966)

Hans Peter Keller, *Panoptikum*, S. 41.

4. *Zuchthaus*

Wie soll denn der Häftling
vor seiner eigenen Tür kehren,
wenn er nicht aufbegehrt? (1970)

Arnfrid Astel, *Kläranlage*, S. 59. Auch ders., *Rechtsstaat*, S. 589.

5. Jeder ehre vor der eigenen Tür. (1976)

Werner Schneyder, *Rückschläge*, S. 18.

6. Jeder kehre vor seiner eigenen Tür, ohne den Dreck vor andererleuts Türen zu kehren. Den eigenen Mist muß man selbst verarbeiten. (1977)

Gerhard Uhlenbruck, *Netz*, S. 94.

7. *Eiserner Besen*
oder Das gute Gewissen der Revolution

Jeder kehre vor seiner eigen Tür
Sofern er
eine eigene hat. (1978)

Oskar Cöster, „Maulschellen", S. 173*.

8. *Kritiker*

Wollen alles zum besten kehren –
vor fremden Türen. (1978)

Ron Kritzfeld, *Flexikon*, Bd. 5, S. 16.

9. Ein jeder parke vor seiner eigenen Tür. (1979)

Gerhard Uhlenbruck, *Einfach*, S. 105.

10. Jeder kehrt vor seiner Tür. Und keiner vor der meinen. (1984)

Werner Mitsch, *Grund*, S. 63.

11. Jeder verkehre hinter der eigenen Tür. (1986)

Bernd Thomsen, *Bett*, S. 26.

12. Ein jeder kehre vor seiner Tür sich noch einmal um. (1990)

Wolfgang Funke, *Wendehals*, S. 84.

13. Ich würde gern vor der eigenen Tür kehren – wenn ich eine hätte. (1990)

Žarko Petan, *Herren*, S. 29.

ÜBUNG

„Übung macht den Meister."

1. Übung macht den Meister. Aber je nachdem! Der eine gewinnt an Sittlichkeit und damit sich selbst; dem andern aber geht's bald zu leicht, er verliert sich an Virtuosität und Zynismus. (1960)

   Martin Kessel, *Gegengabe*, S. 29.

2. „Übung macht den Meister", predigt das verhinderte Genie, das sein Leben durch Lehren fristet. (1979)

   Klaus Sochatzy, *Adnotationen*, S. 75.

3. Er schwört, daß es das nächste Mal schon viel besser gehen wird mit uns zweien! Übung macht die Frau Meisterin. (1983)

   Elfriede Jelinek, *Klavierspielerin*, S. 184.

4. Übung macht den Meister überflüssig. (1983)

   Werner Mitsch, *Schwarze*, S. 13. Auch ders., *Hin und Wider*, S. 59.

5. Erfahrung macht den Meister. (1984)

   Bierdeckelbeschriftung, Firma Brau AG Kaiser, Stuttgart, Juli 1984. Auch als Volkswagenwerbung in *Der Spiegel*, Nr. 47/21. 11. 1988, S. 140 f.

ÜBUNG 5

6. Schiebung macht den Meister! (1984)

Claudia Glismann, *Schüler*, o. S. Auch Eduard Moriz, *Intim*, o. S.; Christian Roman, *Lieber*, o. S.; Bernd Thomsen, *Haste*, o. S.; ders., *Polit*, o. S.; Beate Steinmeyer, *Schoß*, o. S.

7. Übung macht den Muskelkater. (1984)

Albert Keller, *Wer denkt*, S. 16.

8. *Lehrjunge*

Täglich wird er dreister,
Übung macht den Meister. (1988)

Hans Hollweg, *Kürze*, S. 107.

9. Übung macht den Computer erst zum Meister. (1989)

Die Weltwoche, Nr. 7/16. 2. 1989, S. 51.

10. *Eine breite Elite*

Da Übung bekanntlich den Meister macht, müssen wir doch allein in Europa derzeit an die zwei-, dreihundert Millionen Fernseh-Meister haben.
Und welcher Meister übt schon so regelmäßig und täglich so viele Stunden! (Vor 1990)

Horst Drescher, *Zirkus*, S. 84.

11. Macht aus Übung macht den Meister; nicht Machtausübung. (1996)

Gerhard Uhlenbruck, „Giftpfeile", S. 168.

UHL (EULE)

„Wat den eenen sin Uhl, dat is den annern sin Nachtigall."

1. Dem einen sein Unglück ist dem andern seine Zeitungslektüre. (1938)

Charles Tschopp, *Aphorismen*, S. 17.

2. Was dem Armen die Hoffnung, ist dem Reichen der Erbe. (1942)

Elias Canetti, *Aufzeichnungen*, S. 32.

3. Des einen Leitsatz ist des anderen Leidsatz. (1976)

Hellmut Walters, *Zungenschläge*, S. 23.

4. Das Trapsen der Nachtigall ist dem andern sin Uhl! (1978)

   Locus vivendi 1978: Sentenzen fürs Klo (März), München: Heye, 1978.

5. Des einen Müll ist das Sammlerstück des andern. (1978)

   Gerd Heyse, *Hund*, S. 74.

6. *Honig*

   Dem einen sein Uhl
   ist dem andern
   sein Nachtigall.
   Die Schmeißfliege
   saugt ihren Honig
   aus der Scheiße. (1978)

   Arnfrid Astel, *Rechtsstaat*, S. 670.

7. Was dem einen sein Sex, ist dem andern sein Komplex. (1978)

   Werner Mitsch, *Spinnen*, S. 101.

8. Was dem einen seine Frau, ist dem andern seine Freundin. (1978)

   Werner Mitsch, *Spinnen*, S. 103.

9. Was dem Enkel sein Mofa, ist dem Opa sein Sofa. (1978)

   Werner Mitsch, *Spinnen*, S. 113. Auch ders., *Wal*, o. S.

10. „Wat den eenen sin Uhl, is den annern sin Nachtigall", sagte der Vogelkundler zu seinem kurzsichtigen Kollegen. (1978)

    Stern, Nr. 15/6. 4. 1978, S. 152.

11. Was dem einen sein Brokdorf, ist dem andern sein Gorleben. (1979)

    Stern, Nr. 17/19. 4. 1979, S. 7.

12. Was dem einen seine Synthese, ist dem andern seine These – so geht die Welt weiter. (1980)

    Erwin Chargaff, *Bemerkungen*, S. 168.

13. Was dem Gulasch der Paprika, das ist dem bourgeoisen Eintopf die linke Aggression. (1980)

    Felix Renner, *Schwalben*, S. 38.

14. Was eine Kraftbrühe dem Gaumen, das ist ein Kraftspruch dem Gemüt. (1980)

Felix Renner, *Schwalben*, S. 5.

15. Was dem einen sein Möchtegern, ist dem andern sein Weißnichtwie. (1981)

Werner Mitsch, *Hunde*, S. 37. Auch *Hörzu*, Nr. 6/ 3. 2. 1984, S. 3.

16. Was der einen ihr Rheingold, ist der andern ihr Reinhold. (1982)

Werner Mitsch, *Bienen*, S. 114. Auch ders., *Wal*, o. S.

17. Wat dem een sin uhl is dem annern sin swimmingpool. (1984)

Claudia Glismann, *Edel*, o. S.

18. Was dem einen sein Mount Everest, ist dem anderen sein Mons Veneris. (1988)

Gerd Heyse, *Gedanken*, S. 19.

19. Was für den einen die Fessel, ist für den anderen der Sicherheitsgurt. (1989)

Manfred Strahl, *Ausleg*, S. 6.

UNDANK

„Undank ist der Welt Lohn."

1. Untergang ist der Welt Lohn. (1970)

Rudolf Rolfs, *Inventur*, S. 32.

2. Undank ist der einzige Lohn, bei dem nicht ständig eine Erhöhung verlangt wird. (1974)

Schweizer Illustrierte, Nr. 49/2. 12. 1974, S. 117.

3. Undank ist der Sünder Lohn. (1974)

Die Zeit, Nr. 11/15. 3. 1974, S. 23.

4. „Undank ist der Welt Lohn", sagte der Lebensretter, als die Frau ihn bei der Mund-zu-Mund-Beatmung biß. (1974)

Stern, Nr. 13/21. 3. 1974, S. 125.

5. *Undank*

Ist der Welt Lohn, zahlbar täglich, ohne Abzüge. (1976)

Ron Kritzfeld, *Flexikon*, Bd. 3, S. 30.

6. Undank ist der Welt Hohn. (1977)

Heinrich Schröter, *Lust*, S. 13. Auch Gerhard Uhlenbruck, *Netz*, S. 126; H. Schröter, *Worte*, 2. Aufl., S. 65; ders., *Lebensworte*, S. 63.

7. Undank ist nicht mehr der Welten Lohn, denn auch diese Form des Dankes wird heute einfach vergessen. (1980)

Gerhard Uhlenbruck, *Frust-Rationen*, S. 9.

8. Undank ist der Welt Lohn, sagte der Wolf und fraß das Schaf. (1984)

Werner Ehrenforth, *Eintagsfliege*, S. 74.

9. Ungehaltenheit ist der Welt Lohn. (1986)

Andreas Bender, *Gelegenheit*, o. S.

10. Diejenigen, die uns am meisten verdanken, danken es uns am wenigsten: Undank ist der Menschheit Hohn! (1996)

Gerhard Uhlenbruck, „Giftpfeile“, S. 167.

11. Kriminalität: Undank ist der Halbwelt Lohn – die Unterwelt ist eben nicht das, was man unter Welt versteht – ! (1996)

Gerhard Uhlenbruck, *Nichtzutreffendes*, S. 40.

UNGLÜCK

„Ein Unglück kommt selten allein."

1. Ein Unglück kommt nie allein. (1930)

Kladderadatsch, Nr. 6/9. 2. 1930, Titelseite.

2. Ein Schweißfuß kommt selten allein. (1943)

Bertolt Brecht, *Gesammelte Werke*, Bd. 5, S. 1934 (*Schweyk im Zweiten Weltkrieg*). Auch Claudia Glismann, *Edel*, o. S.; Bernd Thomsen, *Pissen*, o. S.; Angelika Franz, *Sprüche*, S. 229.

3. Ein Zwilling kommt selten allein. (1965)

Robert Gernhardt, *Welt*, S. 29. Auch Tankred Dorst, *Reise*, S. 84; *Lübekker Nachrichten*, 4. 2. 1986, S. 10.

4. Ein Bein kommt selten allein. (1966)

Robert Gernhardt, *Welt*, S. 67. Auch *Pro*, Nr. 1–2/Jan./Febr. 1979, S. 37.

5. „Ein Unglück kommt selten allein", sagte der Kapitän, als sein brennendes Schiff unterging. (1973)

Stern, Nr. 34/16. 8. 1973, S. 64.

6. Ein Scheck kommt selten allein. (1974)

Hörzu, Nr. 18/4.–10. 5. 1974, S. 48.

7. Eine Pilskrone bleibt selten allein! (1976)

Der Spiegel, Nr. 24/7. 6. 1976, S. 43.

8. Auch das Glück kommt selten allein. (1977)

Gerhard Uhlenbruck, *Netz*, S. 2.

UNGLÜCK 12

9. „Ein Unglück kommt selten allein“, sagte der Pilot kurz vor dem Aufprall, als sein Schleudersitz klemmte. (1977)

Markus Ronner, *Moment*, S. 30.

10. Gut Ding kommt selten allein. (1977)

Oliver Hassencamp, *Klipp*, S. 24.

11. Ein Clown kommt selten allein. (1978)

Freizeit Revue, Nr. 4/19. 1. 1978, S. 57.

12. Ein Erfolg kommt selten allein: Manta und Manta CC. (1978)

Stern, Nr. 46/9. 11. 1978, S. 91.

13. Ein Sprichwort stimmt selten allein. (1978)

Jorg Schröder, *Findling*, S. 81.

14. Schönheit kommt selten allein. (1978)

Modeblatt, Nr. 38/23. 9. 1978, S. 69.

15. Unglücke und hübsche Frauen kommen selten allein. (1978)

Werner Mitsch, *Spinnen*, S. 93. Auch ders., *Wal*, o. S.

16. Zwei Unglücke kommen selten allein. (1978)

Werner Mitsch, *Spinnen*, S. 91. Auch Ralf Bülow, *Phantasie*, o. S.; W. Mitsch, *Wal*, o. S.

17. Ein Risikofaktor ist (kommt) selten allein. (1979)

Gerhard Uhlenbruck, *Einfach*, S. 14. Auch ders., *Medizinische Aphorismen*, S. 52.

18. Ein Unglück kommt selten allein – meist ist etwas dafür getan worden. (1980)

André Brie, *Weisheit*, S. 123.

19. Eine gute Idee kommt selten allein. (1981)

Schweizer Illustrierte, Nr. 3/4. 2. 1981, S. 95.

20. Ein Auto kommt selten allein. (1982)

Torsten Capelle, *Dativ*, S. 107. Auch als Buchtitel: Barbara Salzer, *Ein Auto kommt selten allein*, Heilbronn: Salzer, 1986.

21. Ein Föhn kommt selten allein. (1982)

Die Weltwoche, Nr. 12/24. 3. 1982, S. 27.

22. Ein Stau kommt selten allein. (1982)

Dieter Höss, zitiert aus *Stern*, Nr. 33/12. 8. 1982, S. 144.

23. Ein Chinese kommt selten allein. (1984)

Stern, Nr. 48/22. 11. 1984, S. 48 f.

24. Ein Spaßvogel kommt selten allein. (1984)

Hörzu, Nr. 2/6. 1. 1984, S. 8.

25. Ein Tolpatsch kommt selten allein. (1984)

Hörzu, Nr. 1/28. 12. 1984, S. 34.

26. Ein Unglück und zwei Verwandte kommen selten allein. (1984)

Werner Mitsch, *Grund*, S. 96.

27. Ein Baby kommt selten allein. (1985)

Hörzu, Nr. 49/29. 11. 1985, S. 156.

28. Ein Lehrerbein kommt selten allein. (1985)

Christian Roman, *Reden*, o. S.

29. Eine Schlange kommt selten allein. (1985)

Russell Braddon, *Eine Schlange kommt selten allein*, München: Scherz, 1985.

30. Ein Gerücht kommt selten allein. (1986)

Quick, Nr. 7/6. 2. 1986, S. 48.

31. Ein Skandal kommt selten allein. (1986)

Die Zeit, Nr. 2/10. 1. 1986, S. 12.

32. Ein Witz kommt selten allein. (1986)

Anonym, *Hamster*, o. S. Auch als Buchtitel: Anonym, *Ein Witz kommt selten allein! Ein Lachsack voll Humor und Spaß*, Frankfurt am Main: Ullstein, 1992.

33. Jung gefreit kommt selten allein. (1986)

Andreas Bender, *Gelegenheit*, o. S.

34. Ein Drache kommt selten allein. (1987)

Amei-Angelika Müller, *Ein Drache kommt selten allein. Eine Liebesgeschichte*, Heilbronn: Salzer, 1987.

35. *warnung*

einbrecher
kommt selten
allein. (1987)

Manfred Hausin, *Verboten*, S. 41.

36. Ein Hit kommt selten allein. (1988)

Hamburger Abendblatt, Nr. 26/1. 2. 1988, S. 8.

37. Ein Pechvogel kommt selten allein. (1988)

Bild, 28. 7. 1988, S. 26.

38. Ein Schwein kommt selten allein. (1988)

Hörzu, Nr. 46/11. 11. 1988, S. 76.

39. Ein Unglück kommt selten von allein. (1990)

Wolfgang Funke, *Wendehals*, S. 127.

40. Eine Torheit kommt selten allein. (1990)

Die Zeit, Nr. 52/28. 12. 1990, S. 8.

41. Ein Dämon kommt selten allein. (1993)

Robert Asprin, *Ein Dämon kommt selten allein. Fantasy-Roman*, Bergisch Gladbach: Bastei-Verlag Lübbe, 1993.

42. Ein Sonderangebot kommt selten allein. (1993)

Hans Dieter Mairinger, *Elefanten*, S. 32.

43. Ein Dieb kommt selten allein. (1994)

Wilfried Reinehr, *Ein Dieb kommt selten allein. Kriminal-Burleske*, Mühltal: Reinehr, 1994.

44. Eine Katze kommt selten allein. (1995)

Lydia Adamson, *Eine Katze kommt selten allein. Kriminalroman*, Berlin: Aufbau-Taschenbuch-Verlag, 1995.

UNKRAUT

„Unkraut verdirbt (vergeht) nicht."

1. Schließlich verdarb auch das Unkraut. (Vor 1950)

   Erwin Chargaff, *Bemerkungen*, S. 22.

2. „Unkraut vergeht nicht", sagte der Gärtner, als er nicht ins Gras biß. (1974)

   Stern, Nr. 34/15. 8. 1974, S. 35. Auch Hans Gamber, *Frech*, S. 93.

3. Unkraut vergeht, wenn es nützlich wird; so auch die Naturwissenschaften. (1975)

   Erwin Chargaff, *Bemerkungen*, S. 143.

4. Unkraut vergeht (verdirbt) nicht, wenn es regelmäßig gegossen wird. (1978)

   Werner Mitsch, *Spinnen*, S. 114. Auch ders., *Hin und Wider*, S. 123; ders., *Wal*, o. S.

5. In unserer heutigen Umwelt vergeht auch das Unkraut. (1979)

   Gerhard Uhlenbruck, *Einfach*, S. 16.

6. „Unkraut verdirbt nicht", sagte es und verdarb. (1979)

   Erwin Chargaff, *Bemerkungen*, S. 161.

7. Unkraut verdirbt nicht; darum blüht allen Heilkräutern die Chance, durch Unkraut verdorben zu werden. (1980)

   Felix Renner, zitiert aus *Sprachspiegel*, 38, Nr. 6/1982, S. 166.

8. Unsere Umwelt ist so beschaffen, daß auch das Unkraut vergeht. (1981)

   Gerhard Uhlenbruck, *Kranker*, S. 38.

9. Umweltvergiftung: Unkraut vergeht nicht? Da ist auch kein Unkraut gegen gewachsen! (1985)

   Gerhard Uhlenbruck, *Eigenliebe*, S. 23.

10. „Unkraut vergeht nicht", sagte der fidele Bauer, der den Einsatz von Unkrautvernichtungsmitteln überlebt hatte. (1986)

    Stern, Nr. 3/9. 1. 1986, S. 92.

VORSICHT

„Vorsicht ist die Mutter der Porzellankiste."

1. „Ein Mann soll immer das tun, wozu er Lust hat. Nach meiner Ansicht. Wissen Sie, Vorsicht ist die Mutter des k.o." (1926)

   Bertolt Brecht, *Gesammelte Werke*, Bd. 11, S. 120 (*Der Kinnhaken*).

2. Die Sinnlichkeit ist die Mutter der Phantasie. (1929)

   Richard Breckner, *Spinngewebe*, S. 10.

3. Faulheit ist die Mutter aller Erfindungen. (1964)

   Curt Goetz, *Täglich*, S. 57.

4. Selbstbeherrschung ist die Mutter vieler Versäumnisse. (1977)

   Markus Ronner, *Moment*, S. 34.

5. Vorsicht ist die Mutter der Igelhochzeit. (1978)

   Werner Mitsch, *Spinnen*, S. 92.

6. Vorsicht ist die Mutter der Keuschheit. (1978)

   Werner Mitsch, *Spinnen*, S. 101.

7. Angst ist die Mutter der Tapferkeit. (1979)

   Robert Lembke, zitiert aus *Nebelspalter*, Nr. 47/20. 11. 1979, S. 35.

8. Vorsicht ist die Mutter der Kurzsicht. (1979)

   Werner Mitsch, *Fische*, S. 105. Auch ders., *Wal*, o. S.

9. Vorsicht ist die Mutter der Porzellankiste ... Wie ist sie da Mutter geworden? (1980)

   André Brie, *Weisheit*, S. 126.

10. Vorsicht ist die Mutter der Karriere. (Vor 1982)

    Willi Hau, *Kaputt*, o. S. Auch Bernd Thomsen, *Neue Büro-Sprüche*, o. S.

11. Verzicht ist die Mutter der Karriere. (1982)

    Torsten Capelle, *Dativ*, S. 31.

12. Rücksicht ist die Mutter der Porzellanpiste [*sic*]. (1986)

Andreas Bender, *Gelegenheit*, o. S.

13. Vorsicht ist die Mutter des prozentualen Anteils. (1987)

Andreas Bender, *Socken*, o. S.

WAGEN (a)

„Frisch gewagt, ist halb gewonnen."

1. *Frisch gewagt ist halb gewonnen*

Daraus folgt: „Frisch gewagt ist auch halb verloren." Das kann nicht fehlen. Deswegen sagt man auch: „Wagen gewinnt, wagen verliert." Was muß also den Ausschlag geben? Prüfung, ob man die Kräfte habe zu dem, was man wagen will, Überlegung, wie es anzufangen sei, Benutzung der günstigen Zeit und Umstände, und hintennach, wenn man sein mutiges A gesagt hat, ein besonnenes B und sein bescheidenes C. Aber soviel muß wahr bleiben: Wenn etwas Gewagtes soll unternommen werden, und kann nicht anders sein, so ist ein frischer Mut zur Sache der Meister, und der muß dich durchreißen. Aber wenn du immer willst und fangst [!] nie an oder du hast schon angefangen und es reut dich wieder, und willst, wie man sagt, auf dem trockenen Lande ertrinken, guter Freund, dann ist „schlecht gewagt ganz verloren". (1811)

Johann Peter Hebel, *Werke*, Bd. 2, S. 73 f.

2. Frisch geklagt – ist halb verloren. (1929)

Fliegende Blätter, 85, Nr. 4379/4. 7. 1929, S. 15.

3. Gut geträumt ist halb gelacht. (1929)

Erich Kästner, *Gedichte*, S. 133.

4. Für eine Pointe wird eine Wahrheit geopfert, und gut gesagt ist halb gelogen. (1961)

Ingeborg Bachmann, *Jahr*, S. 41.

5. *Tagung*

Frisch getagt ist halb geronnen. (Um 1968)

Klaus Frank, *Aphorismen*, S. 166.

6. Frech gesagt ist halb gekündigt! (1975)

Hörzu, Nr. 41/10.–16. 10. 1975, S. 3. Auch Fritz Herdi in *Nebelspalter*, Nr. 6/8. 2. 1983, S. 2; *Bild*, 11. 4. 1986, S. 2; Hans Gamber, *Frech*, S. 11.

7. Gut gebaut, ist halb getraut! (1975)

Hörzu, Nr. 1/4.–10. Januar 1975, S. 3. Auch Fritz Herdi in *Nebelspalter*, Nr. 42/19. 10. 1982, S. 2; Wolfgang Willnat, *Sprüche*, S. 84.

8. Frisch gedopt, ist halb gewonnen. (1976)

Hörzu, Nr. 47/20.–26. 11. 1976, S. 3. Auch in Wolfgang Willnat, *Sprüche*, S. 98; Werner Mitsch, *Wal*, o. S.

9. *behauptung*

frisch gewagt
ist halb gewonnen
wie gewonnen
so zerronnen. (1977)

Jürg Moser, *Randbemerkungen*, S. 22.

10. Frech gesagt, ist halb gewonnen. (1977)

Gerhard Uhlenbruck, *Netz*, S. 18.

11. Frisch geforscht, ist halb gewußt. (1977)

Wolfram Siebeck, *Geschichten*, S. 30.

12. Frisch geklagt ist halb gewonnen. (1978)

Max Arnold Nentwig, *Rechtsanwälte*, S. 56. Auch Fritz Herdi in *Nebelspalter*, Nr. 10/8. 3. 1983, S. 2.

13. Frisch gewagt, ist halb gewonnen – also:
frisch gewagt, ist halb verloren. (1978)

Werner Sprenger, *Oasen*, S. 9. Auch in Eduard Moriz, *Nimm's leicht*, o. S.

14. Frisch gewogen ist halb betrogen. (1978)

Gerd Heyse, *Hund*, S. 40.

15. Frisch verzagt ist halb verzweifelt. (1978)

Werner Mitsch, *Spinnen*, S. 54.

16. Früh gewagt ist früh gestorben. (1978)

Udo Bracht, *Bilder*, S. 104. Auch Ralf Bülow, *Graffiti*, o. S.

17. Gut gezupt, ist halb geschrammelt. (1978)

Werner Mitsch, *Spinnen*, S. 92.

18. Schlecht gezielt ist halb getroffen. (1978)

Werner Mitsch, *Spinnen*, S. 92. Auch ders., *Wal*, o. S.

19. Frisch gewagt, ist Kalb gewonnen. (1980)

Hans Weigel, „Kulinarisches", S. 225. Auch *Die Weltwoche*, Nr. 42/15. 10. 1992, S. 61.

20. Gut geplant ist halb geurlaubt. (1980)

Quick, Nr. 17/17. 4. 1980, S. 5.

21. Frech gefragt ist halb gewonnen! (1982)

Frau Aktuell, Nr. 30/21. 7. 1982, S. 51.

22. Frisch gepanscht ist halb getrunken. (1982)

Fritz Herdi, zitiert aus *Nebelspalter*, Nr. 33/17. 8. 1982, S. 2.

23. Für den Brauer: „Gut gebraut ist halb getrunken." (1982)

Fritz Herdi, zitiert aus *Nebelspalter*, Nr. 42/19. 10. 1982, S. 2.

24. Gut gefragt ist halb gebaut. (1982)

Bunte, Nr. 43/21. 10. 1982, S. 94.

25. Gut gespeist, ist halb gegessen. (1982)

Werner Mitsch, *Bienen*, S. 34.

26. Frisch gequarkt ist halb geronnen. (1983)

Winfried Bornemann, *Blödel*, o. S.

27. Frisch gewippt ist halb gebogen (Aerobic). (1983)

Bild, 18. 2. 1983, S. 32.

28. Gut geplant ist halb gewonnen. (1983)

Die Weltwoche, Nr. 42/20. 10. 1983, S. 28.

29. Frisch gewagt, ist halb gefördert. (1984)

Die Zeit, Nr. 15/13. 4. 1984, S. 11.

30. Frisch gewagt ist halb gewonnen.
– Oder eben ganz zerronnen. (1984)

Siegfried Gloose, *Einfälle*, S. 74.

31. Frisch gewagt – ist schon der halbe Verkehrsunfall! (1984)

Albert Keller, *Wer denkt*, S. 19.

32. Aufrichtigkeit: Frisch gesagt, ist halb gewonnen. (1985)

Gerhard Uhlenbruck, *Eigenliebe*, S. 19. Auch ders., *Wahr*, S. 117.

33. Frisch geholzt ist halb verloren. (1985)

Die Zeit, Nr. 22/31. 5. 1985, S. 1.

34. Frisch gewachst ist halb gefallen. (1985)

Ralf Bülow, *Phantasie*, o. S. Auch Bernd Thomsen, *Neue Büro-Sprüche*, o. S.; Angelika Franz, *Sprüche*, S. 217.

35. Gut geklaut ist halb gebaut. (1985)

Wolfgang Willnat, *Sprüche*, S. 77.

36. Nichts gewagt ist halb gewonnen. (1985)

Wolfgang Willnat, *Sprüche*, S. 93.

37. Frisch geklagt ist halb gelitten. (1986)

Karl Heinz Seidl, *Frisch geklagt ist halb gelitten. Ein vergnügliches ABC*. Freiburg im Breisgau: Herder, 1986.

38. Krabben: Gut gepult ist halb gewonnen. (1986)

Bild, 2. 9. 1986, S. 8.

39. Frech gesagt ist halb geflogen. (1987)

Angelika Franz, *Sprüche*, S. 140. Auch in Saskia Schlesinger, *Lenz*, o. S.; A. Franz, *Nix*, o. S.; Beate Kuckertz, *Büro*, o. S.

40. Frisch gewagt ist halb gemordet. (1987)

Henry Slesar, *Frisch gewagt ist halb gemordet*. Zürich: Diogenes, 1987.

41. Gewiß ist frisch gewagt halb gewonnen. Aber oft genug auch halb verloren. (1987)

Heinz Müller-Dietz, *Recht*, S. 38.

42. Gut verpackt, ist halb gewonnen. (1987)

Die Weltwoche, Nr. 38/17. Sept. 1987, S. 29.

43. Frisch befreit ist halb gewonnen. (1992)

Claudia Keller, *Frisch befreit ist halb gewonnen. Reisebriefe einer verhinderten Emanze*, Frankfurt am Main: Fischer, 1992.

44. Frisch geerbt ist halb gestorben. (1993)

Rae Foley, *Frisch geerbt ist halb gestorben*, München: Scherz, 1993.

45. Gut gelaunt ist halb gewonnen. (1995)

Postkartenbeschriftung, Flamingo-Verlag (Würzburg 1995).

46. Gut frisiert ist halb gewonnen. (1996)

Die Zeit, Nr. 29/19. 7. 1996, S. 20.

47. Gut gefälscht ist halb gewonnen. (1996)

Die Zeit, Nr. 6/9. 2. 1996, S. 21.

WAGEN (a) 45

WAGEN (b)

„Wer wagt, gewinnt."

1. Wer denkt, gewinnt. (1972)

   Der Spiegel, Nr. 33/7. 8. 1972, S. 46.

2. Wer nichts zum Wagen hat, kann auch nichts gewinnen. (1973)

   Der Spiegel, Nr. 10/5. 3. 1973, S. 134.

3. Wer nichts wagt, gewinnt. (1974)

   Autoaufkleber, Aral (Sommer 1974).

4. Wer wogt, gewinnt! (Miß Busen 1975). (1975)

   Praline, Nr. 28/7. 7. 1975, S. 16.

5. „Wer wagt – gewinnt." Zuweilen nur die Erkenntnis, falsch gehandelt zu haben. (1977)

   Hans-Horst Skupy, *Geistesblitze*, S. 18.

6. In der Wissenschaft: Wer fragt, gewinnt! (1979)

   Gerhard Uhlenbruck, *Einfach*, S. 41.

7. Wer wagt, gewinnt. Mein Vater hat nicht gewagt und nicht gewonnen. Aber wer nicht wagt, der übersteht. (1979)

   Egon Schwarz, *Zeit*, S. 8.

8. Wissenschaft: Wer spinnt, gewinnt. Oder auf englisch: Never change a spinning team! (1979)

   Gerhard Uhlenbruck, *Einfach*, S. 68.

9. Wer wagt, will auch gewinnen. (1980)

   Der Spiegel, Nr. 8/18. 2. 1980, S. 182. Auch ebd., Nr. 1/5. 1. 1981, S. 58.

10. Wer nicht wagt, der nicht gewinnt – und wer nicht heiratet, kann trotzdem zu Kindern kommen. (1983)

    Morgenpost, 8. 1. 1983, o. S.

11. Wer klagt, gewinnt. (1986)

    Bild, 19. 4. 1986, S. 2.

12. *Wagen*

Wer nicht gewinnen will, wird auch nichts wagen. (1985)

Fritz Arcus, *Seedieb*, S. 50.

13. *Wagner*

Wer wagt, ist darum nicht Wagner oder Wagnerianer, sondern Wagender. (1985)

Fritz Arcus, *Seedieb*, S. 50.

14. Wer hier wagt, gewinnt –
das Mißtrauen des Chefs. (1986)

Bernd Thomsen, *Neue Büro-Sprüche*, o. S.

WAGEN (b) 9

15. Wer wagt, gewinnt, wer zagt, der spinnt. (1986)

Andreas Bender, *Gelegenheit*, o. S.

16. Wer nichts wagt, der nichts gewinnt, doch wer nichts sagt, der viel gewinnt. (1994)

Gerhard Uhlenbruck, *Wahr*, S. 16.

WAHL

„Wer die Wahl hat, hat die Qual."

1. „Mit der Wahl hat man auch die Qual"; will man daher keine Qual, so gehe man nicht zur Wahl. (Um 1860)

Karl Friedrich Wilhelm Wander, *Sprichwörterbrevier*, S. 255.

2. Die Qual läßt mich nicht zur Wahl? Doch, ich wähle die Qual. (1912)

Karl Kraus, *Wort*, S. 294.

3. Wer die Wahl hat, hat – Skandal! (1924)

Kladderadatsch, Nr. 48/30. 11. 1924, S. 6.

4. Qual vor der Wahl. (1957)

Simplicissimus, Nr. 7/16. 2. 1957, S. 97.

5. Die Fessel vermindert die Möglichkeiten.
Sie enthebt auch der Qual der Wahl. (1965)

Heinrich Wiesner, *Zeilen*, S. 45.

6. Daß Wahl zur Qual wird, ist bekannt.
Doch quengle nicht als Querulant! (1970)

Eugen Roth, *Buch*, S. 151.

7. Wer die Wahl hat ... hat auch das Vergnügen! (1972)

Schweizer Illustrierte, Nr. 44/30. 10. 1972, S. 43.

8. Qual nach der Wahl. (1975)

Die Zeit, Nr. 6/7. 2. 1975, S. 4.

9. Wahl ohne Qual! (1975)

Stern, Nr. 26/19. 6. 1975, S. 193.

10. „Wer die Wahl hat, hat die Qual", sagte der Mann und ging nicht ins Wahl-, sondern ins Stammlokal. (1975)

Stern, Nr. 21/15. 5. 1975, S. 129.

11. Eine schöne Frau hat die Qual der Wahl und der Zahl ihrer Verehrer. (1977)

Gerhard Uhlenbruck, *Netz*, S. 110.

12. Wer die Qual hat, hat keine Wahl. (1977)

Guido Hildebrandt, *Hohn*, S. 44. Auch Gerhard Uhlenbruck u. Hans-Horst Skupy, *Zitate*, S. 174.

13. „Wer die Wahl hat, hat die Qual", sagte der Scheich und wurde monogam. (1977)

Markus Ronner, *Moment*, S. 18.

14. *Formaldemokratie*

Wer die Wahl hat
hat die Qual:

Die Qual der Wahl
ist die Qual der Wähler
die die Wahl der Quäler
so quält. (1978).

Oskar Cöster, „Maulschellen", S. 171*.

15. Wer den Wal hat, hat die Qual. (1978)

Werner Mitsch, *Spinnen*, S. 91.

16. Wer die Wahl hat, hat die Freude! (1978)

Stuttgarter Zeitung, 20. 4. 1978, S. 23.

17. Wer die Wahl hat, wird wählerisch. (1978)

Werner Mitsch, *Spinnen*, S. 93. Auch ders., *Wal*, o. S.

18. Die schönste Qual ist die der Wahl. (1979)

Bunte, Nr. 48/22. 11. 1979, S. 6.

19. Ehepartnersuche: Wahl der Qual. (1979)

Gabriel Laub, *Recht*, S. 39.

20. wer keine wahl hat,
hat die qual. (1979)

Volker Erhardt, *Kannibale*, S. 52.

21. Wer die Wahl hat, hat die Wähler. (1980)

Werner Mitsch, *Pferde*, S. 25.

22. Wer die Wahl hat, hat auch den Genuss! (1981)

Werbeblatt Warteck-Bier, Lübeck (Dez. 1981).

23. Eheliche Entwicklung: Das Resultat der Qual der Wahl war die Wahl der Qual. (1983)

Sigbert Latzel, *Stichhaltiges*, S. 44.

24. Die Qual der Wahl kann zur Wahl der Qual werden, wenn einem keine Partei zusagt. (1984)

Siegfried Gloose, *Einfälle*, S. 38.

25. „Ich trinke Jägermeister, weil es bei dem keine Qual der Wahl gibt." (1984)

Quick, Nr. 43/18. 10. 1984, S. 169.

26. Sie haben die Wahl der Qual. (1984)

Claudia Glismann, *Schüler*, o. S. Auch Bernd Thomsen, *Polit*, o. S.

27. Wer die Moral hat, hat die Qual. (1984)

Manfred Bröker, *Spatenpaulis*, o. S. Auch Gerhard Uhlenbruck, *Eigenliebe*, S. 12; Ralf Bülow, *Bett*, o. S.; Manfred Strahl, *Ausleg*, S. 53.

28. Wer die Wahl hat, hat die Qual. Was waren das für Zeiten, als man noch beides hatte! (1985)

Hermann Funke, *Worte*, S. 26.

29. Wer die Wahl hat, hat die Qual;
wer einen Wahlkreis hat, hat's auch nicht besser. (1986)

Andreas Bender, *Gelegenheit*, o. S.

30. Wer die Wahl hat, hat die Lebensqualität. (1987)

Felix Renner, *Leine*, S. 71.

31. Wer die Wahl fälscht, hat die Qual. (1990)

Ewald Lang, *Wendehals*, S. 96.

WÄHREN

„Was lange währt, wird endlich gut."

1. „Was lange währt, soll gut werden." Wenn ein Proceß zwanzig Jahre währt, ist das gut? Wenn eine Krankheit Monate lang anhält, ist das gut? Wenn ein langweiliges Stück bis 12 Uhr spielt, ist das gut? Wenn Krieg und Frieden, wenn Pest und Hungersnoth lange währen, ist das gut? Wenn man heute eine Beschwerde einreicht und morgen Hilfe haben möchte, und nach fünf Jahren erhält man einen Bescheid, ist das gut? (Um 1860)

   Karl Friedrich Wilhelm Wander, *Sprichwörterbrevier*, S. 242.

2. Was lange gärt, wird (endlich) Wut. (1973)

   Ron Kritzfeld, *Schüttel*, S. 17. Auch Hanns-Hermann Kersten, *Euphorismen*, S. 38; ders. in Gerhard Uhlenbruck u. Hans-Horst Skupy, *Zitate*, S. 157; André Brie, *Weisheit*, S. 123; ders., *Wahrheit*, S. 72; Torsten Capelle, *Dativ*, S. 100; Günter Hartmann in Eckart Krumbholz, *Blatt*, S. 63; Willi Hau, *Zeit*, o. S.; Hans Gamber, *Graffiti*, o. S.; Claus Müller-Thurnau, *Schnecke*, S. 94; Karl Heinz Rauchberger u. Ulf Harten, *Club*, S. 78 f.; Claudia Glismann, *Schüler*, o. S.; Wolfgang Willnat, *Sprüche*, S. 93; Renato Biscioni, *Kindersprüche*, S. 93; A. Brie, *Wahrheit/Anfang*, S. 72; Beate Steinmeyer, *Schoß*, o. S.

3. Was lange gärt, wird endlich klar. (1978)

   Werner Mitsch, *Spinnen*, S. 119. Auch ders., *Wal*, o. S.

4. Was lange währt, wird gut.
   Was zu lange, verdirbt. (1984)

   Siegfried Gloose, *Einfälle*, S. 71.

5. Was lange gärt, geht auch ins Blut. (1985)

   Bild, 19. 4. 1985, S. 2.

6. Was lange gärt, wird endlich Mut. (1985)

   Die Zeit, Nr. 31/2. 8. 1985, S. 9 (deutsche Ausg.).

7. Was lange gärt, wird endlich Bier. (1986)

   Bild, 13. 2. 1986, S. 2. Auch Saskia Schlesinger, *Lenz*, o. S.

8. Was lange gärt, wird gut. (1986)

Andreas Bender, *Gelegenheit*, o. S.

9. Wer lange pocht, kriegt endlich Wut. (1986)

Karl-Ludwig Bickerle, *Gedankensprünge*, S. 15.

10. Liebeswerben: Was lange währt, wird endlich Glut? (1994)

Gerhard Uhlenbruck, *Wahr*, S. 100.

11. Was heutzutage lange währt, wird bald schon zum Gespött. (1994)

Felix Renner, *Worte*, S. 35.

12. Was lange währt, wird endlich gut! Aber: Was lange währt, wird manchmal nicht gut genug. (1995)

Günther Hindel, *Rat*, S. 38.

WASSER

„Stille Wasser sind tief."

1. „Stille Wasser sind tief;" aber nicht immer; manche seichten heucheln bloß Stille, damit man sie für tief halten solle. Dasselbe gilt auch von Staats- und Stadtregierungen, die bisweilen geheime Sitzungen anberaumen, damit das Publikum glauben soll, es würden die wichtigsten Dinge von der Welt verhandelt. Manche Regierung hält sich schon für „tief", wenn sie Niemandem Rechenschaft zu geben hat. Solche Tiefe ist aber noch gar kein Vorzug; es gibt auch Sümpfe, die stilles Wasser zur Deckung haben und dabei – tief sind. (Um 1860)

Karl Friedrich Wilhelm Wander, *Sprichwörterbrevier*, S. 21.

2. Es gibt hohe Kunstwerke von doch so zauberischer Klarheit, daß man ihnen bis auf den Grund sehen kann. Ihre Tiefe, wie wunderbar!, liegt an der Oberfläche.
Der Deutsche meint, nur trübe Wasser können tief sein.
(Vor 1955)

Alfred Polgar, zitiert aus Federico Hindermann u. Bernhard Heinser, *Aphorismen*, S. 257.

3. Stille Wasser sind tief; leere Brunnen auch. (1966)

Helmut Arntzen, *Prozeß*, S. 11.

4. Stille Wasser sind teuer. (1972)

Stern, Nr. 36/27. 8. 1972, S. 97.

5. Unser Motto lautet seit den Vorsokratikern: Nur dunkle Wasser sind tief. (Vor 1973)

Herbert Heckmann, zitiert aus Dieter Hülsmanns u. Friedrich Reske, *Lüste*, o. S.

6. *Stille Wasser*

Sind tief und darum oft eiskalt. (1974)

Ron Kritzfeld, *Flexikon*, Bd. 1, S. 20.

7. „Stille Wasser sind tief", sagte der Kapitän und war fassungslos, als sein Schiff auf Grund lief. (1975)

Hörzu, Nr. 16/19.–25. 4. 1975, S. 3.

8. Stille Günder wassern tief. (1978)

Werner Mitsch, *Spinnen*, S. 90.

9. Stille Wasser lassen tief blicken. (1978)

Werner Mitsch, *Spinnen*, S. 95. Auch ders., *Wal*, o. S.

10. Stille Wasser sind tief oder vereist. (1980)

André Brief, *Weisheit*, S. 123.

11. Stille Wasser, ob nun tief oder nicht, sind selten geworden. (1982)

Klaus Möckel, *Kopfstand*, S. 47.

12. Auch stille Wasser sind naß. (1984)

Claudia Glismann, *Edel*, o. S.

13. Stille Wasser sind Mief. (1984)

Ralf Bülow, *Liebe*, o. S. Auch ders., *Bett*, o. S.

14. Stille Wasser sind – oft nichts als stille Wasser. (1984)

Albert Keller, *Wer denkt*, S. 67.

15. Stille Wasser sind fad. (1995)

Ulrich Erckenbrecht, *Katzenköppe*, S. 12.

WEG

„Alle Wege führen nach Rom."

1. Aller Wege führen nach Rom! Quo vadis? (1934)

   Kladderadatsch, Nr. 4/21. 1. 1934, S. 9.

2. Alle Wege des Marxismus führen nach Moskau! Darum CDU. (1953)

   Plakat zur Bundestagswahl von 1953; zitiert aus Hans Bohrmann, *Politische Plakate*, Dortmund: Die bibliophilen Taschenbücher, 1984, S. 465 (Nr. 364).

3. In einer Zeit, da alle Wege nach Auschwitz führten, konnte man im Boden die Blutgruppen unterscheiden. (1959)

   Erwin Chargaff, *Bemerkungen*, S. 79.

4. Zu viele Wege führen nach Rom, als daß jeder mit Grundsätzen gepflastert sein könnte. (1962)

   Hans Kasper, *Abel*, S. 55.

5. Alle Wege führen nach Briesen. [...] Alle Straßen führen nach Briesen. [...] Stadt ist doch Stadt. Briesen ist doch Briesen. Alle Wege führen hierher, genau gesagt: auf den Marktplatz, noch genauer: in Wiezorreks Deutsches Haus. [...] Über Briesen, natürlich, kann man endlos reden. Wo doch alle Wege dorthin führen. [...] Wenn alle Wege nach Briesen führen, dann führen auch alle Wege von Briesen fort. (1964)

   Johannes Bobrowski, *Levins Mühle*, S. 69, 70, 115, 145 u. 154.

6. Meine Herren, wie komme ich nach Kleckersdorf, wo alle Wege nach Rom führen? (Vor 1966)

   Stanisław Jerzy Lec, *Letzte Gedanken*, S. 49. Auch ders., *Buch*, S. 110.

7. Alle Wege führen nach Rom, aber es ist immer ein anderes Rom. (1971)

   Erwin Chargaff, *Bemerkungen*, S. 128.

8. Gewiss: Es führen viele Wege nach Rom.
   Aber führt nicht mancher Weg nach Nihiljujusski? (1971)

   Hans Leopold Davi, *Distel*, o. S.

WEG 2

9. Viele Wege führen ins Defizit. (1971)

   Die Zeit, Nr. 31/3. 8. 1971, S. 18.

10. Alle Wege führen nach Rom und drumherum. (1973)

    Stern, Nr. 20/24. 5. 1973, S. 42.

11. Viele Wege führen in den Fernen Osten. (1973)

    Die Zeit, Nr. 3/16. 1. 1973, S. 24.

12. Beichte: Alle Abwege führen nach Rom. (1977)

    Hans-Horst Skupy, *Geistesblitze*, S. 110.

13. Viele Wege führen nach Rom. Aber nur einer in den Himmel. (1978)

    Werner Mitsch, *Spinnen*, S. 83.

14. Alle Wege führen nach Rom.
Auch der Gang nach Canossa. (1979)

Werner Mitsch, *Fische*, S. 64.

15. „Ich trinke Jägermeister, weil ich nicht weiß, wie ich nach Bielefeld komme, wo doch alle Wege nach Rom führen.“ (1979)

Der Spiegel, Nr. 18/30. 4. 1979, S. 93.

16. *Ferien-Nonsens*

Alle Wege führen
nach Rom,
heisst das Sprichwort.
Damals war der
Bremsweg
noch nicht erfunden. (1981)

Nebelspalter, Nr. 31/4. 8. 1981, S. 29.

17. *Am Rand*

Rom führt
zu allen Wegen
wir reisen am Rand
der Wege romwärts
anderwärts
reißt es uns hin
reisen wir hin und zurück
dem flüchtenden Blick
auf der Spur. (1982)

Rose Ausländer, *Tag*, S. 376.

18. Viele Wege führen nach Canossa. (1982)

André Brie, *Wahrheit*, S. 20. Auch ders., *Wahrheit/Anfang*, S. 20.

19. Die Wege, die nach Rom führen, sind von Rom verführt worden. (1983)

Peter Oprei, *Bedenkliches*, S. 44.

20. Alle Wege führen nach Rom.
Na, dann probier's mal! (1984)

Siegfried Gloose, *Einfälle*, S. 81.

21. Alle Umwege führen nach Bormio. (1985)

Die Zeit, Nr. 1/4. 1. 1985, S. 41 (deutsche Ausg.).

22. Alle Wege führen nach Babylon. (1986)

Ralf Bülow, *Bett*, o. S.

23. Viele Wege führen nach Rom.
Aber die meisten über Canossa. (1987)

Wolfgang Mocker, *Canossa*, S. 94.

24. Alle Wege führen in den Sozialismus; die asphaltierten sind bequemer. (1990)

Žarko Petan, *Herren*, S. 8.

25. Alle Abwege führen durch Rom. (1995)

Georg Schwikart, *Alle Abwege führen durch Rom. Erzählung*, Sankt Augustin: Avlos, 1995.

26. Alle Wege führen zu Romy. (1995)

Ulrich Erckenbrecht, *Katzenköppe*, S. 27.

WEIN

„Im Wein ist (liegt) Wahrheit."

1. *Die Wahrheit im Wein*

Wahrheit steckt in dir, o Wein!
Wie will der denn scheltbar sein,
Der die Wahrheit zu ergründen,
Sich beim Bacchus viel läßt finden? (Um 1650)

Friedrich von Logau, *Sinngedichte*, S. 33.

2. Die Wahrheit ist im Wein;
Das heißt: In unsern Tagen
Muß einer betrunken sein,
Um Lust zu haben, die Wahrheit zu sagen. (Um 1840)

Friedrich Rückert, *Werke*, Bd. 2, S. 271. Auch Klemens Altmann, *Epigramme*, S. 206; Otto Böhmer, *Leben*, S. 107.

3. Weil „im Wein Wahrheit ist", deßhalb wagen die Weinschenken selten oder nie, „reinen Wein einzuschenken." (Um 1860)

Karl Friedrich Wilhelm Wander, *Sprichwörterbrevier*, S. 79.

4. Im (In) Kino veritas. (1931)

Simplicissimus, 36, Nr. 35/30. 11. 1931, S. 417. Auch Joachim Schwedhelm in *Die Zeit*, Nr. 12/27. 3. 1975, S. 23; Claudia Glismann, *Edel*, o. S.; Elisabeth Blay, *Tropfen*, o. S.

5. Im Wein ist keineswegs die Wahrheit, wohl aber die Unmöglichkeit des Lügens. (1965)

Herbert Eisenreich, *Adam*, S. 64.

6. *Die Ismen*

Im Wein ist Wahrheit. Auch im Wein der Kunst.
Die Falschheit liegt im Etikett. Auch im Etikett der Kunst. (1969)

Arthur Hafink, *Hergebrachtes*, S. 51.

7. In vino veritas? Ein Winzer, der's schwört, gibt's den? (1970)

Rudolf Rolfs, *Inventur*, S. 192.

8. Die Wahrheit liegt bei uns im Wein,
drum kriegt sie keinen Führerschein. (1973)

Liselotte Rauner, *Volksmund*, S. 32.

9. Im Schnaps ist mehr Wahrheit als im Weihwasser. (1973)

Rolf Hochhuth, *Lysistrate*, S. 145.

10. „Im Wein liegt die Wahrheit“, sagte der Fälscher, als er sein Produkt abfüllte. (1973)

Werner Schneyder, *Empfehlung*, S. 129. Auch ders., *Gelächter*, S. 96.

11. In Vino Zuckerwasser. (1974)

Die Zeit, Nr. 45/8. 11. 1974, S. 24.

12. Wie die Wahrheit in den Wein kam ... und auch die Lüge. (1975)

Die Zeit, Nr. 44/31. 10. 1975, S. 24.

13. *Die Wahrheit*

liegt angeblich im Wein, im Alkohol also. Demnach könnte sie gleicherweise in Bier oder Schnaps zu finden sein; Wahrheit wäre somit nichts anderes als eine besoffene Angelegenheit. Das ist sie auch ohne Zweifel für gewisse Leute; und nicht einmal nur für professionelle Säufer.

Das bekannte Sprichwort „In vino veritas“ stammt unbestreitbar von den Römern. Erstaunlich also, wie der römische Statthalter von Jerusalem, der aus dem Credo wohlbekannte Pontius Pilatus, seine berüchtigte Frage „Was ist Wahrheit?“ stellen konnte. Als Römer hätte er wissen müssen, wo sie zu finden ist: in der nächstbesten Taverne; dort wurde und wird auch heute noch das, was man für die Wahrheit hält, humpenweise ausgeschenkt. Daraus erklärt sich, warum man seit eh und je um die nüchterne Wahrheit einen so weiten Bogen macht. (1976)

Ernst Kubin, *Hieb*, S. 83.

14. Für manchen liegt im Wein die traurige Wahrheit. (1977)

Gerhard Uhlenbruck, *Netz*, S. 7.

15. Im Wein liegt Wahrheit.
Jedoch: Sie steht nicht auf dem Etikett. (1978)

Oskar Cöster, „Schüsse“, S. 132.

16. Im Wein liegt Wahrheit. Und in der Milch Gesundheit. (1978)

Werner Mitsch, *Spinnen*, S. 93.

17. Beim alten Wein wird es problematisch: Aus welcher Zeit stammt seine Wahrheit? (1979)

Gabriel Laub, *Recht*, S. 46.

18. Die Wahrheit kann nicht immer im Wein sein – der Wein hat ab und zu auch gute Jahre. (1979)

Gabriel Laub, *Recht*, S. 47. Auch ders., *Denken*, S. 149.

19. Im Wein ist Wahrheit, aber leider erst auf dem Boden des Glases. (1979)

Žarko Petan, *Kopf*, S. 49.

20. Im Wein ist Wahrheit – im Schnaps Phantasie. (1979)

Žarko Petan, *Kopf*, S. 68.

21. Im Wein liegt Wahrheit. Und in der Wahrheit Phantasielosigkeit. (1979)

Werner Mitsch, *Fische*, S. 80.

22. Kaufen kann man die Wahrheit nur im Wein, – obwohl sie auf so viele Arten verkauft wird. (1979)

Gabriel Laub, *Recht*, S. 46.

23. Selbst weinfesten Menschen geht es schlecht, wenn sie zuviel Wahrheit geschluckt haben. (1979)

Gabriel Laub, *Recht*, S. 46.

24. Wahrheit im Wein? Verdirbt das nicht den Geschmack? (1979)

Gabriel Laub, *Recht*, S. 45. Auch ders., *Denken*, S. 148.

25. Warum gibt es keine Wahrheit im Essig? Kann sie die Prüfung mit der Säure nicht bestehen? (1979)

Gabriel Laub, *Recht*, S. 46.

26. Wer die Wahrheit im Wein finden will, darf die Suche nicht schon beim ersten Glas aufgeben. (1979)

Werner Mitsch, zitiert aus *Stuttgarter Zeitung*, Nr. 250/27. 10. 1979, S. 51.

27. Wer die Wahrheit im Wein finden will, sollte sich mit dem Suchen Zeit lassen. (1979)

Werner Mitsch, *Fische*, S. 80.

28. Im Wein ist Wahrheit, sagte der Wirt.
Pur wäre mir lieber, entgegnete der Gast. (1980)

Werner Mitsch, *Pferde*, S. 37.

29. In vino veritas – mente captus: Im Wein liegt die „volle" Wahrheit. (1980)

Gerhard Uhlenbruck, *Frust-Rationen*, S. 100.

30. In vino vanitas. (1981)

Gerhard Uhlenbruck, *Masche*, S. 84. Auch Claudia Glismann, *Edel*, o. S.

31. In Zino[-Zigarren] veritas. (1981)

Die Weltwoche/Magazin, Nr. 48/25. 11. 1981, S. 31.

32. Die Wahrheit, die im Urin ist, ist im Wein als Lüge. (1982)

Nikolaus Cybinski, *Lande*, S. 108.

33. Im Wein liegt Wahrheit. Zuviel Wahrheit kann auf die Dauer aber keiner vertragen. (1982)

Gerhard Uhlenbruck, *Medizinische Aphorismen*, S. 66.

34. In vino profitas! (1982)

Nebelspalter, Nr. 45/9. 11. 1982, S. 3.

35. Hegel: „Die Wahrheit ist ... der bacchantische Taumel, an dem kein Glied nicht trunken ist ..." In vino veritas? In veritate vinum! (1983)

Ulrich Erckenbrecht, *Körnchen*, S. 28.

36. Im Wein liegt Wahrheit, im Bier liegt Kraft –
im Wasser sind Bazillen, das ist's, was uns schafft. (1983)

Morgenpost, 19. 1. 1983, o. S.

37. In aqua veritas. (1983)

Hörzu, Nr. 23/3. 6. 1983, S. 123.

38. *In Velo veritas!*

„Energie sparen – Velo fahren" und „Umwelt schützen – Velo benützen". (1983)

Nebelspalter, Nr. 21/24. 5. 1983, S. 14.

39. Politiker trinken selten Wein, denn im Wein liegt die Wahrheit. (1983)

Winfried Bornemann, *Blödel*, o. S.

40. Möchten Sie Wahrheit im Wein? Natur oder gesüßt? (Vor 1984)

Gabriel Laub, *Denken*, S. 148.

41. Im Wein ist Wahrheit. Nüchterne Menschen kredenzen ihre Wahrheiten pur. (1984)

Werner Mitsch, *Grund*, S. 51.

42. Im Wein ist Wahrheit, Sturheit und Bosheit. (1984)

Werner Mitsch, *Grund*, S. 69.

43. Nach der dritten Flasche versuchte er lallend, „in vino veritas" zu sagen. Es mißlang ihm. Doch gerade deshalb sprach aus ihm vernehmlich die Wahrheit im Weine. (1984)

Klaus Sochatzy, *Widerworte*, S. 35.

44. *Überflüssig*

In vino veritas? Mag sein.
Nur – Ehrlichkeit braucht keinen Wein. (1984)

Wolfgang Funke, *Funksprüche*, S. 20.

45. Welche Wahrheit zu welchem Wein? Eine Etikettenfrage. (1984)

Werner Mitsch, *Grund*, S. 12.

46. Im Wein ist die Wahrheit und noch einiges mehr. (1985)

Die Weltwoche, Nr. 7/14. 2. 1985, S. 35.

47. Im Wein liegt Wahrheit,
im Weinkeller liegen wir. (1985)

Ralf Bülow, *Phantasie*, o. S.

48. *M. B.*

Im Wein ist Wahrheit, sagst du
Bier macht ehrlich
Und Schnaps löst mir die Zunge.
Im Rausch erst bin ich was ich bin:
Narr, Weiser, Revolutionär und Dulder
Gottgläubiger und Atheist
Mensch oder Tier
Zum Teufel mit der Wahrheit:
Noch ein Bier! (1985)

Inge Müller, *Sterben*, S. 51.

49. Nur im reinen Wein liegt die Wahrheit. (1985)

Wolfgang Mocker, zitiert aus Ingetraud Skirecki, *Troja*, S. 89.

50. *In Vino veritas*

Ihr sagt „In Vino veritas“ –
und meint damit Glykol.
Verdammt nochmal, wie meint Ihr das?
Daß Euch der Teufel hol’.

Gewiß, die Sache mit dem Wein,
für den, der diese Brühe trinkt,
ist sicherlich so hundsgemein,
daß sie zum Himmel stinkt.

Doch ziehe ich den Schluß daraus –
wie Eure Wahrheit in dem Wein

sieht sicher manche Wahrheit aus.
Das scheint ihr Privileg zu sein. (1986)

Karlheinz Walch, *Ansichten*, S. 83.

51. Die ganze Wahrheit verträgt keiner. Schon gar nicht, wenn sie tatsächlich im Wein liegen sollte. (1987)

Wolfgang Mocker, *Canossa*, S. 60.

52. In vino veritas. Der Wein, die Weine, das Weinen. (1988)

Werner Mitsch, *Neue Hin-Sprüche*, S. 41.

53. In vino veritas. Wer reinen Wein eingeschenkt bekommt, der sollte sich auf Wahrheit gefaßt machen. (1988)

Werner Mitsch, *Neue Hin-Sprüche*, S. 90.

54. Im Wein ist Wahrheit? Er ist nur der Trank auf dem Wege, sie zu suchen. (1989)

Hans Franzmeyer, *Weg*, S. 34.

55. In video veritas. (1989)

Der Spiegel, Nr. 44/30. 10. 1989, S. 268. Auch als Buchtitel: Ronald M. Hahn, *In video veritas*, München: Heyne, 1989.

56. Im Wein ist die Wahrheit – im Faß eingesperrt. (1990)

Žarko Petan, *Herren*, S. 27.

57. Im Wein liegt Wahrheit. Wir sind ein biertrinkendes Volk. (1990)

Wolfgang Funke, *Wendehals*, S. 60.

58. *Wein und Wahrheit*

So mancher hat schon recht, der frank und frei
spricht mit den Kleinen wie mit Großen
und ihnen sagt, daß im Wein Wahrheit sei:
Mit beiden pflegt man anzustoßen! (1990)

Helmut Kater, *Denkanstöße*, S. 57.

59. Im Wein ist Wahrheit, im Schnaps (Weinbrand) ist die Idee einer Wahrheit: Ein Körnchen Wahrheit ist eben in jeder Schnapsidee! (1991)

Gerhard Uhlenbruck, *Diagnosen*, S. 18. Auch ders., *Medizinische Aphorismen*, 2. Aufl., S. 128.

60. Im gepanschten Wein liegt bestenfalls die halbe Wahrheit. (1992)

Manfred Strahl, *Hiebe*, S. 8.

61. In nudo veritas. (1992)

Die Weltwoche, Nr. 44/29. 10. 1992, S. 19.

62. Zellen in Kultur: In vitro veritas. (1992)

Die Zeit, Nr. 50/11. 12. 1992, S. 17.

63. Im Wein liegt Wissen. (1993)

Die Zeit, Nr. 46/19. 11. 1993, S. 19.

64. Im Wein ist nicht immer die Wahrheit: Der Saft der Trauben führt oft zu Rosinen im Kopf. (1994)

Gerhard Uhlenbruck, *Medizinische Aphorismen*, 2. Aufl., S. 59.

65. Im Wein die Wahrheit,
im Bier die Sparheit,
im Schnaps die Klarheit. (1995)

Ulrich Erckenbrecht, *Katzenköppe*, S. 127.

WILLE (a)

„Des Menschen Wille ist sein Himmelreich."

1. Jedes Menschen Wunsch erfülle, dann gefällst du ihm sogleich; denn es „ist des Menschen Wille einmal nun sein Himmelreich." (Um 1860)

Karl Friedrich Wilhelm Wander, *Sprichwörterbrevier*, S. 232.

2. Des Menschen Wille ist sein Himmelreich – und seine Hölle. (1976)

Hellmut Walters, *Zungenschläge*, S. 13.

3. Des Menschen Stille ist sein Himmelreich. (1977)

Heinrich Schröter, *Lust*, S. 48.

4. Des Menschen Wille ist sein Himmelreich, nicht des Menschen Pille. (1977)

Gerhard Uhlenbruck, *Netz*, S. 35. Auch ders., *Medizinische Aphorismen*, S. 49.

5. Des Menschen Wille ist sein Himmelreich, seine Willensfreiheit die Hölle. (1977)

Gerhard Uhlenbruck, *Masche*, S. 48.

6. Des Sportlers Wille, nicht des Sportlers Pille ist sein Himmelreich. (1977)

Gerhard Uhlenbruck, *Netz*, S. 123.

7. Des Menschen Wille ist sein schwächstes Glied. (1981)

Werner Mitsch, *Hunde*, S. 78.

8. Der Frauen Pille ist des Mannes Himmelreich. (1984)

Werner Ehrenforth, *Eintagsfliege*, S. 26.

9. Des Menschen Grille ist sein Himmelreich. (1984)

Walter Kempowski, *Willkommen*, S. 215.

10. Des Menschen Wille ist sein Himmelreich?
Des Menschen Stille sei sein Himmelreich. (1990)

Heinrich Schröter, *Worte*, 2. Aufl., S. 68.

11. Des Mädchens Rille ist sein Himmelreich. (1996)

Heinz Hütter, *Eros*, S. 38.

WILLE (b)

„Wo ein Wille ist, (da) ist auch ein Weg."

1. „Keene Bange, jute Frau – wo een Glaube is, da is ooch 'n Weg." (1928)

Simplicissimus, 33, Nr. 16/16. 7. 1928, S. 207.

2. Wo ein Wille ist, ist auch ein Abweg. (1970)

Hans Kudszus, *Jaworte*, S. 61.

3. Wo ein Wille (ist), (da) ist auch ein Gebüsch. (1972)

Praline, Nr. 52/20. 12. 1972, S. 12. Auch *Morgenpost*, 4. 1. 1983, o. S.; Claudia Glismann, *Edel*, o. S.; Eduard Moriz, *Dings*, o. S.; Text eines Aufklebers der Firma Pictura (Heidelberg 1988).

4. Wo ein Wille ist, da ist auch ein Weg, und wo kein Wille ist, da ist auch einer. (1972)

Hermann Kant, *Impressum*, S. 7.

5. Wo ein Wille ist, ist auch ein Mann. (1974)

Rita Hayworth, zitiert aus *Hörzu*, Nr. 24/15.–21. 6. 1974, S. 12.

6. *Gedanken beim steifen Grog*

Wo ein Grog ist – da ist auch ein Keller.
Wo eine Zeche – ist auch ein Preller.
Wo ein Tsching – da ist auch ein Bum.
Wo ein Kümmel – da ist auch ein Rum.

Wo ein Mat ist – ist auch ein rose.
Wo ein Wind – ist auch eine Hose.
Wo ein Luv ist – ist auch ein Lee.
Wo ein W – da ist auch ein C.

Wo eine Ana – ist auch die lyse.
Wo eine Kom ist – ist auch die büse.
Wo ein Kauta – da ist auch ein bak.
Wo ein Dudel – da ist auch ein Sack.

Wo ein Säbel – da ist auch die Scheide.
Wo ein Schorf ist – da ist auch die Heide.
Wo ein Labs ist – da ist auch ein kaus.
Wo eine Freude – da ist auch ein Haus.

Wo ein Stein ist – da ist auch ein häger.
Wo ein Schorn – ist auch ein steinfeger.
Wo ein Kampf ist – da ist auch ein Sieg.
Wo eine Jungfer – da ist auch ein Stieg.

Wo ein Amboß – da ist auch ein Hammer.
Wo eine Katze – ist auch ein Jammer.
Wo eine Hexe – da ist auch ein Schuß.
Wo ein Kurz ist – da ist auch ein Schluß. (Vor 1976)

Fred Endrikat, *Buch*, S. 12.

7. Wo ein Mazda ist, ist auch ein Weg. (1976)

Stern, Nr. 38/9. 9. 1976, S. 145.

8. *sackgasse*

wo ein wille ist
ist auch ein weg

alle wege
führen nach rom. (1977)

Jürg Moser, *Randbemerkungen*, S. 23.

9. Wo ein Hitler ist,
ist auch ein Weg:
eine hohle Gasse. (1977)

Guido Hildebrandt, *Hohn*, S. 42.

10. Wo ein Sachs [Fichtel & Sachs] ist, ist auch ein Weg. (1977)

Der Spiegel, Nr. 20/9. 5. 1977, S. 199.

11. „Wo ein Wille ist, da ist auch ein Weg", sagte der Mann zum Mädchen, aber es blieb beim Willen. (1977)

Markus Ronner, *Moment*, S. 14.

12. Wo kein Weg ist, ist auch kein Wille. (1977)

Gerhard Uhlenbruck, *Netz*, S. 114.

13. Wo Liebe ist, ist auch ein Weg, nur kein Auswag. (1977)

Gerhard Uhlenbruck, *Netz*, S. 75.

14. Wo ein Grill ist, ist auch eine Grille. (1978)

Werner Mitsch, *Spinnen*, S. 111.

15. Wo ein Wille ist, ist auch ein Umweg. (1978)

Werner Mitsch, *Spinnen*, S. 91. Auch ders., *Wal*, o. S.

16. Wo ein Wille ist, ist auch ein Unwille. (1978)

Werner Mitsch, *Spinnen*, S. 92.

17. das ist immer noch ein argument dagegen:
„wo die pille ist, ist auch ein bett".
wie lange noch? (1979)

Volker Erhardt, *Kannibale*, S. 18.

18. Wo kein Wille ist, sollte wenigstens ein Ausweg sein. (1980)

Sigmar Schollak, zitiert aus André Brie, *Weisheit*, S. 131.

19. Wo ein eiserner wille ist, kann durchaus ein holzweg sein. (1981)

Wolfgang Mocker, „Widersprich-Wörter", S. 167.

20. Wo ein Wille ist, ist auch ein Weg. Und wo ein Weg ist, ist auch eine Umleitung. (1981)

Werner Mitsch, *Hunde*, S. 113. Auch ders., *Wal*, o. S.

21. Wo ein Suzuki SJ410 ist, ist auch ein Weg. (1982)

Stern, Nr. 12/18. 3. 1982, S. 71. Auch ebd., Nr. 27/1. 7. 1982, S. 174.

22. Wo ein Wille ist, ist auch ein Holzweg. (1982)

André Brie, *Wahrheit*, S. 8. Auch ders., *Wahrheit/Anfang*, S. 7.

23. Wo ein Wille ist, ist auch ein Bett. (1982)

Frieder Stöckle, *Ätsch*, S. 52.

24. Wo ein Wille ist, ist auch ein Weg. Irren ist menschlich. (1982)

Nebelspalter, Nr. 18/4. 5. 1982, S. 43.

25. Wo ein Wille ist, ist noch lange kein Dienstweg. (1982)

André Brie, *Wahrheit*, S. 8. Auch ders., *Wahrheit/Anfang*, S. 7.

26. Wo ein Wille ist, ist auch ein volles Glas. (1983)

Werner Mitsch, *Schwarze*, S. 38.

27. Wo eine Krise ist, ist auch ein Buch. (1983)

Die Zeit, Nr. 14/8. 4. 1983, S. 19.

28. Wo eine Villa ist, ist auch ein Weg. (1983)

Iris Blaschzok, *Ächt*, S. 91. Auch Claudia Glismann, *Edel*, o. S.; *Bild*, 29. 9. 1986, S. 2; Robert Lembke, *Fettnäpfchen*, S. 53; Angelika Franz, *Sprüche*, S. 92.

29. Wo ein Wille ist, ist auch ein Busch. (1984)

Claudia Glismann, *Schüler*, o. S.

30. Wo eine Pille ist, das ist auch ein Weg. (1984)

Happy Schlaf- und Bett-Kalender 1984 (Okt.), ohne Ort: Paper Box, 1984.

31. Tragik: Wo kein Wille ist, da ist ein Weg – und umgekehrt. (1985)

Gerhard Uhlenbruck, *Eigenliebe*, S. 10.

32. Wo ein letzter Wille ist, ist auch ein Weg – nach Rom. (1985)

Gerhard Uhlenbruck, *Eigenliebe*, S. 22.

33. Wo ein Wilhelm ist, ist auch ein Busch. (1985)

Ralf Bülow, *Phantasie*, o. S. Auch *Bild*, 13. 2. 1987, S. 2.

34. Wo ein Wille ist, ist auch ein Weg – zurück, zur Umkehr. (1985)

Gerhard Uhlenbruck, *Eigenliebe*, S. 9. Auch ders., *Wahr*, S. 125.

35. Wo kein Wille ist, bleibt nur der Kriegspfad. (1985)

André Brie, *Anfang*, S. 72. Auch ders., *Wahrheit/Anfang*, S. 137.

36. Wo die Pille ist, ist auch ein Weg. (Um 1986)

Olaf Trunschke, zitiert aus Gabriele Berthel, *Kurz*, S. 126.

37. Wo ein Wille, da ist auch ein Irrweg. (1986)

Bernd Thomsen, *Neue Büro-Sprüche*, o. S. Auch Beate Kuckertz, *Büro*, o. S.

38. Wo ein Wille, ist auch ein Pissoir. (1986)

Bernd Thomsen, *Pissen*, o. S.

39. Wo ein Wille ist, ist auch ein Weg – zumindest aber eine Umleitung! (1986)

Das neue Blatt, Nr. 22/21. 5. 1986, S. 63.

40. Wo eine Pille, da ist auch ein Bett. (1986)

Bernd Thomsen, *Bett*, S. 46.

41. Wo ein Gag ist, ist auch eine Gage. (1987)

Werner Mitsch, *Wal*, o. S.

42. Wo kein Wille ist, bleibt immer noch der Weg des geringsten Widerstands. (1987)

Wolfgang Mocker, *Canossa*, S. 41.

43. Wo ein Wille ist, ist auch ein „geht nicht“. (1988)

Hans-Dieter Schütt, *Haustür*, S. 80.

44. Wo ein Wille ist, ist auch ein Wunder. (1988)

Die Zeit, Nr. 4/29. 1. 1988, S. 12.

45. Wo ein Wille ist, muß erst mal ein Antrag gestellt werden. (1988)

Hans-Dieter Schütt, *Haustür*, S. 93.

Die Seite für Deutschland

120000 in Leipzig: Wo ein Willy ist, ist auch ein Weg

Da lachten die Sachsen

WILLE (b) 47

46. Wo ein Killer ist, ist auch einer weg! (1990)

    Hörzu, Nr. 28/6. 7. 1990, S. 3.

47. Wo ein Willy ist, ist auch ein Weg. (1990)

    Bild, 26. 2. 1990, S. 9.

48. Wo ein böser Wille ist, da ist auch immer ein Weg, aber kein Ausweg. (1991)

    Gerhard Uhlenbruck, *Diagnosen*, S. 74. Auch ders., *Medizinische Aphorismen*, 2. Aufl., S. 2.

49. Wo ein Wille ist, ist auch ein Weg – zum Laufen! (1992)

    Gerhard Uhlenbruck, „Spott-Studio“, S. 79.

50. Wo ein Wille zur Werbung ist, ist auch ein Schleichweg. (1994)

    Gerhard Uhlenbruck, *Medizinische Aphorismen*, 2. Aufl., S. 91.

51. Wo ein Unwille ist, ist auch ein Umweg! (1996)

    Gerhard Uhlenbruck, „Giftpfeile“, S. 178.

WISSEN (a)

„Was ich nicht weiß, macht mich nicht heiß."

1. Was das Volk nicht weiß, macht das Volk nicht heiß. (1809)

   Heinrich von Kleist, *Werke*, Bd. 2, S. 361 (*Lehrbuch der französischen Journalistik*). Auch ders. in Laurenz Wiedner, *Geist*, S. 114.

2. Was ich nicht weiß,
   Macht mich nicht heiß.
   Und was ich weiß,
   Machte mich heiß,
   Wenn ich nicht wüßte,
   Wie's werden müßte. (1815)

   Johann Wolfgang von Goethe, *Werke*, hrsg. von Paul Stapf, Bd. 1, S. 561 (*Sprichwörtliches*).

3. *Was er weiß, macht ihn heiß*

   Viele lange Jahr' es währt,
   Daß ein Tag den andern lehrt.
   Wird der jüngste Tag zu heiß,
   Ist's von allem was er weiß. (Vor 1827)

   Wilhelm Müller, zitiert aus Klemens Altmann, *Epigramme*, S. 49.

4. Sei stets beflissen
   Zu wissen;
   Mich macht nur, was ich weiß,
   Nicht heiß. (Vor 1849)

   Ernst Freiherr von Feuchtersleben, zitiert aus Klemens Altmann, *Epigramme*, S. 50.

5. Nichts macht mich so heiß,
   Als was ich nicht weiß. (Vor 1863)

   Friedrich Hebbel, *Werke*, Bd. 4, S. 729.

6. Was ich weiß, macht mir [!] nicht heiß. (1909)

   Karl Kraus, *Wort*, S. 36.

7. Kien wird noch geschlagen, doch findet niemand mehr ein rechtes Vergnügen dabei. Er benimmt sich weder als Mensch noch als Leiche [...]. Er könnte abwehren, das Gesicht bedecken, sich winden oder wenigstens zucken, man erwartet allerlei von ihm, er enttäuscht. Zwar muß so einer noch viel auf dem Kerbholz haben, aber wenn

man's nicht weiß, schlägt man nicht heiß. Angeekelt und einer lästigen Pflicht ledig, überläßt man ihn der Polizei. (1935)

Elias Canetti, *Blendung*, S. 323.

8. Was ich nicht weiß, macht mich nicht heiß;
was ich nicht kann, geht mich nichts an. (1970)

Robert Gernhardt, *Welt*, S. 161.

9. Was die Frau nicht weiss, macht den Mann nicht heiss! (1972)

Schweizer Illustrierte, Nr. 50/11. 12. 1972, S. 125.

10. Denn was Ihr Nachbar nicht weiß, macht ihn nicht heiß. (1975)

Stern, Nr. 22/22. 5. 1975, S. 12.

11. Was ich nicht weiß, geht niemand was an. (1977)

Oliver Hassencamp, *Klipp*, S. 17.

WISSEN (a) 10

12. Was ich nicht weiß, macht mich heiß. (1977)

Guido Hildebrandt, *Hohn*, S. 13. Auch Manfred Hinrich in André Brie, *Weisheit*, S. 128; Bernd Thomsen, *Polit*, o. S.

13. Was ich nicht weiß, währt am längsten. (1977)

Oliver Hassencamp, *Klipp*, S. 35.

14. *heiß*

was ich nicht heiß,
ist nicht mein name.
was ich nicht kalt,
bleibe ich im bett. (1978)

Ernst Jandl, *Hund*, S. 73.

15. was ich nicht weiß
macht andre reich. (1979)

Volker Erhardt, *Kannibale*, S. 71.

16. Was ich nicht weiß, muß ich abschreiben. (1983)

Karl Heinz Rauchberger u. Ulf Harten, *Club*, S. 38. Auch Christian Roman, *Lieber*, o. S.; Angelika Franz, *Sprüche*, S. 300; Elisabeth Blay, *Tropfen*, o. S.

17. Was ich nicht weiß, macht mich nicht heiß, sagte der Schüler, als er den Unterricht schwänzte. (1984)

Werner Mitsch, *Grund*, S. 30.

18. Was ich weiß, macht andere heiß. (Vor 1986)

Silvia Schubert, zitiert aus Ingetraud Skirecki, *Troja*, S. 120.

19. Was ich nicht weiß, kann ich nicht vergessen. (1986)

Karl-Ludwig Bickerle, *Gedankensprünge*, S. 15.

20. Was ich nicht weiß, macht den Reaktor so heiß. (1987)

Günter Redtke, *Gedanken*, S. 21.

21. Was ich weiß, macht mich heiß! (1988)

Elisabeth Blay, *Tropfen*, o. S.

22. Was ich nicht weiß, macht mich heiß.
Was jeder weiß, läßt mich kalt. (Vor 1989)

Stephan Dettmeyer, zitiert aus Gabriele Berthel, *Kurz*, S. 47.

23. *Einspruch*

Ein schäbiges Wort soll es angeblich sein, dieses: „Was ich nicht weiß, macht mich nicht heiß."
Mein Gott, wer wäre nicht schon verschmort, wenn er alles wüßte. (Vor 1990)

Horst Drescher, *Zirkus*, S. 88.

24. Was das Volk schon lange weiß,
macht EGON [Krenz] erst seit gestern heiß. (1990)

Ewald Lang, *Wendehals*, S. 84.

25. Was ich nicht weiß, macht mich nicht kalt. (1992)

Ross Thomas, *Was ich nicht weiß, macht mich nicht kalt. Kriminalroman*, Frankfurt am Main: Ullstein, 1992.

WISSEN (b)

„Wissen ist Macht."

1. Wissen ist nicht nur Macht, Wissen ist auch Freude, und zum Kulturwert wird es erst, wenn es als eine Welt erlebt wird, die ihre Bestimmung in sich selber trägt. (1927)

Gustav Radbruch, *Aphorismen*, S. 107.

2. Bildung ist heute Werkzeug. „Wissen ist Macht" war die adventistische Parole dafür. (1956)

Carl August Emge, „Diesseits", S. 102.

3. *Wissen ist Macht*

Ein Mensch, der dummerweis gedacht,
*Mit*wissen erst sei wirklich Macht,
Hat zu beweisen nichts vermocht
Und wurde deshalb eingelocht.
Von Stund an nicht mehr klatschbeflissen,
Beschloß er, nie mehr was zu wissen. (1964)

Eugen Roth, *Mensch*, S. 63. Auch ders., *Genau*, S. 30.

4. Wissen ist Macht?
Nein. Eher Ohnmacht. (Seht die Gelehrten.)
Aber Macht ist Wissen.
Wissen um die Ohnmacht der anderen. (Seht die Politiker.) (1969)

Arthur Hafink, *Hergebrachtes*, S. 177.

5. „Wissen ist Macht.“ Stolze Maxime.
Aber das Wissen von heute ist die Mythe von morgen.
Mythe der Macht. (1969)

Walter Hilsbecher, *Sporaden*, S. 25.

6. Wissen ist Macht. Aber wer weiß nicht auch, wieviel Klugheit dazu gehört, sie nicht zu verspielen oder vermodern zu lassen? (1973)

Sigmund Graff, *Baum*, S. 172.

7. Wissen ist Fracht. (1977)

Heinrich Schröter, *Lust*, S. 42. Auch Bernd Thomsen, *Polit*, o. S.; H. Schröter, *Worte*, 2. Aufl., S. 67; ders., *Lebensworte*, S. 64.

8. Wissen ist Macht. Schlimm ist derjenige, der um seine Macht weiß. (1977)

Hans-Horst Skupy, *Geistesblitze*, S. 12.

9. Wissen ist Macht der Gewohnheit. (1978)

Werner Mitsch, *Spinnen*, S. 90. Auch ders., *Wal*, o. S.

10. (Mit-)Wissen ist Macht. (1979)

Frankfurter Allgemeine Zeitung, 28. 6. 1979, S. 3.

11. Wissen ist Erziehungsmacht. (1980)

Gerhard Uhlenbruck, *Frust-Rationen*, S. 28.

12. Wissen ist Ohnmacht. (1980)

Manfred Eigendorf, „Gedichte“, S. 351. Auch Günter Kunert, *Monologe*, S. 50.

13. Wissen ist Macht, Nichtwissen Übermacht. (1981)

Žarko Petan, *Himmel*, S. 15.

14. Wissen ist Macht, Unwissen Übermacht. (1981)

Žarko Petan, zitiert aus *Nebelspalter*, Nr. 6/10. 2. 1981, S. 28.

15. Medizinischer Kongreß: Wissen ist Pracht. (1982)

Gerhard Uhlenbruck, *Medizinische Aphorismen*, S. 32.

16. Wissen ist Macht.
Nichts wissen macht nichts! (1982)

René Hildbrand, *Arbeit*, S. 43. Auch Albert Schmude, *Freiheit*, S. 39; Wolf von Henschelsberg, *Tipp-Ex*, o. S.

17. Wissen ist Macht.
Wir wissen nichts.
Das macht nichts. (1982)

Nebelspalter, Nr. 43/26. 10. 1982, S. 38.

18. Wissen ist Macht.
Nichts wissen macht auch nichts. (1983)

Karl Heinz Rauchberger u. Ulf Harten, *Club*, S. 43. Auch Claudia Glismann, *Edel*, o. S.; Luise Lemke, *Besser jut*, S. 105; Christian Roman, *Lieber*, o. S.; Richard Mahkorn, *Büro*, o. S.; Angelika Franz, *Sprüche*, S. 98; Elisabeth Blay, *Tropfen*, o. S.; Beate Kuckertz, *Büro*, o. S.

19. Wissen ist Macht.
Nichtwissen macht nichts. (1983)

Eduard Moriz, *Nimm's leicht*, o. S.

20. Wissen ist Macht, Sprechen ist mächtiger. (1983)

Sigbert Latzel, *Stichhaltiges*, S. 49.

21. Wissen ist Macht. Wenn man das Wissen zum Machtwissen macht. (1983)

Ulrich Erckenbrecht, *Körnchen*, S. 35. Auch ders., *Katzenköppe*, S. 122.

22. Wissen ist Macht!
Unwissen manchmal auch. (1984)

Siegfried Gloose, *Einfälle*, S. 76.

23. Wissen ist Macht, doch es kann nicht nur Herrscher geben. (1985)

Christian Roman, *Reden*, o. S.

24. WISSEN IST MACHT.
WISSEN IST MÄCHTig schwer. (1985)

Wolfgang Willnat, *Sprüche*, S. 73.

25. Wissen ist menschlich. (1985)

Der Spiegel, Nr. 15/8. 4. 1985, S. 78.

WISSEN (b) 24

26. Nicht jedes Wissen ist Macht: Das Wissen, daß Geld Macht ist, ist Ohnmacht. (1987)

    Gerhard Uhlenbruck, *Kaffee*, S. 108.

27. Pissen ist Macht. (1987)

    Renato Biscioni, *Kindersprüche*, S. 42.

28. Wissen ist Macht, Macht ist Geld – und dennoch ist Wissen unbezahlbar. (1987)

    Gerhard Uhlenbruck, *Kaffee*, S. 61.

29. Wissen ist Macht, Gewissen deren Kontrolle. (1988)

    Gerd Heyse, *Gedanken*, S. 33.

30. Wissen ist Macht.
Besserwissen mächtiger. (1989)

Manfred Strahl, *Ausleg*, S. 19.

31. Gewissen ist Macht. (1992)

Uwe Schacht, *Gewissen ist Macht. Notwendige Reden, Essays, Kritiken zur Literatur und Politik in Deutschland*, München: Piper, 1992.

32. Unwissenheit besiegt die Angst – Unwissenheit ist Macht. (1994)

Felix Renner, *Worte*, S. 39.

33. Wissen ist Macht
nur daß die Mächtigen so wenig
davon haben. (1994)

Gina Garen, *Weisheiten*, S. 30.

34. Wenn Wissen Macht ist, kann Wissensdurst leicht zum Machtrausch führen. (1995)

Wolfgang Eschker, *Mitgift*, S. 150.

WOLLEN

„Was du nicht willst, daß man dir tu', das füg auch keinem andern zu."

1. Ein wohlverstehender sozialer Geist verbietet, was das Recht des andern kränkt. Ein mißverstehender Individualismus sagt: Was du nicht willst, daß dir geschieht, das darfst du dir auch selbst nicht zufügen. (1909)

Karl Kraus, *Wort*, S. 141 f.

2. Was sie nicht will, dass ich ihr tu', das füg' ich einer andern zu. (1972)

Schweizer Illustrierte, Nr. 52/25. 12. 1972, S. 85. Auch *Neue Revue*, Nr. 26/ 23. 6. 1975, S. 39; Eduard Moriz, *Beziehungskiste*, o. S.

3. Was du nicht willst, das [!] man dir tu, das tu auch nicht – was willst du denn? (1977)

Hörzu, Nr. 48/2. 12. 1977, S. 56.

4. Wenn sie's nicht will, daß er's ihr tu, dann fliegt er einer andern zu. (1978)

   Werner Mitsch, *Spinnen*, S. 104.

5. Was du willst, das [!] man dir tu, das füge auch dem anderen zu. (1979)

   Gerhard Uhlenbruck, *Einfach*, S. 22.

6. Was du nicht willst, das [!] ich dir tu, das füg ich einem andern zu. (1984)

   Ralf Bülow, *Graffiti*, o. S. Auch Eduard Moriz, *Dings*, o. S.

7. Was du nicht willst, das [!] man dir tu, das füg doch einfach andren zu. (1984)

   Claudia Glismann, *Edel*, o. S. Auch Manfred Limmroth, *Sprüche*, o. S.; Angelika Franz, *Sprüche*, S. 98.

8. Was du nicht willst, das [!] man dir tu, füg lieber einem anderen zu! (1984)

   Albert Keller, *Wer denkt*, S. 70.

9. Was du nicht willst,
   das [!] man dir tu,
   schieb ruhig einem andern zu;
   der schiebt es sowieso dann
   weiter. (1984)

   Siegfried Gloose, *Einfälle*, S. 61.

10. Wenn du nicht willst, was man dir tut, das tue anderen, das tut gut! (1984)

    Ralf Bülow, *Graffiti*, o. S.

11. Was du nicht willst, das [!] man dir tut, das tu andren, das tut gut. (1986)

    Bernd Thomsen, *Neue Büro-Sprüche*, o. S. Auch Beate Kuckertz, *Büro*, o. S.

12. Was er nicht will, das [!] ich ihm tu, das füg' ich einem andren zu. (1987)

    Angelika Franz, *Sprüche*, S. 189.

ZEIT (a)

„Die Zeit heilt (alle) Wunden."

1. *Schwacher Trost*

   Man sagt zwar, und das ist gescheit:
   Die Wunden heilen mit der Zeit!
   Was aber hilft's, wenn dann die Narben
   Das Aus- und Ansehn Dir verdarben! (1949)

   Helmut Zech, *Bosheiten*, S. 26.

2. Die Zeit heilt alle Wunden? Manche begräbt sie blutend in der Erde. (Vor 1950)

   Erwin Chargaff, *Bemerkungen*, S. 9.

3. Die Zeit „heilt"? Sagt lieber, daß sie uns schließlich auch das Letzte stiehlt: den Schmerz. (1957)

   Hans Krailsheimer, *Aphorismen*, S. 19.

4. „Lieber Freund, nie zu spät. Zeit heilt Wunden. Musik heilt Wunden. Glaube heilt Wunden. Kunst heilt Wunden. Besonders Liebe heilt Wunden!" (1963)

   Günter Grass, *Hundejahre*, S. 466.

5. *Zeit heilt alles?*

   Die Zeit heilt nicht alles; aber rückt vielleicht das Unheilbare aus dem Mittelpunkt. (1967)

   Ludwig Marcuse, *Argumente*, S. 148. Auch ders. in Roland Michael, *Treffend*, S. 45; ders. in Gerhard Uhlenbruck und Hans-Horst Skupy, *Zitate*, S. 213.

6. Denn Erinnerung, das kann auch eine Falle sein, eine Gefahr, zumal die Zeit nichts, aber auch gar nichts heilt. (1968)

   Siegfried Lenz, *Deutschstunde*, S. 16 und S. 479.

7. *Zeit heilt*

   Zwei Grundrezepte kennt die Welt:
   Zeit heilt und, zweitens, Zeit ist Geld.
   Mit Zeit, zuvor in Geld verwandelt,
   Ward mancher Fall schon gut behandelt.
   Doch ist auch der nicht übel dran,

Der Geld in Zeit verwandeln kann
Und, nicht von Wirtschaftsnot bewegt,
Die Krankheit – und sich selber – pflegt.
Doch bringts dem Leiden höchste Huld,
Verwandelst Zeit du in Geduld! (Vor 1970)

Eugen Roth, *Buch*, S. 81.

8. Die Zeit heilt alle Wunden.
Oft mit einem Schlag. (1977)

Guido Hildebrandt, *Hohn*, S. 45. Auch ders. in Gerhard Uhlenbruck u. Hans-Horst Skupy, *Zitate*, S. 239.

9. Zeit heilt Wunden, sagte man mir.
Gut, antwortete ich, wann hat sie ihre nächste Sprechstunde? (1977)

Wolfgang Eschker, *Gift*, S. 45. Auch ders. in Gerhard Uhlenbruck u. Hans-Horst Skupy, *Zitate*, S. 239; ders., *Mitgift*, S. 90.

10. Die Zeit teilt alles. (1978)

Werner Mitsch, *Spinnen*, S. 90.

11. Die Zeit heilt Wunder [!]. (1979)

Werner Mitsch, *Fische*, S. 95.

12. *die zeit*

die zeit
heilt wunden
heißt es
wer aber
heilt die wunde zeit? (1981)

Dorothea Macheiner, *Splitter*, S. 18.

13. Die Zeit heilt Wunden und frißt Sekunden. (1981)

Werner Mitsch, *Hunde*, S. 60.

14. Zeit heilt keine Wunden; sie amputiert nur. (1981)

Wolfgang Mocker, „Widersprich-Wörter", S. 167.

15. Bestimmte Wunden heilt die Zeit nicht.
Die kann nur der Tod schließen. (1982)

Nikolaus Cybinski, *Lande*, S. 110.

16. „Die Zeit heilt alle Wunden", lautet die Ausrede für ein faules Gesundheitssystem. (1982)

Peter Maiwald, zitiert aus *Nebelspalter*, Nr. 30/27. 7. 1982, S. 40.

17. Die Zeit heilt alle Wunden – auch ohne medizinische Staatsexamen. (1987)

Gerhard Uhlenbruck, *Kaffee*, S. 8. Auch ders., *Medizinische Aphorismen*, 2. Aufl., S.131.

18. Die Zeit heilt. Kann sie auch unsere kranke Zeit heilen? (1983)

Werner Mitsch, *Schwarze*, S. 97.

19. „Die Zeit heilt alle Wunden"
Und bringt Dich doch ins Grab. (1986)

Pascal Märki, *Denkbar*, S. 17.

20. Die Zeit heilt Wunden, aber als Kosmetikerin ist sie miserabel. (1986)

Robert Lembke, *Fettnäpfchen*, S. 115.

21. Die Zeit heilt nicht alle Wunden, denn es gibt auch seelische Bluter. (1987)

Gerhard Uhlenbruck, *Kaffee*, S. 11.

22. Auch die Zeit heilt nur die Wunden, die vom Schmutz befreit sind. (Vor 1989)

Klaus Bernhardt, zitiert aus Gabriele Berthel, *Kurz*, S. 19.

23. Die Zeit heilt sogar Wunden, die sie vorher selbst geschlagen hat. (Vor 1989)

Gudrun Piotrowski, zitiert aus Gabriele Berthel, *Kurz*, S. 182.

24. Die Zeit heilt uns von allen Wundern. (Vor 1989)

Ronald Jannasch, zitiert aus Gabriele Berthel, *Kurz*, S. 192.

25. *Ein Leben lang*

Man sagt,
die Zeit
heilt alle Wunden,
doch wenn diese
täglich aufgerissen werden,

bleibt der Schmerz
- ein Leben lang. (1989)

Petra Weber, *Baum*, S. 99.

26. *Leben*

Die Zeit heilt Wunden, aber auch bei dieser Therapie muß man nach einer gewissen Zeit zum Fädenziehen. (Vor 1990)

Horst Drescher, *Zirkus*, S. 140.

27. Die Zeit heilt Wunden – doch wer hat schon Zeit? (1991)

Gerhard Uhlenbruck, *Diagnosen*, S. 70.

28. Geld heilt alle Wunden. (1995)

Melissa Chan, *Geld heilt alle Wunden*, Hamburg: Argument-Verlag, 1995.

29. Die Zeit heilt Wunden, aber keine Narben. (1996)

Gerhard Uhlenbruck, „Giftpfeile“, S. 164.

ZEIT (b)

„Kommt Zeit, kommt Rat.“

1. *Leider*

Ein Mensch, kein Freund der raschen Tat,
Hielt sich ans Wort: Kommt Zeit, kommt Rat.
Er wartete das Herz sich lahm –
Weil Unzeit nur und Unrat kam. (1948)

Eugen Roth, *Menschen*, S. 129.

2. *KOMMT ZEIT*

KOMMT ZEIT
KOMMT RAT
KOMMT STRASSENBAHN
KOMMT AUTOBUS
KOMMT EISENBAHN
KOMMT SCHIFF
KOMMT ZUG
KOMMT ESEL
KOMMT AUTO
KOMMT SIE

KOMMT ER
KOMMT ES
KOMMT MOTORBOOT
KOMMT PANZER
KOMMT KRIEG
KOMMT FRIEDE
KOMMT MEIER
KOMMT MAIER
KOMMT SCHANDE
KOMMT LÜGE
KOMMT GERÜCHT
KOMMT FREUDE
KOMMT ANGST
KOMMT REGEN
KOMMT FLUGZEUG
KOMMT USW.
komme vielleicht auch ich? (1969)

Michael Glasmeier, zitiert aus Hugo Ernst Käufer, *Beispiele*, S. 114.

3. Kommt Zeit, kommt Rad! (1974)

   Die Zeit-Magazin, Nr. 41/4. 10. 1974, S. 26 f.

4. Kommt Zeit, kommt Rat. Kommt Unrat. (1977)

   Markus Ronner, *Moment*, S. 42.

5. Kommt Zeit, kommt Unrat, sagte der arbeitslose Straßenkehrer. (1978)

   Werner Mitsch, *Spinnen*, S. 95.

6. *Kredit*

   Kommt Zeit, kommen Raten. (1979)

   Ron Kritzfeld, *Flexikon*, Bd. 6, S. 16.

7. Kommt Zeit, kommt RAF – dann wird die ganze Sache bombiger. (Vor 1982)

   Willi Hau, *Kaputt*, o. S.

8. Kommt Zeit, kommt Rat, kommt Attentat. (1982)

   Anonymes Telegramm vom 29. 1. 1982 an den hessischen Ministerpräsidenten, zitiert aus Reinhard Roche, „Demosprüche", S. 184. Auch Frieder Stöckle, *Ätsch*, S. 29; Claudia Glismann, *Edel*, o. S.; Günter Hesse, *Wände*, Bd. 1, S. 42; Elisabeth Blay, *Tropfen*, o. S.

9. Kommt Zeit, kommt Unrat. (1982)

Klaus Möckel, *Kopfstand*, S. 97. Auch Werner Mitsch, *Wal*, o. S.; *Der Spiegel*, Nr. 29/6. 8. 1990, S. 157.

10. Kommt Zeit, kommt Rot. Neueres Sprichwort. (1983)

Sigbert Latzel, *Stichhaltiges*, S. 31.

11. Kommt Zeit, kommt Bart. (1984)

Eduard Moriz, *Dings*, o. S.

12. Kommt Zeit,
kommt Rat.
Kommen Zeiten,
kommen Ratten. (1984)

Eduard Moriz, *Intim*, o. S.

13. Kommt Zeit, kommt Rat.
Nur dann meist zu spät. (1984)

Siegfried Gloose, *Einfälle*, S. 65.

14. Kommt Zeit –
Kommt Verrat. (1984)

Günter Hesse, *Wände*, Bd. 2, S. 163.

15. Kommt Zeit, kommt Mord. (1985)

Francis Durbridge, *Kommt Zeit, kommt Mord. Kriminalroman*, München: Goldmann, 1985.

16. Kommt Zeit, kommt Rat, kommt Ständerat
Ihr Grünen und Ihr Roten:
Gemach, auf uns'rem Waldlehrpfad
Ist Tempo nicht geboten. (1985)

Jürg Tobler, *Schweizerspiegel*, S. 328.

17. Verkommt Zeit, verkommt Rat. (Vor 1986)

Klaus Bernhardt, zitiert aus Ingetraud Skirecki, *Troja*, S. 25.

18. Kommt Zeit, kommt Geld. Kommt Geld, folgt Gold. (1986)

Süddeutsche Zeitung, 12. 8. 1986, S. 32.

19. Kommt Zeit, kommt Ratenzahlung. (1986)

Andreas Bender, *Gelegenheit*, o. S.

20. Kommt Zeit, kommt Ständer. (1986)

Bernd Thomsen, *Pissen*, o. S.

21. Kommt Zeitschrift, kommt Rat. (1986)

Andreas Bender, *Gelegenheit*, o. S.

22. Kommt Zeit, kommt Rat,
kommt Maid, platzt Naht. (1987)

Saskia Schlesinger, *Lenz*, o. S.

23. Kommt Zeit, kommt Rat, kommt Vollbart. (1987)

Saskia Schlesinger, *Lenz*, o. S.

24. Kommt Zeit, kommt Rat. Kommt Rat, kommt Rechnung. (1988)

Werner Mitsch, *Neue Hin-Sprüche*, S. 40.

25. Zu Ostern habe ich mir ein BMX gewunschen. Aber nix wars. Als ich geheult hab, hat meine Mutter gesagt: „Kommt Zeit, kommt Rad." (1991)

Michael Hallstatt, *Pferd*, S. 46.

ZEIT (c)

„Zeit ist Geld."

1. Zeit ist Geldverschwendung. (Vor 1900)

Oscar Wilde, *Lehren*, S. 14. Auch ders. in Lothar Schmidt, *Zeit*, S. 28.

2. Zeit ist Geld. Aber die Gleichung stimmt nicht. Die Leute mit viel Zeit haben kein Geld, und die Reichen sind eilig. (Vor 1955)

Heinrich Spoerl, zitiert aus Agnes Emrich, *Zitatenlexikon*, S. 51.

3. Zeit ist Geld. Halten wir unsere Monologe im Chor. (1970)

Wiesław Brudzinski, *Katz*, S. 88.

4. Zeit ist Geld und Geld ist teuer. (1972)

Der Spiegel, Nr. 9/21. 2. 1972, S. 46.

5. Zeit isst Geld. Motto der Inflation. (1975)

Hörzu, Nr. 32/9.–15. 8. 1975, S. 3.

6. Zeit ist Gold. (1976)

   Stern, Nr. 16/8. 4. 1976, S. 78.

7. Zeit ist Geld? Versuch doch mal, Geld in Zeit umzuwechseln! (1978)

   Werner Sprenger, *Oasen*, S. 64.

8. Zeit ist Geld. Unsere Zeit. (1980)

   Felix Renner, *Schwalben*, S. 26.

9. Zeit ist Geld: An beidem kann man sparen, nur die Zeit steht nicht unbegrenzt zur Verfügung. (1981)

   Gerhard Uhlenbruck, *Masche*, S. 33.

10. *zeit ist geld / geld ist sand.* (1981)

    Karl Riha, *Fische*, S. 75.

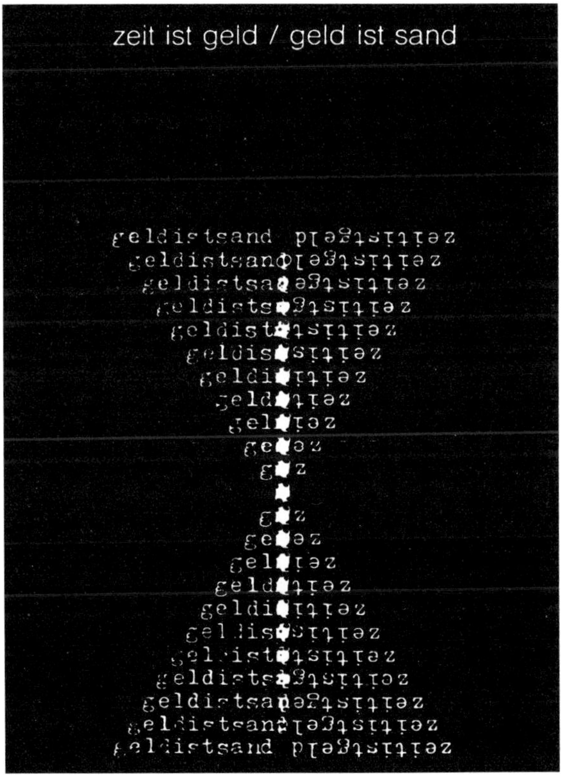

ZEIT (c) 10

11. Zeit ist Geld, das merke dir.
Nur geschäftlich komm zu mir.
Willst du unterhalten sein,
so stell dich des Abends ein.
Zeit ist Geld, wenn nicht für dich,
so doch immer noch für mich.
Hast du einmal nichts zu tun,
zwing nicht andre, mitzuruhn. (1982)

René Hildbrand, *Arbeit*, S. 60.

12. „Zeit ist Geld!" sagte der Wirt und zählte das Datum der Rechnung. (1983)

Nebelspalter, Nr. 8/22. 2. 1983, S. 40.

13. Schule ist lernen – lernen ist Zeit – Zeit ist Geld – Geld ist Luxus, und Luxus kann sich ein Schüler nicht leisten. (1984)

Christian Roman, *Lieber*, o. S.

14. Zeit ist Geld, aber es hat keinen Sinn sie zu sparen. Keine Bank wird sie uns für die späteren Jahre aufbewahren. (1984)

Gabriel Laub, *Denken*, S. 13.

15. Zeit ist Geld? Das wurde anderswo entdeckt. Wir haben für solche Forschungen weder Zeit noch Geld. (1984)

Gabriel Laub, *Denken*, S. 14.

16. Zeit ist Geld. Eine harte Währung ohne Konvertibilität. (1984)

Jeannine Luczak, *Schweigegeld*, S. 39.

17. „Zeit ist Geld", sagte der Heiratsschwindler, „und Hochzeit Kapital". (1984)

Werner Mitsch, *Grund*, S. 72. Auch ders., *Hin und Wider*, S. 88.

18. Zeit ist Geld – Freizeit kostet Geld. (1986)

Ehrfried Siewers, zitiert aus *Südwest-Presse*, 8. 3. 1986, o. S.

19. „Zeit ist Geld", sagte der Kellner und addierte das Datum gleich mit auf die Rechnung. (1986)

Eduard Moriz, *Sauweich*, o. S. Auch in Elisabeth Blay, *Tropfen*, o. S.

20. Zeit ist Geld. Deshalb wird sie einem auch so oft gestohlen. (1987)

Heinz Müller-Dietz, *Recht*, S. 13.

21. Zeit ist Geld, Geld ist aber auch Zeit, die man sich als Privatpatient vom Arzt kaufen kann. (1987)

Gerhard Uhlenbruck, *Kaffee*, S. 10.

22. Zeit ist Geld! rufen sie – und können dann das Geld nicht in Zeit zurückwechseln. Kein guter Kurs. (1987)

Günter Radtke, *Gedanken*, S. 88.

23. Zeit ist Geld – und das, obwohl wir angeblich alle keine Zeit haben! (1989)

Gerhard Uhlenbruck, *Aphorismen/Satz*, S. 79. Auch ders., *Darum*, S. 16.

24. *Ausspruch*

„Mein Gott, das ist doch so lange her, das ist doch schon gar nicht mehr wahr!" Das ist ein bekannter Ausspruch, und er enthält viel Wahrheit. – Man sieht, Zeit ist nicht nur Geld. (Vor 1990)

Horst Drescher, *Zirkus*, S. 26.

25. Zeit ist Geld? Geld ist Zeit! (1991)

Ulrich Erckenbrecht, *Maximen*, S. 123.

26. Arbeit ist Zeit,
Zeit ist Geld,
Geld ist Luxus,
und Luxus können wir
uns beim besten Willen
nicht leisten. (1992)

Beate Kuckertz, *Büro*, o. S.

27. Zeit ist Geld: Je weniger Zeit man für eine Frau hat, um so mehr Geld muß man für sie haben. (1996)

Gerhard Uhlenbruck, *Nichtzutreffendes*, S. 90.

ZWECK

„Der Zweck heiligt die Mittel."

1. Hüte dich über die Mittel nicht den Zweck zu verlieren – den reinen Charakter der Menschheit – schlichtes, verständiges humanes Betragen. (1796)

Novalis, *Schriften*, Bd. 2, S. 233.

2. Daß heilige der Zweck die Mittel, wird bestritten,
Wir aber müssen nur Scheinheiligkeit verbitten.
Der gute Zweck macht gut die Mittel, recht verstanden,
Weil wir nie guten Zweck durch schlechte Mittel fanden.
(Vor 1866)

Friedrich Rückert, *Werke*, Bd. 5, S. 252.

3. *Mittel und Zweck*

In der Kunst heiligt der Zweck die Mittel nicht: aber heilige Mittel können hier den Zweck heiligen. (1878)

Friedrich Nietzsche, *Werke*, Bd. 1, S. 789 (*Menschliches, Allzumenschliches*).

4. Der Zweck heiligt die Mittel. Ich bin im Ganzen genommen für *diesen* Satz, aber es muß ein richtiges Verhältnis zwischen beiden bestehn. (Um 1880)

Theodor Fontane, *Beleuchtung*, S. 150.

5. Frauen kokettieren mit ihren Launen, Schuhchen, Krankheiten – der schöne Zweck heiligt all ihre Mittel. (1902)

Adolf Nowaczynski, „Affenspiegel", S. 101.

6. Das Mittel kann den Zweck entheiligen. (Vor 1908)

Emil Gött, *Werke*, S. 113.

7. Wer den Zweck erreicht hat, dem ist er auch schon Mittel geworden. (1917)

Rudolf Leonhard, *Fegefeuer*, S. 121.

8. Er hat nie bedingungslos an den Satz geglaubt, daß der Zweck die Mittel heiligt, heute meint er beinahe, daß er nie richtig ist. (1931)

Hans Fallada, *Bauern*, S. 84.

9. Am Fortschritt der Moral beteiligt,
Sind wir darüber einig nun,
Daß nicht der Zweck die Mittel heiligt;
Doch der Erfolg wird's ewig tun. (Vor 1939)

Ludwig Fulda, zitiert aus Klemens Altmann, *Epigramme*, S. 62.

10. Würde man doch einmal dort beginnen, wo die Mittel den Zweck heiligen. (Vor 1944)

Karol Irzykowski, „Randbemerkungen", S. 84.

11. *Der Zweck und die Mittel*
oder Religion als Politik und Politik als Religion

Der Zweck, sagt ihr, heiligt die Mittel?
Das Dogma heiligt den Büttel?
Den Galgen? Den Kerkerskittel?
O schwarzumflortes Kapitel!
Fest steht trotz Schrecken und Schreck:
Die Mittel entheiligen den Zweck! (1950)

Erich Kästner, *Gedichte*, S. 340.

12. Der Zweck heiligt die Mittel so wenig, wie die Mittel den Zweck entheiligen. (1953)

Ludwig Strauss, *Wintersaat*, S. 86.

13. Die Mittel können den Zweck nicht entheiligen; aber läßt er die ihm ungemäßen Mittel zu groß werden, so empören die sich gegen ihn wie eine fremde Söldnerschar gegen den Herrscher, der sie rief, verwahren ihn in heimlicher Haft und setzen unter seinem Namen und Titel den Zweck ein, der ihnen gemäß ist. (1953)

Ludwig Strauss, *Wintersaat*, S. 86.

14. Daß der Zweck die Mittel heiligt, ist seit mehr als hundert Jahren das Credo der Naturwissenschaften; tatsächlich haben aber die Mittel den Zweck geteufelt. (1962)

Erwin Chargaff, *Bemerkungen*, S. 96.

15. Niemals heiligt der Zweck die Mittel, wohl aber können die Mittel den Zweck zuschanden machen. (Vor 1965)

Martin Buber, zitiert aus Hans Menzel, *Spruch-Auslese*, Bd. 1, S. 108.

16. „Der Zweck heiligt die Mittel" –
dies muß sich der liebe Gott gedacht haben,
als er das Weib erschuf. (1967)

Thomas Niederreuther, *Mitleid*, S. 15.

17. Der Zweck heiligt die Mittel.
Der Scheck einigt die Mitte.
Der Speck weitet den Kittel.
Der Dreck reinigt den Schlitten.
Der Schreck peinigt zwei Drittel. (1968)

Arnfrid Astel, *Rechtsstaat*, S. 871.

18. Der Zweck heiligt die (Schleif-)Mittel. (1973)

Der Spiegel, Nr. 36/3. 9. 1973, S. 38.

19. *Bambule*

Der Zweck
heiligt die Mittel,
heißt es,
wo wir doch nur
die Mittel demonstrieren,
um den Zweck
als falschen Priester
zu entlarven. (1974)

Manfred Ach, *Husarenstücke,* S. 7.

20. Der Scheck heiligt die Mittel. (1974)

Hörzu, Nr. 21/25.–31. 5. 1974, S. 49. Auch *Wiesbadener Kurier,* 29. 4. 1985, S. 10.

21. Der Speck heiligt die Mittel (ihn loszuwerden). (1977)

Gerhard Uhlenbruck, *Netz,* S. 3.

22. Der Zweck heiligt die Büttel. (1977)

Heinrich Schröter, *Lust,* S. 11. Auch ders., *Worte,* 2. Aufl., S. 64, u. ders., *Lebensworte,* S. 62.

23. Manchmal entheiligt der Zweck die Mittel. (1977)

Markus Ronner, *Moment,* S. 46.

24. Der Gag heiligt die Mittel. (1978)

Werner Mitsch, *Spinnen,* S. 90. Auch ders., *Wal,* o. S.

25. Der Zweck heiligt die Mittel. Wirklich? (1978)

Der Spiegel, Nr. 9/27. 2. 1978, S. 233.

26. Der Zweck heiligt die Mittel zum Zweck. (1978)

Werner Mitsch, *Spinnen,* S. 91.

27. Daß böse Zwecke durch gute Mittel geheiligt werden, ist kein Gedanke, sondern eine Versuchung. (1979)

Helmut Lamprecht, *Lächerlichkeit,* S. 20.

Der Zweck heiligt die Mittel.
Wirklich?
Gegner ja. Feindschaft nein.
Name
Straße
Wohnort

ZWECK 25

28. Der Zweck heiligt die Kittel, bei den Halbgöttern in Weiß. (1979)

Gerhard Uhlenbruck, *Einfach*, S. 88.

29. Der Zweck heiligt die Mittelmäßigkeit. (1979)

Volker Erhardt, *Kannibale*, S. 101. Auch Ulrich Erckenbrecht, *Katzenköppe*, S. 13.

30. Forschung: Die finanziellen Mittel heiligen den Zweck? (1979)

Gerhard Uhlenbruck, *Einfach*, S. 75.

31. Manche Zwecke verderben die heiligen Mittel. (1979)

Žarko Petan, *Kopf*, S. 30.

32. BILD und Boulevard: Der Zweck heiligt die Titel. (1980)

Gerhard Uhlenbruck, *Frust-Rationen*, S. 86.

33. „Heiligt der Zweck die Mittel?"
Ungerechtigkeit tarnt sich oft als Religion. (1980)

Rudolf Rolfs, *Fragen*, S. 142.

34. *Varianten*

Jesuit: Der Zweck heiligt die Mittel!
Oberarzt: Der Scheck heiligt den Kittel!
Generalbundesanwalt: Der Dreck heiligt den Titel!
General der Bundeswehr: Der Schreck heiligt ... äh ... äh ...
Adjutant: ... die NATO. (1980)

Hein Hoop, *Zungen*, o. S.

35. Das Schlafmittel heiligt den Zweck. (1981)

Hans-Horst Skupy, zitiert aus Gerhard Uhlenbruck, *Kranker*, S. 49.

36. Der Schein heil(ig)t die Mittel. (1981)

Hans-Horst Skupy, zitiert aus Gerhard Uhlenbruck, *Kranker*, S. 66.

37. Der Zweck, der die Mittel heiligen sollte, entpuppte sich als Schlag ins Wasser. (1981)

Werner Mitsch, *Hunde*, S. 59.

38. Mancher Zweck heiligt nicht die Mittel. Er mißbraucht sie. (1981)

Klaus Sochatzy, „Reflexionen", S. 66.

39. Das Mittel heiligt keinen Zweck. (1982)

Klaus Möckel, *Kopfstand*, S. 75.

40. Jeder Zweck heiligt die Geldmittel, wenn sie sich nur doppelt und dreifach auszahlen. (1982)

Dieter Zimmer, *Butter*, S. 247.

41. Der Zweck heiligt die Mittel. Und der Klingelbeutel bringt ein wenig Stimmung in die Andacht. (1983)

Werner Mitsch, *Schwarze*, S. 47.

42. Es gibt Zwecke, die auch gute Mittel verderben. (1983)

Žarko Petan, zitiert aus *Nebelspalter*, Nr. 21/24. 5. 1983, S. 29. Auch ders., *Sintflut*, S. 50.

43. Der Zweck beleidigt die Mittel. (1984)

Hans Leopold Davi, *Neue Distel*, S. 6.

44. Der Zweck heiligt den Teufel. (1985)

André Brie, *Anfang*, S. 41. Auch ders., *Wahrheit/Anfang*, S. 108.

45. Dem Zweck, der alle Mittel heiligt, ist nichts heilig. (1987)

Wolfgang Mocker, *Canossa*, S. 20.

46. Der Zweck heiligt die – Kühe. (1987)

Wolfgang Mocker, *Canossa*, S. 30.

47. Der Zweck scheinheiligt die Mittel. (1987)

Wolfgang Mocker, *Canossa*, S. 10. Auch Hans-Horst Skupy in Gerhard Uhlenbruck, *Kranker*, 3. Aufl., S. 115.

48. Daß der Zweck die Mittel heiligt, ist eine Ansicht, die moralisch verwerflich ist. Aber es ist genauso unmoralisch, wenn das Mittel das Ergebnis heiligen soll. (1988)

Manfred Rommel, *Sprüche*, S. 61.

49. Der Zweck heiligt die Mittel. Und der Mittelsmann geht über Leichen. (1988)

Werner Mitsch, *Neue Hin-Sprüche*, S. 74.

50. Das Zweckmäßige heiligt die Mittelmäßigkeit. (1989)

Gerhard Uhlenbruck, *Aphorismen/Satz*, S. 86.

51. Der Speck heiligt die Mittelmäßigkeit. (1990)

Wolfgang Funke, *Wendehals*, S. 128.

52. Der Zweck heiligt die Mittel, die *Verhütungsmittel.* (1991)

Zoltán Bezerédj, *Aphorismen*, S. 149.

53. Der Dreck heiligt die Mittel. (1994)

Gerhard Uhlenbruck, *Medizinische Aphorismen*, 2. Aufl., S. 121.

54. Der Zweck erleidet die Mittel. (1995)

Hans Leopold Davi, *Wortwirbel*, S. 52.

Quellenverzeichnis

Diese bei den Verfassernamen alphabetisch und bei den Werktiteln chronologisch angeordnete Liste enthält die vollständigen bibliographischen Angaben zur Primärliteratur, die bei den jeweiligen Belegen aus Platzgründen nur in abgekürzter Form zitiert werden können.

Aachener und Münchener Versicherungsgruppe (Hrsg.). *Sprachschätze. Vorsorgen, Versichern und Geldanlegen in Reimen und Redewendungen.* München: Aachener und Münchener Versicherungsgruppe, 1985.

Ach, Manfred. *Husarenstücke. Handstreiche in Prosa und Vers.* München: Hagen, 1992.

Adloff, Gerd. „Freundlichkeit, das schöne Bild". *Neue Deutsche Literatur,* 28, H. 7 (1980), S. 50 f.

Altmann, Klemens (Hrsg.). *Deutsche Epigramme aus fünf Jahrhunderten.* München: Deutscher Taschenbuch Verlag, 1969.

Anonym. *Ich glaub', mein Hamster bohnert.* Rastatt: Arthur Moewig, 1986.

Appuhn, Klaus D. *Graffiti. Kunst an Mauern.* Dortmund: Die bibliophilen Taschenbücher, 1982.

Arcus, Fritz. *Lieber ein Seedieb als ein Teesieb! 260mal Merk-würdiges zum Nachschlagen.* Frankfurt am Main: Rita G. Fischer, 1985.

Arntzen, Helmut. *Kurzer Prozeß. Aphorismen und Fabeln.* München: Nymphenburger Verlagsbuchhandlung, 1966.

Astel, Arnfrid. *Notstand. 100 Gedichte.* Wuppertal: Peter Hammer, 1968.

Astel, Arnfrid. *Kläranlage. 100 Epigramme.* München: Carl Hanser, 1970.

Astel, Arnfrid. *Neues (& altes) vom Rechtsstaat & von mir. Alle Epigramme.* Frankfurt am Main: Zweitausendeins, 1978.

Ausländer, Rose. *Wieder ein Tag aus Glut und Wind. Gedichte 1980–1982.* Frankfurt am Main: S. Fischer, 1986.

Bächler, Wolfgang. *Nachtleben. Gedichte.* Frankfurt am Main: S. Fischer, 1982.

Bachmann, Ingeborg: *Die gestundete Zeit. Gedichte.* München: Deutscher Taschenbuch Verlag, 1961 (1. Aufl. 1953).

Bachmann, Ingeborg. *Das dreißigste Jahr. Erzählungen.* München: Deutscher Taschenbuch Verlag, 1973 (1. Aufl. 1961).

Bamm, Peter. *Eines Menschen Einfälle.* Hrsg. von Walter Stehli. Stuttgart: Deutsche Verlags-Anstalt, 1977.

Baschnonga, Emil. *Durch die Blume.* Zürich: Pendo, 1975.

Bender, Andreas. *Gelegenheit macht Liebe. Sprichwörter, Redensarten und Zitate verdreht und auf die seichte Schulter genommen.* Frankfurt am Main: Eichborn, 1986.

Bender, Andreas. *Kleine Socken jucken auch. Sprichwörter, Redensarten und Zitate – verdreht.* Frankfurt am Main: Eichborn, 1987.

Benyoëtz, Elazar. *Sahadutha [Aphorismen].* Berlin: Paian, 1969.

Benyoëtz, Elazar. *Worthaltung. Sätze und Gegensätze.* München: Carl Hanser, 1977.

Berg, Birgit. *Lose Worte. Aktuelle Aphorismen.* Stuttgart: Wortwerkstatt, 1994.

Berg, Clemens am. *Kopfdisteln. Aphorismen.* Frankfurt am Main: Hans-Alfred Herchen, 1995.

Berkensträter, Bert. *Zungen-Schläge.* Berlin: Wolfgang Fietkau, 1971.

Berthel, Gabriele (Hrsg.). *Kurz und mündig. Aphorismen.* Rudolstadt: Greifenverlag, 1989.

Beutelrock, Friedl. *Am Rande vermerkt. Neue Aphorismen.* München: Gerlach, 1955.

Bezerédj, Zoltán. *Aphorismen-ABC. Silberne Sprüche, Gedankensplitter, Wortspiele.* Frankfurt am Main: Rita G. Fischer, 1991.

Bickerle, Karl-Ludwig. *Gedankensprünge. Geschichten, Sprüche und Gedichte.* Frankfurt am Main: Christl S. Bickerle, 1986.

Biedermann, Uta (Hrsg.). *Autorinnen und Autoren in Köln. Vorgestellt in Text und Bild.* Köln: Volksblatt Verlag, 1992.

Biscioni, Renato (Hrsg.). *„... außer Rolf, der klebt am Golf.“ Kindersprüche – rotzfrech.* München: Wilhelm Goldmann, 1987.

Blaschzok, Iris (Hrsg.). *Ächt Ätzend! Gesprühte Sprüche mit Esprit.* Münster: F. Coppenrath, 1983.

Blaschzok, Iris (Hrsg.). *Die zehnte Muse heißt Pampel. Geistesblitze unter der Bank.* Münster: F. Coppenrath, 1984.

Blay, Elisabeth (Hrsg.). *Neue Schüler-Sprüche. Steter Tropfen leert das Hirn.* München: Wilhelm Heyne, 1988.

Bloberger, J. F. *Bemerktes. Aphorismen.* Steyr: Ennsthaler, 1984.

Block, Detlev. *Anhaltspunkte. Gesammelte Gedichte.* München: Delp, 1978.

Bobrowski, Johannes. *Levins Mühle. Roman.* Frankfurt am Main: S. Fischer, 1973 (1. Aufl. 1964).

Bobrowski, Johannes. *Litauische Claviere. Roman.* München: Deutscher Taschenbuch Verlag, 1972 (1. Aufl. 1967).

Böhmer, Otto A. (Hrsg.). *Leben ist immer – lebensgefährlich. Heitere Sinngedichte aus fünf Jahrhunderten.* München: Deutscher Taschenbuch Verlag, 1990.

Böll, Heinrich. *Du fährst zu oft nach Heidelberg und andere Erzählungen.* Bornheim-Merten: Lamuv, 1979.

Börne, Ludwig. *Sämtliche Schriften.* Hrsg. von Inge und Peter Rippmann. 2 Bde. Düsseldorf: Joseph Melzer, 1964.

Borneman, Ernest (Hrsg.). *Unsere Kinder im Spiegel ihrer Lieder, Reime, Verse und Rätsel.* Freiburg: Walter, 1973.

Borneman, Ernest (Hrsg.). *Wir machen keinen langen Mist. 614 Kinderverse.* Frankfurt am Main: S. Fischer, 1981.

Bornemann, Winfried. *Blödel-Sprüche. Bornemanns Beißerchen.* Frankfurt am Main: Eichborn, 1983.

Bosch, Manfred (Hrsg.). *Epigramme – Volksausgabe. Politische Kurzgedichte.* Lollar/Gießen: Andreas Achenbach, 1975.

Bracht, Udo (Hrsg.). *Bilder von der Schulbank. Kritzeleien aus deutschen Schulen.* München: Carl Hanser, 1978.

Branstner, Gerhard. *Ist der Aphorismus ein verlorenes Kind? Literarische Miniaturen.* Berlin: Aufbau, 1959.

Brecht, Bertolt. *Gesammelte Werke.* Hrsg. von Elisabeth Hauptmann. 20 Bde. Frankfurt am Main: Suhrkamp, 1967.

Breckner, Richard. *Spinngewebe. Aphoristische Gedanken.* Hermannstadt: Krafft & Drotleff, 1929.

Brie, André (Hrsg.). *Der Weisheit letzter Schluß. Aphorismen.* Berlin: Eulenspiegel Verlag, 1980.

Brie, André. *Die Wahrheit lügt in der Mitte. Aphorismen.* Berlin: Eulenspiegel Verlag, 1982.

Brie, André. *Am Anfang war das letzte Wort. Aphorismen.* Berlin: Eulenspiegel Verlag, 1985.

Brie, André. *Die Wahrheit lügt in der Mitte / Am Anfang war das letzte Wort. Aphorismen.* Berlin: Eulenspiegel Verlag, 1988.

Brock, Erich. *Des Lebens Linien. Aphorismen.* Zürich: Werner Classen, 1975.

Bröker, Manfred. *Von Spatenpaulis und Stoppelhopsern. Sprüche unter der Hurratüte.* Münster: F. Coppenrath, 1984.

Brudzinski, Wiesław. *Die rote Katz.* Frankfurt am Main: Suhrkamp, 1980 (1. Aufl. 1970).

Bukofzer, Werner. *Splitter. Prosa der Begegnungen.* Neuwied am Rhein: Hermann Luchterhand, 1968.

Bülow, Ralf. „In eigener Sprache." *Der Sprachdienst*, 26, H. 7–8 (1982), S. 124.

Bülow, Ralf. *Liebe ist heilbar. Sprüche aller Art.* Frankfurt am Main: Gerhard Michler, 1984.

Bülow, Ralf (Hrsg.). *Graffiti 2. Neues an deutschen Wänden.* München: Wilhelm Heyne, 1984.

Bülow, Ralf (Hrsg.). *Graffiti 3. Phantasie an deutschen Wänden.* München: Wilhelm Heyne, 1985.

Bülow, Ralf (Hrsg.). *Graffiti 4. Lieber nett im Bett als cool auf dem Stuhl.* München: Wilhelm Heyne, 1986.

Bundfuss, Hans Jürgen. *Gest(r)ichelte Weis- & Wahrheiten. Büro-Humor-Kalender 1983.* Bad Oeynhausen: Glissmann, 1982.

Canetti, Elias. *Die Blendung.* Frankfurt am Main: S. Fischer, 1965 (1. Aufl. 1935).

Canetti, Elias. *Aufzeichnungen 1942–1985.* München: Carl Hanser, 1993.

Capelle, Torsten. *Rettet dem Dativ! Noch mehr Hörsaalbänke – zweckentfremdet.* Münster: F. Coppenrath, 1982.

Capellmann, Othmar. *Güte, Ordnung, Harmonie. Aphorismen.* Steyr: Wilhelm Ennsthaler, 1971.

Carstensen, Broder. „Wörter des Jahres 1979." *Der Sprachdienst*, 24 (1980), S. 17–23.

Chargaff, Erwin. *Bemerkungen.* Stuttgart: Klett-Cotta, 1981.

Conrad, Johannes. *Stoß ins Horn, Horniste! Nonsens Nr. 2.* Berlin: Eulenspiegel Verlag, 1989.

Corino, Karl. *Tür-Stürze. Gedichte.* Frankfurt am Main: S. Fischer, 1981.

Cöster, Oskar. „Maulschellen für den 'Volksmund' – Epigramme zur Dialektik des Sprichworts." *Projekt Deutschunterricht 12. Kommunikationsanalyse II – Sprachkritik.* Hrsg. von Bodo Lecke. Stuttgart: Metzler, 1978, S. 131–147 u. S. 168*–175* (Texte).

Cöster, Oskar. „Schüsse aus der Wortkanone." *Stern*, Nr. 9/23. 2. 1978, S. 132.

Cybinski, Nikolaus. *Werden wir je so klug sein, den Schaden zu beheben, durch den wir es wurden? Aphorismen.* Lörrach: Waldemar Lutz, 1979.

Cybinski, Nikolaus. *In diesem Lande ist das Leben lustig! Wohin du schaust: Lachende Dritte. Aphorismen.* Lörrach: Waldemar Lutz, 1982.

Cybinski, Nikolaus. *Die Unfreiheit hassen wir nun. Wann fangen wir an, die Freiheit zu lieben? Aphorismen.* Freiburg: Kalus Isele, 1987.

Davi, Hans Leopold. *Distel- und Mistelworte.* Zürich: Pendo, 1971.

Davi, Hans Leopold. *Neue Distel- und Mistelworte.* Zürich: Pendo, 1984.

Davi, Hans Leopold. *Wortwirbel. Aphorismen.* Zürich: Pendo, 1995.

Dencker, Klaus Peter (Hrsg.). *Deutsche Unsinnspoesie.* Stuttgart: Reclam, 1978.

Deppert, Fritz. *Atempause. Gedichte zum Mutmachen.* Stuttgart: Spectrum, 1981.

Döblin, Alfred. *Berlin Alexanderplatz.* München: Deutscher Taschenbuch Verlag, 1970 (1. Aufl. 1929).

Doderer, Heimito von. *Repertorium. Ein Begreifbuch von höheren und niederen Lebens-Sachen.* Hrsg. von Dietrich Weber. München: Biederstein, 1969.

Dorset, Tankred. *Die Reise nach Stettin*. Frankfurt am Main: Suhrkamp, 1984.

Drescher, Horst. *Aus dem Zirkus Leben. Notizen 1969–1989*. Berlin: Aufbau, 1990.

Ebner-Eschenbach, Marie von. *Gesammelte Werke*. Hrsg. von Edgar Groß. 9 Bde. München: Nymphenburger Verlagsbuchhandlung, 1961 (Bd. 9: *Aphorismen*).

Ebner-Eschenbach, Marie von. *Aphorismen*. Hrsg. von Karl Krolow. Frankfurt am Main: Insel, 1986.

Edel, Gottfried. *Mehr Tierliebe für die Menschen. Aphorismen*. München: Eilers, 1973.

Ehrenforth, Werner. *Die unsterbliche Eintagsfliege. Aphorismen, Fabeln und andere Frechheiten*. Halle: Mitteldeutscher Verlag, 1984.

Ehrenforth, Werner. *Alte Sitzbeschwerden. Aphorismen*. Berlin: Eulenspiegel Verlag, 1990.

Eigendorf, Manfred. „Vier Gedichte." *Akzente*, 27, H. 4 (1980), S. 351–353.

Eisenreich, Herbert. *Der alte Adam. Aus dem Zettelkram eines Sophisten*. Irdning/Steiermark: Stieglitz, 1965.

Eisenreich, Herbert. *Groschenweisheiten. Aus dem Zettelkram eines Sophisten*. Irdning/Steiermark: Stieglitz, 1985.

Emge, Carl August. „Diesseits und jenseits des Ernstes." *Akademie der Wissenschaft und Literatur, Abhandlungen der Klasse der Literatur*, H. 4 (1956), S. 71–122.

Emrich, Agnes. *Heiteres Zitatenlexikon*. Heidelberg: Kemper, 1963.

Endrikat, Fred. *Das große Endrikat Buch*. München: Blanvalet, 1976.

Enzensberger, Hans Magnus. *Verteidigung der Wölfe*. Frankfurt am Main: Suhrkamp, 1962.

Erckenbrecht, Ulrich. *Ein Körnchen Lüge. Aphorismen und Geschichten*. Göttingen: Muriverlag, 1983.

Erckenbrecht, Ulrich. *Maximen und Moritzimen. Bemerkungen über dies und jenes*. Göttingen: Muriverlag, 1991.

Erckenbrecht, Ulrich. *Katzenköppe. Aphorismen/Epigramme.* Göttingen: Muriverlag, 1995.

Erhardt, Volker. *„Auch der Kannibale schätzt den Menschen am höchsten." Aphorismen.* Köln: Satire Verlag, 1979.

Eschker, Wolfgang. *Gift und Gegengift. Aphorismen.* Stuttgart: Deutsche Verlags-Anstalt, 1977.

Eschker, Wolfgang. *Mitgift mit Gift. Aphorismen.* München: Eugen Diederichs, 1995.

Eschmann, Ernst Wilhelm. *Einträge. Notizen im Raum.* Hamburg: Claassen, 1967.

Fallada, Hans. *Bauern, Bonzen und Bomben.* Reinbek: Rowohlt, 1964 (1. Aufl. 1931).

Fehse, Willi (Hrsg.). *Deutsche Erzähler der Gegenwart.* Stuttgart: Reclam, 1959.

Feuchtersleben, Ernst Freiherr von. *Sämtliche Werke.* Hrsg. von Friedrich Hebbel. 7 Bde. Wien: Carl Gerold, 1851–1853.

Fienhold, Ludwig. *Wider-Sprüche.* Frankfurt am Main: Federfuchs, 1978.

Fleischmann, Lea. *Dies ist nicht mein Land. Eine Jüdin verläßt die Bundesrepublik.* Hamburg: Hoffmann und Campe, 1980.

Fontane, Theodor. *„Alles kommt auf die Beleuchtung an." Fontane zum Vergnügen.* Hrsg. von Christian Grawe. Stuttgart: Reclam, 1994.

Frank, Klaus. *Die besten Kalauer.* Niedernhausen/Ts.: Falken, 1984.

Frank, Klaus D. *Gedichte (1958–1983). Aphorismen (1966–1970).* Frankfurt am Main: Haag und Herchen, 1985.

Franz, Angelika (Hrsg.). *Das endgültige Buch der Sprüche & Graffiti.* München: Wilhelm Heyne, 1987.

Franz, Angelika. *Es gibt viel zu tun – nix wie weg. Neue Bürosprüche.* München: Wilhelm Heyne, 1990.

Franzmeyer, Hans R. *„Steinigt ihn – er hat Recht. Gedanken, kurz gesagt.* Glückstadt: J. J. Augustin, 1983.

Franzmeyer, Hans R. *Steinchen am Weg gefunden und bewahrt. Aphorismen.* Glückstadt: J. J. Augustin, 1989.

Fried, Erich. *Warngedichte.* München: Carl Hanser, 1964.

Fried, Erich. *Die Beine der größeren Lügen / Unter Nebenfeinden / Gegengift.* Berlin: Klaus Wagenbach, 1976.

Fried, Erich. „Trilogie." *Text und Kritik,* 69–70 (1981), S. 72 f.

Fried, Erich. *Und nicht taub und stumpf werden. Unrecht, Widerstand und Protest. Reden, Polemiken, Gedichte.* Dorsten: Multi Media Verlag, 1984.

Fringeli, Dieter. *Ohnmachtwechsel und andere Gedichte aus 20 Jahren.* Zürich: Arche, 1981.

Frisch, Max. *Stiller.* Frankfurt am Main: S. Fischer, 1965 (1. Aufl. 1954).

Fritz, Walter Helmut. *Gesammelte Gedichte 1979–1994.* Hamburg: Hoffmann und Campe, 1994.

Fuchs, Günter Bruno (Hrsg.). *Die Meisengeige. Zeitgenössische Nonsensverse.* München: Carl Hanser, 1964.

Fuchs, Günter Bruno. *Gemütlich summt das Vaterland. Gedichte, Märchen, Sprüche und allerhand Schabernack.* München: Carl Hanser, 1984.

Fühmann, Franz. *Zweiundzwanzig Tage oder Die Hälfte des Lebens.* Rostock: Hinstorff, 1973.

Funke, Hermann. *Worte und Widerworte. Aphorismen.* Sigmaringen: Thorbecke, 1985.

Funke, Wolfgang. *Funkenflug. Epigramme.* Berlin: Eulenspiegel Verlag, 1986.

Funke, Wolfgang. *Der Wendehals und andere Mitmenschen. Satirische Epigramme und Kurzgeschichten.* Berlin: Ullstein, 1990.

Gamber, Hans (Hrsg.). *Graffiti. Was an deutschen Wänden steht. Szene-Sprüche.* München: Wilhelm Heyne, 1983.

Gamber, Hans (Hrsg.). *Freche Sprüche für jeden Tag.* Rastatt: Arthur Moewig, 1987.

Garen, Gina. *Weisheiten im Wind. Aphorismen und Märchen.* Frankfurt am Main: Rita G. Fischer, 1994.

Gernhardt, Robert, F. W. Bernstein u. F. K. Waechter (Hrsg.). *Welt im Spiegel, 1964–1976.* Frankfurt am Main: Zweitausendeins, 1979.

Glismann, Claudia (Hrsg.). *Edel sei der Mensch, Zwieback und gut. Szene-Sprüche.* München: Wilhelm Heyne, 1984.

Glismann, Claudia (Hrsg.). *Ich denke, also spinn ich. Schüler-Sprüche.* München: Wilhelm Heyne, 1984.

Glismann, Claudia (Hrsg.). *Lieber ein Schäferstündchen als zwei Überstunden. Sprüche, Witze und Graffiti vom Arbeitsplatz.* München: Wilhelm Heyne, 1988.

Gloose, Siegfried. *Einfälle – Ausfälle. Aphorismen und verbogene Sprüche.* St. Michael: J. G. Bläschke, 1984.

Goethe, Johann Wolfgang von. *Werke.* Hrsg. von Paul Stapf. 5 Bde. Darmstadt: Deutsche Buch-Gemeinschaft, 1957.

Goethe, Johann Wolfgang von. *Werke.* Hrsg. von Erich Trunz. 14 Bde. Hamburg: Christian Wegner, 1953.

Goetz, Curt. *Dreimal täglich. Rezepte.* Stuttgart: Deutsche Verlags-Anstalt, 1964.

Gössel, J. *Buch der Wortspiele.* Köln: Hoursch & Bechstedt, 1923.

Gött, Emil. *Gesammelte Werke.* Straßburg: Hünenburg, 1943.

Graff, Sigmund. *Lächelnde Weisheiten. Aphorismen.* München: Moderne Verlags-GmbH, 1967.

Graff, Sigmund. *Lockvögel der Wahrheit. Aphorismen.* Freiburg: Hyperion, 1968.

Graff, Sigmund. *Vom Baum der Erkenntnis. Aphorismen.* Krefeld: Scherpe, 1973.

Gransow, Hans, u. Wolfgang Kelsch (Hrsg.). *Gedankenlosigkeit tötet. Aphorismen.* Braunschweig: Internationaler Arbeitskreis Sonnenberg, 1962.

Grass, Günter. *Hundejahre.* Neuwied am Rhein: Luchterhand, 1963.

Grass, Günter. *Die Rättin.* Darmstadt: Luchterhand, 1986.

Gross, Johannes. *Für- und Gegenwitz.* Stuttgart: Engelhorn, 1993.

Gruhle, Uwe, u. Dö Van Volxem. *Das andere Sprichwörter-Lexikon: derb – aufmüpfig – unverblümt.* Frankfurt am Main: Eichborn, 1983.

Grümmer, Gerhard. *Herzhaft und scherzhaft.* Rostock: Warnow, 1990.

Grünmandl, Otto. *Das Ministerium für Sprichwörter. Roman.* Frankfurt am Main: S. Fischer, 1970.

Guntermann, Paul (Hrsg.). *Das Lustigste von Seite 3 aus Hörzu: Das fängt ja gut an!* Hamburg: Springer, 1976.

Günther, Joachim. *Findlinge.* Heidelberg: Lambert Schneider, 1976.

Gürster, Eugen. *Narrheiten & Wahrheiten. Aphorismen.* München: Anton Pustet, 1971.

Haecker, Theodor. *Tag- und Nachtbücher 1939–1945.* Hrsg. von Heinrich Wild. München: Kösel, 1947.

Hafink, Arthur (eigentl. Arthur Hermann Fink). *Hergebrachtes.* Wuppertal: Schlegel, 1969.

Hagemann, Carl. *Aphorismen zur Liebesweisheit.* Berlin: Schuster & Loeffler, 1921.

Hallstatt, Michael (Hrsg.). *Innen war das Trojanische Pferd ein Wohnmobil. Neue Stilblüten aus deutschen Klassenzimmern.* München: Wilhelm Heyne, 1991.

Harig, Ludwig. „Tante Adèle." *Tintenfisch,* 5 (1972), S. 65.

Hassencamp. Oliver. *Klipp & klar. Gute und böse Gedanken.* München: Albert Langen und Georg Müller, 1977.

Hau, Willi (Hrsg.). *Ich geh kaputt – gehst du mit? Sponti-Sprüche.* Frankfurt am Main: Eichborn, 1982.

Hau, Willi (Hrsg.). *Es wird Zeit, dass wir lieben. Sponti-Sprüche No. 2.* Frankfurt am Main: Eichborn, 1982.

Hauptmann, Gerhart. *Sämtliche Werke.* Hrsg. von Hans-Egon Hass. 10 Bde. Frankfurt am Main: Propyläen, 1962–1966.

Hauschka, Ernst R. *Handbuch moderner Literatur im Zitat.* Regensburg: Friedrich Pustet, 1968.

Hauser, Harald. „Einfälle in der Eulenstunde." *Neue Deutsche Literatur,* 26, H. 3 (1978), S. 171 f.

Hausin, Manfred. *Hausinaden, der Epigramme zweiter Band.* Göttingen: Davids Drucke, 1983.

Hausin, Manfred. *Betteln und Hausin verboten! Alle Sprüche, Aphorismen, Epigramme.* Reinbek: Rowohlt, 1987.

Hausmann, Raoul. *Sprechspäne*. Flensburg: Petersen, 1962.

Hausmann, Raoul. „Dadaradatsch." In Karl Riha, *Da Dada da war ist Dada da*. München: Carl Hanser, 1980, S. 140–142.

Hebbel, Friedrich. *Werke*. Hrsg. von Gerhard Fricke, Werner Keller und Karl Pörnbacher. Bde. 4–5 (*Tagebücher*). München: Carl Hanser, 1966.

Hebel, Johann Peter. *Werke*. Hrsg. von Otto Kleiber. 3 Bde. Basel: Birkhäuser, 1959.

Henschelsberg, Wolf von (Hrsg.). *Tipp-Ex für den Direx. Schülerwitze & -Sprüche*. Frankfurt am Main: Eichborn, 1993.

Herdi, Fritz. *Mach kei Witz – scho wieder Mäntig. Sprüch und Witz*. Rorschach: Nebelspalter-Verlag, 1990.

Hesse, Günter. *Die Wände im Knast ... Und sie reden doch. Graffiti aus deutschen Gefängnissen*. 2 Bde. Bremen: Skarabäus, 1984.

Heyse, Gerd W. *Der Hund des Nachbarn bellt immer viel lauter. Aphorismen*. Berlin: Eulenspiegel Verlag, 1978.

Heyse, Gerd W. *Gedanken-Sprünge. Aphorismen*. Berlin: Eulenspiegel Verlag, 1988.

Heyse, Gerd W. *Die dritte Seite der Medaille. Aphorismen*. Erfurt: Verlagshaus Thüringen, 1993.

Hildbrand, René, *Arbeit macht Spaß! Sprüche, Verse und Reime*. Bern: Benteli, 1982.

Hildebrandt, Guido. *Spot und Hohn. Eine Unart Aforismen*. Duisburg: Gilles & Francke, 1977.

Hille, Peter. *Aus dem Heiligtum der Schönheit. Aphorismen und Gedichte*. Hrsg. von Fritz Droop. Leipzig: Reclam, 1909.

Hille, Peter. *Ausgewählte Dichtungen*. Ratingen/Düsseldorf: A. Henn, 1961.

Hille, Peter. *Neue Welten. Gedichte, Prosa, Aphorismen*. Hrsg. von Friedrich Kienecker. Stuttgart: Reclam, 1979.

Hilsbecher, Walter. *Sprachen. Aufzeichnungen aus zwanzig Jahren*. Stuttgart: Ernst Klett, 1969.

Hindel, Günther, *Guter Rat ist teuer. Einfälle und Ausfälle – Sprüche und Widersprüche*. Frankfurt am Main: Haag und Herchen, 1995.

Hindermann, Federico, u. Bernhard Heinser (Hrsg.). *Deutsche Aphorismen aus drei Jahrhunderten.* Zürich: Manesse, 1987.

Hinrich, Manfred. „Sätze und Gegensätze." *Neue Deutsche Literatur*, 29, H. 3 (1981), S. 173.

Hoche, Karl. *Schreibmaschinentypen und andere Parodien.* München: Deutscher Taschenbuch Verlag, 1971.

Hochhuth, Rolf. *Der Stellvertreter.* Reinbek: Rowohlt, 1967 (1. Aufl. 1963).

Hochhuth, Rolf. *Lysistrate und die Nato.* Reinbek: Rowohlt, 1973.

Hohl, Ludwig. *Nuancen und Details.* Frankfurt am Main: Suhrkamp, 1975.

Hollweg, Hans. *In der Kürze die Würze. Aphorismen, Knittelverse, Schüttelreime.* Berlin: Frieling, 1988.

Hönes, Winfried (Hrsg.). *Seit Äskulaps Zeiten. Aphorismen für Mediziner.* Wiesbaden: Drei Lilien Verlag, 1988.

Hoop, Hein. *Wie die alten Zungen ... Gereimtes und Ungereimtes.* Hamburg: Hans Struck, 1980.

Horváth, Ödön von. *Sportmärchen, andere Prosa und Verse.* Frankfurt am Main: Suhrkamp, 1988.

Höss, Dieter. *Wer einmal in den Fettnapf tritt. Satirische Gedichte.* München: Deutscher Taschenbuch Verlag, 1973.

Höss, Dieter. *Hösslich bis heiter. Satiren, Sprüche, Limericks.* Frankfurt am Main: S. Fischer, 1979.

Hoyer, Alexander. *Wo das Gute kräftig blüht. Aphorismen, Epigramme, Haikus, Gedichte.* Bad Kissingen: Remer & Heipke, 1991.

Hucke, Helene (Hrsg.). *Wer früh' aufsteht, wird reich. Lebensweisheiten.* Köln: Buch und Zeit, 1987.

Hülsmanns, Dieter und Friedrich Reske (Hrsg.). *Aller Lüste Anfang. Das 7. Buch der Werbung.* Reinbek: Rowohlt, 1973.

Hütter, Heinz (eigentl. Heinrich Schröter). *Eros und Sexus. Lustvolle Sprüche und Gedichte.* Offenbach am Main: Arnim Otto, 1996.

Irzykowski, Karol. „Randbemerkungen." *Bedenke, bevor du denkst. 2222 [polnische] Aphorismen, Sentenzen und Gedankensplitter.* Hrsg. von Karl Dedecius. Frankfurt am Main: Suhrkamp, 1984, S. 67–97.

Jandl, Ernst, *Der gelbe Hund. Gedichte.* Darmstadt: Luchterhand, 1980.

Jandl, Ernst, u. Jürgen Spohn. *Falamaleikum. Gedichte und Bilder.* Darmstadt: Luchterhand, 1983.

Janowski, Hans Norbert. *Das Wichtigste in Kürze. Aphorismen, Sprüche, Sentenzen.* Stuttgart: Radius, 1988.

Jaschke, Gerhard. *Von mir aus. Aufzeichnungen.* Wien: Edition Splitter, 1993.

Jean Paul (eigentl. Johann Paul Friedrich Richter). *Bemerkungen über uns närrische Menschen. Aphorismen.* Hrsg. von Klaus-Peter Noack. Leipzig: Dieterich, 1992.

Jelinek, Elfriede. *Die Klavierspielerin. Roman.* Reinbek: Rowohlt, 1983.

Jelinek, Eflriede. *Lust. Roman.* Reinbek: Rowohlt, 1989.

Jendryschik, Manfred. „Fragezeichen." *Neue Deutsche Literatur*, 22, H. 10 (1974), S. 18–21.

Jerns, Gert Udo. *Die größeren Kopfschmerzen. Texte zum Thema Medizin.* Celle/Göttingen: Davids Drucke, 1976.

Jerns, Gert Udo. *Was sie immer tun.* St. Michael: J. G. Bläschke, 1980.

Jeromin, Rolf (Hrsg.). *Einsichten und Aussichten. Erfolgsmaximen in 1000 Sprichwörtern und Lebensweisheiten.* Gütersloh: Heinz Peter, 1987.

Jetter, Monika (Hrsg.). *Von Abs bis Zadek. Sprüche für das ganze Leben. Lebensansichten prominenter Persönlichkeiten.* Hamburg: Haseatische Edition, 1985.

Jogschies, Rainer. *Das neue Lexikon der Vorurteile.* Frankfurt am Main: Eichborn, 1987.

Jührs, Carola (Hrsg.). *Ächt too matsch. Das allerletzte Sprüchebuch.* Münster: F. Coppenrath, 1985.

Kafka, Franz. *Gesammelte Werke.* Hrsg. von Max Brod. 8 Bde. Frankfurt am Main: S. Fischer, 1976.

Kaiser, Georg. *Werke.* Hrsg. von Walther Huder. 4 Bde. Frankfurt am Main: Propyläen Verlag, 1971.

Kant, Hermann. *Die Aula. Roman.* Frankfurt am Main: S. Fischer, 1968 (1. Aufl. 1966).

Kant, Hermann. *Das Impressum. Roman.* Neuwied am Rhein: Luchterhand, 1972.

Kasper, Hans. *Abel, gib acht. Aktuelle Aphorismen.* Düsseldorf: Econ, 1962.

Kästner, Erich (Hrsg.). *Heiterkeit in vielen Versen.* Hannover: Fackelträger, 1965.

Kästner, Erich. *Gesammelte Schriften für Erwachsene.* 8 Bde. München: Knaur, 1969 (Bd. 1: *Gedichte*).

Kater, Helmut. *Denkanstöße und „so manches" Bedachte und Bedenkliche.* Melle: Ernst Knoth, 1990.

Käufer, Hugo Ernst (Hrsg.). *Beispiele Beispiele. Texte aus der literarischen Werkstatt Gelsenkirchen.* Recklinghausen: Georg Bitter, 1969.

Käufer, Hugo Ernst. *Kehrseiten. Neue Aphorismen.* Oberhausen: Anneliese Althoff, 1984.

Keitling, Felicia. *Holographie eines Frauenzimmers. Lyrik sowie Aphorismen.* Berlin: Zwei Zwerge, 1996.

Keller, Albert. *Wer zuletzt denkt, lacht am besten! Witziges gegen unchristliche Humorlosigkeit.* Regensburg: Friedrich Pustet, 1984.

Keller, Gottfried. *Kleider machen Leute.* Stuttgart: Reclam, 1963 (geschrieben um 1870).

Keller, Hans Peter. *Panoptikum aus dem Augenwinkel. Bruchstücke.* Wiesbaden: Limes, 1966.

Kellermann, Dieter. *Trinksprüche, Richtsprüche, Gästebuchverse.* Niedernhausen/Ts.: Falken, 1982 (1. Aufl. 1969).

Kempowski, Walter. *Herzlich Willkommen. Roman.* München: Albrecht Knaus, 1984.

Kempowski, Walter. *Hundstage. Roman.* München: Albrecht Knaus, 1988.

Kersten, Hanns-Hermann. *Euphorismen & rosa Reime.* Stuttgart: Deutsche Verlags-Anstalt, 1978.

Kessel, Martin. *Gegengabe. Aphoristisches Kompendium für hellere Köpfe.* Darmstadt: Luchterhand, 1960.

Kibgis, Ilse. *Meine Stadt ist kein Knüller in Reisekatalogen. Gedichte.* Oberhausen: Asso, 1984.

Kirsch, Rainer. *Auszog, das Fürchten zu lernen. Prosa, Gedichte, Komödie.* Reinbek: Rowohlt, 1978.

Klein, Felix Joseph. *Gedanken und Gedenken. Aphorismen.* Bonn: Scheur, 1927.

Kleinhardt, Werner B. *Das Lachen der Satten. Fabeln, Gedichte und Aphorismen.* Freiburg: Echo, 1993.

Kleist, Heinrich von. *Sämtliche Werke und Briefe.* Hrsg. von Helmut Sembdner. 2 Bde. München: Carl Hanser, 1964 (1. Aufl. 1961).

Knorr, Stefan, u. Rainer Witt (Hrsg.). *Das Lexikon der Vorurteile.* Frankfurt am Main: Eichborn, 1983.

Kokes, Dr. *Schlagworte des Humors.* Leipzig: Carl Reißner, 1891.

Kopp, Hans W. *Jagdunfälle. Aphorismen.* Zürich: Stocker & Schmid, 1980.

Kraft, Werner. *Sätze und Ansätze.* Bonn: Georg Heusch, 1991.

Krahmann, Hella, u. Gerhard Uhlenbruck. *Bewegungstherapie im Sitzen.* Stuttgart: Gustav Fischer, 1991.

Krailsheimer, Hans. *Aporismen – Aphorismen.* Lichtenfels am Main: Schulze, 1957.

Kraus, Karl. *Die dritte Walpurgisnacht.* Hrsg. von Heinrich Fischer. München: Kösel, 1952 (zuerst 1933).

Kraus, Karl. *Beim Wort genommen.* Hrsg. von Heinrich Fischer. München: Kösel, 1955.

Krechel, Ursula. *Rohschnitt. Gedicht in sechzig Sequenzen.* Darmstadt: Luchterhand, 1983.

Kritzfeld, Ron. *Schüttels(ch)ätze.* Essen: Selbstverlag, 1973.

Kritzfeld, Ron. *Kleines Universal Flexikon.* 10 Bde. Essen: Selbstverlag, 1974–1985.

Krüger, Manfred. *Denkbilder. Aphorismen.* St. Michael: J. G. Bläschke, 1981.

Krumbholz, Eckart (Hrsg.). *Kein Blatt vorm Mund. Aphorismen und Epigramme.* Berlin: Tribüne, 1984 (1. Aufl. 1982).

Kruppa, Hans (Hrsg.). *Wo liegt Euer Lächeln begraben? Gedichte gegen den Frust.* Frankfurt am Main: S. Fischer, 1983.

Kruppa, Hans. *Das Glück ist immer unterwegs. Gedanken.* München: Schneekluth, 1987.

Kubin, Ernst. *Neue Hieb- und Stichwörter. Kleine Bosheiten von A–Z.* Linz: Rudolf Trauner, 1976.

Kuckertz, Beate (Hrsg.). *Das große Buch der Büro-Sprüche.* München: Wilhelm Heyne, 1992.

Kudszus, Hans. *Jaworte, Neinworte.* Frankfurt am Main: Suhrkamp, 1970.

Kunert, Günter. *Warnung vor Spiegeln. Gedichte.* München: Carl Hanser, 1970.

Kunert, Günter. *Verspätete Monologe.* München: Carl Hanser, 1981.

Kunze, Reiner. *Am Sonnenhang. Tagebuch eines Jahres [1992].* Frankfurt am Main: S. Fischer, 1993.

Kürnberger, Ferdinand. *Feuilletons.* Hrsg. von Karl Riha. Frankfurt am Main: Insel, 1967.

Kutsch, Axel (Hrsg.). *Wortnetze III. Neue Gedichte deutschsprachiger Autor(inn)en.* Köln: Initiative Junger Autoren, 1991.

Küttner, W. P. *Die Stoßstange ist aller Laster Anfang. Die frechsten Liebes-, Lust- und Lästersprüche.* Frankfurt am Main: Eichborn, 1988.

Lamprecht, Bruno. *Silberzwiebeln. Aphorismen, Scherze, Denkanstöße.* Freiburg (Schweiz): Imba, 1985.

Lamprecht, Helmut. *Die Hörner beim Stier gepackt. Aphorismen, Epigramme, Gedichte.* Stuttgart: Werner Gebühr, 1975.

Lamprecht, Helmut. *Früher hat Lächerlichkeit getötet. 155 Bedenksätze.* Fischerhude: Atelier im Bauernhaus, 1979.

Lamprecht, Helmut (Hrsg.). *Wenn das Eis geht. Ein Lesebuch zeitgenössischer Lyrik.* München: Deutscher Taschenbuch Verlag, 1983.

Lang, Ewald (Hrsg.). *Wendehals und Stasi-Laus. Demo-Sprüche aus der DDR.* München: Wilhelm Heyne, 1990.

Latsch, Gregori. *Denksplitter. Satirische Aphorismen.* Frankfurt am Main: Cimarron, 1977.

Latzel, Sigbert. *Stichhaltiges. Aphorismen.* St. Michael: J. G. Bläschke, 1983.

Laub, Gabriel. *Verärgerte Logik. Aphorismen.* München: Carl Hanser, 1969.

Laub, Gabriel. *Was tut man mit Witwen? 124 Satiren.* Hamburg: Albrecht Knaus, 1978.

Laub, Gabriel. *Das Recht, recht zu haben. Aphorismen.* München: Carl Hanser, 1979.

Laub, Gabriel. *Denken verdirbt den Charakter. Alle Aphorismen.* München: Carl Hanser, 1984.

Laub, Gabriel. *Entdeckungen in der Badewanne. Neue Satiren.* München: Albrecht Knaus, 1985.

Laub, Gabriel. *Urlaub muß sein. Satiren zur Freizeit.* München: Albert Langen und Georg Müller, 1993.

Lec, Stanisław Jerzy. *Unfrisierte Gedanken.* München: Carl Hanser, 1959.

Lec, Stanisław Jerzy. *Neue unfrisierte Gedanken.* München: Carl Hanser, 1964.

Lec, Stanisław Jerzy. *Letzte unfrisierte Gedanken.* München: Carl Hanser, 1968.

Lec, Stanisław Jerzy. *Das große Stanisław Jerzy Lec Buch. Aphorismen, Epigramme, Gedichte und Prosa.* München: Carl Hanser, 1971. München: Wilhelm Goldmann, 1990.

Lec, Stanisław Jerzy. *Spätlese unfrisierter Gedanken.* München: Carl Hanser, 1976.

Lembke, Robert. *Das Beste aus meinem Glashaus. Humoristisches und Satirisches.* Frankfurt am Main: S. Fischer, 1977.

Lembke, Robert. *Grüße aus dem Fettnäpfchen. Aphorismen.* München: Albert Langen und Georg Müller, 1986.

Lemke, Luise. *Lieber'n bißken mehr, aber dafür wat Jutet. Berliner Sprüche.* Berlin: Arani, 1981.

Lemke, Luise. *Besser jut jelebt und det noch recht lange. Noch mehr Berliner Sprüche.* Berlin: Arani, 1984.

Lenz, Siegfried. *Deutschstunde. Roman.* Gütersloh: Bertelsmann, 1968.

Leonhard, Rudolf. *Aeonen des Fegefeuers. Aphorismen.* Leipzig: Kurt Wolff, 1917.

Leonhard, Rudolf. *Alles und nichts! Aphorismen*. Berlin: Ernst Rowohlt, 1920.

Lichtenberg, Georg Christoph. *Schriften und Briefe, Sudelbücher*. Hrsg. von Wolfgang Promies. 2 Bde. Darmstadt: Wissenschaftliche Buchgesellschaft, 1968–1971.

Limmroth, Manfred. *Große Sprüche – kleine Brötchen. Belege und Collagen zum deutschen Geistes- und Gemütsleben*. München: Harnack, 1984.

Logau, Friedrich von. *Sämtliche Sinngedichte*. Hrsg. von Gustav Eitner. Tübingen: L. F. Fues, 1872.

Loschütz, Gert. *Gegenstände. Gedichte und Prosa*. Frankfurt am Main: Suhrkamp, 1971.

Luczak, Jeannine. *Schweigegeld als Landeswährung. Aphorismen*. Olten: Walter, 1984.

Maaß, Winfried (Hrsg.). *Worte der Woche. Die stärksten Sprüche bekannter Zeitgenossen*. Hamburg: Stern-Buch, 1988.

Macheiner, Dorothea. *Splitter. Gedichte*. Baden bei Wien: G. Grasl, 1981.

Mahkorn, Richard (Hrsg.). *Büro-Sprüche*. München: Wilhelm Heyne, 1985.

Mairinger, Hans Dieter. *Wie man Elefanten preßt. Satiren*. Linz: Landesverlag Die Furche, 1993.

Maiwald, Peter. *Guter Dinge. Gedichte*. Stuttgart: Deutsche Verlags-Anstalt, 1987.

Maiwald, Peter. *Das Gutenbergsche Völkchen. Kalendergeschichten*. Frankfurt am Main: S. Fischer, 1990.

Maléko, Mascha. *Das lyrische Stenogrammheft*. Reinbek: Rowohlt, 1982.

Mann, Erika. „Der Prinz von Lügenland." *So weit die scharfe Zunge reicht. Die Anthologie des deutschsprachigen Cabarets*. Hrsg. von Klaus Budzinski. München: Scherz, 1964, S. 35–352.

Mann, Thomas. *Bekenntnisse des Hochstaplers Felix Krull*. Frankfurt: Fischer, 1974 (1. Aufl. 1922).

Marcuse, Ludwig. *Argumente und Rezepte. Ein Wörterbuch für Zeitgenossen*. Zürich: Diogenes, 1973 (1. Aufl. 1967).

Marianowicz, Antoni, u. Ryszard Marek Gronski (Hrsg.). *Denkspiele. Polnische Aphorismen des zwanzigsten Jahrhunderts.* Frankfurt am Main: Insel, 1974.

Märki, Pascal. *Denkbar. Aphorismen und Bilder.* Karlsruhe: Loeper, 1986.

Marti, Kurt. *Schilfgräser. Aphorismen.* Lugnorre (Schweiz): Dendron, 1985.

Mautz, Kurt. *Ortsbestimmung. Gedichte, grammatische Balladen, Permutationen.* Düsseldorf: Eremiten–Presse, 1984.

Meier O'Mayr, Josef. *Wo lassen Sie denken? Weisheiten und Naseweisheiten.* Pfaffenhofen: W. Ludwig, 1983.

Menzel, Hans (Hrsg.). *Illustrierte Spruch-Auslese. Leitsprüche, Sprichwörter, Zitate und Aphorismen zu 31 Themen.* 2 Bde. Hinterbrühl bei Wien: Bellaprint, 1984.

Michael, Roland (Hrsg.).. *Treffend bemerkt. Das Buch der 1000 Aphorismen.* Gütersloh: Heinz Peter, 1983.

Mieder, Wolfgang (Hrsg.). *Antisprichwörter.* 3 Bde. Wiesbaden: Verlag für deutsche Sprache, 1982. Wiesbaden: Gesellschaft für deutsche Sprache, 1985. Wiesbaden: Quelle & Meyer, 1989.

Mieder, Wolfgang (Hrsg.). *„Kommt Zeit – kommt Rat!?" Moderne Sprichwortgedichte von Erich Fried bis Ulla Hahn.* Frankfurt am Main: Rita G. Fischer, 1990.

Mieder, Wolfgang (Hrsg.). *„Deutsch reden." Moderne Redensartengedichte von Rose Ausländer bis Yaak Karsunke.* Frankfurt am Main: Rita G. Fischer, 1992.

Mieder, Wolfgang (Hrsg.). *„Hasen im Pfeffer." Sprichwörtliche Kurzprosatexte von Marie Luise Kaschnitz bis Martin Walser.* Frankfurt am Main: Rita G. Fischer, 1995.

Mieder, Wolfgang (Hrsg.). *Ver-kehrte Worte. Antizitate aus Literatur und Medien.* Wiesbaden: Quelle & Meyer, 1997.

Mitsch, Werner. *Spinnen, die nicht spinnen, spinnen. Sprüche. Nichts als Sprüche.* Stuttgart: Heinz und Margarete Letsch, 1978.

Mitsch, Werner. *Fische, die bellen, beißen nicht. Sprüche. Nichts als Sprüche.* Stuttgart: Heinz und Margarete Letsch, 1979.

Mitsch, Werner. *Pferde, die arbeiten, nennt man Esel. Sprüche. Nichts als Sprüche.* Stuttgart: Heinz und Margarete Letsch, 1980.

Mitsch, Werner. *Hunde, die schielen, beißen daneben. Sprüche. Nichts als Sprüche.* Stuttgart: Heinz und Margarete Letsch, 1981.

Mitsch, Werner. *Bienen, die nur wohnen, heißen Drohnen. Sprüche. Nichts als Sprüche.* Stuttgart: Heinz und Margarete Letsch, 1982.

Mitsch, Werner. *Das Schwarze unterm Fingernagel. Sprüche. Nichts als Sprüche.* Stuttgart: Heinz und Margarete Letsch, 1983.

Mitsch, Werner. *„Grund- & Boden-Sätze." Sprüche. Nichts als Sprüche.* Stuttgart: Heinz und Margarete Letsch, 1984.

Mitsch, Werner. *Hin- und Widersprüche.* Rosenheim: Alfred Förg, 1986.

Mitsch, Werner. *Wer den Wal hat, hat die Qual. 800 Unsinnssprüche für alle Gelegenheiten.* München: Wilhelm Heyne, 1987.

Mitsch, Werner. *Neue Hin- und Widersprüche.* Rosenheim: Alfred Förg, 1988.

Möckel, Klaus. *Kopfstand der Farben. Verkehrte Gedichte.* Berlin: Eulenspiegel Verlag, 1982.

Mocker, Wolfgang. „Widersprich-Wörter." *Neue Deutsche Literatur*, 29, H. 1 (1981), S. 167.

Mocker, Wolfgang. „Aphorismen." *Neue Deutsche Literatur*, 34, H. 7 (1986), S. 168–170.

Mocker, Wolfgang. *Gedankengänge nach Canossa. Euphorismen und andere Anderthalbwahrheiten.* Berlin: Eulenspiegel Verlag, 1987.

Moriz, Eduard (Hrsg.). *Nimm's leicht, nimm mich. Sponti-Sprüche No. 3.* Frankfurt am Main: Eichborn, 1983.

Moriz, Eduard (Hrsg.). *Ohne Dings kein Bums. Sponti-Sprüche No. 4.* Frankfurt am Main: Eichborn, 1984.

Moriz, Eduard (Hrsg.). *Lieber intim als in petto. Sponti-Sprüche No. 5.* Frankfurt am Main: Eichborn, 1984.

Moriz, Eduard (Hrsg.). *Lieber „Bums" als „Fallera". Sprüche aus der Beziehungskiste.* Frankfurt am Main: Eichborn, 1985.

Moriz, Eduard (Hrsg.). *Lieber sauweich als eberhard. Sponti-Sprüche No. 6.* Frankfurt am Main: Eichborn, 1986.

Moser, Jürg. *Randbemerkungen.* Hannoversch Münden: Chr. Gauke, 1977.

Müller, Heiner. *Die Umsiedlerin oder Das Leben auf dem Lande.* Berlin: Rotbuch, 1975 (geschrieben 1961).

Müller, Inge. *Wenn ich schon sterben muß. Gedichte.* Berlin: Aufbau, 1985.

Müller-Dietz, Heinz. *Recht sprechen & rechtsprechen. Neue Aphorismen und Glossen.* Heidelberg: C. F. Müller, 1987.

Müller-Thurau, Claus Peter. *Laß uns mal 'ne Schnecke angraben. Sprache und Sprüche der Jugendszene.* Düsseldorf: Econ, 1983.

Nabert, Karl Eberhard. *Kommentare. Gedichte und Aphorismen.* München: Selbstverlag, 1988.

Nentwig, Max Arnold. *Rechtsanwälte in Karikatur und Anekdote.* Köln: O. Schmidt, 1978.

Nestroy, Johann. *Stich- und Schlagworte.* Hrsg. von Reinhard Urbach. Frankfurt am Main: Insel, 1977.

Neumann, Renate. *Das wilde Schreiben. Graffiti, Sprüche und Zeichen am Rand der Straßen.* Essen: Die Blaue Eule, 1986, S. 272–333 (Verzeichnis der Sprüche).

Nieden, Eberhard zur. „Schüsse aus der Wortkanone." *Stern*, Nr. 13/23. 3. 1978, S. 100.

Niederreuther, Thomas. *Wer hat schon Mitleid mit einem Krokodil? Aphorismen.* Gauting: Peter Kirchheim, 1967.

Nietzsche, Friedrich. *Werke.* Hrsg. von Karl Schlechta. 3 Bde. München: Carl Hanser, 1954.

Normann, Reinhard von. *Starke Sprüche.* Wiesbaden: Englisch, 1986.

Novalis (eigentl. Friedrich von Hardenberg), *Schriften.* Hrsg. von Richard Samuel, Hans-Joachim Mähl und Gerhard Schulz. 4 Bde. Stuttgart: W. Kohlhammer, 1981.

Novalis (eigentl. Friedrich von Hardenberg). *Fragmente und Studien – Die Christenheit oder Europa.* Hrsg. von Carl Paschek. Stuttgart: Reclam, 1984.

Novalis (eigentl. Friedrich von Hardenberg). *Aphorismen.* Hrsg. von Michael Brucker. Frankfurt am Main: Insel, 1992.

Nowaczynski, Adolf. „Affenspiegel [1902]." *Bedenke, bevor du denkst. 2222 [polnische] Aphorismen, Sentenzen und Gedankensplitter.* Hrsg. von Karl Dedecius. Frankfurt am Main: Suhrkamp, 1984, S. 99–102.

Nüssler, Otto. *Semmeln und Knödel. Glossen.* Wiesbaden: Verlag für deutsche Sprache, 1983.

Oprei, Peter. *Bedenkliches – Unbedenkliches. Aphorismen.* St. Michael: J. G. Bläschke, 1983.

Petan, Žarko. *Mit leerem Kopf nickt es sich leichter. Satirische Aphorismen.* Graz: Styria, 1979.

Petan, Žarko. *Himmel in Quadraten. Aphorismen und kleine Prosa.* Graz: Styria, 1981.

Petan, Žarko. *Vor uns die Sintflut. Aphorismen. Ein immerwährendes Kalendarium.* Graz: Styria, 1983.

Petan, Žarko. *Viele Herren von heute waren gestern noch Genossen. Neue Aphorismen.* Graz: Styria, 1990.

Radbruch, Gustav. *Aphorismen zur Rechtsweisheit.* Hrsg. von Arthur Kaufmann. Göttingen: Vandenhoeck & Ruprecht, 1963.

Radtke, Günter. *Gedanken zum Selbermachen. Aphorismen und Geschichten.* Gerlingen: Bleicher, 1987.

Rauchberger, Karl Heinz, u. Ulf Harten (Hrsg.). *„Club-Sprüche." Eingesandt von Hörern der NDR-Jugendsendung „Der Club".* Hamburg: Hanseatische Edition, 1983.

Rauchberger, Karl Heinz, u. Ulf Harten (Hrsg.). *Sprüche II.* Hamburg: Hanseatische Edition, 1984.

Rauner, Lieselotte. *Wenn der Volksmund mündig wird. Slogans, Songs und Epigramme.* Wuppertal: Peter Hammer, 1973.

Rauner, Lieselotte. *Kein Grund zur Sorge. Gedichte, Epigramme, Songs.* Oberhausen: Asso Verlag, 1985.

Reding, Josef. *Ach und Krach Texte.* Balve: Engelbert, 1976.

Reding, Josef. *Nennt sie beim Namen. Asphaltgedichte.* Freiburg: Herder, 1982.

Reinig, Christa. *Feuergefährlich. Gedichte und Erzählungen über Frauen und Männer.* Berlin: Klaus Wagenbach, 1985.

Reller, Gisela (Hrsg.). *666 und sex mal Liebe. Auserlesenes.* Halle: Mitteldeutscher Verlag, 1987.

Renner, Felix. *Aphoristische Schwalben.* Oberwil bei Zug: Rolf Kugler, 1980.

Renner, Felix. „Sprüche und Widersprüche – Aphorismen, I–XX.“ *Zuger Neujahrsblatt*, 1. 1. 1985, S. 83–87.

Renner, Felix. *Vorwiegend Unversöhnliches an kurzer Leine. Aphorismen.* Basel: Cornfeld, 1987.

Renner, Felix. *Vorletzte Worte. Aphorismen.* Rorschach: Nebelspalter-Verlag, 1994.

Retörsch, Heinrich (eigentl. Heinrich Schröter). *Peni-Vagi. Erotische Poesie.* Hannoversch Münden: Chr. Gauke, 1974.

Riha, Karl. *Nicht alle Fische sind Vögel. Gedichte und Gedichtgedichte.* Siegen: Machwerk, 1981.

Rilke, Phia. *Ephemeriden.* Hrsg. von Wolfgang Schneditz. Graz: Jos. A. Kienreich, 1949 (1. Aufl. 1900).

Rizy, Günter. *Weissglutfunken. Aphorismen.* Frankfurt am Main: Rita G. Fischer, 1989.

Roche, Reinhard. „Demosprüche und Wandgesprühtes“. *Muttersprache*, 93 (1983), S. 181–196.

Röhrich, Lutz. *Der Witz. Figuren, Formen, Funktionen.* Stuttgart: Metzler, 1977.

Rolfs, Rudolf. *Schlag nach bei Rolfs.* Frankfurt am Main: Die Schmiede, 1976 (1. Aufl. 1967).

Rolfs, Rudolf. *Inventur eines Hirns.* Frankfurt am Main: Die Schmiede, 1970.

Rolfs, Rudolf. *Fragen Sie August Pi! Ein Circus d'esprit mit 1444 Widersprüchen.* Frankfurt am Main: Die Schmiede, 1980.

Rolfs, Rudolf. *Rost im Chrom. Stichworte, Stories, Stellungnahmen.* Hrsg. von Volker Michels. Frankfurt am Main: Suhrkamp, 1989.

Roman, Christian (Hrsg.). *Lieber 'ne Sechs, als überhaupt keine persönliche Note. Schüler-Sprüche No. 1.* Frankfurt am Main: Eichborn, 1984.

Roman, Christian (Hrsg.). *Reden ist Silber, Schweigen ist fünf. Schüler-Sprüche No. 2.* Frankfurt am Main: Eichborn, 1985.

Roman, Christian (Hrsg.). *Big Mäc is watching you! Schüler-Sprüche No. 3.* Frankfurt am Main: Eichborn, 1986.

Rommel, Manfred. *Gesammelte Sprüche.* Hrsg. von Ulrich Frank-Planitz. Stuttgart: Engelhorn, 1988.

Ronner, Markus. *Moment Mal! [Sagwörter].* Bern: Benteli, 1977.

Roth, Eugen. *Der letzte Mensch.* München: Carl Hanser, 1964.

Roth, Eugen. *Das Eugen Roth Buch.* München: Carl Hanser, 1966.

Roth, Eugen. *Ins Schwarze. Limericks und Schüttelreime.* München: Carl Hanser, 1968.

Roth, Eugen. *Das neue Eugen Roth Buch.* München: Carl Hanser, 1970.

Roth, Eugen, *Genau besehen. Verse und Anekdoten.* München: Deutscher Taschenbuch Verlag, 1976 (1. Aufl. 1971).

Roth, Eugen. *Je nachdem. Heitere Verse und Gedichte.* München: Deutscher Taschenbuch Verlag, 1981.

Roth, Eugen. *Sämtliche Menschen.* München: Carl Hanser, 1983.

Rückert, Friedrich. *Werke.* Hrsg. von Ludwig Laistner. 6 Bde. Stuttgart: Cotta, 1895–1896.

Rühm, Gerhard. *Geschlechterdings. Chansons, Romanzen, Gedichte.* Reinbek: Rowohlt, 1990.

Rumpf, Michael. *Gedankensprünge. Aphorismen.* Heidelberg: Manatius, 1986.

Rychner, Max. *Lavinia oder die Suche nach Worten. Aphorismen.* Darmstadt: Erato-Presse, 1962.

Saphir, Moritz Gottlieb. *Mieder und Leier. Gedankenblitze aus dem Biedermeier.* Hrsg. von Manfred Barthel. Freiburg: Walter, 1978.

Scharpenberg, Margot. *Moderne Kunst im Bildgespräch. Fünfundzwanzig Gedichte zu Kunstwerken aus dem Museum Ludwig in Köln.* Duisburg: Gilles & Francke, 1982.

Schattenhofer, Monika (Hrsg.). *Dieser dicke Strich erinnert Dich an mich. Sprüche aus dem Poesiealbum.* München: Knaur, 1986.

Schaukal, Richard. *Erlebte Gedanken. Neuer Zettelkasten.* München: Georg Müller, 1918.

Scherer, Burkhard, Udo P. Schewietzek u. Helmut Schmid (Hrsg.). *Ein guter Spruch zur rechten Zeit. Demosprüche von den Sechzigern bis heute.* Gießen: Focus, 1981.

Schlesinger, Saskia (Hrsg.). *Mach dir einen schönen Lenz und schwänz. Schülersprüche-Schülerwitze.* München: Wilhelm Heyne, 1987.

Schmidt, Lothar (Hrsg.). *Geld. Zitate und Aphorismen.* Königstein/Ts.: Königsteiner Wirtschaftsverlag, 1993.

Schmidt, Lothar (Hrsg.). *Zeit und Management. Zitate und Aphorismen.* Königstein/Ts.: Königsteiner Wirtschaftsverlag, 1993.

Schmude, Albert A. (Hrsg.). *Freiheit für Grönland / weg mit dem Packeis! 200 Sprüche von den Wänden der Frankfurter Universität.* Frankfurt am Main: Rita G. Fischer, 1982.

Schneyder, Werner. *Empfehlung der einfachen Schläge. Aphorismen, Epigramme, Gedichte.* Wien: Europaverlag, 1973.

Schneyder, Werner. *Die Vermeidung von Rückschlägen. Aphorismen, Epigramme, Gedichte.* Wien: Europaverlag, 1976.

Schneyder, Werner. *Gelächter vor dem Aus. Die besten Aphorismen und Epigramme.* München: Kindler, 1980.

Scholz, Wilhelm von. *Irrtum und Wahrheit. Neue Aphorismen.* Gütersloh: Bertelsmann, 1950.

Schröder, Jorg. *Findling und Flut. Gedichte und Aphorismen.* Berlin: Tribüne, 1978.

Schröder, Rudolf Alexander. *Aphorismen und Reflexionen.* Hrsg. von Richard Exner. Frankfurt am Main: Suhrkamp, 1977.

Schröter, Heinrich. *Ha, welche Lust, Zitat zu sein! Spruchbuch zum Fortschreiben.* München: Chr. Gauke, 1977.

Schröter, Heinrich. *Worte wie Wahrzeichen. Hauptsätze zu Hauptthemen und Hauptsachen.* Wiesbaden: Edition Retörsch, 1984 (erweiterte 2. Aufl. 1990).

Schröter, Heinrich. *Lebensworte. Kürzesttexte zum Fort- und Gegenschreiben.* Willebadessen: Zwiebelzwerg, 1991.

Schumann, Gerhard. *Spruchbuch.* Bodman (Bodensee): Hohenstaufen, 1981.

Schütt, Hans-Dieter. *Diesseits der eigenen Haustür. Aphorismen.* Berlin: Eulenspiegel Verlag, 1988.

Schwaiger, Brigitte. *Mit einem möcht' ich leben.* München: Wilhelm Heyne, 1987.

Schwarz, Egon. *Keine Zeit für Eichendorff.* Königstein/Ts.: Athenäum, 1979.

Schweppenhäuser, Hermann. *Verbotene Frucht. Aphorismen und Fragmente.* Frankfurt am Main: Suhrkamp, 1966.

Schwitters, Kurt. *Das literarische Werk.* Hrsg. von Friedhelm Lach. 2 Bde. Schauberg: Du Mont, 1973.

Schwöbel, Hans-Peter. *Salz. Gedichte, Aphorismen.* Mannheim: Feuerbaum, 1986.

Seydel, Heinz (Hrsg.). *Alles Unsinn. Deutsche Ulk- und Scherzdichtung von ehedem bis momentan.* Berlin: Eulenspiegel Verlag, 1969.

Siebeck, Wolfram. *Wolfram Siebecks beste Geschichten.* Frankfurt am Main: S. Fischer, 1979 (1. Aufl. 1977).

Sigel, Kurt. *Feuer, de Maa brennt. Allerlei kauzige Verse. Sauf-, Liebes- und Kannibalenlieder in Frankfurter Mundart.* Frankfurt am Main: Timm Gierig, 1968.

Sigel, Kurt. *Lieder & Anschläge. Gedichte.* München: Delp, 1970.

Sigel, Kurt. *Kannibalisches. Einschlafgeschichten für sensible Leser.* Tübingen: Horst Erdmann, 1972.

Sigel. Kurt. *Gegenreden - Quergebabbel. Hessische Mundartsprüche, Gedichte, Redensarten.* Düsseldorf: Claassen, 1978.

Sigel, Kurt. *Verse gegen taube Ohren. Gedichte zweisprachig.* Frankfurt am Main: Fricke, 1983.

Skirecki. Ingetraud (Hrsg.). *Das Trojanische „Stecken"pferd. Aphorismen.* Berlin: Eulenspiegel Verlag, 1986.

Skupy, Hans-Horst. *Aphorismen. Abgeleitete Geistesblitze. Ein „Aber-Glaubensbekenntnis" in Aphorismen, Metaphern, Parabeln.* München: Ring, 1977.

Skupy, Hans-Horst (Hrsg.). *Österreich Brevier. Aphorismen und Zitate von Altenberg bis Zweig.* Wien: Amalthea, 1983.

Sochatzy, Klaus. *Adnotationen. Gegenreden gegen Reden und Gerede. Aphorismen.* Frankfurt am Main: Rita G. Fischer, 1979.

Sochatzy, Klaus. „Reflexionen." In K. Sochatzy und Aleksander Kumor, *Ost-West-Monologe. Aphorismen.* Frankfurt am Main: Rita G. Fischer, 1981, S. 7–72.

Sochatzy, Klaus (Hrsg.). *Mehr Anarchie, weniger Chaos. Sprüche aus dem Frankfurter Uni-Turm. Graffiti als Ausdruck studentischen Bewußtseins. Materialien 1.* Frankfurt am Main: Rita G. Fischer, 1982.

Sochatzy, Klaus (Hrsg.). *Auf die Dauer hilft nur Power. Sprüche aus dem Frankfurter Uni-Turm. Graffiti als Ausdruck studentischen Bewußtseins. Materialien 2.* Frankfurt am Main: Rita G. Fischer, 1983.

Sochatzy, Klaus. *Widerworte nach der „Wende". Aphorismen.* Frankfurt am Main: Rita G. Fischer, 1984.

Söhler, Karl-Heinz. *Es schadet nichts, vergnügt zu sein. Heitere Standpunkte.* Berlin: Ullstein, 1993.

Sparschuh, Jens. „Aphorismen." *Neue Deutsche Literatur*, 31, H. 5 (1983), S. 168.

Sprenger, Werner. *Brauchen Hungernde denn Gedichte? Für Wohlstandsbürger ungeeignet.* Konstanz: Nie/nie/sagen-Verlag, 1977.

Sprenger, Werner. *Ordensunreife Gedanken I. Eindeutige Sätze gegen höchst zweideutige Zustände.* Freiburg: Nie/nie/sagen-Verlag, 1978.

Sprenger, Werner. *Zu Oasen führen alle Wege durch die Wüste.* Freiburg: Nie/nie/sagen-Verlag, 1978.

Sprenger, Werner. *Gedichte zum Auswendiglernen. Meditationsgedichte.* Konstanz: Nie/nie/sagen-Verlag, 1982.

Steineckert, Gisela. *Lieber September. Gedichte.* Berlin: Neues Leben, 1981.

Steinmeyer, Beate (Hrsg.). *Wer seine Hände in den Schoß legt, muß deshalb nicht untätig sein. Die neuesten Bürosprüche.* München: Wilhelm Heyne, 1989.

Stengel, Hansgeorg. *Stenglisch for you. Epigramme.* Berlin: Eulenspiegel Verlag, 1971.

Stengel, Hansgeorg. *Der Unschuldsstengel. Epigramme.* Berlin: Eulenspiegel Verlag, 1978.

Stengel, Hansgeorg. *Mit Stengelsgeduld. Epigramme.* Berlin: Eulenspiegel Verlag, 1980.

Stengel, Hansgeorg. *Stengelsextrakt. Ein epigrammatisches Vademekum*. Berlin: Eulenspiegel Verlag, 1982.

Stengel, Hansgeorg. *Stenglisch Waltz. Epigramme*. Berlin: Eulenspiegel Verlag, 1986.

Stöckle, Frieder. *Ätsch ich lebe noch. Sprüche – Widersprüche*. Stuttgart: Spectrum, 1982.

Stolper, Armin. *Weißer Flügel schwarzgerändert. Gedichte*. Rostock: Hinstorff, 1982.

Strahl, Manfred. *Ausleg-Ware. Aphorismen*. Berlin: Eulenspiegel Verlag, 1989.

Strahl, Manfred. *Hiebe auf den ersten Blick. Aphorismen*. Berlin: Edition q, 1992.

Strauss, Ludwig. *Wintersaat. Ein Buch aus Sätzen*. Zürich: Manesse, 1953.

Strittmatter, Erwin. *Tinko. Roman*. Leipzig: Reclam, 1971 (1. Aufl. 1955).

Strittmatter, Erwin. *Ole Bienkopp. Roman*. Berlin: Aufbau, 1972 (1. Aufl. 1964).

Strittmatter, Erwin. *Der Wundertäter. Roman*. 2 Bde. Berlin: Aufbau, 1974 (1. Aufl. 1966 und 1973).

Strittmatter, Erwin. *Selbstermunterungen*. Berlin: Aufbau, 1981 (geschrieben 1966 und 1967).

Struck, Karin. *Klassenliebe. Roman*. Frankfurt am Main: Suhrkamp, 1973.

Tamsen, Alexander. *Ein Spinnerich liebt eine Spinne. Tierisch heitere Verse*. Berlin: Frieling, 1993.

Tange, Ernst Günter (Hrsg.). *Wörterbuch für Querdenker. Boshafte Definitionen*. Frankfurt am Main: Eichborn, 1987.

Tange, Ernst Günter (Hrsg.). *Funk-Sprüche. Geistesblitze zum Thema Fernsehen*. Frankfurt am Main: Eichborn, 1988.

Thoma, Ludwig. *Gesammelte Werke*. 8 Bde. München: Piper, 1956.

Thomsen, Bernd (Hrsg.). *Haste was, pisste was. Klo-Sprüche*. München: Wilhelm Heyne, 1985.

Thomsen, Bernd (Hrsg.). *Ihr geht mit der Welt um als hättet ihr eine zweite im Keller! Polit-Graffiti & Demo-Sprüche*. München: Wilhelm Heyne, 1986.

Thomsen, Bernd (Hrsg.). *Lieber die dunkelste Kneipe als den hellsten Arbeitsplatz. Neue Büro-Sprüche.* München: Wilhelm Heyne, 1986.

Thomsen, Bernd (Hrsg.). *Pissen ist Macht. Neue Klo-Sprüche.* München: Wilhelm Heyne, 1986.

Thomsen, Bernd (Hrsg.). *Wer im Bett lacht, lacht am besten. Horizontale Graffiti, Witze, Bilder und Sprüche.* München: Wilhelm Heyne, 1986.

Thomsen, Winfried. *Modell Deutschland. Jahrbuch für vaterlandslose Geselligkeit 666 Radikalauer.* Hamburg: Konkret Literatur Verlag, 1978.

Thomsen, Winfried. *Radikalauer.* Frankfurt am Main: Eichborn, 1981 (erweiterte Aufl. 1982).

Tille, Peter. „Pfefferkörner." *Der Weisheit letzter Schluß. Aphorismen.* Hrsg. von André Brie. Berlin: Eulenspiegel Verlag, 1980, S. 79–99.

Tille Peter. *Sommersprossen. 666 aphoristische Gesichtspunkte.* Halle: Mitteldeutscher Verlag, 1983.

Tobler, Jürg, Franz Mächler u. Hans A. Jenny (Hrsg.). *111 Jahre „Nebelspalter". Ein satirischer Schweizerspiegel.* Rorschach: Nebelspalter-Verlag, 1985.

Torberg, Friedrich. *Apropos. Nachgelassenes, Kritisches, Bleibendes.* München: Albert Langen und Georg Müller, 1981.

Törne, Dorothea von (Hrsg.). *Vogelbühne. Gedichte im Dialog.* Berlin: Verlag der Nation, 1983.

Törne, Dorothea von (Hrsg.). *Komm lies geh sprich. Gedichte im Dialog.* Berlin: Union, 1989.

Tschopp, Charles. *Aphorismen.* Zürich: Schweizer Spiegel Verlag, 1938.

Tucholsky, Kurt. *Gesammelte Werke.* Hrsg. von Mary Gerold-Tucholsky u. Fritz J. Raddatz. 3 Bde. Reinbek: Rowohlt, 1960.

Tucholsyk, Kurt. *Schnipsel.* Hrsg. von Mary Gerold-Tucholsky u. Fritz J. Raddatz. Reinbek: Rowohlt, 1973.

Uhlenbruck, Gerhard. *Ins eigene Netz. Aphorismen.* Aachen: Josef Stippak, 1977.

Uhlenbruck, Gerhard. *Einfach gesimpelt. Aphorismen.* Aachen: Josef Stippak, 1979.

Uhlenbruck, Gerhard. *„Den Nagel auf den Daumen getroffen". Aphorismen.* Köln: Deutscher Ärzte-Verlag, 1980.

Uhlenbruck, Gerhard. *Frust-Rationen. Aphorismen.* Aachen: Josef Stippak, 1980.

Uhlenbruck, Gerhard. *Keiner läßt seine Masche fallen. Aphorismen.* Aachen: Josef Stippak, 1981.

Uhlenbruck, Gerhard. *Medizinische Aphorismen.* Heidelberg: Verlag Jungjohann, 1982. Zweite veränd. Auflage. Neckarsulm: Natura Med Verlagsgesellschaft, 1994.

Uhlenbruck, Gerhard. *Nächstenhiebe. Aphoristische Sticheleien.* Aachen: Josef Stippak, 1983.

Uhlenbruck, Gerhard. *„Mensch ärgere mich nicht." Wieder Sprüche und Widersprüche.* Köln: Deutscher Ärzte-Verlag, 1984.

Uhlenbruck, Gerhard. *Eigenliebe macht blind. Hinrissige Gedankensprünge und Aphorismen.* Aachen: Josef Stippak, 1985.

Uhlenbruck, Gerhard. „Gedankensprünge, welche die Latte reißen." *Almanach deutscher Schriftsteller-Ärzte 1987.* Hrsg. von Jürgen Schwalm. Marquartstein: Th. Breit, 1986 [!], S. 186–190.

Uhlenbruck, Gerhard. *Kaffeesätze. Gedankensprünge in den Sand des Getriebes.* Erkrath: Spiridon, 1987.

Uhlenbruck, Gerhard. *Kölner Klüngel Kalender.* Pulheim: Rhein-Eifel-Mosel Verlag, 1988.

Uhlenbruck, Gerhard. *Aphorismen sind Gedankensprünge in einem Satz.* Thun: Ott, 1989.

Uhlenbruck, Gerhard. *No Body is perfect! Rezepte von Arztbesuch bis Zeitvertreib.* Pulheim: Rhein-Eifel-Mosel Verlag, 1989.

Uhlenbruck, Gerhard. *Darum geht's nicht ...? Aphorismen.* Hilden: Edition Ahland, 1990.

Uhlenbruck, Gerhard. „Einschlägige Geistesblitze." *Almanach deutscher Schriftsteller-Ärzte 1991.* Hrsg. von Jürgen Schwalm. Marquartstein: Th. Breit, 1990 [!], S. 223–227.

Uhlenbruck, Gerhard. *Ein-Satz-Diagnosen. Spritzige Wahrheiten in einem Satz von einem Mediziner für Ärzte und Patienten.* Wehrheim/Ts.: Mediteg, 1991.

Uhlenbruck, Gerhard. „Das Aktuelle Spott-Studio: 50 neue Lauf-Aphorismen." *Das Lauflesebuch*. Hrsg. von Detlef Kuhlmann. Aachen: Meyer & Meyer, 1992, S. 78–81.

Uhlenbruck, Gerhard. „Hechtsprünge in den Karpfenteich." *Almanach deutscher Schriftsteller-Ärzte 1993*. Hrsg. von Jürgen Schwalm. Marquartstein: Th. Breit, 1992 [!], S. 468–472.

Uhlenbruck, Gerhard. „Lebenslügen haben kurze Beine – Altersweisheiten." *Almanach deutscher Schriftsteller-Ärzte 1994*. Hrsg. von Jürgen Schwalm. Marquartstein: Th. Breit, 1993 [!], S. 515–520.

Uhlenbruck, Gerhard. *Das darf doch wahr sein! Aphoristische Gedanken*. Hilden: Edition Ahland, 1994.

Uhlenbruck, Gerhard. „100 Aphorismen: Literarische Homöopathie." *Almanach deutscher Schriftsteller-Ärzte 1995*. Hrsg. von Jürgen Schwalm. Marquartstein: Th. Breit, 1994 [!], S. 535–541.

Uhlenbruck, Gerhard. „Giftpfeile aus dem Sprachrohr: Aphoristische Ketzereien." *Die Welt so groß und weit. Anthologie*. Hrsg. von dem Bundesverband deutscher Schriftsteller-Ärzte. Frankfurt am Main: Haag und Herchen, 1996, S. 163–180.

Uhlenbruck, Gerhard. „Hirnbissig: 100 Sprüche eines Aberwitzboldes." *Almanach deutscher Schriftsteller-Ärzte 1997*. Hrsg. von Jürgen Schwalm. Marquartstein: Th. Breit, 1996 [!], S. 455–461.

Uhlenbruck, Gerhard. *Nichtzutreffendes bitte streichen. Aphoristische Gedankengangarten*. Köln: Ralf Reglin, 1996.

Uhlenbruck, Gerhard, u. Hans-Horst Skupy (Hrsg.). *Treffende Zitate zum Thema „Der Mensch und sein Arzt"*. Thun: Ott, 1980.

Uhlenbruck, Gerhard, Hans-Horst Skupy u. Hanns-Hermann Kersten. *Ein gebildeter Kranker. Trost- und Trutz-Sprüche für und gegen Ängste und Ärzte*. Stuttgart: Gustav Fischer, 1981 (erweiterte 3. Auflage 1990).

Waalkes, Otto. *Das zweite Buch Otto*. Hamburg: Rasch und Röhring, 1984.

Waegner, Heinrich, *Gespaltenes Deutsch. Grammatische Lyrik zur Gegenwart*. Siegen: Kalliope Verlag, 1984.

Walch, Karlheinz. *Ansichten und Einsichten eines Träumers. Gedichte*. Frankfurt am Main: Rita G. Fischer, 1986.

Walser, Martin. *Halbzeit. Roman*. München: Knaur, 1966 (1. Aufl. 1960).

Walser, Martin. *Das Einhorn. Roman*. Frankfurt: S. Fischer, 1970 (1. Aufl. 1966).

Walser, Martin. *Jenseits der Liebe*. Frankfurt am Main: Suhrkamp, 1976.

Walters, Hellmut. *Wer abseits steht wird zurückgepfiffen. Aphorismen*. Landshut/Bayern: Isar Post, 1974.

Walters, Hellmut. *Zungenschläge. Jetzt sind sogar die Zwerge größer. Aphorismen*. Passau: Passavia, 1976.

Wander, Karl Friedrich Wilhelm. *Politisches Sprichwörterbrevier. Tagebuch eines Patrioten der fünfziger Jahre, zur Charakteristik jener Zeit*. Leipzig: Otto Wigand, 1872. Nachdruck hrsg. und eingeleitet von Wolfgang Mieder. Bern: Peter Lang, 1990.

Weber, Petra. *Wenn der letzte Baum stirbt. Gedichte*. Baden-Baden: Battert, 1989.

Weidner, Wolfram, u. Karl Schwarzer. *Vormerk & spitze Worte. Almanach 1979*. Wien: Karl Schwarzer, 1978 [!].

Weigel, Hans. „Meta-Kulinarisches." In H. Weigel, *Ad absurdum. Satiren, Attacken, Parodien aus drei Jahrzehnten*. Graz: Styria, 1980, S. 225.

Weißenborn, Theodor. *Alchimie. Sprüche und Wider-Sprüche*. Stuttgart: Quell, 1987.

Wendt, Albert. „Aphorismen." *Neue Deutsche Literatur*, 22, H. 9 (1974), S. 77–79.

Wicki, Otto. *Neue Bauernregeln und Sentenzen für Ärzte und Gesunde. Eine kleine Sammlung kostbarer Lebensweisheiten gereimt und ungereimt*. Thun: Ott, 1991.

Wiedner, Laurenz (Hrsg.). *Unbezwinglicher Geist. Ein Brevier deutscher Aphoristik* 2 Bde. Zürich: Pegasus, 1944–1945.

Wiesner, Heinrich. *Lakonische Zeilen*. München: Piper, 1965.

Wiesner, Heinrich. *Die Kehrseite der Medaille. Neue lakonische Zeilen*. München: Piper, 1972.

Wilde, Oscar. *Lehren und Sprüche*. Übersetzt von Franz Blei. Leipzig: Insel, 1913.

Willnat, Wolfgang (Hrsg.). *Sprüche, Sprayer, Spontis. Spaß mit Graffitis*. Wiesbaden: Englisch, 1985.

Wohmann, Gabriele. *Paulinchen war allein zu Haus. Roman.* Darmstadt: Luchterhand, 1974.

Wolf, Christa. *Kindheitsmuster. Roman.* Darmstadt: Luchterhand, 1979 (1. Aufl. 1976).

Wolken, Karl Alfred. *Klare Verhältnisse. Gedichte.* München: Carl Hanser, 1968.

Wolle, Helmut (Hrsg.). *Von der Weisheit der Sprüche. Aphorismen, Zitate, Sprichwörter.* Berlin: Neues Leben, 1981.

Zech, Helmut. *Bosheiten und Sticheleien. Heitere Verse.* Göppingen: Globius, 1949.

Zimmer, Dieter. *Alles in Butter. Roman.* München: Scherz, 1982.

Zinnecker, Jürgen. „Wandsprüche." *Jugend '81. Lebensentwürfe, Alltagskulturen, Zukunftsbilder.* Hrsg. von Arthur Fischer. 2 Bde. Hamburg: Jugendwerk der Deutschen Shell, 1981, Bd. 1, S. 430–476.

Zuckmayer, Carl. *Der Hauptmann von Köpenick.* Frankfurt am Main: S. Fischer, 1976 (1. Aufl. 1930).

Zuckmayer, Carl. *Des Teufels General.* Frankfurt am Main: S. Fischer, 1975 (1. Aufl. 1946).

Zuckmayer, Carl. *Der Rattenfänger.* Frankfurt am Main: S. Fischer, 1975.

Literaturverzeichnis

Bei den hier verzeichneten Studien handelt es sich um wichtige Sekundärliteratur zur Abwandlung traditioneller Sprichwörter in Literatur und Massenmedien. Weitere Literatur ist verzeichnet in Wolfgang Mieder, *International Proverb Scholarship: An Annottated Bibliography*. 3 Bde. New York: Garland Publishing, 1982, 1990 und 1993.

Angenendt, Thomas. „Die Verwendung 'vorgeprägter Sprachmuster'." In: T. Angenendt, *„Wenn Wörter Schatten werfen." Untersuchungen zum Prosastil von Günter Grass*. Frankfurt am Main: Peter Lang, 1995, S. 50–79.

Baur, Rupprecht S., u. Christoph Chlosta. „Kennen Kinder heute noch Sprichwörter? Überlegungen zur Altersgrenze in Arbeiten zur empirischen Parömiologie." In: *Sprachbilder zwischen Theorie und Praxis*. Hrsg. von Chr. Chlosta, Peter Grzybek und Elisabeth Piirainen. Bochum: N. Brockmeyer, 1994, S. 1–30.

Baur, Rupprecht S., u. Christoph Chlosta (Hrsg.). *Von der Einwortmetapher zur Satzmetapher*. Bochum: N. Brockmeyer, 1995.

Baur, Rupprecht S., Christoph Chlosta u. Peter Grzybek. „Das Projekt 'Sprichwörter-Minima im Deutschen und Kroatischen'. What is worth doing – do it well!" *Muttersprache*, 106 (1996), S. 162–179.

Bausinger, Hermann. „Redensart und Sprichwort." In: ders., *Formen der „Volkspoesie"*. 2. Aufl. Berlin: Erich Schmidt, 1980, S. 95–112.

Bebermeyer, Gustav u. Renate. „Abgewandelte Formeln – sprachlicher Ausdruck unserer Zeit." *Muttersprache*, 87 (1977), S. 1–42.

Bebermeyer, Renate. „Formelabwandlung im *Butt*. Ein symptomatischer Vorgang der Alltagssprache und seine Spiegelung in einem unmittelbar aktuellen literarischen Werk [von Günter Grass]." *Sprachspiegel*, 34 (1978), S. 67–76.

Bernath, Csilla. „Phraseologische Neubildungen." In: *Beiträge zur Phraseologie des Ungarischen und des Deutschen*. Hrsg. von Regina Hessky. Budapest: Lorand-Eötvös-Universität, 1988, S. 39–49.

Besserer, Janet. „'Es heisst / zwischen den Zeilen / das Unsagbare / sagen': Sprichwörtliche Sprache in der Lyrik Rose Ausländers." *Proverbium*, 13 (1996), S. 1–23.

Binder, Hartmut. „Geflügelte Bildreden: Zu Kafkas Umgang mit sprachlicher Fertigware.“ *Wirkendes Wort*, 42 (1992), S. 440–468.

Braun, Peter. „Sprichwörter – Redensarten – Zitate – Titel: Oder die Tendenz der Abwandlung fester Formen.“ In: ders., *Tendenzen in der deutschen Gegenwartssprache*. 3. Aufl. Stuttgart: W. Kohlhammer, 1993, S. 214–220.

Bülow, Ralf. „‘Stell dir vor, es gibt einen Spruch ...’.“ *Der Sprachdienst*, 27 (1983), S. 97–100.

Burger, Harald. *Idiomatik des Deutschen*. Tübingen: Max Niemeyer, 1973.

Burger, Harald. „Kampf um Wörter [Klischee und Metapher].“ In: ders., *Das Gespräch in den Massenmedien*. Berlin: Walter de Gruyter, 1991, S. 144–167.

Burger, Harald, Annelies Buhofer u. Ambros Sialm. *Handbuch der Phraseologie*. Berlin: Walter de Gruyter, 1982.

Chlosta, Christoph, Peter Grzybek u. Elisabeth Piirainen (Hrsg.). *Sprachbilder zwischen Theorie und Praxis*. Bochum: N. Brockmeyer, 1994.

Chlosta, Christoph, Peter Grzybek u. Undine Roos. „Wer kennt denn heute noch den Simrock? Ergebnisse einer empirischen Untersuchung zur Bekanntheit deutscher Sprichwörter in traditionellen Sammlungen.“ In: *Sprachbilder zwischen Theorie und Praxis*. Hrsg. von Chr. Chlosta, P. Grzybek u. Elisabeth Piirainen. Bochum: N. Brockmeyer, 1994, S. 31–60.

Chlosta, Christoph, Peter Grzybek, Zorica Stanković-Arnold u. Andreas Steczka. „Das Sprichwort in der überregionalen Tagespresse: Eine systematische Analyse zum Vorkommen von Sprichwörtern in den Tageszeitungen *Die Welt*, *Frankfurter Allgemeine Zeitung* und *Süddeutsche Zeitung*.“ *Wirkendes Wort*, 43 (1993), S. 671–695.

Coulmas, Florian. „Ein Stein des Anstoßes. Ausgewählte Probleme der Idiomatik.“ *Studium Linguistik*, 13 (1982), S. 17–37.

Daniels, Karlheinz. „Redensarten, Sprichwörter, Slogans, Parolen. Berichte über ein Forschungs- und Lehrprojekt zum Thema ‘Schematismen des Sprachhandelns’.“ In: *Linguistik und Sprachunterricht. Beiträge zur curricularen Stellung der Linguistik im Sprachunterricht*. Hrsg. von Gert Henrici u. Reinhard Meyer-Hermann. Paderborn: Ferdinand Schöningh, 1976, S. 174–191.

Daniels, Karlheinz. „Erich Kästner als Sprach- und Gesellschaftskritiker dargestellt an seiner Verwendung sprachlicher Schematismen." *Wörter: Schätze, Fugen und Fächer des Wissens. Festgabe für Theodor Lewandowski.* Hrsg. von Hugo Aust. Tübingen: Gunter Narr, 1987, S. 191–206.

Dittgen, Andrea Maria. *Regeln für Abweichungen. Funktionale sprachspielerische Abweichungen in Zeitungsüberschriften, Werbeschlagzeilen, Wandsprüchen und Titeln.* Frankfurt am Main: Peter Lang, 1989.

Doane, Heike. „Zitat, Redensart und literarische Anspielung: Zur Funktion der gesprochenen Sprache in Martin Walsers Roman *Die Verteidigung der Kindheit.*" *Colloquia Germanica*, 25 (1992), S. 289–305.

Fix, Ulla. „Der Wandel der Muster – Der Wandel im Umgang mit den Mustern. Kommunikationskultur im institutionellen Sprachgebrauch der DDR am Beispiel von Losungen." *Deutsche Sprache*, H. 4 (1990), S. 332–347.

Fleischer, Wolfgang. *Phraseologie der deutschen Gegenwartssprache.* Leipzig: VEB Bibliographisches Institut, 1982.

Földes, Csaba. *Deutsche Phraseologie kontrastiv. Intra- und interlinguale Zugänge.* Heidelberg: Julius Groos, 1996.

Frackiewicz, Iwona. „Sprichwörtliche Aphorismen von Stanisław Jerzy Lec." *Proverbium*, 7 (1990), S. 77–88.

Frankenberg, Hartwig. „Sprichwort und Slogan. Zur Funktion des Sprichwortes in der Konsumwerbung." In: *Perspektive: textextern.* Hrsg. von Edda Weigand u. Gerhard Tschauder. Tübingen: Max Niemeyer, 1980, Bd. 2, S. 73–84.

Fricke, Harald. *Aphorismus.* Stuttgart: Metzler, 1984.

Friese, Heinz-Gerhard. *Zeiterfahrung im Alltagsbewußtsein. Am Beispiel des deutschen Sprichworts der Neuzeit.* Frankfurt am Main: Materialis, 1984.

Fuchs, Hardy. *Die Funktion des Sprichwortes bei Theodor Fontane.* Diss. Michigan State University, 1970.

Gautschi, Theres. *Bildhafte Phraseologismen in der Nationalratswahlpropaganda. Untersuchungen zum Vorkommen und zum Gebrauch von bildhaften Phraseologismen in der Nationalratswahlpropaganda der FDP, SVP und der SP des Kantons Bern von 1919–1979.* Bern: Peter Lang, 1982.

Goltschnigg, Dietmar. „Das Sprachklischee und seine Funktion im dramatischen Werk von Ödön von Horváth." *Wirkendes Wort*, 25 (1975), S. 181–196.

Grosse, Siegfried. „Reklamedeutsch". *Wirkendes Wort*, 16 (1966), S. 89–104.

Gruner, Paul-Hermann. „'Rechte' Karriere eines 'linken' Wortes? Vom Aneignungsdrang der Kampfsprache der Republikaner am Beispiel der Revolutionslosung 'Wir sind das Volk'." In: *Wer spricht das wahre Deutsch? Erkundungen zur Sprache im vereinigten Deutschland*. Hrsg. von Ruth Reiher und Rüdiger Läzer. Berlin: Aufbau Taschenbuch Verlag, 1993, S. 272–288.

Grzybek, Peter. „Das Sprichwort im literarischen Text". In: *Sprichwörter und Redensarten im interkulturellen Vergleich*. Hrsg. von Annette Sabban und Jan Wirrer. Opladen: Westdeutscher Verlag, 1991, S. 187–205.

Grzybek, Peter. „Sinkendes Kulturgut? Eine empirische Pilotstudie zur Bekanntheit deutscher Sprichwörter." *Wirkendes Wort*, 41 (1991), S. 239–264.

Grzybek, Peter, u. Christoph Chlosta. „Grundlagen der empirischen Sprichwortforschung." *Proverbium*, 10 (1993), S. 89–128.

Grzybek, Peter, u. Wolfgang Eismann (Hrsg.). *Semiotische Studien zum Sprichwort. Simple Forms Reconsidered I*. Tübingen: Gunter Narr, 1984.

Guthke, Karl S. *Letzte Worte. Variationen über ein Thema der Kulturgeschichte des Westens*. München: C. H. Beck, 1990.

Gutknecht, Christoph. *Lauter spitze Zungen. Geflügelte Worte und ihre Geschichte*. München: C. H. Beck, 1996.

Hemmi, Andrea. *„Es muß wirksam werben, wer nicht will verderben." Kontrastive Analyse von Phraseologismen in Anzeigen-, Radio- und Fernsehwerbung*. Bern: Peter Lang, 1994.

Herles, Helmut. „Sprichwort und Märchenmotiv in der Werbung." *Zeitschrift fur Volkskunde*, 62 (1966), 67–80.

Jhering, Herbert. „Die kleinen Redensarten". In: ders., *Der Kampf um das Theater und andere Streitschriften 1918–1933*. Hrsg. von Ludwig Hoffmann. Berlin: Henschel, 1974, S. 58–64. Auch in Wolfgang Mieder (Hrsg.), *Deutsche Sprichwörter und Redensarten*. Stuttgart: Reclam, 1979, S. 134–140.

Jolles, André. „Spruch." In: A. Jolles, *Einfache Formen. Legende, Sage, Mythe, Rätsel, Spruch, Kasus, Memorabile, Märchen, Witz*. Halle: Max Niemeyer, 1930. Nachdruck Tübingen: Max Niemeyer, 1958 u. 1965, S. 150–170.

Kann, Hans-Joachim. „Zu den Quellen von Spontisprüchen." *Der Sprachdienst*, 29 (1985), S. 75–79.

Kanyó, Zoltán. *Sprichwörter. Analyse einer Einfachen Form. Ein Beitrag zur generativen Poetik.* The Hague: Mouton, 1981.

Khalil, Iman Osman. „Sprüche, Sentenzen und Zitate aus fremden Sprachen." In: ders., *Das Fremdwort im Gesellschaftsroman Theodor Fontanes. Zur literarischen Untersuchung eines sprachlichen Phänomens.* Frankfurt am Main: Peter Lang, 1978, S. 322–329.

Klotz, Volker. „Slogans." *Sprache im technischen Zeitalter*, 7 (1963), S. 538–546.

Knopf, Jan. „Sprachformeln und eingreifende Sätze."In: J. Knopf, *Geschichten zur Geschichte. Kritische Tradition des „Volkstümlichen" in den Kalendergeschichten Hebels und Brechts.* Stuttgart: Metzler, 1973, S. 186–211.

Koller, Werner. „Redensarten in Schlagzeilen." *Muttersprache*, 85 (1975), S. 400–408.

Koller, Werner. *Redensarten. Linguistische Aspekte, Vorkommensanalysen, Sprachspiel.* Tübingen: Max Niemyer, 1977.

Kopperschmidt, Josef. „'Lieber theorielos als leblos': Anmerkungen zur Sprüchekultur." *Muttersprache*, 97 (1987), S. 129–144.

Korhonen, Jarmo (Hrsg.). *Beiträge zur allgemeinen und germanistischen Phraseologie.* Oulu: Oulun Yliopisto, 1987.

Leonhard, Wilson F. „Volksdichtung der Intellektuellen." *Akzente*, 7 (1960), S. 82–95.

Liede, Alfred. *Dichtung als Spiel. Studien zur Unsinnspoesie an den Grenzen der Sprache.* 2 Bde. Berlin: Walter de Gruyter, 1963.

Lüthi, Max. „Das Sprichwort in der Zeitung." *Proverbium*, H. 15 (1970), 495–497. Auch in: ders., *Volksliteratur und Hochliteratur.* Bern: Francke, 1970, S. 22–25.

Mackensen, Lutz. „Geformte Wortblöcke." In: ders., *Gutes Deutsch in Schrift und Rede.* Reinbek: Rowohlt, 1968, S. 90–115.

MacLean, James Beattie. *Use of the Proverb in Schiller's Dramas.* Diss. University of Washington, 1952.

Mautner, Franz Heinrich. „Das Wortspiel und seine Bedeutung." *Deutsche Vierteljahrsschrift für Literaturwissenschaft und Geistesgeschichte*, 9 (1931), S. 679–710.

Mieder, Wolfgang. „Das Sprichwort als volkstümliches Zitat bei Thomas Mann." *Germanic Notes*, 3 (1972), 50–53. Auch in: ders., *Sprichwort, Redensart, Zitat. Tradierte Formelsprache in der Moderne*. Bern: Peter Lang, 1985, S. 11–14.

Mieder, Wolfgang. „Das Sprichwort und die deutsche Literatur." *Fabula*, 13 (1972), S. 135–149. Erweiterte Fassung in: ders. (Hrsg.), *Ergebnisse der Sprichwörterforschung*. Bern: Peter Lang, 1978, S. 179–200.

Mieder, Wolfgang. „Günter Grass und das Sprichwort." *Muttersprache*, 83 (1973), S. 64–67. Auch in: ders., *Sprichwort, Redensart, Zitat. Tradierte Formelsprache in der Moderne*. Bern: Peter Lang, 1985, S. 21–25.

Mieder, Wolfgang. „Verwendungsmöglichkeiten und Funktionswerte des Sprichwortes in der Wochenzeitung (Untersuchung der *Zeit* für das Jahr 1971)." *Muttersprache*, 83 (1973), S. 89–119. Auch in: ders., *Deutsche Sprichwörter in Literatur, Politik, Presse und Werbung*. Hamburg: Helmut Buske, 1983, S. 11–41.

Mieder, Wolfgang. *Das Sprichwort in unserer Zeit*. Frauenfeld: Huber, 1975.

Mieder, Wolfgang. „Sprichwörter im modernen Sprachgebrauch." *Muttersprache*, 85 (1975), S. 65–88. Auch in: ders., *Deutsche Sprichwörter in Literatur, Politik, Presse und Werbung*. Hamburg: Helmut Buske, 1983, S. 53–76.

Mieder, Wolfgang. „Carl Zuckmayer und die [sprichwörtliche] Volkssprache." *Sprachspiegel*, 32 (1976), S. 163–166. Auch in: ders., *Sprichwort, Redensart, Zitat. Tradierte Formelsprache in der Moderne*. Bern: Peter Lang, 1985, S. 15–19.

Mieder, Wolfgang. *Das Sprichwort in der deutschen Prosaliteratur des neunzehnten Jahrhunderts*. München: Wilhelm Fink, 1976.

Mieder, Wolfgang (Hrsg.). *Ergebnisse der Sprichwörterforschung*. Bern: Peter Lang, 1978.

Mieder, Wolfgang. „Rund um das Sprichwort 'Morgenstunde hat Gold im Munde'." *Muttersprache*, 88 (1978), S. 93–105. Auch in: ders., *Deutsche Sprichwörter in Literatur, Politik, Presse und Werbung*. Hamburg: Helmut Buske, 1983, S. 105–112.

Mieder, Wolfgang. „Sprichwörtliche Schlagzeilen in der Wochenzeitung (Untersuchung der *Zeit* für das Jahr 1977).“ *Muttersprache*, 88 (1978), S. 93–105. Auch in: ders., *Deutsche Sprichwörter in Literatur, Politik, Presse und Werbung*. Hamburg: Helmut Buske, 1983, S. 92–104.

Mieder, Wolfgang (Hrsg.). *Deutsche Sprichwörter und Redensarten*. Stuttgart: Reclam, 1979.

Mieder, Wolfgang. „Karl Kraus und der sprichwörtliche Aphorismus.“ *Muttersprache*, 89 (1979), S. 97–115. Auch in: ders., *Deutsche Sprichwörter in Literatur, Politik, Presse und Werbung*. Hamburg: Helmut Buske, 1983, S. 113–131.

Mieder, Wolfgang. „Moderne deutsche Sprichwortgedichte.“ *Fabula*, 21 (1980), S. 247–260. Auch in: ders., *Sprichwort, Redensart, Zitat. Tradierte Formelsprache in der Moderne*. Bern: Peter Lang, 1985, S. 73–90.

Mieder, Wolfgang. „‘Ein Aphoristiker dreht oft das Sprichwort im Munde herum.’ Zu den Aphorismen von Gerhard Uhlenbruck.“ *Sprachspiegel*, 37 (1981), S. 66–75. Auch in: ders., *Sprichwort, Redensart, Zitat. Tradierte Formelsprache in der Moderne*. Bern: Peter Lang, 1985, S. 53–63.

Mieder, Wolfgang. *Antisprichwörter*. 3 Bde. Wiesbaden: Verlag für deutsche Sprache, 1982; Wiesbaden: Gesellschaft für deutsche Sprache, 1985; Wiesbaden: Quelle & Meyer, 1989.

Mieder, Wolfgang. „‘Eine aphoristische Schwalbe macht schon einen halben Gedankensommer.’ Zu den Aphorismen von Felix Renner.“ *Sprachspiegel*, 38 (1982), S. 162–167. Auch in: ders., *Sprichwort, Redensart, Zitat. Tradierte Formelsprache in der Moderne*. Bern: Peter Lang, 1985, S. 65–71.

Mieder, Wolfgang. „‘Nach Zitaten drängt, am Zitate hängt doch alles!’ Zur modernen Verwendung von Goethe-Zitaten.“ *Muttersprache*, 92 (1982), S. 76–98. Auch in: ders., *Deutsche Sprichwörter in Literatur, Politik, Presse und Werbung*. Hamburg: Helmut Buske, 1983, S. 158–180.

Mieder, Wolfgang. *Deutsche Sprichwörter in Literatur, Politik, Presse und Werbung*. Hamburg: Helmut Buske, 1983.

Mieder, Wolfgang. „‘Was Hänschen nicht lernt, lernt Hans nimmermehr.’ Zur Überlieferung eines Luther-Spruches.“ *Sprachspiegel*, 39 (1983), S. 131–138. Auch in: ders., *Sprichwörtliches und Geflügeltes. Sprachstudien von Martin Luther bis Karl Marx*. Bochum: N. Brockmeyer, 1995. S. 23–32.

Mieder, Wolfgang. „‘Zitate sind des Bürgers Zierde.’ Zum Weiterleben von Schiller-Zitaten.“ *Muttersprache*, 95 (1984–1985), S. 284–306. Auch in: ders., *Deutsche Redensarten, Sprichwörter und Zitate. Studien zu ihrer Herkunft, Überlieferung und Verwendung*. Wien: Edition Praesens, 1995, S. 46–68.

Mieder, Wolfgang. „Spiel mit Sprichwörtern. In memoriam Franz Fühmann (1922–1984)." *Sprachpflege*, 34 (1985), S. 1–3. Auch in: ders., *Sprichwörtliches und Geflügeltes. Sprachstudien von Martin Luther bis Karl Marx*. Bochum: N. Brockmeyer, 1995. S. 33–39.

Mieder, Wolfgang. *Sprichwort, Redensart, Zitat. Tradierte Formelsprache in der Moderne*. Bern: Peter Lang, 1985.

Mieder, Wolfgang. „'Spaß muß sein', sagte der Spaßmacher, aber ... Zu den Sagwörtern von Markus M. Ronner." *Sprachspiegel*, 42 (1986), S. 162–170. Auch in: ders., *Sprichwörtliches und Geflügeltes. Sprachstudien von Martin Luther bis Karl Marx*. Bochum: N. Brockmeyer, 1995. S. 51–61.

Mieder, Wolfgang. „'Gedanken sind zollfrei'. Zu Karl Friedrich Wilhelm Wanders *Politischem Sprichwörterbrevier* von 1872." *Einheit in der Vielfalt. Festschrift für Peter Lang*. Hrsg. von Gisela Quast. Bern: Peter Lang, 1988, S. 326–342. Auch in: W. Mieder, *Sprichwort – Wahrwort!? Studien zur Geschichte, Bedeutung und Funktion deutscher Sprichwörter*. Frankfurt am Main: Peter Lang, 1992, S. 211–229.

Mieder, Wolfgang. „'Wahrheiten: Phantasmen aus Logik und Alltag'. Zu den sprichwörtlichen Aphorismen von Werner Mitsch." *Muttersprache*, 98 (1988), S. 121–132. Auch in: ders., *Deutsche Redensarten, Sprichwörter und Zitate. Studien zu ihrer Herkunft, Überlieferung und Verwendung*. Wien: Edition Praesens, 1995, S. 127–138.

Mieder, Wolfgang. „'Ausnahmen können auch die Vorboten einer neuen Regel sein'. Zu den sprichwörtlichen Aphorismen von Marie von Ebner-Eschenbach." *Sprachspiegel*, 45 (1989), S. 66–73. Auch in: ders., *Sprichwort – Wahrwort!? Studien zur Geschichte, Bedeutung und Funktion deutscher Sprichwörter*. Frankfurt am Main: Peter Lang, 1992, S. 159–167.

Mieder, Wolfgang. „Moderne Sprichwörterforschung zwischen Mündlichkeit und Schriftlichkeit." In: *Volksdichtung zwischen Mündlichkeit und Schriftlichkeit*. Hrsg. von Lutz Röhrich und Erika Lindig. Tübingen: Gunter Narr, 1989, S. 187–208. Auch in: ders., *Sprichwort – Wahrwort!? Studien zur Geschichte, Bedeutung und Funktion deutscher Sprichwörter*. Frankfurt am Main: Peter Lang, 1992, S. 13–36.

Mieder, Wolfgang. „'Wenige jedoch rudern gegen den Strom.' Zu den sprichwörtlichen Aphorismen von Hans Leopold Davi." *Sprachspiegel*, 46 (1990), S. 97–104. Auch in: ders., *Sprichwörtliches und Geflügeltes.*

Sprachstudien von Martin Luther bis Karl Marx. Bochum: N. Brockmeyer, 1995. S. 79–86.

Mieder, Wolfgang. „'Des vielen Büchermachens ist kein Ende.' Traditionelle und manipulierte Sprachformeln als Buchtitel." *Der Sprachdienst*, 35 (1991), S. 105–114. Auch in: ders., *Sprichwörtliches und Geflügeltes. Sprachstudien von Martin Luther bis Karl Marx.* Bochum: N. Brockmeyer, 1995. S. 87–102.

Mieder, Wolfgang. „'Eigener Unruheherd ist Goldes wert.' Zu den sprichwörtlichen Aphorismen von André Brie." *Sprachpflege und Sprachkultur*, 40 (1991), S. 8–11. Auch in: ders., *Sprichwörtliches und Geflügeltes. Sprachstudien von Martin Luther bis Karl Marx.* Bochum: N. Brockmeyer, 1995. S. 103–110.

Mieder, Wolfgang. „'Gedankensplitter, die ins Auge gehen.' Zu den sprichwörtlichen Aphorismen von Gabriel Laub." *Wirkendes Wort*, 41 (1991), S. 228–239.

Mieder, Wolfgang. „Paremiological Minimum and Cultural Literacy." In: *Creativity and Tradition in Folklore. New Directions.* Hrsg. von Simon J. Bronner. Logan, Utah: Utah State University Press, 1992, S. 185–203.

Mieder, Wolfgang. *Sprichwort – Wahrwort!? Studien zur Geschichte, Bedeutung und Funktion deutscher Sprichwörter.* Frankfurt am Main: Peter Lang, 1992.

Mieder, Wolfgang. „'Alles in bester Unordnung.' Zu den sprichwörtlichen Aphorismen von Žarko Petan." *Sprachspiegel*, 49 (1993), S. 66–72. Auch in: ders., *Sprichwörtliches und Geflügeltes. Sprachstudien von Martin Luther bis Karl Marx.* Bochum: N. Brockmeyer, 1995. S. 157–164.

Mieder, Wolfgang. „'Regeln-Krieg, Sprüchwörter-Krieg.' Zu den sprichwörtlichen Aphorismen von Georg Christoph Lichtenberg." In: *Lichtenberg.* Hrsg. von Charlotte Craig. New York: Peter Lang, 1993, S. 55–94.

Mieder, Wolfgang. „'Die falschesten Redensarten haben den größten Reiz.' Zu Elias Canettis Sprachaphorismen." *Der Sprachdienst*, 38 (1994), S. 173–180. Auch in: ders., *Sprichwörtliches und Geflügeltes. Sprachstudien von Martin Luther bis Karl Marx.* Bochum: N. Brockmeyer, 1995. S. 175–186.

Mieder, Wolfgang. *Deutsche Redensarten, Sprichwörter und Zitate. Studien zu ihrer Herkunft, Überlieferung und Verwendung.* Wien: Edition Praesens, 1995.

Mieder, Wolfgang. „'Ein Sprichwort sagt mehr als tausend Worte.' Zur sprichwörtlichen Sprache der Massenmedien.“ *Proverbium*, 12 (1995), S. 195–238.

Mieder, Wolfgang. „'Jedem das Sein.' Zu den sprichwörtlichen Aphorismen von Hans-Horst Skupy. *Sprachspiegel*, 51 (1995), S. 137–144.

Mieder, Wolfgang. *Sprichwörtliches und Geflügeltes. Sprachstudien von Martin Luther bis Karl Marx*. Bochum: N. Brockmeyer, 1995.

Mieder, Wolfgang. „'Wo neue Kräfte sinnvoll walten?' Zur Umformung Schillerscher Zitate zu Aphorismen und Graffiti.“ In: *Ethik und Ästhetik. Werke und Werte in der Literatur vom 18. bis zum 20. Jahrhundert. Festschrift für Wolfgang Wittkowski*. Hrsg. von Richard Fisher. Frankfurt am Main: Peter Lang, 1995. S. 293–311.

Mieder, Wolfgang. „'Sprachliche Entfesselungskünste.' Zu den sprichwörtlichen Notizen des Leipzigers Horst Drescher.“ *Der Sprachdienst*, 40 (1996), S. 142–152.

Mieder, Wolfgang. *„Morgenstunde hat Gold im Munde.“ Studien und Belege zum populärsten deutschsprachigen Sprichwort*. Wien: Edition Praesens, 1997.

Mieder, Wolfgang, u. George B. Bryan. *Proverbs in World Literature: A Bibliography*. New York: Peter Lang, 1996.

Militz, Hans-Manfred. „Kopfstand der Sprichwörter.“ *Sprachpflege*, 32 (1983), S. 83–84.

Militz, Hans-Manfred. „Sprachspiele im phraseologischen Bereich.“ *Sprachpflege*, 33 (1984), S. 32–33.

Militz, Hans-Manfred. „Sprichwort, Aphorismus und Bedeutung.“ *Sprachpflege*, 36 (1987), S. 29–32.

Militz, Hans-Manfred. „Wo hat das Sprichwörtliche seine Grenzen?“ *Sprachpflege*, 36 (1987), S. 159–163.

Militz, Hans-Manfred. „Das Antisprichwort als semantische Variante eines sprichwörtlichen Textes.“ *Proverbium*, 8 (1991), S. 107–111.

Minert, Roger. „Sprichwörter und Redewendungen [Fragebogen zur Bekanntheit].“ *Unterrichtspraxis*, 28 (1995), S. 84–87.

Mlacek, Jozef. „Zur Frage des Verständnisses der Grenzen der Phraseologie.“ In: *Phraseologie und ihre Aufgaben. Beiträge zum 1. Internationalen Phraseologie-Symposium vom 12. bis zum 14. Oktober 1981 in Mannheim*. Hrsg. von Josip Matesic. Heidelberg: Julius Groos, 1983, S. 132–146.

Möckelmann, Jochen, u. Sönke Zander. *Form und Funktion der Werbeslogans. Untersuchung der Sprache und werbepsychologischen Methoden in den Slogans.* Göppingen: Alfred Kümmerle, 1970.

Möller-Sahling, Folke-Christine. „'Tierischer Ernst': Zu Erich Frieds sprichwörtlicher Lyrik." *Proverbium*, 13 (1996), S. 267–280.

Mommsen, Katharina. „Zur Sammlung 'Sprichwörtlich'." In: dies., *Goethe und Diez. Quellenuntersuchungen zu Gedichten der Divan-Epoche.* Bern: Peter Lang, 1995, S. 86–104.

Neumann, Gerhard. *Der Aphorismus. Zur Geschichte, zu den Formen und Möglichkeiten einer literarischen Gattung.* Darmstadt: Wissenschaftliche Buchgesellschaft, 1976.

Neumann, Gerhard. *Ideenparadiese. Untersuchungen zur Aphoristik von Lichtenberg, Novalis, Friedrich Schlegel und Goethe.* München: C. H. Beck, 1976.

Neumann, Renate. *Das wilde Schreiben: Graffiti, Sprüche und Zeichen am Rand der Straße.* Essen: Die Blaue Eule, 1986.

Nierenberg, Jess. „Proverbs in Graffiti: Taunting Traditional Wisdom." *Maledicta*, 7 (1983), S. 41–58. Auch in: *Wise Words: Essays on the Proverb.* Hrsg. von Wolfgang Mieder. New York: Garland Publishing, 1994, S. 543–561.

Palm, Christine. „Die konnotative Potenz usueller und okkasioneller Phraseologismen und anderer festgeprägter Konstruktionen in Christa Wolfs Roman *Kindheitsmuster.*" In: *Europhras 89. Phraséologie contrastive. Actes du colloque international Klingenthal – Strasbourg, 12–16 mai 1988.* Hrsg. von Gertrud Gréciano. Strasbourg: Université des Sciences Humaines, 1989, S. 313–326.

Palm, Christine. „Fundgrube *Kindheitsmuster* und kein Ende. Zur semantischen Analyse einiger Phraseologismen im Text." *Europhras 90. Akten der internationalen Tagung zur germanistischen Phraseologieforschung, Aske/ Schweden 12.–15. Juni 1990.* Hrsg. von Ch. Palm. Uppsala: Acta Universitatis Upsaliensis, 1991, S. 163–179.

Palm, Christine. *Phraseologie. Eine Einführung.* Tübingen: Gunter Narr, 1995.

Pasierbsky, Fritz. „'Wer lügt, der stiehlt.' Deutsche Sprichwörter über Lügen und Gewalt." In: ders., *Lügensprecher, Ehebrecher, Mordstecher: Warum wir nicht lügen sollen und es doch nicht lassen können.* Frankfurt am Main: Peter Lang, 1996, S. 123–145 u. 207–219 (Sammlung).

Peukes, Gerhard. *Untersuchungen zum Sprichwort im Deutschen*. Berlin: Erich Schmidt, 1977.

Pfeffer, J. Alan. *The Proverb in Goethe*. New York: King's Crown Press, 1948.

Pfeffer, J. Alan. „Das biblische Zitat im Volksmund der Germanen und Romanen." In: *Teilnahme und Spiegelung. Festschrift für Horst Rüdiger*. Hrsg. von Beda Allemann u. Erwin Koppen. Berlin: Walter de Gruyter, 1975, S. 99–111.

Pilz, Klaus Dieter. *Redensartenforschung*. Stuttgart: Metzler, 1981.

Reger, Harald. *Metaphern und Idiome in szenischen Texten, in der Werbe- und Pressesprache*. Hamburg: Helmut Buske, 1980.

Reiher, Ruth. „'Wir sind das Volk': Sprachwissenschaftliche Überlegungen zu den Losungen des Herbstes 1989." In: *Sprache im Umbruch. Politischer Sprachwandel im Zeichen von „Wende" und „Vereinigung"*. Hrsg. von Armin Burkhardt u. K. Peter Fritzsche. Berlin: Walter de Gruyter, 1992, S. 43–57.

Roche, Reinhard. „'Stell dir vor ...'." *Der Sprachdienst*, 27 (1983), S. 158–160.

Röhrich, Lutz. *Gebärde – Metapher – Parodie. Studien zur Sprache und Volksdichtung*. Düsseldorf: Schwann, 1967.

Röhrich, Lutz. „Die Bildwelt von Sprichwort und Redensart in der Sprache der politischen Karikatur." In: *Kontakte und Grenzen. Festschrift für Gerhard Heilfurth*. Hrsg. von Hans Friedrich Foltin. Göttingen: Otto Schwartz, 1969, S. 175–207.

Röhrich, Lutz. *Der Witz. Figuren, Formen, Funktionen*. Stuttgart: Metzler, 1977.

Röhrich, Lutz. „Anti-Sprichwörter. Zu einem neuen Buch von Wolfgang Mieder." *Muttersprache*, 93 (1983), S. 351–354.

Röhrich, Lutz. *Das große Lexikon der sprichwörtlichen Redensarten*. 3 Bde. Freiburg: Herder, 1991–1992.

Röhrich, Lutz, u. Wolfgang Mieder. *Sprichwort*. Stuttgart: Metzler, 1977.

Römer, Ruth. *Die Sprache der Anzeigenwerbung*. Düsseldorf: Schwann, 1968.

Ruef, Hans. „Zusatzsprichwörter und das Problem des parömischen Minimums." In: *Europhras 88. Phraséologie contrastive*. Hrsg. von Gertrud

Gréciano. Strasbourg: Université des Sciences Humaines, 1989, S. 379–385.

Ruef, Hans. *Sprichwort und Sprache. Am Beispiel des Sprichworts im Schweizerdeutschen.* Berlin: Walter de Gruyter, 1995.

Rühmkorf, Peter. *Über das Volksvermögen. Exkurse in den literarischen Untergrund.* Reinbek: Rowohlt, 1969.

Sabban, Annette, u. Jan Wirrer (Hrsg.). *Sprichwörter und Redensarten im interkulturellen Vergleich.* Opladen: Westdeutscher Verlag, 1991.

Schaffner, Emil. „Spiel mit Wortfügungen und Wendungen." In: ders., *Es rumpelt und stilzt im Sprach-Spülkasten.* Frauenfeld: Huber, 1982, S. 92–99.

Schmidt-Hidding, Wolfgang. „Sprichwörtliche Redensarten. Abgrenzungen – Aufgaben der Forschung". *Rheinisches Jahrbuch für Volkskunde,* 7 (1956), S. 95–144. Auch in: *Ergebnisse der Sprichwörterforschung.* Hrsg. von Wolfgang Mieder. Bern: Peter Lang, 1978, S. 27–65.

Schmidt-Hidding, Wolfgang. „Das Verhältnis von Idiomatik und Grammatik. Grundzüge einer Idiomatik." *Deutschunterricht,* 9, H. 3 (1957), S. 43–58.

Schneider, Angelika. „Verarbeitung von Zitaten und Redensarten." In: dies., *Brecht-Dramen auf Russisch. Problematik der Dramenübersetzung.* Neuried: Hieronymus, 1984, S. 38–41 u. 59–72.

Schweizer, Blanche-Marie. *Sprachspiel mit Idiomen. Eine Untersuchung am Prosawerk von Günter Grass.* Zürich: Juris, 1978.

Seiler, Friedrich. *Deutsche Sprichwörterkunde.* München: C. H. Beck, 1922. Nachdruck ebd., 1967.

Stein, Stephan. *Formelhafte Sprache. Untersuchungen zu ihren pragmatischen und kognitiven Funktionen im gegenwärtigen Deutsch.* Frankfurt am Main: Peter Lang, 1995.

Suter, Beat. „Verbale Sprache." In: ders., *Graffiti. Rebellion der Zeichen.* Frankfurt am Main: Rita G. Fischer, 1988, S. 31–49.

Trencsényi-Waldapfel, I. „Sprichwort oder geflügeltes Wort?" *Acta Antiqua Academiae Scientiarum Hungaricae,* 12 (1964), S. 365–371.

Wehse, Rainer. „Graffiti: Wandkritzeleien als Gegenstand der Volkskunde." *Zeitschrift für Volkskunde,* 80 (1984), S. 207–215.

Woods, Barbara Allen. „Perverted Proverbs in Brecht and 'Verfremdungssprache'." *Germanic Review*, 43 (1968), S. 100–108.

Woods, Barbara Allen. „The Function of Proverbs in Brecht." *Monatshefte*, 61 (1969), S. 49–57.

Wotjak, Barbara. „Der Gag heiligt die Mittel? Modifikationen und Vernetzungen von Sprichwörtern im Text." *Sprachpflege*, 38 (1989), S. 125–129.

Wotjak, Barbara. „Rede-'Wendungen' in 'Wende'-Reden." *Deutsch als Fremdsprache*, 28 (1991), S. 47–51.

Zey, René. *Abwandlung feststehender Formeln.* Staatsexamensarbeit Universität Essen, 1981.

Zinnecker, Jürgen. „Wandsprüche." In: *Jugend '81. Lebensentwürfe, Alltagskulturen, Zukunftsbilder.* Hrsg. von Arthur Fischer. 2 Bde. Hamburg: Jugendwerk der Deutschen Shell, 1981, Bd. 1, S. 430–476.